钟期光回忆录

先辈丛书·回忆录卷

中共党史出版社

图书在版编目（CIP）数据

钟期光回忆录 / 钟期光著 . -- 北京：中共党史出版社，2022.9

（先辈丛书 . 回忆录卷）

ISBN 978-7-5098-6036-6

Ⅰ . ①钟… Ⅱ . ①钟… Ⅲ . ①钟期光（1909-1991）—回忆录 Ⅳ . ① K825.2

中国版本图书馆 CIP 数据核字 (2022) 第 060828 号

出版发行： 中共党史出版社
责任编辑： 贾欣琪
责任校对： 申　宁
责任印制： 段文超
社　　址： 北京市海淀区芙蓉里南街 6 号院 1 号楼
邮　　编： 100080
网　　址： www.dscbs.com
经　　销： 新华书店
印　　刷： 北京中科印刷有限公司
开　　本： 170mm × 240mm　1/16
字　　数： 400 千字
印　　张： 25
印　　数： 1—4000 册
版　　次： 2022 年 9 月第 1 版
印　　次： 2022 年 9 月第 1 次印刷

ISBN 978-7-5098-6036-6
定　　价： 63.00 元

此书如有印制质量问题，请与中共党史出版社出版部联系
电话：010-82517197

鍾期光

前　言

这部回忆录的写作，我经历了不愿写、不想写、决心写的过程。

不愿写者，因为回忆录这一文体终究是个人经历和见闻的真实记录，总要写到自己，我一生碌碌，不写也罢；不想写者，回忆录难免要牵涉到历史事件和历史人物，是是非非，如何摆得平确是个难题，不写少惹是非。

但国际风云的变幻，共产主义事业的曲折发展和“改革开放”与“政治方向”如何统一等等问题使我有了新的想法：我们的事业是人民大众的事业，是党的集体的事业。毛泽东主席等老一辈无产阶级革命家领导全国军民用枪杆子打江山与建国家的创业艰难，无数革命先烈贡献了他们宝贵生命的光辉业绩，我们这一代人有责任把它记录下来。特别是我的几位直接领导陈毅、刘伯承、叶剑英、粟裕等同志相继去世，曾长期作为他们助手之一的我，有必要记录下他们对革命建立的殊勋，作为对他们的纪念，对后人的启迪。于是，这回忆录我下决心写了。

我曾在党的十二大政治报告的修改建议中提出：在以经济建设为中心、发展物质文明的同时，希望在全党、全军和全国人民，尤其是在青少年中不断加强“三个意识”的教育：

一是阶级意识。“马克思主义是无产阶级解放运动的理论”（列宁：《第二国际的破产》），具有鲜明的阶级性。现阶段不以阶级斗争为“纲”，不等于否定阶级和阶级意识，更不是否定社会主义和共产主义。

二是民族意识。毛泽东同志指出：“在中华民族的开化史上，有素称发达的农业和手工业，有许多伟大的思想家、科学家、发明家、政治家、军事家、文学家和艺术家，有丰富的文化典籍。”改革开放，吸收外国的好东西，同继承与发扬本民族的好传统并不矛盾，完全应该而且可以做到两者的统一。

三是国防意识。这是爱国主义的具体体现。在不发达国家之间的战争，实际是发达国家的需要。发达国家欺侮落后国家的政策没有变。中国自己要稳住阵脚，否则，人家就要打我们的主意。

我写回忆录，就是想提供一些进行“三个意识”教育的基本素材。

基于此，我的回忆录主要是写党，写军队，写烈士，写大家；我自己没有什么可吹的。

我以耄耋之年、久病之身能进行回忆录的撰写，要感谢解放军301医院的精细医护和身边工作人员的帮助。我的秘书刘旭同志，不为名利，为我查阅资料和进行文字整理工作，付出了辛勤的劳动。由于我身体不好，回忆录进展甚慢，好在有许多与我共过事的老同志，比如乐时鸣、马苏政等，都始终在关心这本回忆录，热情地帮我提出审阅意见。军事科学院解放军出版社为文稿的整理与出版给予了大力支持。我谨表示深切的谢意！

1991年5月于北京301医院

目　录

第一章　汨罗江畔

“湖广熟，天下足。”我的家乡湖南省，是个盛产稻米的地方，人们称为“鱼米之乡”。

湖南省有个洞庭湖，古称“八百里洞庭”，好大好大。洞庭湖东岸有条汨罗江，就是爱国诗人屈原殉难的那条江。汨罗江的中游，有个平江县。1909年1月，我出生在这个县的肥田区三眼桥白湖口村。平江的山上，长满了树木和竹子，四季常青。平地里，丘陵上，满是稻田，一年两熟。山坡上，房前屋后，生长各种果树，四时瓜果飘香。放眼原野，池塘如镜，河川纵横。农家男耕女织，鸡犬相闻。春天桃红柳绿，夏季荷花争艳，秋来金稻滚滚，冬至满地青翠，好一派南国风光。

钟期光的家乡湖南省平江县三眼桥镇白湖口村。村旁有一条汨罗江。它是平江的母亲河，由东向西贯穿全县流入洞庭湖。

然而，在我小时候的那个时代，家乡的人们贫富差距很大，社会地位极不平等。富人嘴上流油，穷人肚里空荡。权势者胡作非为，劳动者当牛做马。大好河山，人愁畜瘦，好多好多人家日子难熬。

我的乳名钟昱明，钟期光是学名。父亲钟开寿，是个佃农，因无钱上学，一字不识。当地叫这种农民为“泥腿子”，说的是他们一年到头在泥水里干农活。父亲租种余姓大地主的75担谷田维持一家人生活。母亲徐巽贞，是典型的农家妇女，除了操持家务和养育孩子，天塌下来也好像与她无关。由于家庭境况不好，我五个姐姐、两个妹妹都是很小即出嫁了。随着家庭吃饭人口的减少，父母亲又勤劳能干，才慢慢地有些积蓄，买了12担谷的自耕田。加上父亲负责管理一部分族产，到我记事时，约莫是个普通中农的家境。父亲弟兄两个。伯父叫钟臧寿，字克舫，是个中医，当地叫“郎中先生”。他自幼习医，长于外科，特别是治疗脚疮有术。他发明了一种叫“木鬼丹”的新药，是用粉碎的槐树叶和蜈蚣制成的膏药，这种膏药治疗腿脚肿大很有效。由于我伯父医术远近闻名，加之他不吃肉，常年吃素，人们称他“臧神仙”。家里挂着一块“种杏千株——钟克舫先生妙道，宣统元年谷旦吉立”的大匾，是当地名士为表彰我伯父的医术而送的。后来我参加革命，1927年上半年反动派抓我这个“暴徒”，株连九族，这块匾连同房屋被烧毁了。伯父没有儿子，将我一半过继给他，当地叫“一子承两祧”。伯父开始要我跟他学医，继承他的事业。因我不干，他就资助我读书，还曾经同我父亲协商：两家给我娶两个老婆，将来生了儿子，各家是各家的。但我母亲不同意。我刚16岁时，伯父首先给我成了亲，娶了个农家姑娘。我参加革命后，她就被当地反动武装“挨户团”捉去卖掉了。

按照封建宗族关系，我家为一大房，我又是家中唯一的男孩，从小受到家长的宠爱。1913年春，我刚4岁，父亲和伯父就送我去读书。两人一个行动，两个动机：伯父的意图，认为我人还小，性未定，先学会识字，学会打算盘，等稍大一点，或者让我跟他学医，或者帮他记账。父亲呢，他觉得自己世代为农，乡间恶人霸道，弱肉强食，受尽了别人欺凌，希望我长大以后能为他耀耀威、出出气。父亲对我说：孩子，你去好好读书，读了书就可以做官；即使你做不了官，同学中总有做官的，那时别人就不敢欺负我们了。因此，除了父亲种田的收入，母亲每年还喂四头肥猪，两头卖掉给我做学费，两头留作应酬人情开支，真可谓精打细算。

那时，在三眼桥镇上已经有了“国民小学校”。但因路程太远，我去不了，只好在附近上“子曰店”。“子曰店”正名叫“私塾”，都是私人举办，专教蒙童的，学的是“人之初，性本善……”。我从《三字经》读到《幼学琼林》，把《论语》《孟子》《诗经》《书经》《易经》《礼记》《春秋》《左传》等书都读完

1958 年 12 月初，钟期光赴武汉出席中共八届六中全会后，经长沙返南京途中，利用三天时间从长沙回平江县老家探亲。这是他参加革命后第一次回平江县。图为钟期光（左）和秘书刘慕涛在旧居前合影。

了。我的启蒙老师是黄理益先生，他在自家招收了三十几个学生。我们家乡的村庄，不像北方那样是大庄大村，而是由彼此有一定距离的独家独屋组成的分散村落。我家小地名叫“老窍塘”，读书的地方叫“江弦屋”，两地相距三四公里。我一个四五岁的孩子，买不起书包，手拿书本，晴天自己走，雨天路很滑，有时父亲送。每天来回走好几公里路，虽然苦一点，但从小锻炼了我走路的本领。这对我后来参加革命打游击很有用处。读了三年以后，我转到另一个地方读书。这个地方叫“朱家塅”，也是“子曰店”。老师是朱其昌先生，同我伯父交往甚密。我每天早出晚归，中午就在朱先生家里搭伙吃饭。我叫师母“初干娘”，她十分贤惠，给我做糍粑，吃大鹅蛋。慈爱之心，终生难忘。在这里，我开始学习作诗，学习“仄仄平平仄，平平仄仄平”。朱先生教我诗词歌赋。他很有学问，教书十分认真，非常严格。从用词、达意到格式与押韵，一丝不苟，反反复复地教我写习作，一字一句亲自修改。70 多年了，当时的一些习作，至今记忆犹新。我 10 岁时作的一首《燕子歌》是这样写的：“喜燕来时乐汝居，忽闻门外一声声。呢喃恰恰山人意，汝筑新巢我读书。”另外，还有一首叫《远眺》：“学生课毕出门行，忽听林中小鸟鸣。野外春耕农时急，青黄不接喜天晴。”

我从小酷爱书法，先是临帖书写，后学赵孟頫的字。那时条件很差，没有现代纸张和笔墨。一刀毛边草纸，正面写满反面写。一方粗砚，一条方块硬墨，要一次一次地自己临时磨。每天练，反复写，功到自然成。

儿时的举动，在当时认为“满有理”；其实，许多是恶作剧。我就办过不少这样的蠢事。记得 9 岁那年，朱先生说我没有帮助好一位同学，我不服气，顶了他。他抓住我的手，要用竹板子打我手心。我猛一抽手，撒腿就跑，被老师抓住，还是被打了一顿手心。我心里更是不服气:“好，你打，我不让你抽烟！”就偷偷地将老师的水烟筒上的烟嘴拿走，丢在河里，报复老师。我那时虽然年纪小，但个子高，同学们叫我“显长子”。加上学习成绩还好，点子比别人多些，我周围总有一群男同学跟着，算个孩子头，常常干出一些调皮捣蛋的事。家乡的稻田，需要蓄水养禾。有水就有鱼。放学回家的路上，我常常领着同学放干稻田的水，去捉小鱼。虽然我们玩得痛快，也有些小收获，但却害苦了农民叔伯。

1921 年，我 12 岁考进了平江县天岳书院的县立第一高等小学。当时的天岳书院，设有县高小、县立中学、县立师范三所学校，是平江的最高学府。我在这里读了两年高小、三年中学，直到 1926 年 17 岁中学毕业。

1958 年摄于平江县天岳书院门前（现平江第一中学）通三阳街的大道上。

在这期间，我认真学习，勤于思考，完成了小、中学的全部课业。令人难忘的是，天岳书院是我后来从事革命工作的摇篮，在那里我接受了进步思想，逐渐产生了革命意识。

1920 年前后的数年间，在中国历史上是政治风云变幻的年代，革命风潮四起。从“五四”爱国运动和新文化运动，到中国共产党成立、国共合作，新与旧、革命与反革命的斗争十分激烈。这一切，在我幼小的心灵里激起了滚滚波澜。国共合作时期，平江县国民党党部和县政府里有不少共产党员，如掌握武装的团防局局长余贲民、县教育局局长吴黑撑，都是共产党员。我们县立中学就有共产主义青年团的组织。在国共合作的形势下，多数青年学生思想倾向进步。我读高小时，就十分热心参加校内外的各种政治活动，参加学生自治会，管伙食，作代表，闹学潮，总有我的一份。放假回家，我们就走向社会，如联名控告当时纵赌聚头的警察机关。旧社会的官僚，一怕兵，二怕学生闹事。所以他们称兵为“丘八”，称学生为“丘九”。我们当时以当“丘九”而自豪。1923 年 3 月，孙中山先生在广州就任大元帅，平江工人学生等各界举行游行大示威，以示响应。国家兴亡，匹夫有责。1924 年在平江掀起了反对英帝国主义的洋奴黄栋材和钟坦然的斗争，我们将奸商贩运洋油的船只掀翻在落星滩河中。1925 年，我和张纯清等许多老师和同学加入了湖南抗敌后援委员会，利用暑假参加布景讲演团的宣传活动，演出《二七惨案》《朝鲜亡国惨》和其他宣传改革社会习俗的新剧，掀起了轰轰烈烈的爱国学生运动。在提倡民主、搞地方选举、竞选县议员时，同学们大都踊跃参加。我们校长周丽彬就当选为县议员。后来我参加革命，在国共合作破裂时，反动派悬赏通缉抓我，周校长等曾出面为我担保，但未成功。经县工会夜校教师黄友朋介绍，1924 年我 15 岁时加入中国国民党。大家选我担任区的青年委员和天岳书院学生自治会的负责人。1925 年 3 月 12 日孙中山先生在北京逝世后，平江全县哀悼。我们学校师生都去吊唁，送了好多挽联。通过参加这一系列活动，我的思想逐渐发生了重大变化，由一个好强向上的少年学生，转变成一个接受孙中山先生三民主义的中国国民党党员，并受到一些共产党员的思想熏陶。

1926 年我中学毕业。同期同学中，有的如邱维达（曾任国民党军军长，解放后为江苏省政府参议、省政协委员）等，考入了黄埔军官学校；有的如吴溉之（红军时期即任总政治部组织部长，中华人民共和国成立后任最高人民法院副院长等职）等，进了广州农民运动讲习所；我由同学介绍，到平江南乡爽源白马庙小学教书，白天教学生，晚上办农民夜校，帮助农民扫盲。

从此，我更多地接触农民，参与组织农民，开展农民运动的工作，进一步接近中国共产党。1926 年 12 月经徐梓文、杨云两同志介绍，我正式加入中国共产党，步入了为共产主义事业奋斗终生的革命道路。

第二章　平江暴动与平江起义

长期以来，不少人认为，我党领导的平江暴动（又名平江二月扑城）与平江起义，是同一事件的两种说法。其实它们是两回事，是既有区别又有联系的两个革命历史事件。

简言之，这两个历史事件，一个是大规模的农民武装暴动；一个是参与镇压农民暴动的国民党军队武装起义。前者始于1927年秋，后者则发生在1928年7月。平江暴动，是大革命时期，中国共产党的平江地方组织发动和领导的数十万农民群众，武装进攻国民党平江地方政权并威震湖南全省的革命斗争；而平江起义，则是受命镇压平江暴动的国民党军湖南独立第5师第1团和第3团3营，在我党驻该师地下组织的发动下，由彭德怀、滕代远、黄公略等同志领导的革命武装起义，是继南昌起义、秋收起义、广州起义之后，又一次威震全国的成功革命斗争。

先说平江暴动。

中共平江党组织的建立，在湘鄂赣革命根据地为最早。1922年，毛泽东同志在长沙找平江鞋工出身、五四运动前后从事工人运动的陈茀章和参加过辛亥革命的军官余贲民等人谈话，介绍他们加入中国共产党。随后，以这些同志为种子，在平江发展组织，建立了平江第一个共产党小组。

1924年第一次国共合作以后，我党组织有了较大的发展，当年4月成立平江特别支部，由李则鸣任书记。1925年成立中共平江地委，由余本健任书记。1926年改为中共平江县委，凌署霞任书记。此时，东、南、西、北四乡的各区和平江中学、平江师范、启明女师等学校，都建立了党的支部。全县有好几十个支部，我所在的肥田区是第21党支部，邱平川所在的思村区是第27支部。1927年，县委书记由毛简青担任。1927年4月，蒋介石叛变革命。5月，湖南长沙发生马日事变，何键、许克祥大肆屠杀工农群众，屠杀共产党员。在平江杀了工会负责人陈茀章和在新化搞工人运动的周得一。他们是平江最早牺牲的两位共产党员。在中共湖南省委派夏明翰（共产党员，平江长寿街人，当时任湖南省教育厅长）、张启龙（当时是浏阳县委负责人，因浏阳靠长沙近，省委指示多经浏阳传达到平江），会同罗纳川、邓神生等同志，在平江党内传达贯彻党的八七会议精神，批判陈独秀不要武装、害怕武装斗争的错误，整顿和健全党的组织，决定动员群众，组织群众，武装群众，以武装的革命反对武装的反革命。

随后，为了加强县委领导，成立了上东乡、中东乡、南乡、西乡、北乡五个党的特委，分别由吴钦民、罗纳川、邱平川、刘宗义（后来叫张纯清）、胡筠（女）担任乡特委书记。乡特委下面建立区委，如献钟区党的负责人是李国清、张若清（又名张警吾）、曾荣贵（人称“荣贵子”，组织武装斗争很有才能，打仗很勇敢）；嘉义区委负责人是喻俊清、黄耀南；还有长寿街的吴钦民、赵德鑫也是区委负责人（赵以开鞋店作掩护，店名“鑫工鑫”）。

早在建党初期，陈茀章、刘肱臣就创办县工会；余贲民、余本健创办县农会；陈景潜、吴梦潮、吴溉之（当时叫武涛）等举办工人、农民夜校。在我党的组织与影响下，平江的工、农、商、教四界，充满了进步的空气。党通过各种群众团体，采用李六如编写的《平民课本》，广泛宣传社会主义思想，揭露反动派的黑暗统治，教育和团结工人农民，使党和进步力量有了广大的群众基础。湖南制宪，平江选举县议员时，进步力量占了绝对优势。

1926 年，北伐军到达湖南后，平江县工会改为总工会，由李则鸣任会长；农事公会改为农民协会，由余本健任委员长；共产党员吴克坚（当时叫吴黑撑）担任了县教育局长，并兼任我党领导的秀野学校校长。国民党也公开成立县党部，由共产党员陈茀章、李俊章担任常务会正副主席，其他委员也多系共产党员，县党部的组织部长就是共产党员、总工会会长李则鸣。我是 1924 年加入国民党、1926 年加入共产党的。那时，我是国民党的区党部常务委员，又是共产党的肥田区区委书记，还是中东乡中共特委的秘书和下东乡游击队的党代表，不久任中共平江县委组织部长。当时，我利用国民党常委的合法身份，做我党的组织工作，发动群众，搞武装斗争。我党通过国民党和工农团体，在各城镇乡村普遍成立女界联合会、儿童团和各种参战组织，如向导队、担架队等。平江各界群众参加各种团体的人数达到 60% 以上。并广泛开展了农民减租减息、工人增加工资、妇女反对压迫儿媳等斗争。这样，群众的政治觉悟和组织意识普遍提高，为武装暴动准备了雄厚的群众基础。

在党的领导下，在群众运动的基础上，平江的武装斗争犹如喷发的火山，一发而不可收。

1926 年北伐战争开始以后，各地农民积极从北洋军阀手中夺取和收买零散武器。有个工会负责人叫梁正廷，在献钟渤头开饭店，对搞枪很有功劳。当时，吴佩孚的北兵走得疲惫不堪，又没有饭吃。他趁此机会，在饭店里摆了两桌好饭菜，"慰劳"北兵。当北兵们吃得正欢的时候，事先埋伏好的和冒充服务人员的辜家洞的纸工，在工会负责人黎慕芳的指挥下一拥而上，把这些北兵全部干掉，一下夺得 16 支步枪和一些子弹。有了这些武器，就成立起农民自卫军去打民团，扩大农民的武装。

余贲民是平江最早的共产党员之一。他是个曾参加辛亥革命巡防营的军官，后来又当上了国民党平江团防局的局长，获得了当时平江唯一武装部队的领导权。他有很高的革命觉悟，也有军事才能，为人民革命事业作出了很大的贡献，成为平江很有名望的人物。1927 年 5 月，马日事变的消息传出后，湖南人民义愤填膺。中共湖南省委前敌委员会将长沙四乡及平江等地的农民自卫军和工人纠察队统一改编为工农义勇军，准备攻打长沙。后因认识不统一，未能实现。当时，余贲民领导的平江工农义勇军已有 2000 余人，曾奉命东调参加南昌起义，后因中途受阻，折回湘东。8 月底，以毛泽东同志为首的湖南省委组织秋收起义，将平江、浏阳工农义勇军的主力和原国民革命军武汉警卫团等武装，合编为中国工农革命军第 1 军第 1 师，成为后来到井冈山建立红 4 军的基础之一。

我是 1927 年 6 月加入湖南工农义勇军平江第 1 大队的。余贲民同志率部参加秋收起义时，组织上决定留下我和邱炳、梁国基等同志坚持平江原地斗争。

秋收起义部队离开湖南以后，反动派加紧镇压革命。国民党派旅长阎仲儒、县长王紫剑到平江"清乡"，屠杀我党同志、进步青年和左派国民党员 500 余人。户户搜"暴徒"，村村杀"共党"，街头巷尾，挂满人头，河滩塘边，血染沙土。农民把阎仲儒和王紫剑称为"两个活阎王"，痛骂"阎王到境，农民遭殃"。群众称"清乡"为"清箱"（指翻箱倒柜，掠夺农民财物）。

敌人的镇压虽然使革命势力遭受较大损失，少数害怕武装斗争的党员离开了平江，逃亡外地，个别"软骨头"经不起考验，成为革命的叛徒；但更多的共产党员和广大工农群众并没有被镇住、被吓倒，武装斗争的烈火迎着血雨腥风不但没有熄灭，反而熊熊燃烧。我们当时的口号是："不能像绵羊那样任人宰割，要以武装暴动回答白色恐怖。""梭镖亮亮光，擒贼先擒王，打倒蒋介石，活捉许克祥。"在以罗纳川为首的县委领导下，各级党员干部隐蔽在乡村，扎根在群众之中，组织游击队同反动派开展武装斗争。我家所在的中东乡（包括嘉义、献钟、三眼桥）成立了一个游击队，由喻庚、李楚平负责。在我家所在的福星塅，我物色了一个人，叫余降祥。他过去当过护国军，打仗很勇敢。他当了游击队的中队长，后来编到正规红军里去了。长寿街金矿局有三十几支枪，由吴钦民、侯经武负责，成立上东乡游击队。南乡游击队的负责人是钟绍秋、邱平川。西乡的刘宗义（张纯清）、杨深如组织游击队活动在平西。北乡游击队由胡筠担任队长。上北乡有个"平北游击队"，又称"黄去由"游击队。"黄"字去掉中间的"由"字就是"共"字，意为共产党领导的武装。大队长黄去由本名曾韫辉，曾任瓮江区暴动委员会主任、湘北特委委员兼中共钟洞区委书记，他1930年10月在战斗中牺牲；后任队长叫方国民。

1927年9月18日，中共平江县委首先在东乡的献钟和南乡的思村组织暴动，消灭"挨户团"，捣毁区公所，镇压土豪劣绅，并筹划于9月20日举行攻打县城的暴动。

这次攻城，原定午夜以城里善慧庵的钟声为号，城里由我地下党组织工人暴动，城外农民暴动队伍则按各预定路线攻城，即城西近郊农民由西门进城，安定、思村一带农民由东门进城，三墩、瑚佩、恩溪、钟洞、梅仙、团山铺等地农民由北门进城，以期内外协同动作，占领县城。不料，负责撞钟的同志未能按时执行任务，参加暴动的群众一直候到天将破晓，仍听不到钟声，只好大部退却，部分群众队伍冲入岩山李家巷以后撤出，结果攻城暴动没有成功。

这次攻城虽未成功，但显示了工农群众的革命力量，给反动派以很大的震慑。

1928年春，湘桂系军阀混战爆发。我们又乘机搞枪，扩大武装。游击队到处袭击敌人零星队伍，收买和夺取散兵游勇的枪支，举行了一系列乡村小暴动，向地主豪绅的基层政权和区乡"挨户团"进攻。反动派为了对付共产党，压迫农民，先是搞"十塅联防"，后来搞保甲制度。例如我们肥田区，将福星塅、新胜塅、托莲塅、仁凤塅等10个塅捏合起来，成立一个"挨户团”。10 个墩的头头都是豪绅地主，他们欺压农民，最为农民痛恨。于是我们的游击队发动农民进攻“挨户团”、警察所。开始多在夜间秘密集结搞暴动。几十人、几百人不等，干完就散开。后来力量大了，就在白天暴动。先后将敌人基层武装一个个搞掉，夺来武器壮大自己。湘东有个著名土匪叫邱国轩，盘踞长寿街作恶甚多，平江义勇军东调参加南昌起义时，邱匪曾以诈降“合作”为计，反戈设伏，袭击义勇军。后来，游击队决定消灭这股土匪，经数小时激烈战斗，歼灭其一部，余部被击溃逃窜。游击队追击时，农民群众自动参战，追到嘉义附近，邱匪自觉难以逃脱，便沿路丢银洋，企图趁机逃跑。我们的战士和农民不捡银洋，在喊杀声中紧追不放，终将邱国轩活捉，俘敌 30 余，枪 30 余支。后来将邱匪公审处决，大快人心。就这样，全县游击武装很快拥有步枪 300 余支和大批梭镖、大刀、松树炮等武器。1928 年 2 月，正式成立中国工农革命军平（江）湘（阴）岳（阳）游击总队司令部，总队长是裁缝工人出身的余本健，党代表是罗纳川。

开始，反动派嘲笑我们：“平江农民真好笑，松树挖空做大炮，鱼叉钝铲打冲锋，梭镖鸟铳逞英雄。”但很快他们就尝到了这些土枪土炮的厉害。特别是鱼叉，一叉夺命；土豪劣绅见了就发抖。面对革命武装的壮大，敌人基层武装一个个被消灭，豪绅地主惊恐万状。他们见势不妙，只好夹着尾巴逃跑。到 1928 年春，平江县东、南、北三乡和西乡部分地区的反动分子全部窜聚县城，或逃往长沙，乡间普遍赤化，已无敌踪。革命群众兴高采烈，各区都召开群众大会，恢复农民协会，烧田契，焚租约，分田分地，分斗争果实；部署对县城反动派实行封锁，断交通，设步哨；各乡青壮农民、妇女、学生分别组织起来，一边生产、劳动、上课，一边练兵习武，轰轰烈烈，热火朝天。

为了消灭龟缩平江县城的敌人，夺取革命的更大胜利，1928 年 3 月（农历二月），平江县委决定组织群众武装扑城，成立平江工农暴动总指挥部，由罗纳川、余本健负责。事先密令各区乡编好农民自卫军队伍，做好动员准备。每个乡都编有搜索队、破坏队、敢死队、肃反队、救护队等，以棕绳和稻草绳系在腰间作标记，在竹竿上扎条草龙作战旗。当时有“革命分子棕交杆，农民分子系秆绳”之说（“革命分子”指中共党员，“农民分子”指非党群众；“秆”为稻草），流传至今。除了游击队的步马枪外，农民群众每人都有一件土造武器，大部分是梭镖、锄头、斧头、钩刀、扁担、木棍等等，特别是各乡都做了许多松树炮（将松树段挖空、打上铁箍，灌满硝磺和铁屑等制成），当时颇具声威。在暴动总部号召下，乡间工农壮丁，几乎全部踊跃参加暴动，只留妇女在本地担负警戒，全县动员了20多万群众，带着三天干粮，分四路包围县城。离城两三公里之内断绝了交通，组织了递步哨、检查站，侦察员沿途联络。为了迷惑敌人，群众队伍进行了各式各样的化装。有的穿着奇装异服，有的披麻戴孝，有的饰成和尚道士，挑担的、推车的、耍龙的、唱戏的，敲锣打鼓，吹拉弹唱，五花八门。在前一天按路途远近分别出发，星夜赶赴县城附近的指定地点集结。原定主攻北门，佯攻东西两门，拂晓全城发起攻击。但是，由于当时的组织指挥水平不高，农民缺乏作战经验，队伍虽然浩浩荡荡，十分庞大，但协同动作不好；游击队因混杂在农民队伍中间，以致未能充分发挥主攻作用，且枪支过少，加之县城的东、南、西三门被汨罗江水阻隔，易守难攻。正当我们要全面攻城时，敌人增援部队赶到，城内敌人查明虚实，猛烈反攻，以致这次扑城没有成功。只有北面喻庚那个游击队打进了北街岭上画桥，与敌展开巷战；东乡、南乡的群众只打到了城边；有的队伍则离城尚远。进攻受挫后，我们主动撤出战斗，退回乡村继续武装斗争。（电影《怒潮》所反映的，主要是平江人民这段轰轰烈烈的革命斗争。过去有人对《怒潮》妄加“批判”，说是“为彭德怀树碑立传”，这是完全混淆历史的。因为《怒潮》反映的主要历史背景是“平江扑城”而不是“平江起义”。）

从1922年成立中共平江第一个党的小组，到1928年3月扑城暴动，是平江人民一段光辉的革命斗争历程，其影响重大而深远。第一,“扑城”虽然没有成功，但从此揭开了武装暴动的序幕，取得了武装斗争的实践经验。游击队退回乡村以后进行了整编，划分了活动区域。全县编成五个大队：第1大队队长钟绍秋，在南乡活动；第2大队队长喻庚，在东乡活动；第3大队队长胡筠、李宗白，在北乡活动；第4大队队长武涛（吴溉之），在西乡活动；第5大队队长侯经武，在上东乡活动。这五个大队在县委的统一领导下，积极打击反革命清乡武装，取得了一系列重大胜利。第二，这次扑城是彭德怀等同志领导的平江起义的先声，也为以后扩大起义部队创造了条件。1928年7月，彭德怀等同志发动国民革命军湖南独立第5师一部举行平江起义后成立了红5军，共五个纵队，其中第1纵队和第3纵队的全部及其他纵队的部分成员，都是参加二月扑城暴动的游击队和工农骨干，其中不少同志后来成为我党我军的优秀领导干部。第三，锻炼和壮大了党的组织。平江县委从斗争中大量吸收农民入党，使党的组织在各乡区更加普遍发展，尤以东南两乡发展最快。

总之，平江暴动沉重地打击了国民党反动派，唤醒和锻炼了革命人民，锻炼了党，锻炼了革命武装，为以后建立湘鄂赣革命根据地奠定了基础，是继南昌起义、秋收起义之后，我党领导的一系列武装暴动之一，是中国共产党领导武装斗争的一次重要实践。

再说说平江起义。有关平江起义的材料较多，我只做些概要回忆。

平江暴动之后，引起了反动派的注意。1928 年 6 月中旬，军阀何键、鲁涤平为镇压平江的农民暴动，将原驻南县的独立第 5 师调往平江县。师部和第 1 团驻平江县城，第 2 团、第 3 团分驻平江北乡的虹桥和长寿街。但反动派没有料到，他们派驻平江县城的独立第 5 师第 1 团，以团长彭德怀为首的许多官兵，已经加入了共产党的组织，广大官兵受到我党传播革命思想的影响，不但不愿镇压工农革命，而且坚决站在工农群众一边，支持工农群众的革命行动。

早在北伐战争时期，就有共产党员在独立第 5 师从事革命活动。彭德怀受该师政治部秘书长、共产党员段德昌的影响很深，由信仰三民主义转向信仰马列主义，并于 1927 年 12 月加入了中国共产党。他和邓萍、黄公略等同志一道，在独立第 5 师积极传播革命思想，发展党的组织、建立秘密党支部和秘密团委，并以轮训班长为名，举办随营军事政治学校，培养革命骨干，还先后组织“救贫会”“士兵委员会”“读书会”和“经济委员会”，以提高士兵群众的革命觉悟。独立第 5 师到平江后，彭德怀同志多次向国民党湖南省政府电报“剿共战果”，要求拨发枪弹和饷银，同时要求将驻岳阳的随营军事政治学校的学员开赴平江，以便补充部队。另一方面，经常与上级党组织取得联系，从思想上、组织上和物质上做好武装起义的准备。

开始，我们平江县委和游击队并不知道独立 5 师中的革命力量情况和他们将要发动武装起义，只是感到这个清乡部队与其他国民党军队不同。他们“清乡”并不积极，有时遇到游击队，朝天放些空枪就往回跑，从不追击，反而在沿途显眼处“遗弃”一些弹药，使我们游击队时有收获。以后才知道，这是在该部当连排长的共产党员搞的“明剿暗支援”。

1928 年 7 月中旬，中共湖南省委特派员滕代远同志来到我们平江县委，由当时在机关的县委财务部长胡筠和宣传部长张警吾与他接谈。我是县委组织部长兼军事部长，为他进城准备了轿子与轿夫。按当时平江风俗，只有阔佬和有地位的人才可以坐轿子，因而坐轿子进城照例是不受官军检查的，所以滕代远同志安全顺利地进了城。我们的交通员将他抬到君子巷镜中天旅社即返回。当时我们只知道他是进城巡视党的工作，不知道有组织领导兵变的大计划。

1928 年 7 月钟期光任平江县委组织部长兼军事部长。图为中共平江县委旧址。

1928 年 7 月 19 日，彭德怀同志获悉：中共南（县）华（容）安（乡）特委机关被敌破坏，危及独立第 5 师我地下党的成员，国民党湖南省政府密电命令捕杀黄公略等同志。形势骤变，情况紧急。彭德怀、滕代远等同志当机立断，决定利用士兵正在闹军饷的情绪，提前发动武装起义。当晚第 1 团党组织召开紧急会议，进行了起义动员，并决定由滕代远同志负责政治工作和联系地方党、成立地方政府等事宜；邓萍同志负责起草起义文告和宣传工作；彭德怀同志负责军事指挥。7 月 22 日上午，又召开全团排以上军官会议，公开进行起义总动员，撤掉反动分子的职务，宣布各级新任的指挥员名单，并下达战斗任务。随后，全团指战员举行起义誓师大会，宣布拥护中国共产党，打倒国民党政府。

誓师大会后，彭德怀同志指挥第 1 团利用午休的时机，捣毁平江县城的反动军政机关，一举消灭反抗之敌 2000 余人，救出狱中五六百名工农群众，并占领了整个县城。第二天，随营学校由岳阳按时开到平江，提前一天起义的第 3 团第 3 营在黄公略同志的率领下也来到平江城郊。第三天，起义部队编为工农红军第 5 军，彭德怀同志任军长兼第 13 师师长，滕代远同志为党代表，全军约 2000 人。

“反水了! 起义了! ”胜利的喜讯，从县城的四街八巷，迅速传播到全县的东、南、西、北四乡。中共平江县委与红 5 军取得联系后召开了联席会议，决定组织全县总暴动。于是，革命红旗很快就插遍了全县。接着，召开全县群众大会，成立平江县苏维埃政府和区乡两级苏维埃政府。公审和处决了反动县长刘作柱等一批首恶分子，释放了在押所有政治犯，并改组中共平江县委，充实领导力量，大力发展党的组织，党员增加到 7万余人。同时，整顿武装，扩编游击队，全县建立了一支拥有大量土造武器和 700 支步枪的工农武装，还动员了大批青壮年参加红 5 军。从此，平江武装斗争和革命形势开始了一个新的阶段。

红 5 军占据平江县城共 7 天时间，后因敌人重兵来攻，于 7月 29 日撤出县城，到平江、修水、铜鼓等县边境活动。10月中旬，平（江）浏（阳）修（水）铜（鼓）等县的党组织和红 5 军党委召开联席会议，正式成立中共湘鄂赣边区特委。接着，红 5 军党委与边区特委又举行了联席会议，决定将红 5 军主力与地方游击队合编为五个纵队，并成立湘鄂赣前敌委员会，统一领导武装斗争。合编后，第 1、第 2、第 3 纵队由黄公略同志率领，留在湘鄂赣边区坚持游击战争；第 4、第 5 纵队则由彭德怀、滕代远同志率领，于 1928 年 12 月 11 日到达江西宁冈与红 4 军会师。

尽管红 5 军主力撤离平江县开赴井冈山后，湖南军阀多次对平江县实施“围剿”和“清乡”，使革命势力不时遭到严重损失，但总的说来，平江的革命武装不但没有被“剿灭”，反而越“剿”越壮大，越“剿”越坚强。在整个土地革命战争时期，红旗不倒的平江县，成为湘鄂赣革命根据地的基本阵地之一。在平江暴动中锻炼成长起来的红军游击队，也成为后来组建湘鄂赣主力红军第 16 军（后为红 16 师）以及多次补充红 5 军的一支重要力量，其中有不少同志成为我党我军的优秀领导干部。

从上述情况中可以看出，平江暴动为平江起义提供了机会和条件（包括起义契机、地理环境、群众基础、物质基础、兵员补充和地方党的支持等）；

平江起义又为平江暴动的发展胜利增添了力量和保障（包括改变敌我力量对比、提供武装斗争的经验和武器弹药、开创革命根据地等）。平江起义的伟大意义，已为历史所肯定、人们所熟知；而平江暴动则由于种种原因，并不为人们所广泛了解。平江暴动是我党早期领导的一系列武装暴动之一，虽然由于缺乏经验，在组织领导上有不少教训，但平江的党和人民对国民党反动派的反抗精神是可歌可泣的，斗争是英勇顽强的。它给了反动派以沉重的打击，唤醒了革命人民，锻炼了党和革命武装，发展和壮大了革命势力，是中国共产党领导武装斗争的一次重要实践。过去，或者只强调平江起义，掩盖和抹杀平江暴动，或者将两者混为一谈。尤其在“文化大革命”中，在林彪、江青等人歪曲革命历史的影响下，谁若提起平江暴动，就会被认为是“为彭德怀树碑立传”。这都是不符合历史真实的错误认识，是对平江人民革命斗争史的歪曲。我作为参加者和目击者之一，认为有必要澄清这段历史事实，还历史以本来的面目。

第三章　湘鄂赣边区的红旗

土地革命战争时期，湘鄂赣边区人民的伟大革命斗争，在我一生的经历中，是最难忘最值得回忆的。

在血泊中奋起

1928 年 3 月的平江扑城暴动，显示了我党领导的革命农民运动的巨大威力，发展和壮大了党的组织，取得了革命武装斗争的实践经验，给了国民党反动派以沉重打击。国民党反动派出于阶级本能，疯狂反扑，血腥镇压革命运动。

扑城暴动以后，国民党反动派随即调第 16 师彭位仁部、第 19 师李觉部，会同阎仲儒旅和县长刘作柱，向平江游击队发动"围剿"。首先在安定、思村、献钟、钟洞等地成立和扩大"挨户团"等地主武装，到处捕杀共产党员和革命群众，全县被杀害者数千人。平江武装斗争的领导人、扑城暴动委员会主任罗纳川同志，于 4 月在西乡梓江被捕，当夜遭受惨杀。

1928 年 4 月，国民党新军阀蒋介石与唐生智在湖南地区的内战暂时停息，反动当局对我党领导的革命运动镇压更加残暴。5 月，鲁涤平任国民党湖南省政府主席兼"清乡"督办，何键兼"清乡"会办。他们将全省划分为五个"清剿区"，分别配备兵力，对革命运动进行残酷的"清剿"。平江、浏阳、醴陵三县被划为第 1"清剿区"，以第 2 军副军长张辉兼任指挥官。参加"清剿"的部队有：朱耀华领导的 23 师、周磐领导的湖南独立第 5 师、第 6 师第 2 团、第 35 军之徐营。在全省"清乡"督办之下，各县设立"清乡"委员会，组织"清乡"队、"挨户团"等地主武装协助"清乡"。敌人在平江杀人最多，有几个地方受害最重，东乡的辜家洞、徐家洞、灶门洍、百福洞，被血洗一空，所有房屋全部被烧毁。不管你是否参加过革命，也不论男女老少，见人就杀。真是"杀人不眨眼，血流成江河"。萤火洞与浏阳县交界，敌人就搞平浏两县"会剿"。我家所在的肥田区三眼桥的各级农会委员长，有的是共产党员，有的不是，只要被敌人捉住都要杀掉。我们那里是第 27 乡农民协会，农会委员长叫钟紫云，就被敌人杀掉了。那时，敌人把这叫作"抓暴徒"，把共产党员和同情支持革命的农民群众及其亲属，统统叫作"暴徒"，抓住就杀。我家的三间房子全部被烧掉，一个姐夫被杀。和我同在李氏小学校教书的一位教师李国安，是共产党员，为人忠诚老实，对革命很坚决，因他有老婆孩子，敌人来时走慢了一步，也被抓住杀害了。

但是，革命的不怕死，怕死的不革命。敌人的血腥镇压，不但没有扑灭革命，相反，真正的革命者更加坚定了，对付敌人的办法更多了，党的组织更严密、更有战斗力了。烈士的鲜血，染红了革命的红旗。国民党反动派搞"清剿"虽然十分嚣张和残暴，但由于他们只能占驻重点城镇，所以广大农村，特别是山区，仍是游击队的天下。敌人虽然也经常下乡"清剿"，但只敢走大路、公路，不敢走小路，更不敢进山。常常山下是敌人，山上是我们游击队。他们依靠的是豪绅地主，还有民团、"挨户团"，人数很少。我们的群众多，广大工农拥护革命。平江人民非常好，那时虽然生活很苦，没有米饭吃，搞不到盐，但不论我们走到哪里，到处可以吃到红薯丝饭，群众有什么就给我们吃什么。他们还像亲人一样保护我们，从不向敌人告密。尽管不少人因窝藏"暴徒"遭受株连，有的被满门抄斩，但绝大多数群众始终站在革命一边。

国民党独立第 5 师是 1928 年 6 月由南县调平江"清乡"的。师部直属队和彭德怀同志领导的第 1 团驻平江县城，张超的第 2 团驻南江桥，刘济仁的第 3 团驻长寿街，黄公略同志的第 3 团 3 营驻嘉义市。1、3 团中因有我党的组织，官兵同情革命，他们的"清剿"同其他反动军队大不一样，进村前先朝天放枪，名为"清乡"，实为报信，让我们游击队转移。乒乒乓乓放一阵枪之后，给我们丢下一些子弹就走了。1 团的党组织很坚强，有个副官长叫邓萍，是 1 团的党支部书记，也是彭德怀同志的得力助手。滕代远同志去 1 团时，首先找到他接上党的关系。（后来他当了红 5 军参谋长，到中央苏区办教导队，红军长征第二次攻打遵义时牺牲了。）滕代远同志当时任省委巡视员，先到浏阳，后到平江县，那时我们平江县委在距县城十余公里的浊水、宦田一带。

1928 年 7 月，彭德怀、滕代远、黄公略等同志发动的平江起义，震撼中外，给敌人以沉重打击，对湘、鄂、赣三省边界各县的革命斗争是个极大的鼓舞。不久，各县先后建立了革命政权和人民武装，并产生了统一的革命组织——湘鄂赣边区党的临时特委，成立了湘鄂赣边区苏维埃政府。从此，湘鄂赣革命根据地正式诞生了。

平江起义后，在长寿街召开了平江全县苏维埃代表大会，选举张怀一（后叛变）为县苏维埃政府主席。下设好几个委员会，如肃反委员会、土地委员会、文化委员会、财政委员会、赤卫委员会，等等。我担任县苏维埃政府秘书长，负责行政工作，同时，又是县委组织部长。县委书记是黄栋清（后来是涂正坤），胡筠任县委财政部长，张若清（又名张警吾）任县委宣传部长，刘宗义（又名张纯清）任军事部长。后来，平江游击大队与红5军合编为五个纵队。刘宗义跟吴溉之率部到中央苏区去了，由我兼任县委军事部长。那时，县委的领导中心，是在北乡与东乡交界的钟洞、思溪、留良洞一带，以这里为主要根据地，因为这一带好机动，进出方便，四通八达。

这个时期，何键调六个团来平江进攻起义队伍，镇压革命，敌人随即又搞三省“会剿”，红5军被迫离开平江，斗争十分艰苦。但平江县委和县苏维埃政府还是做了大量很有成效的工作，对湘鄂赣革命根据地的巩固和发展起了积极作用。首先是整顿和壮大游击队。各乡游击队从起义部队那里得到一些枪炮子弹，经过整编训练后，全县成立了一个游击队，总队长是孔荷宠（曾担任湘鄂赣军区总指挥，后叛变）。这支游击武装，对保卫革命政权、开展对敌斗争和后来充实扩大主力红军，都起了历史性的积极作用。其次是发展壮大党的组织。县委通过各乡、区当地党员骨干，利用“地利人和”的有利条件，在反动派的各级地方基层政权机构中开展党的工作，有效地动员群众，发展组织。再就是巩固和扩大各级农民协会。农会是农民自己的革命组织，代表广大农民的切身利益，有广泛的基础。尽管敌人大力破坏，杀了不少农会干部，但由于县委和县苏维埃政府的不断发动群众，并进行各项工作，农会始终没有被搞垮。特别是各个洞里的农会，总结了一套对付敌人的办法，敌人很难抓到农会干部。此外，在斗争中锻炼和培养了一批革命干部，不少人成为湘鄂赣革命斗争的骨干。

这个时期，党的工作由于缺乏经验，也出现不少偏差。例如，在发展组织工作中，有的地方受会道门的影响，采用会道门入会的办法，就是摆上香案，把香点燃，由入党人持香宣誓:“如果我叛党，照香行事”，一刀把香斩成两段。这种办法不符合我党的组织原则，是会道门“红家”（即所谓“圈子”）的办法，龙门等地就这样搞过。这主要是前期的事，后来纠正了。又如，中共平江县委曾经颁布一种纪律，叫作“杀的纪律”。规定“违犯纪律者杀”“泄露秘密者杀”“携械投敌者杀”……共有12条。这种做法持续了好久，直到传达党的第六次全国代表大会精神以后，提倡“自觉的纪律”，才开始得到纠正。当时在“杀的纪律”的错误思想指导下，我们做过一些错事。平江扑城暴动以后，有的人逃到外面去了。有个叫梁振廷的，他逃到修水后，把20条枪卖给了修水“靖卫团”，得到一笔钱。当时我们认为，这是一种携械投敌行为。后来形势缓和他回到平江。他有个儿子叫梁国基，担任边区团特委的书记。我们就把他们爷俩捉住杀掉了。为此，中共湖南省委发表了一个《告湘鄂赣边境全体同志书》，由省委巡视员蒋长卿同志来传达省委指示，纠正“杀的纪律”。梁振廷父子事件是边区特委书记王首道同志经手处理的。他说：你们哪个干的，只要坦白了就没有问题。12条“杀的纪律”是县委集体定的，杀梁振廷父子是县委很多委员赞成的，但又不能由集体承担责任，最后由我们三个人出来承认错误。其中有我、邓神生和谢光振。一个工人、一个农民、一个学生，我是学生出身的。最后蒋长卿同志作结论，认为梁振廷把枪卖掉，个人得到几十块银圆，死有余辜；但他儿子梁国基没有参与，不应株连；要纠正“杀的纪律”。对我们的处理是：把我们三个人调离平江县委（把我派到铜鼓县工作，邓神生调到长沙工作，谢光振消沉下来了），并给我们留党察看3个月处分，以教育边区全党同志，正确地执行组织纪律。在公布杀梁振廷父子的问题时，李克家写了个布告，落款为“中国共产党平江救党委员会”。我们不晓得有这个东西。这种做法是很错误的，因为写个“救党委员会”，就是表示从党里分出来一个派系，是分裂党的行为。

扩大苏区

1929年9月，我被调到铜鼓任县苏维埃政府文化委员会主席，并代理一段县苏维埃政府主席。当时湘鄂赣边区特委的口号是:“发展苏区，扩大苏区，将苏区连成一片。”这也是边区特委书记王首道、宣传部长袁国平同志派我去铜鼓工作的任务。

我去以后，铜鼓县委负责人走了。县苏维埃政府主席叫樊任民，是本地人。从平江去的人除了我，还有邱紫霞，任县苏维埃政府财政部长。他的儿子叫邱炳，是我的同学。我们一起坚持三年游击战争，后来他在南昌病故了。

铜鼓背靠平江，大部分地方是山区，穷得很，连红薯都没得吃，又没有钱，就是有钱当地也买不到东西，要到外地去买，老百姓连油盐都很难吃到。我去前有三四个区是苏区。幽居是个基本区，是个老根据地，铜鼓县苏维埃政府就设在那里。那时候，湘鄂赣敌人的策略是:“车干塘里的水，来捉塘里的鱼。”就是把老百姓杀的杀掉，赶的赶走，迁移的迁移，拆散我党同群众的鱼水关系，使我们失去群众，以达到他们扼杀革命的罪恶目的。铜鼓敌人的民团很厉害，驻在尤家河，抓到人就杀。铜鼓本来就穷，人烟稀少，加上敌人的“杀、赶、移”，苏区群众更少了。我是外地人，刚到铜鼓，对当地老百姓不熟悉，没有群众基础，工作很不好搞。民团经常来进犯，那时县里没有武装，不能抵抗，只能跑，敌人来了就躲起来。好在是山区，贫困偏僻，敌人待不住。他们一走，我们便开展革命工作。

1929 年 9 月，钟期光调到与平江县毗邻的江西省铜鼓县，任县苏维埃政府文化委员会主席，县苏维埃政府代理主席。图为江西铜鼓县苏维埃政府第一次工农兵代表大会旧址。

当时，我们主要做两项工作：一是稳定人心，发动群众；二是恢复生产，改善人民生活。留下没有走的老百姓，都是很穷的，是我们的基本群众。我们向他们宣传党和苏维埃政府的性质和任务，进行阶级斗争的教育，使群众认识到共产党和苏维埃政府是站在他们一边为他们服务的，地主豪绅和国民党民团是他们贫困的根源。我们通过广泛宣传，层层发动，苏区群众觉得有了依靠，明确了奋斗目标，革命积极性高涨起来。外出自谋生路的老百姓陆续返回，被敌人强迫“移民”的人也纷纷跑回家乡。于是，我们就领导大家恢复和发展生产，改善生活，巩固和发展苏区。山区土地多，就靠山吃山，组织群众开荒种茶，把加工好的茶叶，运到修水那边的渣津、马坳去卖，也到浏阳这边的白沙镇去卖，卖了茶叶换回粮食和生活用品。山上野猪多，我们还组织群众上山打野猪，解决吃肉问题。就这样，铜鼓苏区的工作有了新的起色，不仅巩固了原来的三四个区苏维埃政府，还扩大了一个新的苏维埃区政府，地名叫作杨家塅。

后来，边区特委组织部长杨幼麟（又名石夫）同志到铜鼓巡视工作。那时边区其他县不少苏维埃政府被敌人搞垮了，当他了解到铜鼓的红旗没有倒，而且苏区扩大了，各级组织健全，工作活跃，生产得到了发展，受到群众拥护等情况时，他表示满意。边区特委听了他的汇报以后，对我在铜鼓的工作给予了肯定和表扬，并决定调我回平江工作。

攻打长沙

1930 年 5 月，王首道同志把我调回平江，让我跟随红 3 军团参加打长沙，任红 5 军秘书长。（即史称“红军第一次打长沙”。1930 年 8 月 29 日至 9 月 12 日，红军第 1 方面军曾第二次攻打长沙。敌军固城坚守，红军久攻未克，主动撤出战斗。）

7 月中旬，3 军团在平江长寿街开会。会议由彭德怀同志主持，讨论攻打长沙问题。我参加了会议，听到彭德怀同志和红 3 军政委邓乾元两人争论。彭德怀认为长沙好打，要打长沙；邓说中央指示打武汉，不同意打长沙。当时执行立三路线的党中央提出“争取一省数省首先胜利”，目标首先是打下南昌和武汉，长沙没有列入目标。所以彭、邓意见不一致。实际上当时武汉确实不好打，红军从湖南北进，隔着长江，又没有船，力量也悬殊，无法取胜。邓乾元同志是文人，不懂军事。彭德怀同志是打下岳阳以后，觉得武汉不好打，才回头将部队开到平江，准备打长沙的。会上除彭、邓意见分歧外，其他人都是听会没有发言。最后按彭的意见做攻打长沙的准备。

1930 年 7 月打长沙时，名义上是红 3 军团，实际上是以红 5 军的部队为主体，仗打得很顺利。红军从平江西门出发，过了西乡，有个瓮江市，在那里一下子把守敌 1 个旅吃掉了，真是势如破竹。敌人兵败如山倒，国民党兵像鸟兽那样四散逃路。红军乘胜追击，直抵长沙城。平江有个独立师参加了攻打长沙。独立师师长叫朱平，是湖南第一师范毕业的，是我们那个塅里人，家住浊水。朱平同志很勇敢，在打长沙的战斗中，他带头冲过长沙东郊的槊梨河。那时候槊梨河没有桥，临时搭的浮桥。他指挥独立师通过浮桥向长沙浏阳门和小吴门进攻，首先占领这两个门，为后续部队冲入市区开辟了通路。他善于调查研究，熟悉路线，熟悉情况，仗打得很好。他后来在中央苏区作战时牺牲了。

打长沙时，平江县委的任务主要是动员农民参战，组织担架队。平江农民参加打长沙的有几万人。农民扛着抬轿子的大杠，以区为单位编为赤卫队，秩序井然。他们过瓮江，到涪口，经长乐街，抵金井，从浏阳门进城，住在韭菜园，每天同市民一道参加红军召开的群众大会。农民很拥护打长沙，感到能到长沙来很了不起，又有实际利益，走在大街上威风得很。打开长沙以后，在市中心的教育坪开了好多次大会，群众队伍高举红旗，五彩缤纷，锣鼓喧天，火铳齐鸣，庆祝胜利。随即成立省苏维埃临时政府，选举李立三为临时省苏维埃政府主席，他没有到职。实际上省苏维埃的工作由王首道、彭德怀、杨幼麟等同志主持。当时还成立了一个肃反司令部，由省苏维埃政府成员、边区特委委员赖汝樵同志任司令。他的任务是镇压反革命，维持社会秩序。打下长沙清理街道时，捉住长沙四乡各县逃到城里的许多土豪劣绅，在天心阁召开群众大会公审后镇压。又打开何键的监狱，放出几千名反对国民党黑暗统治的“政治犯”。红军派出大批小分队广泛进行街头宣传，受到群众热烈拥护。农民大量进城，因为有组织有领导，秩序并不乱。商店照常营业，只有大商店的老板跑掉了，我们就没收其财物，特别是红军和群众都需要的药品和现金。再就是日常生活用品，如盐、铁锅等。红军主要是清理敌人的兵器库，缴获了大量武器弹药。

红军打下长沙，共俘敌4000余人，缴获长短枪、机关枪、迫击炮等3000余支（挺、门）及大批弹药、物资。尤其是在政治上对湘、鄂、赣几省震动很大，并且影响全国以至世界。这是我军在红军时期夺取的唯一省城，是大革命失败后对国民党武装镇压人民的有力回击，给了湖南敌军以沉重打击，使白军后来“谈红色变”，壮了红军的军威，为以后粉碎敌人的多次“围剿”鼓舞了军心民气；缴获了大批武器弹药，对增强装备和扩大红军与地方游击队起了很好的作用；搞到了不少现金和物资，不仅改善了红军给养，而且长沙附近各县农民也得到了实际利益。但当时的红军并不具备占领大城市的条件，所以第一次攻打长沙的胜利，只是特殊条件下的战役胜利，并不具有普遍意义。

“左”倾危害

1930 年至 1931 年上半年，是湘鄂赣边区的全盛时期。在中央苏区和全国其他苏区革命形势的影响下，以平江、浏阳为中心，包括湘东北、鄂东南、赣西北三省边境 20 余县的大部或部分地区胜利发展。在广大苏区，摧毁了国民党的反动统治，建立了苏维埃政权和各种革命组织，镇压反革命，进行政治、文化、军事和经济建设，取得了十分可喜的成绩。苏区军民欢欣鼓舞，革命积极性空前高涨。

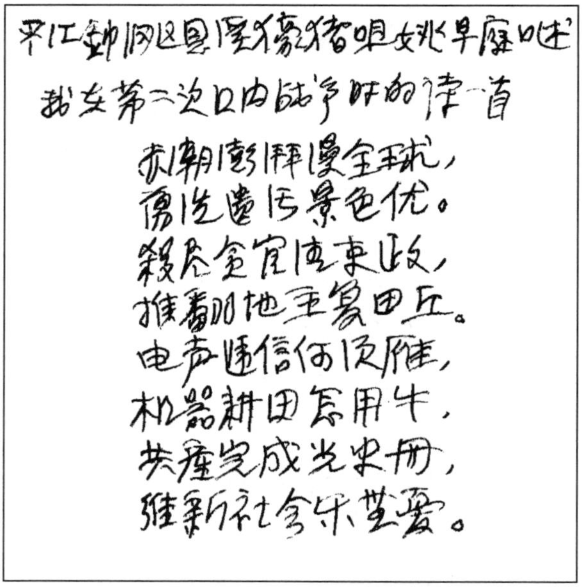

钟期光手书他在土地革命战争时期写的一首诗，“赤潮澎湃漫全球”。

平江县在 1930 年几乎“全县赤化”（只有两个山区不属于我们，由豪绅地主盘踞，掌握着一个“挨户团”，我们打不进去。一个是黄龙山由黄伯魁占领，另一个是南江桥由黄少谷统治，这两个反动堡垒，一直到全国解放时才被我们消灭）。当时县委书记是王赤，妇女部长是李贞，宣传部长是黄耀南，我任县文化委员会主任（等于现在的教育部长）。那时我们办了好多列宁学校，初小、高小很普遍，让广大农民的孩子免费上学，还办了农民夜校，给成年农民扫盲。

靠平江南乡的边界，有个长沙县的遵阳区，1930 年建立了革命政权，区苏维埃政府的负责人叫余考山。这个地方虽归长沙县管辖，但当时的革命政权属平江县领导，还成立了一支游击队。

与平江相邻的湘阴县，当时有著名的蓝、向二洞，是湘北小块革命根据地之一，也是整个湘鄂赣苏区的革命支撑点之一。在地理上与平江西乡的岭川、谭家坊相毗连。湖南马日事变后，虽然全省白色恐怖严重，但这里的农民运动与党的组织从未停止过活动。曾任第 24 军军长和浙江省军区副司令员的梁金华同志，就是从这里参加革命工作的。

这个时期，湘鄂赣边区革命形势得以发展的原因是：从客观上看，经过 1928 年的“围剿”，敌人以为革命力量被消灭得差不多了。1929 年春，蒋介石、李宗仁内战爆发，鲁涤平离开湖南，其所辖部队也从这一地区撤走，给革命形势的发展带来有利条件。从主观上看，红 5 军已由江西返回湘鄂赣边区，将红军第 5、8 军合编为红军第 3 军团，胜利攻占长沙。以后，红 1 军团又来会师。主力红军和地方武装都得到很大发展，这是边区革命形势发展的坚实基础和可靠支柱。有了武装，一方面保卫苏维埃政权，一方面开辟白区工作，组织群众武装暴动，打土豪分田地，革命运动日益壮大。

但是，1931 年以后，党内“左”倾路线给湘鄂赣边区的建设带来了严重危害，加之敌人的疯狂进攻，使革命受到很大损失。

1931 年，我被调到湘鄂赣省军区当宣传科长。在那里没有待多久，又调到省委保卫局。涂正坤是保卫局长。我开始当政治检查科长，1932 年 7 月省苏维埃第二次代表大会以后当侦察部长。那时，党中央由以王明为代表的“左”倾教条主义者统治，他们不相信湘鄂赣当地干部，不相信知识分子，只信任从苏联回来的人。1932 年 1 月，中央派林瑞笙、陈佑生来改组湘鄂赣省委和省总工会。否认敌人会进行第四次“围剿”，提出“反平浏观念”“反游击主义”，执行“国际路线”,“向东南发展”。由于放松了对敌斗争的准备，把斗争矛头指向革命队伍内部，造成了肃反扩大化的严重后果。那时，省委常委直接抓肃反工作，由林瑞笙、陈佑生、孔荷宠、傅秋涛、张金楼等分工负责。陈佑生是全国总工会执行局的代表，他在湘鄂赣一手遮天，根本不讲什么民主，一切只由他说了算。省委书记林瑞笙是从湘赣边区调来的，把“左”

的那一套也带来了，保卫队长也是他带来的。保卫局有个保卫队，三个排，人数比一个连的人还多，叫政治保卫队。名字很好，实际上负责抓人、关人、杀人。省委副书记黄加高，执行部长罗兴，都执行“左”的路线。那时，认为“左”就是革命，“左”最革命，不“左”的人就是“右倾机会主义分子”。保卫局掌握在这些人手里，大搞逼供信，谁不同意他们的做法，马上就挨整。我因对大量逮捕红军干部持异议，省委就认为我在肃反工作中犯了“右倾机会主义错误”，将我调离保卫局而改任省委文书科长。在部队里，红 16 军的政治部主任吴天骥同志也被当成“反革命”杀掉了。省互济会主任胡筠同志、省反帝大同盟主席张警吾同志、省苏主席赖汝樵同志等大批省级干部，都成了“肃反”的主要对象，被捕捉刑讯，有的惨遭杀害。这是历史上的大冤案，应该平反。当时鄂东南地区就是肃反扩大化自己把自己搞垮的，搞得没有干部领导了。浏阳也搞得很“左”。平江整自己人不多，“左”主要反映在对敌斗争上，抓住土豪劣绅的家属，负责押送的人就可以就地杀掉。

“反平浏观念”，就是打击和清洗土生土长的，并得到群众拥护的平浏老干部。在湘鄂赣边区，平江、浏阳建党建政较早，培养的干部较多，这是历史发展的客观结果。李宗白、杨幼麟、赖汝樵等一大批在当地革命斗争中产生的领导干部，对湘鄂赣边区的建设作出了重要贡献。但林瑞笙、陈佑生为了扫清推行极左路线的障碍，对这些有经验的老同志统统加以打击排斥，以组织名义作出决议，公开进行批判斗争。林瑞笙等迫害平浏老干部，失掉人心，致使革命形势急剧逆转。这是十分惨痛的历史教训。

“左”倾路线的另一个表现，是打击和排挤知识分子。林瑞笙、陈佑生搞唯成分论，让一个文盲雇农当省苏维埃政府的教育部长，那时知识分子是吃不开的。但在湘鄂赣边区党的早期建设中，正是一批学生出身的小知识分子，最先接受党的影响，投身革命，不少人为实现党的纲领献出了生命。因此，“左”倾路线打击排斥知识分子是不得人心的，是危害革命的严重错误。

向长武路发展

1934 年 1 月，中共中央派陈寿昌、徐彦刚同志来湘鄂赣，纠正林瑞笙、陈佑生同志的“左”倾错误。在这之前，中央多次发来电报并派巡视员来边区，指出：否认敌人会进行第四次“围剿”，放松对敌斗争的准备是错误的。

陈寿昌同志来后，首先纠正肃反扩大化的错误。举办训练班，以中央有关肃反问题的文件作为教育材料，批判"肃反中心论""肃反唯心论"。从而，制止了革命队伍内部的乱捕乱杀，稳住了人心，把中心工作转向了对敌斗争。当时，中央派到湘鄂赣的有好多干部。陈寿昌同志任省委书记兼省军区政委。徐彦刚同志任省军区司令员。到湘鄂赣的干部还有刘玉堂、谭启龙等。谭启龙同志任湘鄂赣团省委书记。

陈寿昌刚来时，让我任省委秘书长。后来，省委决定成立两个边区：修（水）铜（鼓）宜（丰）边区和湘鄂边区。总工会委员长施济被派到了修（水）铜（鼓）宜（丰）边区，任务是"向东南发展"；我被派到了湘鄂边区，任湘鄂边中心县委书记兼独立团政委，任务是"向长武路发展"。

省委派了一些干部，由我带着到湘鄂边去。但因南方山区十分闭塞，十里三音，这些干部不是本地人，不懂话，斗争艰苦，不能生根落脚，工作很困难。于是，我尽量发现和起用当地干部。那里不同于平江老苏区，到老百姓家里吃饭要钱。没有钱不行，带去的人长期在山上不行，搞不到钱不能生活。后来提出一个口号叫"下畈去"。就是到群众比较密集、田地比较多的山区谷地开展革命活动。虽然到处都有敌人的"挨户团"，但老百姓还是保护我们的。中心县委开始有个一千多人的独立团，后来交到主力红军去了，剩下一个保卫队，主要是在山区活动。

湘鄂边中心县包括湖南的临湘、岳阳和湖北的通城、通山、崇阳和蒲圻等县的广大地区。当时没有电台，与外面没有联系，只有靠独立自主。县委领导有个副书记叫黄天宝，蒲圻人，我调走后，他当了县委书记，后来叛变了，当了敌军的教导员。抗日战争时，他的部队在江南被我们打垮。宣传部长叫陈樵，岳阳人。军事部长张存信，蒲圻人，很老实。妇女部长沈春华，家住蒲圻茶蔸园，她的丈夫周长工，是县委委员。保卫局长黄启炳，也是蒲圻人。当时省委派到中心县委去视察工作的有张藩、李平同志。李平过去叫饶国瑞，蒲圻人。他是省保卫局执行部长，当过代理保卫局长，很勇敢，能带兵打仗，又是当地人，搞钱很有办法（解放后当了湖北省水产厅厅长）。中心县成立了县苏维埃政府，主席叫李济平，绰号叫"豆腐渣"，后来叛变了。他带着敌人到处抓我、抓张藩同志和在那里养伤的省军区参谋长严图阁同志，但都没有抓到。解放后"豆腐渣"被镇压。

中心县划分为六个区。东关区在崇（阳）通（城）交界，马颈区在长武路上，塔坳区在崇阳。县委的活动中心在崇阳、通城一带，以马颈山脉为基本根据地，领导全县的日常工作。这里靠近湘鄂两省边界，山高林密，敌人很难对付我们。

湘鄂边中心县处在粤汉铁路长沙至武汉路段的中间地带，山峰连绵，地势险要。从山上下去截住敌人的火车，就可以搞到钱和各种物资，除了我们自己使用，还可以供给省委。那里成了省委解决财政问题的一个重要“后勤基地”，省里经常派人来取钱物。当时省委机关在平江、浏阳交界的连云山脉黄金洞，傅秋涛代理省委书记兼军区政委，经常派刘玉堂等同志到我们那里搞钱。我们的工作，除了搞钱搞物，主要是发动群众积极扩大苏区，发展党的组织，使边区各县连成一片。

第四章　反“围剿”失败与三年游击战争

1934年前后，至全面抗日战争爆发之前，湘鄂赣边区的红旗，在内外矛盾交错、围绕第五次反“围剿”和三年游击战争的激烈斗争中，迎着血雨腥风，高高飘扬。

“围剿”与反“围剿”

湘鄂赣苏区第五次反“围剿”之前，军事、政治和经济形势十分严峻。

同中央苏区一样，湘鄂赣苏区虽然取得了第一至第四次反“围剿”斗争的胜利，但国民党反动派并不甘心失败，正在策划更大规模的第五次“围剿”。1933年10月，蒋介石调集百万大军，200架飞机，在全国大举“围剿”革命根据地，其中以50万兵力对中央革命根据地发动重点进攻。进攻湘鄂赣根据地的敌军有6个师另6个旅和16个“保安团”，10余万人。当时，原红18师已调往湘赣边区，除各地有数量不等的地方武装外，边区的红军主力部队只剩红16师1000余人。而红16师还遵照中央军委的电令，向东行动，会合从湘赣根据地北上的红17师，破坏南浔铁路、牵制敌人，以配合中央革命根据地的反“围剿”，造成了本根据地主力部队的一度空虚，为进犯之敌提供了可乘之机。

在政治上，湘鄂赣苏区本来是在大革命时期就建立了中共党的组织的老革命根据地，群众的发动与组织广泛而深入，党的建设、政权建设和武装建设都有雄厚的基础。但随着对敌斗争的深入，极左思潮发展，宁“左”毋右的倾向越来越突出，造成革命事业的严重内耗与外损。特别是1932年3月以来，“左”倾路线在湘鄂赣边区得到全面贯彻，后果十分严重。以林瑞笙、陈佑生为首的中共湘鄂赣临时省委，虽然主观上是革命的，但在王明主持的中共六届四中全会和“国际路线”精神指引下，全盘否定原省委的工作，错误估计形势，盲目轻敌；在发展方向上，以“一省数省首先胜利”为中心任务；否定红军的“游击主义”军事方针，主张红军搞正规化，打阵地战、堡垒战；以反“平浏地域观念”为由，排斥本地在斗争中成长起来的有经验的老干部；肃反工作严重简单化、扩大化，到处乱抓国民党“改组派”“AB团”“恋爱社”“白军团”“姊妹团”，随意捕杀，省、县以下各级党政军领导人赖汝樵、张警吾、胡筠、吴天骥、刘英杰、李幼军、汤钊、叶金波、王直、左之前等数千人冤死于肃反扩大化，极大地削弱了革命力量。

在经济上，边区党和政府领导人民，一再粉碎敌人的经济封锁，以保证军需民用为目的，积极从事必要和可能的经济建设。以发展农业生产为中心，组织共耕队、耕牛站等，开展生产竞赛，提倡开荒，发展养殖，植树造林，使农业生产获得显著成绩。工业方面，军用的兵工厂、枪械厂、被服厂、缝纫厂等和民用的挖煤、造纸、染织、鞭炮、陶瓷等事业有一定的发展。但由于敌人的长期摧残与封锁，特别是经过前四次“围剿”，敌人从战略上破坏边区经济建设，使农业生产一次又一次遭受毁灭性破坏，工厂多次大搬家，人员、设备和原料严重受损，使本来困难诸多的边区经济更趋困难。

湘鄂赣苏区的问题，引起了中共中央的关注。中央曾委托中央委员、湘赣省委书记任弼时兼管湘鄂赣省委的工作。1933 年 6 月，朱德、周恩来也去函苏区中央局，指出红 16 军存在的问题。1933 年 7 月，苏区中央局作出改造湘鄂赣省委的决定。派原中共福建省委书记陈寿昌任中共湘鄂赣省委书记兼省军区政治委员，原红 1 军团参谋长徐彦刚任省军区司令员，不久兼整编后的红 16 师师长。同时，从中央苏区派去的还有谭启龙、刘玉堂等 30 余名骨干。中央苏区毛泽东主席在瑞金接见了陈寿昌、徐彦刚等干部，勉励他们坚持湘鄂赣苏区的武装斗争，粉碎敌人的“围剿”，巩固苏维埃政权，扩大革命根据地。中央还给省委发电报，明令停止省政治保卫分局捕人之权，已捕的人待新省委书记到职后解决。新省委于 1934 年 1 月改组完毕，加强了组织建设，着手解决肃反扩大化问题，将红 16 军改编整顿为红 16 师，省委还派出一大批干部加强基层的组织领导。通过贯彻中央指示和新省委扩大会议精神，使党群关系和军民关系有所改善，军事建设和政权建设有所加强，对反击敌人第五次“围剿”有了一定的准备。但这时蒋介石发动的第五次反革命“围剿”早已全面展开，中央苏区和湘鄂赣苏区分别被敌人重兵包围、封锁与分割，陈寿昌、徐彦刚等越过敌人重重封锁到达省委驻地万载小源时，国民党西路军“剿匪”司令何键，正命令第 2 纵队司令刘膺古向小源进攻。距小源不远的株木桥、高村等地已被敌军占领。改组省委的省委扩大会议就是在敌人重兵压境的危急形势下召开的。新省委来不及系统而全面深入地总结以往湘鄂赣苏区斗争的经验教训，就匆匆投入了新的更加残酷的第五次反“围剿”斗争。

“围剿”与反“围剿”的斗争，在敌强我弱、我义敌不义的总形势下激烈展开。

1934 年 1 月，正当红 16 师主力执行中央命令，在省委副书记傅秋涛和省军区参谋长严图阁率领下离开湘鄂赣苏区，向东南行动，支持中央苏区的反“围剿”斗争时，省委驻地小源只剩下新组建不久的红 16 师 47 团和红军学校第 5 分校学生队，兵力十分薄弱。而原湘鄂赣省军区政治部主任刘学昊的叛变投敌，暴露了苏区的机密，使敌人了解到苏区的军事部署和主力红军的战略意图。敌第 2 纵队司令刘膺古便命令所部，在小源附近的高村、株木桥一线赶修碉堡工事，并令岳森 50 师一部推进至万载西坑一线，构筑进攻阵地，部署包围小源。

敌彭位仁部由浏阳张坊向铜鼓进攻占领排埠。因排埠是浏铜万边境的咽喉，又是省委驻地小源的西北屏障，战略地位十分重要，陈寿昌、徐彦刚想乘敌人刚占排埠立足未稳之机，主动进攻夺回排埠。当时，敌人经常押着民夫从浏阳挑运石灰到排埠修筑碉堡。省军区指挥部决定借此机会，诱敌出排埠，设伏歼敌。徐彦刚率领红 16 师 47 团和浏宜万独立团，埋伏在铁树坳两侧的山上。当敌人一个排押着民夫快到铁树坳时，徐彦刚派出一个连前往阻击。排埠守敌得报，立即派一个营增援。但敌人不走大道，而是绕道山腰前来增援，使红军预设伏击落空。徐彦刚立即改变计划，命令浏宜万独立团阻击来援之敌，自己率领 47 团向排埠守敌进攻。独立团迅速将增援的一营敌军击溃，47 团进攻排埠开始也较顺利，但到第二天快要收复排埠时，敌人一个增援团赶到，很快占领排埠周围的制高点，将红军压在山下。徐彦刚组织几次冲锋失利，损失较大，被迫撤出战斗。

排埠进攻受挫，小源四面危急。省委决定将党政军机关和主要军事、经济力量撤出小源，向铜鼓的幽居、祖庄一带转移，并派人到湘赣苏区向任弼时汇报情况，争取支持，选留一批干部和部分武装力量组成工作团，协助中共小源区委，继续领导当地军民进行反“围剿”斗争。随即，省委和省苏维埃政府机关、兵工厂、被服厂、造币厂和各分区失陷时转移到小源的干部群众，第一批撤离小源；接着，陈寿昌率领省级党政军机关向铜鼓幽居、祖庄撤退；徐彦刚率领红 16 师 47 团到鄂东南活动；中共小源区委组织当地干部群众向山区疏散。经过近十年顽强斗争、艰苦创建而逐步发展成为湘鄂赣苏区政治、经济和文化中心的小源，顿时成为一座坚壁清野的空集镇。

与此同时，敌人从四面八方向小源镇进犯。刘膺古分兵 5 路：以敌 19 师 57 旅为第 1 支队，从西面进攻小源；62 师两个团为第 2 支队，从东面进攻小源；18 师两个团组成第 3 支队，从东南面向小源进犯；第 10 师 3 个团为第 4 支队，从北面指向小源；调 188 旅组成第 5 支队，从萍乡移驻万载作为预备队。并调航空第 1 支队进驻万载；"西路剿共军"第 2 纵队本部和野战医院等，也急速移驻万载。1 月 24 日，刘膺古发出总攻小源命令，以飞机狂轰滥炸为先导，敌军各个支队蜂踊蚁进；红军留守小源四周的少量部队与敌战斗后主动撤退，转移到浏阳与铜鼓交界的大围山区。1 月 28 日敌人进占小源镇。

省委与红军撤出小源后，湘鄂赣苏区丧失了巩固的中心区域，主力红军失去了可靠的后方依托，党政军相对集中统一的领导受到削弱。为加强各地苏区之间的联络与领导，省委决定成立中共浏宜万工作团和省军区第 1、第 2、第 3 作战分区：以鄂东南为第 1 作战分区，由道委书记黄加高任政治委员；修铜宜奉边为第 2 作战分区，涂正坤为政治委员，方浩然为司令员（后叛变）；浏宜万边为第 3 作战分区，邱金生任司令员，省委副书记兼浏宜万工作团书记傅秋涛兼政治委员。省委还任命周济美、梁海山等组成白区工作团，到靖安、奉新、武宁一带活动，以武装斗争和地下工作相结合的方式开展斗争。

敌占小源时，省级机关已经安全转移到铜鼓的幽居和祖庄一带。这里地处大龙山山腰，西与平江黄金洞毗邻，东与修水台庄接壤，南可至修铜宜奉苏区，地势重峦叠嶂，沟汊纵横，山高林密，便于开展游击战争。这里又是革命老根据地，早在 1928 年秋，彭德怀曾率红 5 军在这一带发动群众，建立苏维埃政权，群众觉悟高，热情支持革命。但因为是山区，人口稀、田地少，没有开发，粮食不足，要负担省级机关和直属单位数千人的供应十分困难。而且省级机关住下不久，向东南行动的红 16 师主力和红 17 师也先后返回到达幽居，粮食供应更加困难。红 17 师原想在这里休整一段时间，因没有吃的，敌军又围堵，只得告别红 16 师，南下返回湘赣苏区。

更严重的，是红军转移立足未稳，国民党"围剿军"紧紧跟来。何键调动大军，对幽居一带的红军布置了一个大包围圈：东面，朱耀华的 18 师从山口、漫江，经铜鼓的港口进攻幽居；南面，李觉的 19 师从铜鼓的石桥、高桥直犯幽居；西面与北面，邓南骥旅从龙门厂、长寿街向幽居逼近；东南面，彭位仁的 16 师由宜丰的找桥经铜鼓的大塅等地向幽居进击。除此，敌第 3 纵队副司令郭汝栋率两个旅集结于崇阳古市岭、修水的未溪厂一线；敌岳森的 50 师在修水的程坊、渣津等地集结，准备堵截红军。

敌军包围紧逼，粮食供应又极其困难，形势越来越险恶。陈寿昌、徐彦刚召开省委常委紧急会议，为了摆脱困境、执行苏区中央局“向东南发展”的指示，决定省级机关和红 16 师再次迅速转移。

当时，幽居东南面的修铜宜奉边开辟了一块新苏区，原修铜宜奉独立团已扩大为独立师，那里盛产粮食，经济比较发达，便于解决军需供应和筹款问题。1934 年 4 月，陈寿昌率领省级机关、省保卫大队和赣北独立团，从幽居西出，插敌缝隙，经湘鄂边折向东行，于 5 月间到达修水的划坪。徐彦刚率领红 16 师绕道浏阳坳，转战月余，也到达修河西岸的全丰、划坪一带。

国民党“围剿军”发现红军转移，紧追不舍。各路敌军和当地“保安团”，一齐扑向修河西岸。为了打破敌军“围剿”，陈寿昌、徐彦刚等决定，先向鄂东南方向突围，然后视机再折回修铜宜奉边去。敌军正在包围行动中，没有料到红军会杀回马枪，在红 16 师与敌激战后，省级机关安全转移到鄂东南；但红 16 师 46 团、48 团在划坪与敌激战中损失严重，师长高咏生于 6 月 14 日在突围中被捕后壮烈牺牲。这对红军是个重大损失，对反“围剿”斗争产生了不利影响。

在鄂东南，红 16 师 46 团、48 团余部与省级机关和省军区司令员徐彦刚率领的红 16 师 47 团会合后，部队进行整编。由于师长高咏生牺牲，省委决定由徐彦刚兼任红 16 师师长，陈寿昌兼任师政委，收集补充了一批鄂东南地方干部和地方武装，人员和装备有所加强。然后，红 16 师便与省级机关移师南下，在武宁的澧溪击溃敌军一个营，渡过修河到了洞口，被敌 26 师追上。红 16 师决定堵击尾追之敌。但因敌情估计错误，误将敌两个团当一个团，加上部队刚整编，配合不好，地形也不熟，经一天激战，未能击退敌军，自己却伤亡数百人，只好主动撤出战斗，继续南下向修铜宜奉边的龙门山区转移。

1934 年 6 月下旬，省级机关和红 16 师来到龙门山区奉新县的百丈、西塔一带。按照原订计划，拟在这里建立革命根据地。省委派出部分干部深入各乡村，帮助发展地方党组织，发动群众巩固和发展苏维埃政权。还计划在这里召开中共湘鄂赣省第三次代表大会，进一步贯彻中央指示，总结经验教训，巩固和扩大苏区，粉碎敌人第五次“围剿”。各地选出的党代表，在省委到达百丈后也先后赶到。但没等会议召开，国民党“围剿军”再次追上。敌18师、50师、62师、77师等部向百丈、西塔包围过来。省级机关和红军无法立足，决定离开修铜宜奉边新区，返回革命老根据地，向平江的黄金洞转移。并将各地前来参加党代会的代表编成连队，随省级机关行动。

然而，这次转移却成为决定湘鄂赣军民第五次反“围剿”胜败的一次大搏斗。当红军和省级机关从龙门山区西出时，附近的萧家、找桥、九仙汤等地，全被敌军占领。他们拆村并村，强迫移民，拆散红军与群众的联系，步步紧缩包围圈。省委和红军立即组织突围。由徐彦刚指挥红16师46团、48团向靖安、永修方向突围；陈寿昌等率红16师47团和省级机关向宜丰、铜鼓方向突围。第一路突围在斜岭遭敌19师夹击，损失很大。两个团的余部到达永修云居山时，仅剩三四百人，敌军又从四面包围过来。徐彦刚召开紧急会议，将余部组成若干小分队，分数路多方向突围，并布置了突围后的几个集结地域。但由于敌众我寡，在分散突围中大部分指战员壮烈牺牲，少数突出重围后一部分回到黄金洞，一部分去了华林寨山区。第二路刚一出动，即遭敌50师伏击，伤亡严重。为保存有生力量，省委决定改变硬突方针，避敌锋芒，再分三路绕道突围：一路从西南向黄岗口、排埠突围；一路从西北向铜鼓三都、西向突围；另一路从北面突围。但由于敌军兵多势众，包围严密，层层封锁，无隙可乘，无道可绕，第一路突围不久，队伍即被打散；第二路翻过龙门山顶，再穿越几十里荒山，越过敌第一道封锁线，到达铜鼓的西向，又遭敌袭击，队伍也被打散。省委唯一的电台被打毁，不仅指挥失灵，而且从此与中共中央和中央红军失去联系。少数人分散突出重围，在铜鼓的水洋坪重新集中，返回平江黄金洞；第三路是手枪队，武器射程短，只能挨打，无法还击，突围不成，只好返回宜丰高枧的山里，隐蔽起来，待机突围。过了一个多星期，分散偷越敌人封锁线，回到黄金洞苏区。

龙门山突围，发生在1934年六七月间，湘鄂赣省委称为六七月事件。当时，省级机关和主力红军共1000多人，在数十倍于己的敌人“围剿”下，英勇顽强，不屈不挠，大部壮烈牺牲，谱写了人民革命史上悲壮的一页；一部分失散后，有的再树红旗，另辟新区，继续战斗；分散回到革命老区黄金洞的 200 余人都是坚强的革命骨干，编为 1 个营，由谭凤鸣任营长。

在第五次反“围剿”斗争前期，由于敌人集中力量对付主力红军和省级机关，湘鄂赣省各分区、部分中心县和地方武装损失不大，有的还有发展。比如我所在的湘鄂边中心县，离省级机关较远，发动和依靠当地干部与群众，加强了党政建设，地方武装也有相当发展。在 1934 年上半年，我们将原湘鄂边游击大队扩编为红军独立团，辖三个连；中心县还有一支百余人枪的保卫队；每个区都成立了游击队。全县共有 500 余人枪。1934 年 4 月，我们集中全县武装，伏击并歼灭了国民党军 33 师押运武器的一个营，缴获长短枪 200 余支，子弹数万发，进一步壮大了湘鄂边的地方武装，成为后来补充红 16 师的一支骨干力量。这期间，鄂东南地区的苏区建设和武装斗争也有发展。红 3 师还剩一个红 7 团，咸蒲崇通边等地，都有百余人枪的游击队。但六七月事件后，主力红军所剩无几，敌人转而加紧对各地方武装的“围剿”，各分区独立团（营）和地方游击队相继受挫。到 1934 年底，湘鄂赣苏区损失武装 1 万左右。苏区受到敌人蹂躏、摧残，被分割为十余块，最大的一块是平江黄金洞周围的山区，横直二三十里，小的只有几里宽。

六七月事件的结局，标志着湘鄂赣苏区第五次反“围剿”的失败。苏区革命进入低潮，党和红军被迫转入深山或地下开展游击战争。敌人闯进苏区后，“铲共队”“还乡团”“清乡队”“毁灶队”等肆意对革命人民反攻倒算，奸淫抢掠，杀人放火，烧山毁林，无所不为。革命干部、红军伤病员、红军家属、赤卫队员和同情革命的人民，被施以种种法西斯暴行，蒙受了极大的损失与苦痛。

血染红旗旗更红。湘鄂赣苏区第五次反“围剿”的失败，并不意味着革命的消失。经过党的长期教育与革命战争锻炼的苏区人民，并没有因敌人的残暴和白色恐怖而丧失革命信念，而是在黑暗中看到光明，千方百计克服困难，支持党和红军继续战斗。湘鄂赣的党组织从痛苦中总结经验教训，振奋精神，坚定意志，在与长征北上的中央红军失去联系的情况下，满怀信心地独立领导军民开展艰苦的游击战争。以红 16 师余部为骨干的人民武装，整顿队伍，转变战略，灵活战术，顽强战斗，几落几起，进入了极其艰苦卓绝的三年多游击战争时期。

胜利是成功经验与失败教训的结晶。回顾半个多世纪前湘鄂赣苏区第五次反“围剿”失败的教训，对于发展胜利是必不可少的。多年来，随着时事的变迁，历史的发展，人们对当时许多问题的思索越来越深刻，越来越客观公正。我作为战争幸存者与历史见证人之一，试对几个问题做些综合分析，供后人研究参考。

总的讲，湘鄂赣苏区第五次反“围剿”，是中央苏区和全国各苏区第五次反“围剿”斗争的一部分。它的失败，除了军事上敌强我弱的不利总形势，从内因上讲，同党内“左”倾路线在政治上、军事上的错误指导是相关的。而湘鄂赣苏区的党和红军尚处幼稚阶段，战略战术和自身建设方式方法的不成熟，也是造成严重后果的具体原因。

（1）关于“向东南发展”。湘鄂赣苏区，是湖南、湖北和江西三省交界以山区为主的地带，远离三省省会和平原地区，自然条件和政治经济形势，都便于建立革命根据地，便于避敌军事优势，便于利用三省敌人内部矛盾。这是该苏区得以建立和发展的重要原因。而苏区中央局当时要求湘鄂赣苏区的党和红军“向东南发展”，主观上是想将该苏区与中央苏区连成一片，夺取江西省会南昌，实现革命在“一省数省首先胜利”的愿望。但客观上是脱离当时的实际的。因为该苏区的东南是平原地带，接近南昌，敌强我弱。以我之劣势，去对付敌之优势，显然是失策的。省级机关和红16师按照这个指导思想向东南转移，背离老苏区，失去了地利与人和，就失去了依托与后方，造成小源失守后，幽居难立，划坪被困，龙门山突围受挫，节节失利，使苏区遭受巨大损失。假如当时不向东南转移，而是向西，向北，在以平浏铜为中心的老苏区内作推磨式与敌周旋，或者向鄂东南行动，地利与人和均占优势，以我之长应敌之短，其结局可能不同。只要能立稳脚跟，使各个分散的苏区都得到巩固与发展，经过长期的建设，革命势力得到相当发展，最后才有可能将各个苏区连成一片，夺取革命胜利。这是后来的抗日战争与解放战争胜利的实践所证明了的。

（2）关于红16师主力东调配合中央苏区第五次反“围剿”。第五次反“围剿”初期，苏区中央局和中央革命军事委员会命令红16师向东南行动，与从湘赣苏区北上的红17师一道去破坏南浔铁路，威胁南昌，以减轻国民党军对中央苏区的压力。从战略上考虑，局部配合全局、策应全局，原则上是对的。问题在于如何配合、如何策应，对当时兵员训练和武器装备均弱于敌军的两师孤立红军，远离根据地，到白区而且是接近敌人政治、经济和军事中心区，与敌硬拼，实际上对中央苏区的反“围剿”起不到多大直接配合作用，反而被敌调虎离山，围追堵截，各个击破，使红军遭受很大损失。并造成湘鄂赣苏区兵力空虚，处境危难，新省委尚未全面展开工作，第五次反“围剿”一开始就十分被动，以致失败。假如当时红16师主力不东调，而是在本苏区搞好军民联防，夺取反“围剿”胜利，巩固壮大本苏区，吸引和拖住更多的敌军，倒是对中央苏区反“围剿”最好的间接配合与策应。

（3）关于战略战术。从总体上讲，革命势力对反革命势力，应采取进攻战略，而不能消极被动的防御。但采取什么方式方法去进攻，就有个从实际出发，使主观与客观相统一的问题。当时“左”倾情绪比较严重，常常超越苏区与红军的实际力量，一味强调与敌人打运动战、阵地战，忽视机动灵活的游击战，到处主动出击，往往小硬碰大硬，得不偿失，屡屡补充扩大，随即屡屡损失严重。虽然凭借人民革命的正义性与军民的革命意志，先后取得了第一至第四次反“围剿”的胜利，但由于损耗过大，到第五次反“围剿”时，苏区的人力、物力与军力都处于严峻形势，失去了夺取胜利的物质基础。

（4）关于肃反。在当时的历史条件下，敌我矛盾尖锐对立，斗争方式错综复杂，重视肃反斗争，既是搞好对敌斗争的需要，也是加强自身建设的必要措施。但混入革命队伍的敌人毕竟是极少的，是有劣迹可查的。而当时由于肃反指导思想的失误，使这一工作严重扩大化，混淆了敌我斗争与内部矛盾的界限，造成严重内耗，最终影响了对敌斗争的胜利。

（5）关于党和红军的自身建设。当时最突出的有两个问题：一是不善于充分发挥当地干部的积极作用，不善于使外地干部与本地干部亲密合作。一般地讲，上级派来的外地干部，思想觉悟与全局观念比较强，工作经验比较丰富，但对当地的实际情况缺乏了解，加上语言不通、地形不熟，在当时的条件下开展工作有很多局限；而当地干部往往具有与其相反的优缺点。两者亲密合作，就能取长补短，做好工作。湘鄂赣苏区前期，外地干部重视本地干部，本地干部尊重外地干部，两者合作好，苏区各项建设就蓬勃发展。到1930年平江、浏阳等县几乎普遍赤化，整个苏区空前扩大，形成苏区的鼎盛时期。但1932年以后，在错误路线指引下，外地干部排斥和打击本地干部，不仅严重削弱了领导力量，而且越来越脱离实际，脱离群众，以致造成严重后果。二是工作缺乏继承性与连续性。错误路线的领导交替，后任全盘否定前任，恶性循环，错误否定别人的人最后自己也被否定，自己乱了自己，致使革命事业一次又一次遭受严重损失。革命需要批判，但也需要继承。批判旧事物与继承好传统相结合，扬弃前进，才能创新发展。

红旗不倒

1934年夏天，第五次反“围剿”的失败，使湘鄂赣苏区比中央苏区提早半年进入了极其艰苦的游击战争时期。特别是10月中央苏区的主力红军长征后，湘鄂西与鄂豫皖等苏区的红军，也相继离开各自根据地，使湘鄂赣苏区的党和红军处于孤立无援的境地。敌人集中“围剿”江西中央苏区最得力的汤恩伯部80多个团，其主力有敌15师王东原部、19师李觉部、62师陶广部、50师岳森部、77师罗霖部、26师郭汝栋部等，建筑四道严密封锁线，对湘鄂赣边区的红16师和省委机关实行“最后”的“清剿”。蒋介石亲自下达手令，限敌军三个月消灭湘鄂赣苏区及其红军。但苏区军民在省委和军区党委领导下，斗争意志始终没有消沉。我们移到平江的黄金洞、连云山、福寿山，浏阳的金坑、大围山、丙子岭、龙五排等山地，以及鄂东南、赣西北广大山区，继续同敌人展开坚决的斗争。湘鄂赣边区人民始终没有屈服，红16师始终没有被打垮，湘鄂赣的红旗始终没有倒。

1934年9月，湘鄂边中心县独立团全部加入红16师主力建制，我被调任红16师政治部主任。当时，徐彦刚同志是军区司令员兼红16师师长，方步舟任政委。这时红16师已恢复扩大为4000余人的湘鄂赣主力红军。部队在平江的虹桥打了一个大胜仗，就是边区著名的虹桥战役。那时，国民党第19师是蒋介石的“精锐”部队，积极反共。自恃“装备精良，剿共有方”。师长李觉是何键的女婿，猖狂得很，他封手下的陈铁侠旅为“陈铁军”，下令每个兵带根绳子，说红军没有子弹，没有什么力量，你们用绳子给我捆活的。结果一打，红军以迅雷不及掩耳之势从埋伏的森林中四处出击，把“铁军”打成了稀泥军，两个团被消灭，400余人当了俘虏，我们用敌人原来带的绳子捆了他们自己，红军缴获大批武器弹药。这是红16师在三年游击战争期间最大的一次胜利。

这里提一下方步舟。他是湖北大冶人，和徐彦刚共同指挥了虹桥战役，在八一南昌起义中当过士兵，后来对开辟和发展鄂东南苏区有过贡献，当过鄂东南道委书记，会打游击战。几十年后客观公正地讲，他在战略战术和军事指挥上，在当时的湘鄂赣边区领导人中是比较强的。徐彦刚同志牺牲后，他继任红16师师长，傅秋涛同志为政委。但以后在1937年2月因突围部队受损，他被撤销红16师师长职务和开除党籍时，经不起考验，只身逃跑，叛变投敌。这应由他自己负责。而当时党内的过火斗争，激化矛盾，也是有教训的。他后来当了国民党第8游击纵队司令。解放战争时，在浙东四明山率人枪千余举行起义，由王建安、谭启龙同志的7兵团接管。他们觉得不好处理，以后将他送到南京三野司令部来。陈毅同志主持三野前委讨论他的问题，经过研究作出结论:“将功折罪，既往不咎”。陈毅同志交代我找南京市委书记彭冲同志做这样的处理:“分配他一个工作，不能再入党”。南京市委分配他在安徽宣城一个劳改农场当副场长，后来到南京市青龙山林场任副科长，改名为项充如。

1934年下半年至1935年上半年，红16师从恢复到发展，先后取得洋楼洞、赵李桥、大源桥、高枧、虹桥等大小数十次战斗的胜利（在修水县白沙桥与敌激战中，我的右脚负伤），全师主力发展到5000余人。苏区恢复与扩大，地方游击队也有很大发展，军民士气旺盛，成为三年多游击战争的全盛时期。当时，省级机关也转移到了红16师所在的平江县南江桥、钟坪地区。集中了许多干部，开展恢复和扩大苏区的工作。红16师则进行了少有的近一个月的集中整训与休息，演习攻打碉堡等战术动作，并协助省委开展扩大苏区工作。

由于失去了电台，我们的消息很闭塞，中央苏区和相邻其他苏区几大主力红军先后长征北上，我们都不知道。更严重的是，1935年6月，国民党集中很大一部分过去进攻中央苏区的主力部队，如汤恩伯、樊崧甫等部，配合三省边区各县的地方反动武装进攻我们的消息，也迟迟未能获悉，直到数十倍于我们的敌人大包围圈已经形成、小包围圈快要合拢、矛头直指省委和红16师所在的南江桥、钟坪驻地时，才从附近群众的报告中得知敌人大军已在眼前。

省委和红16师领导召开紧急会议决定：向东南突围，保存实力，再图发展。不料，敌人在修水已构成多层梯次封锁线，一道比一道严密，硬突几次未成，伤亡很大，被迫折返向北突围。但这时国民党军全面“围剿”的局面早已形成，向北突围仍然是处在被左右夹击、前堵后追的形势。虽然我们选择敌人缝隙，尽量避开左右夹击，但前面仍有湖北的陈继承等部在堵击，后面是冷欣的第4师等部在紧追。当时省级机关和红16师，军民男女老少，共有8000余人的庞大队伍，被敌紧紧咬住，几经突围苦战，伤亡重大。突到湖北通城境内时，被迫再分三路突围：徐彦刚率46团为中路；傅秋涛、严图阁、刘玉堂等同志率省级机关和47团为右路；方步舟、魏平和我率48团为左路。结果，中路和左路突过去了，但傅秋涛等同志的右路没有突过去，被迫再次折返，辗转苦战，伤亡失散很大，一部分人回到平江黄金洞山区。首次突出去的两路集中后，很快又被敌人团团围住，紧急组织再次突围，先后到达湖北黄颡口长江南岸。徐彦刚同志在前，他搜集船只率46团顺江而下，到瑞昌码头上岸，转入赣北云山地区；先头也有一部分人乘船过江北渡到鄂豫皖苏区；但等我们到达江边时，已经找不到一只船了。前有大江天险，后有追兵数万，情况十分危急。我们急中生智，果断地集中所有当地出身的指战员为向导，分头潜入龙角山、九宫山等深山密林，继续与敌周旋。由于当地出身的指战员熟悉地形，剩下的人又久经考验，政治觉悟很高，避免了一次背水全军覆没的局面。当时军民关系很好。敌人到处搜山“清剿”，我们分散隐蔽，与敌近在咫尺，群众没有向敌告密的。但由于敌我力量实在悬殊太大，加之深山老林，人稀粮缺，连部分耕牛都宰杀充饥。经过四个多月的围困，我们这一路1800余人的队伍，大部分先后伤亡、被俘和失散，仅剩百余人了。我和魏平同志将其中的战士移交给当地咸蒲崇通军分区政委余建新以后，率干部30余人长途转移，绕敌空隙，历尽艰辛，于11月回到平江黄金洞山区与傅秋涛等同志会合。方步舟也率部分人回到了黄金洞。徐彦刚同志到达赣北永修县山区后，46团与敌激战，大部分遭受损失，只有数十人回到平江黄金洞。徐彦刚同志负伤后被杀害。徐是四川人，很勇敢，很坚强，很能干，当过聂帅第1军团的参谋长。他是军事干部，但重视政治工作。我刚当红16师政治部主任时，他送给我两本书：一本是红四军第九次党代表大会决议（古田会议决议）；一本是苏军政治工作。我终生怀念他。他牺牲后，敌人发现他身上的小手枪有“李明”的名字。这个李明是国民党军第52师师长，在江西打了败仗，手枪被徐彦刚同志缴获。敌人看到这支手枪，才判断是徐彦刚被打死了。他的牺牲，是我党我军的一个重大损失。

红16师这次遭受严重损失，除了中央苏区等主力红军长征后我们孤立无援，敌人集中力量相对强大等客观原因外，主观上省委书记兼军区政委陈寿昌同志在1934年11月通城大沙坪老虎洞战斗中牺牲，领导核心受到影响。

傅秋涛同志继任省委书记兼军区政委不久，领导权威尚未确立，省委和红 16 师主要领导之间意见不一致，加之半年多来打了一些胜仗，红军和苏区有了一些恢复和发展，产生了麻痹轻敌思想，这些都是招致失败的重要原因。

但是，当我们先后回到黄金洞之后，省委和军区主要负责同志没有组织大家冷静总结经验教训，也不作任何具体分析，突然宣布撤销我的红 16 师政治部主任职务。

论职责，上有省委军区领导和师长政委，下有团级主官，我是师政治部主任，对部队受挫不应负主要责任；论损失，参与突围的省级机关、红 16 师及所属三个团，建制都被打散，三路突围队伍我们前两路突过去了，只有一路没有突过去。最后，三路都只有少数人归队。在严重的生死关头，我不但没有叛变投敌，而且与副师长魏平、团长谭凤鸣等同志一道，始终没有离开战斗岗位，以同生死共患难自勉，保持了政工干部应有的立场。由我一人承担全部损失的责任显然是不公正的；论人际关系，领导之间意见不一致，主要是傅、徐、方三人之间意见相左。徐牺牲了，傅与方不和，显然是拿我来出气，做给方步舟看的。因此，不论从哪方面讲，撤我的职是没有道理的。但我考虑到当时的严重形势，以大局为重，思想上有保留，组织上还是服从，行动上也没有消沉。当时学生出身的干部本来就少，撤了职还得用我，让我担任军区政治部宣传部长，以后又兼任省苏维埃政府教育部长。军区政治部主任是谭启龙同志。军区组织干部下乡，再次恢复红 16 师，继续开展对敌斗争，我与谭启龙同志总是轮换下去工作。谭启龙同志负伤休息后，又由我代理主持军区政治部的工作。当时和后来，许多知情者对我被撤职鸣不平。1951 年，中央军委在全军统一鉴定干部、建立干部档案时，就我这次撤职问题作了“现在看来不应该”的组织结论。

1936 年西安事变以后，蒋介石对共产党和红军的方针是“北和南剿”。就是对陕北革命根据地和主力红军，被迫表面上以“和”为主；而对我们南方革命根据地，则公开地大力进行“围剿”。在湘鄂赣边区，凡是交通要隘地区，国民党都建立了绥靖公署。在浏阳的东门、白沙与铜鼓的排埠交界的地方，就搞了一个绥靖公署，把我们省委机关所在地黄金洞的后路堵住了。通城这一边，在平江北乡的天岳关也建立了一个绥靖公署。这个地方以山为界，北边是通城，东面是修水，南面是平江，天岳关一卡，使三县之间的主要交通线被切断。还有平（江）修（水）铜（鼓）交界，也搞了一个绥靖公署。在边区内地，凡是我们稍微有点群众基础的地方，敌人就在那里修建碉堡，安个钉子，叫作“堡垒主义”。

我们同敌人针锋相对。他进山，我们就出山；他出山，我们又进山，跟敌人“换防”。他搞重点进攻，我们就分散搞支撑点。如平（江）修（水）铜（鼓）边、平（江）浏（阳）长（沙）边各是一个支撑点，修（水）武（宁）崇（阳）通（山）边也是一个支撑点，由江渭清、余再励领导；还有修（水）铜（鼓）宜（丰）边，汪克明、吴嘉民、吴咏湘在那里负责；湘鄂边也是一个地方支撑点。这样，化整为零，把部队分散，转移敌人进攻目标，分散敌人视线。支撑点越多，天地越广阔，机动范围越大，敌人就越难捕捉我们。既有利于保存各个分区的力量，又可保卫中心地区。

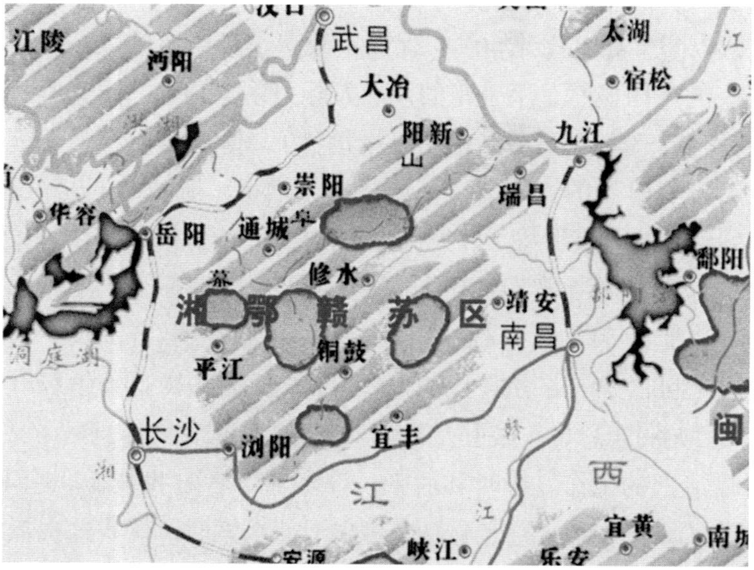

湘鄂赣苏区，有 20 余县，全境横宽 300 余里，纵长 1000 余里，是中央苏区重要的战略地区。1934—1937 年在艰苦的湘鄂赣三年游击战争中，钟期光任红军 16 师政治部主任，始终高举红旗，坚持武装斗争。

有分散，有时也集中。集中就进攻敌人，分散就做群众工作。我们做群众工作的方法是“逐屋推进”。前面有个屋子，看谁认识，就由谁去联系，总有认识主人的人，找到主人就有了办法。因为当地人熟悉情况，知道谁家好与坏，就可以一家介绍一家。今天你到李家屋，李家屋就把你送到丁家庄，丁家庄的人再把你送到毛家屋，毛家屋又把你送到另一个庄子。这样，我们就如鱼得水，许多困难都得到了解决，革命工作得以顺利开展。

利用矛盾，争取主动。三省交界，敌人内部有矛盾，还有嫡系非嫡系的区别，他们都想保存自己的势力，所以配合不好，“围剿”时你来我不来。我们就利用敌人的这些矛盾，争取对敌斗争的主动权。江西敌人来进攻，我们往湖南跑；湖南敌人来进攻，我们又到湖北去。我们是进退自如，机动灵活。

掌握政策很重要。在敌人白色恐怖下，有许多人领到“良民证”。过去都把他们说成是“反水”，实际上没有反水，他们是为了保存自己，说他们反水是把他们推到敌人那边去了。所以后来我们提出口号：“变守望队的组织为赤卫队的组织”。“守望队”是敌人搞的“挨户团”的外围组织。经过我们做工作，名义上是敌人的“守望队”，实际上成了我们的赤卫队。这样一搞，我们就有了群众基础，地区就不断扩大。没有群众不行，要相信群众，依靠群众，不能同群众对立，不能侵犯群众利益。依靠群众，就立于不败之地。

那时候不知道统一战线政策，但知道搞宣传造舆论的重要。我们经常派侦察员到公路上活动，捉到邮差就可以搞到报纸等东西，了解一些敌我情况。我们就写传单，要邮差夹到信里往外送，一直送到城里面去。所以，很多人收到过我们的传单。这种做法虽然在反动官僚阶层起不了多大作用，但在文化教育界和其他各界还是起了一定作用。从而，扩大了我党我军的影响，揭露了敌人的反动本质，使人民同情和支持革命。那时写传单没有好纸，用的是毛边草纸，还不容易搞到，更谈不上现代化的印刷条件。

最重要的一条，是团结内部。内部不能有叛变分子。派人出去，跑掉一个就了不得。只有中心地区有个政治保卫队，其他地区主要靠加强党的领导，加强政治思想教育，来增强党性、坚定信心。只要坚持斗争，革命总是有前途的。抱定革命必胜的信心，内部团结一致，这是我们在那种艰苦环境中能够坚持下来最根本的保障。

1961年春，中央军委组织全军中将以上干部总结战争经验时，我写了两篇文章，其中一篇是《对坚持三年游击战争的点滴体会》，刊登在内部读物《经验总结汇集》第17集上。

在湘鄂赣边区三年艰苦的游击战争期间，锻炼和考验了一批党的骨干。傅秋涛同志是其中的突出代表。他是工人阶级中好样的。他年轻时给店主做雇工，打豆腐，杀猪，很能干。1927年组织店员工人纠察队，领导工人运动。马日事变以后，专门从事革命活动。他参加了平江扑城暴动。特别是在三年游击战争期间，他挑起了省委书记和军区政治委员的重担，在敌人残酷野蛮的“围剿”下，在整个湘鄂赣边区革命根据地面临生死存亡的严重考验面前，他有股革命的“蛮劲”。他经常讲:“要下定决心，要执行决心。”有些人下了决心，往往不能坚持执行决心，在困难和挫折面前发生动摇，而他不是这样。正是由于他的革命坚定性和不达到目的不罢休的革命韧性，产生了他的对敌斗争的胆略，赢得了群众的信任。他文化程度虽低，但注意学习，在艰苦的战争年代，身上始终背着两本书：一本是《国家与革命》，一本是《共产主义运动中的“左派”幼稚病》。

国共合作以后，几经谈判，并得到上级党的指示，湘鄂赣边区的游击武装发展到1000余人，1937年8月，整编为新四军第1支队第1团，开赴抗日前线。傅秋涛同志任团长，江渭清同志任副团长，王怀生同志任参谋长，我任政治处主任。从此，我离开了同敌人浴血战斗了11年的湘鄂赣边区，踏上了革命的新征途。而留在边区的党组织和部分党员，以秘密方式继续坚持战斗，直到1949年全国解放。

第五章 建设铁的新四军

抗日战争时期的新四军第1师，是在共产党领导下率先进入华中敌后、驰骋在大江南北的一支抗日主力部队，是在南方部分红军游击队的基础上，由陈毅、粟裕等同志直接统率，在民族解放战争的激烈战火中组建、发展和壮大起来的。

一师的变迁与发展

1937年10月，经中国共产党同国民党达成协议，决定将南方八省的红军游击队改编为新四军，下辖四个支队。其中第1、2、3支队的一部分后来发展为新四军第1师。

1938年4月28日，根据中共中央的指示，新四军派粟裕同志和我率领抗日先遣支队挺进苏南敌后，进行战略侦察与发动群众工作。6月8日，第1支队司令员陈毅率部在溧水县新桥与先遣支队会合，部队进入溧（水）武（进）公路以北，南京、杭州公路以东，镇江以南，金坛以西的茅山地区。1938年10月，新四军军部将第1支队1团和第2支队3团调往皖南归军部直接指挥；将第3支队6团调入苏南，归第1支队指挥。

1939年11月7日，第1、2支队领导机关正式合编为新四军江南指挥部，陈毅、粟裕任正副指挥，刘炎、钟期光任正副政治部主任，开创了江南敌后抗战新局面。到1939年底，进入苏南敌后心脏地区的新四军各部不但没有被消灭，而且从最初的6000余人发展到2.1万余人，并且屡战皆胜，形成了足跨长江两岸、进退自如的一支重要抗日武装力量。

1940年6月，江南指挥部主力部队北渡长江，与先行北上的叶飞、管文蔚同志领导的挺进纵队和陶勇同志领导的苏皖支队会合，改称为新四军苏北指挥部，主要领导人不变，部队统一整编为三个纵队，下辖九个团；留在江南的部队组成新的江南指挥部，由罗忠毅、廖海涛任正副指挥，下辖四个

1940 年 3 月，陈毅与国民党第三战区副总指挥冷欣会晤，要求停止磨擦，共同抗日。
前排左起：粟裕、陈毅、冷欣、朱克靖、邱东平、吴肃，后排左一谢云晖、左三钟期光。

团。江北部队在频繁与敌伪军作战的同时，粉碎了国民党顽固派韩德勤部的一系列进攻，特别是黄桥战役胜利后，实现了新四军与八路军南下支队的胜利会师，完成了中共中央赋予的向北发展、创建苏中苏北抗日根据地的战略任务。从而，打开了华中抗战的新局面。

1941 年 1 月皖南事变后，苏北指挥部所属部队整编为新四军第 1 师，师长粟裕、政委刘炎（后因病不在位，政委由粟裕兼任）、我为政治部主任。下辖三个旅：第一旅旅长兼政委叶飞（后为副师长兼旅长、政委）；第 2 旅旅长王必成、政委刘培善；第 3 旅旅长陶勇、政委刘先胜（后为吉洛，即姬鹏飞）。苏南部队编为第 6 师，师长兼政委谭震林，下辖两个旅：第 16 旅旅长罗忠毅、政委廖海涛；第 18 旅旅长江渭清，政委温玉成。从此，部队进入了一个新的发展时期。1941 年 4 月，苏中军区及各军分区成立，由第 1 师和各旅领导机关兼苏中军区和各军分区领导机关。1941 年 8 月，第 1 师部队进行攻势作战，积极主动配合盐阜区军民，胜利地粉碎了日伪军的秋季大“扫荡”。

1942 年 10 月，奉中央军委命令，新四军第 1 师、第 6 师领导机关对内实行合并，归粟裕同志统一指挥，两师原番号不变。1942 年至 1943 年，第 1 师领导机关先后五次精兵简政，适应了严重的对敌斗争形势的需要，为夺取反日伪军残酷的“扫荡”“清剿”与“清乡”斗争的胜利，坚持和巩固苏中抗日根据地创造了条件。

1944 年起，第 1 师部队不断向日伪军发动攻势作战，消灭了大批敌军，尤以车桥战役的胜利震惊中外。1944 年 12 月，粟裕同志率第 1 师主力一部南下，执行中共中央赋予的向东南发展的战略任务。1945 年 1 月 13 日成立苏浙军区，粟裕任司令员，谭震林任政委（未到职），同年 3 月率第 1 师另一部南下的叶飞同志任副司令员，我任政治部副主任（主任萧望东未到职），统一指挥苏南和浙东部队，先后在天目山地区胜利进行了三次反顽战役，开辟了苏浙皖边敌后新区。第 1 师主力南下后，师部名义对外仍旧保留，先由叶飞后由管文蔚任第 1 师师长兼苏中军区司令员，陈丕显任政委，继续坚持苏中抗日根据地的斗争。1945 年 8 月，第 1 师部队由抗战初期的三个支队的一部分，发展到近 50 个团的一支强大的抗日劲旅，向日伪军展开了锐不可当的大反攻，同其他友邻部队一道，夺取了华中地区抗日战争的最后胜利。1945 年 10 月，苏浙军区部队北撤苏中。随后，其第 2、第 4 纵队及苏中军区教导旅编为新四军第 1 纵队，北调山东；第 1、第 3 纵队分别编为华中野战军第 6、第 8 纵队。以上各部以后参加解放战争，都成为后来华东野战军、第三野战军的主力部队。

中华人民共和国成立后，中国人民解放军中有四个王规军（第 20、23、24、29 军）、到 80 年代还有三个集团军（第 20、23、24 集团军）是由新四军第 1 师部队为主发展起来的。

在艰苦卓绝的抗日战争中，新四军第 1 师部队坚决执行了中共中央和中央军委的战略方针和策略原则，坚持了独立自主的抗战立场，藐视敌、伪、顽的夹击与多方限制，转战在大江南北、黄海之滨的苏南、苏中和苏浙皖边地区，力挽狂澜，智斗群魔，英勇善战，以弱敌强，克敌制胜，战果辉煌，共歼灭日伪军 6.6 万余人。就在日寇侵占上海、南京、杭州等战略要地，并在多数中小城镇和部分乡村遍布占领军据点的“眼皮底下”，在国民党主力军溃退后鱼肉乡里的杂牌军、“游吃队”多如牛毛的长江三角洲地区，我军犹如一把钢刀，直插敌人心脏，所向披靡，使敌、伪、顽闻风丧胆。而抗日军民的斗志越来越高涨，我们的部队越打越壮大，抗日民主根据地日益巩固和发展，演出了当代中国抗外战争奇剧的光辉一幕，为中华民族的解放建立了不朽的功勋。

在上级的英明领导下，新四军第1师部队坚强的战斗力，除了军事指挥的正确、战略战术的巧妙与机动灵活之外，部队政治建设和战时政治工作的坚强有力的保证，是重要因素之一。陈毅、粟裕等同志不仅是杰出的无产阶级革命家、军事家，而且也是我军政治工作的楷模。他们正确地执行中共中央、中央军委和毛泽东主席的战略方针，亲自制定政治工作纲要，参与政治工作实践，使第1师部队沿着坚定正确的政治方向胜利前进。广大指战员，尤其是数以万计的革命烈士，为第1师政治工作的建立与发展，贡献出宝贵的智慧和鲜血。广大政治工作干部，以身体力行的模范行动，谱写了第1师政治工作的光辉篇章。大江南北中共党的地方组织、人民政权和广大的苏、浙、皖人民群众对子弟兵的热爱、关怀与支持，是第1师政治工作的力量源泉。

我试就第1师部队政治工作的几个问题，做些挂一漏万的回忆。

"独立自主"与"人枪款主义"

摄于1938年1月，钟期光的第一帧照片（正背面）。

日寇入侵，国家危急！民族危亡！！

大敌当前，几经谈判，达成国共合作抗日的协议。向来不予承认、“久剿不灭”的中国工农红军取得合法地位，统一改编为八路军、新四军。

这对全中国人民、进步党派和团体来说，是大势所趋，是国家民族最高利益所在，是挽救危亡的唯一希望与正确途径，是各族人民的重大国策。但对当时坚持独裁反共反动政策的蒋介石和国民党顽固派来说，却是别有一番特殊心态：他们既不得不暂时屈服于民心民意的压力，又不甘心于共产党及其武装力量地位的合法化。他们既自己没有信心、没有办法、没有能力战胜强敌而不得不暂时借助我党我军的智慧与力量，又忐忑不安地担心“异党”“异军”在抗击外侮的斗争中力量增长。他们既想利用“异党”“异军”的力量抗击外敌以维护自己一党一军的私利，又想借助外敌限制和消灭“异党”“异军”而巩固自己一党一军的统治地位。

因此，他们对我们的“承认”与“合作”，是被迫的、表面的、暂时的、虚伪的；而利用、借助、限制与消灭我们，则是实在的。因而，他们当时对我们的一切政策与手段，都是从这个根本方针出发的。

1938 年 4 月下旬，我们新四军第 1、2、3 支队在安徽歙县岩寺集中后，国民党军政当局既不让进行整训，又不给补充武器装备，即命令我们开赴敌后战场。并且指定开赴路线，指定活动范围，指定作战任务，指定到达时限。他们规定：江南方面，以孙家埠为起点，一路经苏浙皖边，越沪宁铁路中心的苏州，到达长江下游的江阴；另一路沿长江东下，经江宁、镇江至江阴；江北方面，只能以淮南铁路沿线为活动范围。这就是说，新四军的作战区域，只能在当时被日军严密占领的南京、江宁、镇江、句容、溧水、高淳、丹阳、当涂、芜湖、繁昌、铜陵、南陵等日伪统治中心一带的狭小地区，东西不过百余公里，南北仅五六十公里。并一再下达指令，不准新四军“越境”活动。显然，蒋介石之流想把新四军放在入侵日军统治力量最强、交通最方便、作战最困难的条件下开展敌后游击战争的。其用心何在，一目了然。

“道”高一尺，“魔”高一丈。我党我军自有自己的高明战略与策略。为了表达国共合作抗日的诚意，为了履行中华民族抗御外侮的历史使命，我们不顾日伪军封锁与扫荡的疯狂，藐视国民党顽固派的险恶用心，三个支队下山集中不到十天，即组成抗日先遣支队，由粟裕同志任司令员，我任政治部主任，智闯多道敌伪严密封锁线，巧制地头蛇的层层骚扰纠缠，勇胜江南梅雨恶劣天候，取得了首战韦岗的胜利，圆满完成了战略侦察与发动群众的任务。

针对日伪军的疯狂侵略和国民党当局的险恶用心，我们通过多种形式的政治教育，使广大指战员牢固地树立一个最基本的信念：不是“你”要我抗战，而是“我”要抗战。这就是中共中央关于“独立自主地开展抗日游击战争”的战略方针的生动体现。当时陈毅同志提出，要开展三条火线的斗争：第一条是粉碎日伪军的“扫荡”；第二条是粉碎顽固分子的进攻；第三条是反对内部的一切不良倾向。我们的具体政治工作，就是根据“独立自主”的方针和“三条火线斗争”的原则而广泛深入地展开的。使部队始终贯彻中共中央和中央军委的抗战方针，做到既执行国民党抗战统帅部的作战命令，又不被它的诸多限制捆住手脚；既不主动破裂两党两军的抗日民族统一战线，又始终坚持合法“非法”与有理有利有节的原则斗争；既力争完成抗战任务，又发展壮大人民武装力量。

说到“独立自主”，我们有过教训。1937 年秋，当国共两党达成合作抗日的协议后，由傅秋涛、邓洪、涂正坤、刘玉堂和我五名常委率领的湘鄂赣边区红军游击队，由于处在深山密林中，长期与中共中央失去了电台联系，又没有得到上级任何指示，只是从当时国民党的报纸上得知国共合作抗日的消息，但不明两党合作抗日的具体政策与要求，以致在我们刚下山与国民党地方当局谈判中，接受了他们派来的副司令罗世忠等人的不利条件。当我们逐级汇报情况后，党中央及时指出了我们的错误:“（一）国民党不得插进一个人来；（二）一定的军饷；（三）驻地依靠有险可守之山地，严防暗袭及破坏，不要求驻大地方”。我们果断地纠正了错误，将国民党派来的几个人“礼送”出境，与其重新谈判整编条件，并在部队中深入进行了“独立自主”的政治教育，使“拒人、要饷、靠山扎”成为当时我部官兵人人皆知的与国民党打交道的方针。从而，顺利地实现了战略转变，将这支部队整编为新四军第 1 支队第 1 团。

1938 年 5 月 4 日，当我们抗日先遣支队出发才六天，毛泽东主席即指示我们:“在敌后进行游击战争虽有困难，但比在敌前同友军一道并受其指挥反会要好些，方便些，放手些。”“在侦察部队出去若干天之后，主力就可准备跟行，在广德、苏州、镇江、南京、芜湖五区之间广大地区创造根据地，发动民众的抗日斗争，组织民众武装，发展新的游击队，是完全有希望的。在茅山根据地大体建立起来之后，还应准备分兵一部进入苏州、镇江、吴淞三角地区，再分一部渡江进入江北地区。在一定条件下，平原也是能发展游击战争的。”“薛岳（当时国民党第3战区前敌总司令）等的不怀好意，值得严重注意……不要对他事事请示与事事报告，只要报告大体上的行动经过及打捷报给他。”这是针对国民党对我军的限制和不怀好意而制定的英明决策，当时和以后，都被新四军许多领导同志称为毛泽东同志的“第一个五四指示”。陈毅、粟裕同志领导我们坚决执行了这一指示。

国民党责难我们，说我们不该发动群众，更不该组织民众、武装人民，说我们“这样干是别有用心”。我们不理这一套，而是贯彻毛泽东主席的指示：抗日战争是持久战，单靠军队不发动全民抗战，要取得战争的胜利是不可能的。并且理直气壮地回答国民党：我们大量地开展抗日群众运动，正是执行“国民政府军委会政治部”的指示，即所谓“兵役、自卫、参战、生产”等“四大动员”。其实，国民党的这些号召，只是口头上喊喊而已，并不真正实行。他们不但自己不实行，而且不让我们实行。但我们是要真干的。所以我们说，发动群众，组织抗日自卫武装，捍卫家乡，正合乎《抗战建国纲领》的规定，我们的行动是合法的，阻止我们进行这一工作是违法的。本来，南京沦陷后，国民党数十万正规军望风撤退，江南无大军，日伪横行乡村，社会秩序紊乱，人民叫苦连天，都有亡国之叹。我们广泛发动、组织和武装群众，并以韦岗、新丰、句容、新塘、小丹阳、珥陵、当涂、永安桥、禄口等大小百余次战斗的胜利和模范的纪律影响人民，使各阶层民众看到了新四军是真抗日、真救国、真为民，而且确有办法，认清了只要坚持抗战，中国不会亡。大批的青年加入本军工作，我们对各种出身的人，只以赤诚抗敌为条件，一概团结争取。于是，部队扩大了，武器改良了，根据地稳固了。新四军声闻于天下，江南百姓更有“菩萨军”之称（除政治威望外，也因当时我军臂章上有个战士图形作标志）。

对于“独立自主”问题，在我党我军内部也是有分歧认识与斗争的。我在一团任政治处主任时，为了冲破国民党在人员、武器和经费等方面的限制，派股长洪德明（后改名洪季恺）、马金凤、宫副营长、丁麟章等干部，深入敌占区开展抗日宣传与组织活动。他们在发动群众的基础上，动员爱国青年参军，征集武器弹药，很快发展了一个抗日游击大队。我要他们在进行基本的教育训练后，将其中百余名骨干带回了主力部队，扩大了我们的武装。我还要求他们设法搞钱，主要是回收农贷。当时我们得悉，国民党撤退后，原来发放的大批国库农贷主要落在地主手里，有的成了日伪财富。我们就发动进步群众举报，收回了不少国库农贷。有些地主不满，将此事告到国民党第三战区。三战区首脑自然免不了找新四军领导人算账。项英等同志屈服于国民党的压力，将我们在敌后独立自主发展部队、自筹武器和经费的正确行动全盘否定，指令召开团委扩大会议批判，扣了一个“人、枪、款主义”的政治帽子，说我们是“无组织无纪律行为”，“破坏了抗日民族统一战线”，还指令给洪德明等三人撤职处分、丁麟章警告处分。此事我们在组织上服从了，思想上则始终持保留意见。我并且多次在党的会议上为洪德明等同志承担责任。此事当时影响较大，多数同志都同情我们。后来的实践证明我们是正确的，组织上也为此作出了正确的结论和善后处理。

1938 年 6 月 2 日，毛泽东主席发出指示:“望根据战争的实际经验，凡敌后一切无友军地区，我军均可派队活动。不但太湖以北吴淞江以西广大地区，即长江以北，到将来力能顾及时，亦应准备派出一小支队。”为了冲破国民党对我军活动范围的限制，1938 年 9 月，在茅山抗日根据地初步开辟后，陈毅同志即派第 1 支队 2 团一部东进澄（江阴）锡（无锡）虞（常熟）地区，为大部队东进北上做准备工作。1939 年 2 月，中共中央派周恩来同志到达皖南新四军军部，传达了中共六中全会关于新四军“向北发展”的方针，并与新四军领导人商得“向南巩固，向东作战，向北发展”的一致意见。同年 4 月，陈毅同志又果断地决定，派叶飞同志率第 6 团向江阴、无锡、常熟、苏州、太仓地区开进。为策略起见，并照顾到皖南新四军军部领导人同国民党三战区首脑的关系，6 团东进时没有用新四军名义，而是用了一支地方武装“江南人民抗日义勇军”（简称“江抗”）的番号，叶飞改名为叶琛，于 5 月上旬成立江抗总指挥部，梅光迪任总指挥，叶琛、吴焜、何克希任副总指挥。江抗部队十分活跃，消灭了大批日伪军，一直打到上海郊区的虹桥飞机场。在此期间，第 1、2 支队各一部发展了宜兴、武进南部的太湖、滆湖地区，大力开展抗日游击战争，扩大了我军的机动回旋余地。同时，由丹阳游击纵队改编而成的新四军挺进纵队，屡战获胜，进入长江北岸扬州以东的仙女庙（江都）、大桥地区。1939 年 10 月，江南指挥部又派第 2 支队 4 团一部北渡长江，到达扬州、仪征、天长、六合地区，与挺进纵队第 3 团合编，改称新四军苏皖支队，陶勇任司令员，卢胜任政委。11 月，江抗部队西返扬中，与挺进纵队合编为更强大的挺进纵队，由管文蔚任司令员，叶飞任副司令员。部队随即进至扬州、泰州一带发展抗日游击战争。

这一时期，国民党贯彻其五届五中全会制定的防共、限共政策，先后颁布了《防制异党活动办法》《游击队调整办法》《共党问题处置办法》等文件，全国各地反共流血惨案迭起。并将其反共的重点由华北转到华中，蒋介石亲自发出将新四军视同“匪伪”,“立予剿办，以遏乱萌”的密令，致使两军磨擦逐步升级，愈演愈烈。

1939 年在茅山抗日根据地。

蒋介石对其部下说: 20 多年来我们唯一的敌人是共产党。所以他公开提出“攘外必先安内”。而他赶我们到江南敌后抗日，显然是企图“借刀杀人”。我党我军则既针锋相对，又讲究斗争策略。对此，陈毅、粟裕等领导同志的头脑是清醒的，明知“山有虎”，偏向“虎山’行，把蒋介石的“借刀杀人”变为“到敌后就能发展”。

在江南茅山地区，我第 2 支队 4 团与新 6 团遭到国民党顽固派军队的进攻，我军奋起自卫，将其完全击溃。但陈毅、粟裕同志顾全抗战大局，本着“地无分南北，人无分老幼，都有抗敌守土之责”的原则，战后决定转移地区，将江南主力逐步渡江而北。但顽军抗敌无能，磨擦有力。我们在江南被他们逼走，北渡后又一再挨打。这使我们认识到，这显然是有计划有目的反共反新四军。我乃抗战国力、民族精华，不得不为生存而战。我们坚决执行中共中央、中央军委的军事方针，以“自卫还击”为基本原则。于是，哀军奋起，所向披靡，敌来击敌，顽攻胜顽。经郭村、黄桥、营溪、姜堰等战斗胜利，直到黄桥决战大获全胜，粉碎了国民党顽固派的反共反新四军的阴谋，改变了苏中地区敌、顽、我战略形势，奠定了创建苏中抗日民主根据地的牢固基础。也有力地策应配合了新四军其他各个支队的抗日反顽斗争。连当时国民党特务机关中统局的秘密报告也不得不惊呼：新四军“经两年余之扩编，番号随时增加，活动区域亦随之扩展。江南之苏浙皖边，江北之豫鄂边，苏鲁皖、苏豫皖边，甚至珠江流域之粤边及闽西南各地，几无不有该军活动之根据地。”“迩来新四军在苏皖之活动，颇近于十八集团军在晋冀之所行，倘按其各支队之积极发展活动情形推断，河北事件之重演于苏皖，迨亦意中事耳。”

皖南事变的历史教训

1991年1月，在纪念皖南事变50周年之际，我应《解放军报》之约，发表了《不能忘却的一页历史》的纪念文章，对这一事变的历史教训作了一些分析。

1941年年初，正当全民族抗日战争进入第四年，人民抗战热情逐年高涨，并取得一系列重大胜利之际，以蒋介石为代表的国民党顽固派，破坏抗日民族统一战线，对华中指挥敌后抗战的新四军军部和皖南部队重兵包围，疯狂袭击。除傅秋涛、江渭清等同志率约2000人突围外，造成我军7000余人伤亡和被俘的千古奇冤；并在全国范围掀起第二次反共高潮，极大削弱了抗日力量，严重影响了抗日局势。这就是当时震惊中外的皖南事变。

皖南事变这笔账，当然主要应该算在国民党顽固派身上。众所周知，蒋介石之流接受国共合作抗日，本来就是被迫的、表面的、暂时的；而限共、溶共、反共和灭共，则是其既定方针与根本目的，是其本质。当我军冲破其限制、粉碎其“借刀杀人”之计而获得生存与发展的时候，他们是坐卧不安、切齿痛恨。从国民党五届五中全会决定防共、限共政策，到秘密颁发《防制异党活动办法》《游击队调整办法》《共党问题处置办法》；从造谣诬蔑的反共宣传，到大江南北的磨擦升级；从消极抗日，到集中全力“清剿”新四军而停止对日军的袭击；从接二连三下达“剿办”“剿灭”“剪除”“肃清”新四军的密令，到全面炮制《解决江南新四军方案》《剿灭黄河以南匪军作战计划》；从制造借口公开发表《皓电》限令八路军新四军开到黄河以北，到秘密调遣20余万兵力包围并以7个师8万余人直接进攻新四军军部和皖南部队；从皖南阴谋进攻我军得手，到颠倒是非通令“撤销”新四军番号，得寸进尺，紧锣密鼓，完全是有计划的破坏抗日民族统一战线的政治阴谋与削弱抗日国力的反革命军事行动，是蒋介石得意一时而臭名昭著一世的严重反共事件。

虽然历史的发展并未以事变制造者的意志为转移，日本侵略者和国民党顽固派最后都以失败而告终，但是前事不忘，后事之师，皖南事变中新四军将士们的英雄事迹和这次事变的历史教训，永远值得我们汲取。

我当时任新四军苏北指挥部政治部主任，事变后任新四军第1师政治部主任。虽然没有在皖南直接参与事变斗争，但经历了事变前后新四军从组建、发展、受挫和壮大的全过程，参加了事变后重建军部和华中局召开的总结经验教训的高干会议，更经历了几十年来的政治风雨历程，当时有些不太清楚的问题，后来逐步明朗了。现在看，皖南事变的造成，除了国民党反共的客观因素，我党我军内因的教训也是深刻的。

在政治上，中共中央关于抗日民族统一战线的方针和政策是鲜明的、正确的。其基本原则，是在国共两党两军联合抗日救国的基础上，在统一战线中保持我党我军的独立自主地位，高度警惕破坏统一战线的任何反共阴谋。在两党两军关系上，既联合，又斗争。以斗争求联合、求主动、求发展。但当时新四军主要领导人对这些基本原则认识不足，执行不力，对国民党服从多，自主少；联合多，斗争少；说得多，做得少；相信多，警惕少；致使自己在政治上始终处在受欺、受压、挨卡、挨打的被动弱者地位，这是我军在皖南失败的重要原因之一。

在建军上，中共中央从当时的战略全局着眼，很早即确定新四军“向北发展，向南巩固，向东作战”的方针，力争将华中与华北、新四军与八路军连成一片，在建设巩固的强大的敌后抗日民主根据地的斗争中，建设强大的人民武装。但新四军主要领导人不顾全局，强调局部；不顾全党全国的统一性，强调皖南军部的特殊性；不顾敌后发展相对有利，强调敌后发展困难；不顾上下多数意见向北发展，强调少数主张南进；不顾抗击外侮有利于我军大量发展的千载历史机遇，强调看他人脸色的所谓“以质代量”的“精兵主义”。以致自缚手脚，自甘限制，自安瓮居，自受摆布，不仅影响了新四军全军部队的更大发展，而且使军部及皖南部队长期不能脱离国民党的虎视。最后，落得南进不能，北上太晚，反抗又乏力，恶虎不义，终于为虎所食。

在作战指挥上，新四军军长叶挺是经过北伐战争考验的军事家。他对新四军的组建和发展都有重大贡献。中共中央和中央军委对他是信任与支持的。但主持新四军党政工作的领导同志对他尊重支持不够，包办干预太多，使他在新四军的地位和作用受到一定限制，他的军事才能未得充分发挥。对此，我们这些部下深有所感。以致最后军部北移时，在时间安排、转移路线、行军组织、部署突围等问题上均有失误。尤其是星潭受阻后，叶挺军长率军事助手们亲自视察战场，提出了“攻下星潭、突出包围圈”的建议，未被采纳，失去了宝贵的战机，挫伤了士气，带来了严重的后果。

这里有个项英同志的责任与评价问题。我认为，对新四军在皖南遭受的严重损失，除了敌人的因素，就内因而言，虽有军分会和其他军首长的一定责任，但作为中共中央东南局书记兼新四军副军长，实际上的政治委员，新四军各项工作事实上的主要决策者，项英同志负有主要责任。他在上述政治上、建军上和作战指挥上三个方面，是没有很好地执行中共中央和中央军委的方针、政策与指示的，多年来已有许多专题材料的具体事实为证。我作为这段历史的亲历者之一，对项英同志尊重中央领导不够，执行中央指示不坚决，强调个人意见太多等方面的错误，以及由此所产生的严重后果，是当时就耳闻目睹的，完全是历史的真实，是不容置疑的。一个时期以来，有人曾引用中共中央对新四军大量正确指示中的个别文字为证，企图减轻项英同志对事变应负的责任，甚至为其翻案，这是不足为据的，我是不赞成的。因为实际上，皖南失败的格局，在事变之前由于项英同志与中共中央的长期对抗而早已注定。但经过几十年风风雨雨的实践检验，有两点我需要指出：一是对项英同志在皖南事变中的责任和他一生的评价，这是两个问题，不能混淆。项英同志是我党我军早期领导人之一，从参与工人运动、江西中央苏区和南方三年游击战争的领导，到参与组建新四军和创建华中抗日根据地，做了大量的工作，为党和人民的事业作出了重要贡献。不能因他在皖南犯有错误而全盘否定他毕生的功绩。即使他对皖南失败负有主要责任，但也不能将全部责任推给他一人。在极左盛行时，将他对皖南事变的责任扩大化，并以此掩盖其一生的功绩，以“好人”“坏人”划线，将其列入“坏人”行列，显然是违背历史事实的。二是所谓“替罪羊”问题。这主要是敌对阵营对我党我军的造谣诬蔑与攻击。但受其影响，加之党内曾有极左危害，所以在革命队伍内部也有这方面的模糊认识:“因为项英失败了，死了，就拿他作批判的靶子。当‘一贯正确者’和活人错误的替罪羊”。这也不是事实。皖南事变之后中共中央、华中局和新四军对项英同志错误的清算，是摆事实讲道理的，是以总结经验教训而教育后人为目的。而项英同志的主要错误，是客观的，实在的，不是别人编造的。所以当时不存在找所谓“替罪羊”问题。当然经过历史检验，各方面情况的进一步明朗，有些问题在分析上，某些词语上纲上线过高是有的。随着人们认识水平的提高，这些是非是不难分辨的。

所幸的是，皖南事变之后，我党我军采取的一系列重大措施是英明正确的。从当时的实际出发，中央决定“政治取攻势，军事取守势”，反映了以毛主席为首的中央领导的老练成熟与冷静科学态度。由此，在坚持和维护抗日大局的前提下，在内外两条战线上展开了同国民党的全方位的斗争，并获全胜。从而，彻底揭露了国民党当局消极抗战、积极反共的反动本质和削弱抗战国力的严重罪行，团结教育和争取了大批党外爱国志士和中间势力，使国民党在政治上陷入众叛亲离的空前孤立境地，迫使其反共阴谋暂时收敛，宣告了第二次反共高潮的破产。在严重的历史关头，保持和维护了国共继续合作抗日的民族统一战线，为我党我军的生存与发展造成了必不可少的国内外政治环境。同时，在我党我军内部，通过重建和加强新四军领导机构，认真总结事变的经验教训，在清算右倾机会主义错误的同时，注意防止和纠正主张取消统一战线的政策、要求“痛快干一下”“可以恢复内战时期的一套办法了”等“左”的倾向，实现了内部的空前统一与团结。加强党对人民军队的绝对领导，成为全党全军的共识。这是这次事变最根本的经验教训。新四军政委刘少奇同志指出：我们新四军是党军，党军是执行党的政治任务的工具。在目前，党的政治任务总的方针就是要求使中华民族完全的独立，建立新的民主共和国。“政府虽然是统一战线的政府，但是八路军新四军是党军，不能说是统一战线军队……新四军八路军是党军，是工农的队伍，是无产阶级领导的抗日部队，不管名义上有什么变更，但这一点是永远不变的”，他还指出：“毛泽东曾这样讲，搞好中国革命要三个东西，一个共产党，一个军队，还有一个是统一战线。目前我们来讨论建设真正能够很好地执行党的统一战线政策的能争取和团结友军抗战的党军，我们才不会失败，我们才会胜利。”陈毅军长指出：“建军是从政治上着手，首先保证党在本军中的绝对领导权、排斥一切非革命意识的侵蚀。”由于抓住了加强党对军队的绝对领导这一根本措施，使新四军各项工作获得重大进步，在很短时间内以10倍的成功，将皖南事变中7000人的损失变为事变后9万人的大发展。正如陈毅军长所总结的：“新的军部于（1941年）1月28日宣告成立。半年来的努力，本军突破了被包围的危境，取得坚持华中敌后抗日民主阵地的伟大胜利。本军本身反而更加壮大充实，完成了全军的铁的统一，由游击兵团提高到正规军团的阶段，由无数小块敌后游击区，形成了一片宽广的敌后游击根据地。”

万变不离其宗

形势在不断发展，情况在不断变化。由红军时期的国共对抗，到抗战时期的国共合作抗日，以后又发展为敌伪、顽、我三角斗争。千变万变，我们有一点是不变的，就是继承和发扬红军优良传统，政治工作是我军的生命线。这叫“敌变我变，万变不离其宗”，或者叫“以不变应万变”。这是第1师部队各项工作深厚的威力根基。

当时，第1师的干部队伍，中上层领导全部是久经考验的红军老干部。各级领导十分重视和强调政治工作的地位。曾任红4军政治部主任、参与制定古田会议决议的陈毅同志，还有新四军的其他领导同志，就是以“生命线”的极端重要性来指导第1师政治工作的。我清楚地记得，新四军进军江南的第一张布告，就公开宣布新四军的政治机关，是共产党在人民军队的领导机关；是统一对外的机关；对内建立自己完整的独立的工作系统；根本不理会国民党及其军队妄图限制和融化我军而提出的所谓“一个国家、一个政党、一个领袖”的法西斯口号。新四军曾经总结和公布《红军的十大优良传统》，陈毅同志提出了《十不要》。可惜原始资料已经失散，但记得中心内容是强调党对军队的绝对领导，强调政治工作在军队建设中的重要地位，反对不要或不重视政治工作，反对军阀主义和游击习气。1941年7月，陈毅同志在《论建军工作》中指出:“只有更加强党的领导，才能使本军能胜利地应付抗战环境，不致在五色迷目、万花缭乱的复杂社会环境中迷失方向。保持本军阶级的革命的特点，加强本军的政治领导，这是不变的。以这个不变方能应付新环境中的万变。”“政治建设是建军的中心。其主要内容包括五大项:（1）提高干部的党性；（2）强化政委制度；（3）加强政治工作；（4）健全军队党的组织工作；（5）加强全军政治教育。这五大项是实现党的政治领导的五个环节。”第1师的政治建设正是按这些指示落实的。

那时候，部队上上下下，均把政治工作视为党的工作、光荣的工作、崇高的工作。政治机关和政治工作人员受到普遍的尊重与支持。陈毅同志下部队，总要专门找政治工作人员谈工作；部队的军事主官如叶飞、王必成、陶勇等同志，几乎每次到陈毅同志那里汇报完工作以后，陈毅总要叫他们专门找具体主持政治工作的领导同志汇报与听取指示。政治机关派人下部队检查和帮助工作，不论是部长、科长或干事，都一样受到尊重与支持。王必成同志还多次要求师机关下去帮助工作的干事留下担任指导员或教导员。政治机关的这种尊严和政治工作干部的荣誉感，以及政治工作的强大威力，是在生死斗争的实践中建立起来的，是群众公认的。

1940年春，在江苏溧阳水西村新四军江南指挥部。前排左二陈毅、左三刘炎，中排左一叶飞、右二粟裕，后排左一钟期光、左三刘培善。

第1师政治工作继承红军传统，很重视官兵平等，上下一致。陈毅同志亲自起草了士兵委员会的条例，强调发扬“三大民主”。那时连队召开军人大会可热闹啦，连长、指导员向军人大会报告工作，大家热烈发言提意见，充分表达战士是连队主人翁的责任感，上下级关系十分融洽。不少战士到了团部，总乐意到团政委房间里转一圈说说话，抽支烟，更多的是听听战斗消息：“政委呀，有什么情况吗？是不是要行动啦？早该打一仗了。”每次战斗，指挥员下定决心之前都要发扬军事民主，将任务交给大家讨论，然后集中正确的意见，形成统一的意志，保证战斗胜利。初期我们没有自己的政权，经济上很困难，每月三块钱的津贴常常几个月发不下。但越是困难，就越重视经济民主。每连都有经济委员会，有效地监督经济开支，千方百计改善连队生活，过一段时间算算伙食账，可以分给每人一点伙食尾子，买点黄烟什么的，大家很高兴。各级干部都把同战士直接接触，视为最好的政治工作机会。曾有这样一段美谈：有一次，一位战士见了陈毅同志，庄重地敬了个军礼，大声问道："陈司令好！"陈毅同志亲切地说:"不要叫我司令，要加一个员字。你是战斗员，我是司令员，他是运输员，我们都是革命的普通一员，人民的勤务员；怎么能叫我司令呢？我又不是来当官的，国民党军官才叫司令，咱们都是员呀！"战士咯咯地笑了。真是一字见本质，新旧军队，泾渭分明。的确，那时部队职务普遍称什么什么"员"，新四军只有三个"官"：副官、医官和旗官。那是为了便于同"友军"打交道，用来对付国民党的。

1943 年钟期光与新四军 1 师战友合影。前排左起：张震东、刘先胜、王集成、王必成、姬鹏飞，后排左起：陶勇、刘培善、钟期光。

养成铁的群众纪律，培育军民鱼水情，是第 1 师部队立足大江南北的根本保证。那时有"三大纪律十项注意"，其中有一条"大便找茅坑"（江南称厕所为茅坑）。开始有人不找茅坑,"打野外"。政治机关就在宣传教育的基础上，让连队指导员作担保，发现哪个连有"打野外"的，就罚那个连的指导员打扫茅坑，很快纠正了违反群众纪律的陋习。一次部队行进到高淳县东坝镇，是晚上 11 时到达该镇的，为了不惊扰群众，部队全体露营。天明时，老百姓见我们一队一列地坐在街道两边的屋檐下，十分感动，纷纷迎接大家进屋休息，都说这是从来没有见过的军队。江南人民普遍流传“吃菜要吃白菜心，当兵要当新四军”；而称国民党中央军为“遭殃军”，称他们的游击队为“游吃队”。

我们部队有了这种血肉相连的军民关系，就使人民群众可以封锁敌人，让他们变成“瞎子”“聋子”，不让敌人知道我们的情况；而敌人的一举一动我们都一清二楚。我们到了苏中以后，情况也是这样。部队的战前侦察、后勤供应，战斗中的伤员救护、转移、安置，以及战后的打扫战场，等等，都离不开群众的支援。如1旅打下古溪以后，群众自动前来慰劳子弟兵的人数，比我们部队多几倍。又如黄桥战役时，地方党政机关和人民群众，纷纷声讨顽固派破坏抗日的罪行，广泛掀起支前热潮。数千民兵和人民群众扛着门板和各种器材帮助我军抢修工事；支前委员会组织了许多救护站、担架队；家家磨面、烧水、烙饼，仅黄桥镇就有60多个烧饼炉为前线烘烧饼。由此诞生了以后广为流传的《黄桥烧饼歌》，大大鼓舞了我军的士气。再如在高邮战役中，苏中党政民组织了3000民兵参战，动员民船500只，民工15000人，保证了部队作战的需要。为了严格督促和检查部队群众纪律的执行情况，每个连队、每个伙食单位，都成立了群众工作组，以后又根据总政的指示，普遍进行了“拥政爱民”活动，层层订立“拥政爱民”公约，进一步增强了军政军民之间的团结。当时战士们都喜爱唱“河里的鱼儿要用水来养，老百姓的队伍要靠老百姓帮”的这首歌儿，这首歌唱出了军民之间的鱼水情谊。

发扬红军传统，还表现在重视发挥党支部的战斗堡垒作用上。新四军第1师没有接受国民党的限制，始终坚持了党对军队的绝对领导，在部队中积极发展共产党员，建立党的支部。据1941年12月底统计，党员占全师人数的38%强。各级领导干部，从陈毅、粟裕同志起，都以普通党员身份参加组织生活，坚持向党小组汇报思想，虚心听取支部的讲评。不少领导同志的党员模范作用很好，行军时自己走路不骑马，将战马让给机要员、报务员、病号和体弱的女同志骑。各级党员领导干部的这种组织观念，给全体党员作出了榜样，使连队党支部的战斗堡垒作用得以充分发挥。连队的一切重大工作都要经过党支部，党支部通过党员的先锋模范作用，带领全连完成战斗任务。

第六章　一师抗战政治工作的回顾

1937年8月1日，总政治部在《关于新阶段的部队政治工作的决定》中指出，在抗日战争中，部队政治工作的基本任务是：第一，一切工作为着积蓄与加强抗战的力量，保证在抗战中的胜利。第二，保证党在红军中的绝对领导，依靠于党的领导的加强，保持红军的光荣传统，巩固与提高部队的战斗力。第三，提高部队的军事技术和战术，提高指战员的政治文化水平，并创造大批新的干部，使之适应于对日作战的需要。

回顾新四军第1师的战时政治工作，集中到一点，就是一切为了保证战争的胜利。

新情况　新特点　新创造

同红军时代相比，新四军面临的情况发生了很大变化。从山地到平原，从武装对抗国民党军队到又联合又斗争，从打白军到打鬼子、打伪军，从分散到相对集中，从老根据地到人地生疏的江南敌后开展游击战争。特别是到了苏中以后，长期处于尖锐复杂的三角斗争形势中，从反磨擦到以反“扫荡”为主，从长期坚持斗争、积蓄力量到进行反攻，从发展主力兵团到建立“三结合”的人民武装力量等等，这一切，都是全新的课题和战略性的重大转折。为了适应新形势，对付新旧敌人，取得新胜利，随着军事战略策略的转变，部队政治工作也相应地有了新的发展和创造，突出表现在严格地创造性地执行党的政策上。

首先，在对敌斗争策略上，深入开展统一战线工作有了新的发展和创造。主要表现在反“左”防右上。从下山到挺进江南，直到发展苏北，在相当长的时期内，教育广大指战员从战略策略的高度，深刻认识统一战线的重要性，自觉运用统一战线这个法宝，开展对敌斗争和壮大自己，需要做大量深入细致的政治思想工作。红军时期，国民党军队对我军的残酷“围剿”和长期不共戴天的对立，在指战员心中埋下了深仇大恨。突然要同国民党军队“合作”，要换掉红星帽徽，很多同志思想不通，顾虑重重，有的认为这简直是向国民党投降。我们就针对不同单位和指战员的思想实际，深入进行国际国内形势教育、党的战略策略方针教育，使大家明确在民族危亡的关键时刻，实现阶级解放同挽救民族危亡和维护国家独立的关系，搞清长远任务与当前任务、全局与局部的关系，从而提高执行统一战线政策的自觉性。

这个时期的主要倾向是反“左”。然而，当具体运用统一战线的法宝时，有的单位和个人就产生了另一种倾向，认为国共合作了，红军改编了，新四军同国民党军队没有区别了，这是对外工作的右倾思想。主要表现在新成分大量增加的扩编单位。我们通过我党我军的本质特征和根本任务教育，及时进行了纠正，使大家明确和掌握抗战中的独立自主的发展方针。通过反“左”防右的大量政治思想工作，部队上下不仅认识了统一战线的重要性，而且能够普遍自觉地创造性地运用这个法宝。在江南时期，统一战线的对象，主要是对开明士、绅和工商界执行党的政策，争取他们共同对敌。当时茅山地区有个茅麓公司，经营著名的茅峰茶，经理纪振纲是江南知名的民族资本家，在上层人士中有一定的影响。该公司还拥有一支200人的武装，但只自卫，并不抗日。陈毅同志亲自做他的工作，晓以民族大义，动员他参加到抗日统一战线中来。在我军新丰、延陵大捷以后，他对陈毅同志和新四军大为佩服，逐渐向我们靠拢。后来日寇占领了茅麓公司，纪振纲把其自卫武装交给了新四军。他到上海后，还继续为新四军筹集款项和物资。同时，对杂牌顽军和不同伪军进行分化瓦解，争取多数，打击少数。苏南横山脚下有支朱永祥“游吃队”，无恶不作，放火烧村庄，杀害无辜100多人，群众恨称“小日本”。我们为民除害消灭它，老百姓人心大快，杀猪宰羊慰劳子弟兵。

后来到了苏北，各种力量犬牙交错，有敌伪势力，有国民党嫡系部队韩德勤部，也有地方实力派李明扬、李长江、陈泰运部，情况极为复杂，敌我力量悬殊，我军在数量和武器装备上均处劣势。为立稳脚跟，力求发展，配合军事斗争，陈毅同志创造性地卓有成效地实践了党的统一战线政策，表现了高超的军政兼优的领导艺术。首先在壮大抗日斗争力量上，建立“联抗”部队，作为党的外围武装，主要负责统一战线工作，这是贯彻党的统一战线政策的一个创造。坚强有力的政治工作又为“联抗”部队的巩固和发展发挥了重要作用。其次，在对敌斗争策略上，他审时度势，神机妙算，独具匠心，深入虎穴，发现裂痕，利用矛盾，发展进步势力，争取中间势力，孤立和打击顽固势力，广泛团结各阶层人民共同抗日。成功地制定和实现了“击敌、联李（李明扬）、孤韩（韩德勤）”的斗争方针，团结了以韩国钧为代表的爱国民主人士，争取了以李明扬为代表的地方实力派，打击了李长江的投降势力，粉碎了韩德勤的磨擦进攻，取得黄桥战役等一系列战役战斗的胜利，确立了我党对苏中抗日斗争的领导地位。

苏北黄桥决战期间钟期光（左二）与管文蔚（左一）、陈丕显（左三）合影。

1940年10月28日，我们以“陈（毅）粟（裕）钟（期光）”名义，向中央“毛（泽东）朱（德）王（稼祥）”发了《进行统战工作的经验》的电报，概要汇报了争取联合李明扬、李长江、孤立打击韩德勤的统战经过，总结了统战经验：（一）我们始终遵照中央利用矛盾，争取多数，反对少数，各个击破的原则。（二）我们首先击破了党内“凡国党国军黄埔生皆顽固派”的错误估计。同时纠正“战斗开始即统战终结”的观点，坚持政治前行、军事后盾的原则，对顽固派应一面拉一面打，先拉后打，先打后拉，均应活泼运用，反对一味蛮干，或一味退让。（三）予中间派以实利，实行“分赃”，不至独吞，实行“大斗进小斗出的地主原则”，主张“蚕食”跃进，反对“鲸吞”冒进。（四）充分调查对方情况，每一个集团他都有一个基本利益和中心要求，不要轻易去违犯他。（五）充分运用问候、送礼、写信及许多私人关系，同时知道统战对象的人事关系是很重要的。（六）态度谦虚，措辞平和，讲礼貌，不伤他的面子，不能答应的事不要马上回绝。（七）上层联络应有下层配合，但不能盲动。两李部下两团反正即是如此。现已停止对两李下层组织争取工作，但政治影响的扩大仍不放松。

1940 年 11 月 1 日，党中央书记处在《建立和巩固华中根据地的指示》中指出:“要充分发扬历次苏北友军工作的成功经验，时时都要注意利用矛盾，争取多数，反对少数，勿使自己陷于孤立，时时信使四出，去广泛进行交朋友的工作。”同月，中央“毛朱王”在一项策略指示中说:“陈毅对两李及陈泰运等的统战工作，有丰富宝贵之经验。望大家加以详细研究，加以发扬广泛运用，以期各部分均能得到争取友军工作之最大成绩。”1940 年 12 月 17 日，中央“毛朱王”再次给陈毅同志发电肯定:“你的统战方针与统战工作是正确的，以后盼将这类材料随时电告我们；同时告新四军各部，使他们都照样办。”

在苏中，争取被陈毅同志誉为“民族抗战之楷模”的韩紫石（名国钧）先生，是当时统战工作的一着高棋。陈总亲自做了大量工作，颇有成效。我受陈总派遣，曾先后两次会见韩紫石先生。

我第一次会见韩紫石先生，是在 1940 年夏天。当时，抗日战争处于战略防御阶段。日寇正野心勃勃，气焰

1940 年冬在江苏省海安县。

嚣张。他们侵占武汉以后，把确保长江沿岸和宁沪杭三角地带作为其战略重点，陆续回师增兵“扫荡”大江南北的新四军。而国民党顽固派消极抗日，积极反共，紧锣密鼓策划第二次反共高潮。他们集中10多个师的兵力对付和限制新四军，与日寇相呼应。苏北的韩德勤更是耀武扬威，连续发出《消灭新四军感酉电》《关于进攻新四军的作战命令》等，准备全面进攻我军，使我处境日益困难。为了打破敌顽夹击，开展大江南北的抗日战争，我军在军事上积极作好自卫反击作战的准备，政治上陈毅同志亲自部署，广泛开展抗日民族统一战线的工作，团结各方面的力量共同对付敌顽。

就在这样的形势下，陈毅同志派我去会见韩紫石先生。我从姜堰出发，步行来到韩老寓所。老人出迎，热情相待。我将陈毅同志致韩老的亲笔介绍信递给他，大意是：兹介绍新四军苏北指挥部政治部主任钟期光前往求见，通报情况，请予接洽。韩老连说：欢迎欢迎！我开门见山，将国民党顽固派不顾抗日大局，不惜民族危亡，积极准备反共大磨擦的事实和我们的打算一一告诉他。

我说，江南的国民党军队，正在频繁向江北调动。“忠义救国军”和各地“保安团”，远离日寇，都跑到江北来对付新四军，主力有张少华和张星炳的两个旅。

韩老说，我已听说此事，内中一定有缘故。他（指韩德勤）是要集结力量，你们要当心。我已会见过他，问及江南国军调动之事，劝他以国家民族利益为重，国共精诚团结抗日，以解国难危局。但他对我不讲实话。他是政府官员，不忧于国，失信于民，成何体统！韩老越说越气愤。

我又告诉他：他们正在搞什么限制异党异军活动法，对此您有何高见？

韩老说：这个不能成立。他们干他们的，我们干我们的，你们干你们的。天高皇帝远，他们管不着，限制不到你们。你们有枪、有兵，你们有地盘，你们有很好的主张。人民拥护你们，得民心者昌，失民心者亡。怎么能限制到你们呢？这个事我知道，黄逸峰给我讲了。

韩老接着说，黄逸峰原是国民党的战地委员。国民党有很多派别，各派都想发展自己的势力，扩大自己的地盘。这个黄逸峰不搞这一套，他慕名而来投奔了你们共产党。

我还向韩老通报：为了发动群众，壮大抗日力量，夺取抗战胜利，我们要实行“二五”减租，把农民组织起来，办农民协会，组织农民自卫武装。

我这是有意打消韩老对我党政策的顾虑。他当时曾对我们的同情者说:“论政策人才，国不如共”,“新四军样样好，只是要夺取政权就不好，因为时太早。”

韩老因对国民党失望，寄希望于共产党。他坚定地表示:“朱毛”的政策好，我欢迎，我赞成，我实行。我要做，还要带动大家一道来做。外敌入侵，要举国抗敌。有人出人，有钱出钱! 有枪出枪。我有一个小小的保卫队，十几条枪，我把人枪交给你们，就放心了。新四军是仁义之师，如果江南江北所有军队都像你们一样就好了，救国就有望了，天下就太平了。后来经韩老模范带头和动员说服，三仓河、弶港等许多垦区拥有的自卫武装，纷纷交给新四军，共 200 余人，光荣地加入了人民抗日的队伍。我们还根据中共中央关于组织“外围军”的指示，为缓冲同苏中地方实力派的矛盾，由我军、李明扬部和保 1 旅各派一个连为骨干，收编了部分零星武装，组建成苏皖联合抗日军(简称“联抗”)。张孤梅、彭冰山先后任政治部主任，黄逸峰任司令员(其公开身份为“国民党苏鲁战区党政委员会中将委员”)，成为一支很有战斗力的抗日武装。

韩老蓄着髯须，身着黑色长袍，戴着铜圈眼镜。他当时已是 83 岁高龄，但精神很好，说话声音洪亮，语言合乎时代潮流，不像旧军人、旧政客，像个学者，充满长者的风度、智者的气派。他的会客室简朴而清雅，平房的正中摆着一张大圆桌，周围几把木椅子；正墙悬挂一副对联:“茶香和雨摘，果熟带霜收”。可以看出，老人欣喜劳作，向往丰收。

谈话进行了个把钟头。韩老送我到门口，彼此致礼告别。

我第二次会见韩紫石先生，是在皖南事变之后的 1941 年。当时，胡服(刘少奇)同志来苏北主持工作，就住在韩老家里。我去向他汇报部队情况。他要韩老不必回避，两人一起听我汇报。这次因我谈的是新四军内部情况，韩老除了频频点头，几乎没有插话，只在最后作了简短谈话。

那时候，紧接国民党顽固派发动的第二次反共高潮，日寇大举向我敌后抗日根据地进攻。苏北曾参加抗日民族统一战线的国民党李长江部队叛变了，其他“国军”也一个纵队一个纵队地向日寇投降成为伪军。苏北的形势很紧张，我们整个新四军坚持抗战，举行“讨李战役”。韩紫石先生临危不惧，毫不动摇。他佩服陈毅代军长魄力大，称赞他有度量，为了团结抗日，对顽固派敢谈、敢让、敢打，斗争有理、有利、有节；对日寇更是不示弱。韩老一向称陈毅同志为“陈总指挥”。他说，韩德勤也好，日寇也好，都不是陈总指挥的对手。有共产党和陈总指挥领导的新四军在，我老朽稳坐苏北这个“钓鱼船”了，谁也奈何不了我们!

这铿锵的声音、坚定的信念，长久地留在我的脑际，也为我军夺取华中地区的抗战胜利增添了一份力量。

第二，尊重、团结和大胆使用知识分子，是第1师政治工作的突出特点，这对提高部队的素质，建设一支有文化的革命军队，起了极大的作用。

红军时期，由于历史条件的局限，部队中下层主要是工农分子。新四军第1师战斗在苏浙地区，邻近宁、沪、杭等大城市，科学文化比较发达。我党我军高举抗日救亡的旗帜，吸引着广大热血爱国知识青年。在我军节节胜利的影响下，大批知识分子纷纷投奔第1师部队。我们充分利用了这个有利条件，给部队建设增添了新的活力。他们在各级领导班子建设、司政后机关建设和政治思想、文学艺术、新闻出版、通信联络、军工生产、医疗卫生、财务管理等各项专业技术建设中，充分发挥了聪明才智，空前活跃了部队各项工作。

当时我们的方针是热情欢迎，大量吸收，关怀爱护，积极培养，严格要求，大胆使用。为了提高知识青年的军政素质，陈毅同志一到茅山，就叫政治部举办抗日青年训练班，招收了100多名当地知识青年，他亲自讲课和参加学习讨论，勉励大家为民族解放和共产主义事业贡献知识与智慧。到苏中以后，师部成立了抗日军政大学第5分校苏中大队，各旅分别举办教导队，仅1941年全师培养训练干部2195人，其中知识青年占了相当的比例。1942年5月，在苏中建立抗日军政大学第9分校，归第1师领导，由粟裕同志兼任校长，并先后由吴肃、谢云晖、刘季平、杜屏、张崇文等同志具体负责教学工作。至1944年改为苏中公学，两年时间为第1师培训干部1500多名。其中大部分是青年知识分子和青年工人，并且相当数量是由中共上海地下党动员和输送来的。当时，第1师在上海等地的扩军工作规模很大，使大批知识青年滚雪球似的走上苏中抗日前线。经过专门培训的知识青年，视其表现与特长，分别充当各级骨干，或到连队担任正副指导员，或到服务团从事文艺工作，或到营连担任文化教员，或到政治机关担任干事。当参谋，当医生，当会计，当报务员和机要员的，也非常之多。经过实战考验与锻炼，优秀的提升为营团职领导骨干。据1941年10月统计，第1师营职以下干部60%以上是 20 岁至 25 岁的青年知识分子，连队指导员则占 70%，以后占到十分之八九。师团职干部中有不少是留学生和大学生。还有一批从上海、南京等地来的知名学者和文人，如钱杏邨、邹韬奋、范长江等，陈毅和粟裕同志热情接待，请他们给部队作报告，介绍国民党统治区的黑暗统治和人民斗争形势，给指战员以教育和鼓舞。他们有的后来被护送至延安。当时，我们要求知识分子干部和工农干部互相学习，取长补短。1941 年 4 月 17 日，我在《对改进目前连队政治工作意见》中指出：出身知识分子的政治指导员，长处是爱学习，求进步，对新事物感觉敏锐。其短处是好高骛远，尚空谈，不实际，不接近下层；而工农干部则做事认真，工作切实，说到哪里做到哪里，想多少做多少，政治立场坚定。但文化水平低，求知欲弱，反应较迟缓，存在农民保守性。因此，我主张将这两类干部的特点“中和”起来：知识分子要他工农化，实际化；工农分子要他知识化。反对不重视增加知识、自甘落后，或者以工农分子自居，以“土包子”“大老粗”自命，并以此为荣；也反对知识分子的自命不凡、脱离实际的倾向。一个工农分子变为一个有知识的革命分子，一个知识分子能够大众化、实际化、思想上无产阶级化，岂不是更光荣吗! 两者“中和”，便是党和军队的好干部，是革命的宝贵财富。大批知识分子加入部队，他们的聪明才智得到充分发挥，使新四军第 1 师部队和后来的华东部队，战斗力显著提高。同时，也在斗争中培养锻炼了大批知识分子出身的优秀干部，不少同志至今仍然分别战斗在党政军各级重要岗位上。

这里特别值得一提的是，第 1 师有支知识分子组成的百余人的战地服务团，各旅也有几十人的服务团。团员以皖南原新四军军部服务团的老团员为骨干，大部分来自上海等大城市和苏北当地的文化人，各有特长，革命热情很高。

以朱克靖为团长的新四军战地服务团，于 1938 年 1 月在南昌成立，4 月随军部转移到安徽歙县岩寺，7 月抵泾县云岭，先后在皖、苏南北地区开展工作。当时，国共合作抗战，全国军民抗日热情高涨，在侵华日军气焰嚣张、全国各正面抗日战场形势不利的情况下，八路军在华北连获大捷，新四军在皖南集结声威大震，先遣支队韦岗初战震撼江南，以茅山为中心的苏南抗日根据地迅速建立、巩固与发展，中国共产党的政治影响深入海内外人心。以宁、沪、杭为中心，大江南北的热血青年和进步人士纷纷投奔新四军，不少人成了光荣的战地服务团成员。其中有青年学生，也有工人与职员，有从陕北抗大、陕北公学和八路军总部学兵队调来的部分学员，还有海外华侨、留学生以及知名的文人学者。他们脱去旧时装，换上新军装，抛除陈观念，武装新思想，容光焕发，激情满怀，以音乐、戏剧、美术、文字、讲演等文艺形式为武器，为国为民，忘我战斗，鼓舞士气，宣传群众，壮大抗日队伍；怒斥敌伪，瓦解敌军，扩大抗日战果，成为新四军开展敌后抗日战争的得力助手和开路先锋。他们有优良的政治素质和较好的文化修养，鼎盛时期，成员有四五百人。

1940 年 7 月，服务团由苏南渡江北上，属苏北指挥部领导。1941 年皖南事变时，服务团没有受到什么影响。在盐城重建新四军军部时，服务团留在苏中，改建为第 1 师战地服务团。我曾兼任过该团团长。他们与当地军民同生共死，经历了苏中抗战中、后期极为艰苦的斗争，直到迎来抗日大反攻，实现了“把敌人赶出去”的夙愿，坚持和发展了苏中抗日民主根据地，分享了抗战胜利的喜悦。

战地服务团在叶挺、项英、袁国平、陈毅、粟裕等军师首长和政治机关的关怀领导下，是一支红专相融、文武兼优的过硬文艺新军。它对新四军的发展壮大，战斗力的提高，敌后抗日根据地的开辟与发展，以及后来人民解放军的作战与建设，以至新中国成立后我国我军文艺工作的兴盛，都发挥了重要作用，影响深远。

战地服务团是一支红色精干的文艺宣传队。他们鲜明地高擎马列主义、毛泽东文艺思想的旗帜，紧密联系实际，创作和演出了大量优秀的文艺作品。如歌颂战斗胜利的话剧《繁昌之战》，表彰女同志先进事迹的话剧《大时代的女性》，动员青年参军的歌剧《红鼻子》《送郎上前线》，借鉴闯王进京教训的历史剧《甲申记》等等。在频繁、艰苦的战斗间隙，还排演了《一年间》《魔窟》《阿 Q 正传》《雷雨》《前线》《钦差大臣》等大型国内外话剧和舞蹈《义勇军进行曲》。在音乐方面，有流传至今的《新四军军歌》《渡长江》，反映姜堰战斗的《勇敢队》和人民热烈支前的《黄桥烧饼歌》，鼓励苦练杀敌本领的《刺枪歌》，动员武装保卫夏收的《当心鬼子来抢粮》等等。还有大量出色的油画、版画、木刻等美术作品，以及无数绘声绘色的讲演，许多感人至深的战地通讯与著述。从而，形象生动地广泛传播了党的政治主张和军事胜利，鼓舞了军民士气，揭露了敌人罪行，促进了抗日战争的胜利。

战地服务团又是一支英勇顽强的战斗队。其成员虽然是知识青年文艺工作者，但首先是新四军战士，同工农出身的指战员一样，自觉接受严格的军政训练，严守我军纪律，发扬工农红军的优良传统。当时战斗频繁，他们的主要活动在前线，帮助基层单位开展政治、文化和思想工作。许多团员充当义务政治指导员，义务文化教员，给指战员上政治课，上文化课，教唱抗战歌曲，辅导救亡室和俱乐部的文娱活动，与战士们谈心交朋友，帮助解决某些思想问题。战斗间隙搞演出，战斗时主动承担各种战勤工作。战前参与战斗动员，战中协助抢救伤员，看押俘虏，疏散群众。战后打扫战场，处理烈士善后工作，教育争取俘虏，帮助医务人员照顾伤病员等，深得军政干部的称赞和战士们的爱戴。在极其严峻的反"扫荡"战斗中，女服务团员李珉同志流血不流泪，视死如归。陈毅同志曾赋诗予以赞扬，还有李增援、王传馥、杨瑞年、司徒扬、罗天等许多著名的烈士。

战地服务团还是一支坚强的民运工作队。主要做宣传组织群众的工作，他们深入敌后农村的千家万户，白天与群众在田间共话，夜晚灯下谈心，提高群众的抗战救国意识。帮助建立农抗会、青抗会、妇抗会等抗战组织，提高群众的政治地位。开展减租减息斗争，改善群众生活条件。协助地方党发展新党员，建立基层党组织和基层抗日政权。建立和发展抗日防匪、保家自卫武装，配合新四军部队作战。女服务团员张新华群众工作做得很出色，她在做顽伪军工作时身陷囹圄，坚贞不屈，惨遭杀害。男团员白桐本是反"清乡"斗争中的一位英雄区长，负伤被俘后大义凛然，壮烈牺牲。同时，他们参与开展统一战线工作，对开明士绅和各界人士，宣传党的抗战救国主张和统一战线政策，壮大发展抗日力量。团长朱克靖同志就是陈毅同志做上层统战工作的得力助手之一。他很有政治水平和工作风度，时常奔波于我军与苏南、苏北友军以及各界中上层人士之间，工作非常出色并富有创造性，受到普遍称誉，因此也引起了极右势力的仇恨，抗战胜利后被国民党反动派残害。

战地服务团也是一支实际的干部培训队。在上级关怀下，团领导重视自身建设，结合战争与工作实践，加强马列主义毛泽东思想教育，注重我党我军优良作风的培养，团员们自觉地深入实际，走知识分子革命化、工农化的道路，逐步树立革命人生观和无产阶级世界观，变文弱为坚强，"小我"换成"大我"，艰苦奋斗，以人民利益为重，成为坚定的革命战士。一批又一批同志光荣地加入中国共产党，一批又一批同志被输送到部队政治、文化、军事和地方党政领导岗位，很多同志还成了文艺、教育、医务和党政军机关等领域的专门人才，是我党我军的一批骨干力量。他们为中华民族的解放、中国革命的成功和社会主义革命与建设的胜利，作出了积极的贡献。彭冲、章蕴、吴仲超、徐平羽、谢云晖、洪沛霖、赖少其、余伯由、谭肇之、何士德、章枚、沈西蒙、沈亚威、胡朋、张茜、林琳、王于畊、许寒冰、吴强、涂克、菡子、任干、杜宣、夏时、沈柔坚等一大批知名人士，都先后在服务团工作过。

1949 年 12 月在南京与原新四军 1 师战地服务团部分同志合影。左三钟期光、左四徐平羽、左五张崇文。照片下面是合影同志签名。

第 1 师重视知识分子工作的一个重要方面，是建立和培养了一支很好的医疗卫生队伍。

红军时期，由于历史条件的局限，战伤救治和医疗卫生工作是比较落后的。主要靠“革命的牺牲精神和阶级友爱”来支撑，而在医疗观念和医疗技术等方面则原始得很。人们不懂得现代医学原理，而以旧的传统医学哲学为支配，拒绝各种新的治疗方法，常常为“生病要打针、受伤要开刀”而与医护人员发生争吵。有些指战员甚至轻视医护人员，致使疥疮之类慢性疾病很多，卫生人员则是在不消毒的条件下工作，治愈率很低，伤病员痛苦得很。

抗战以后，我们从上海等敌占大城市动员了大量医生和护士来抗战部队服务，并在这些大城市建立地下采购与运输渠道，运来大量战伤救治药品、医疗器械和技术资料，还抽调知识青年培养新的医务工作者。这样，大批知识分子涌入部队，带来了现代先进的医疗观念与技术。随着整个部队神速的发展与扩大，新医务工作者经过短期训练班与医疗实践，他们与部队打成一片，以医疗技术贡献给革命战争，又在革命战争中吸取营养，使自己受到锻炼而迅速成长起来。到 1943 年 6 月，第 1 师部队已有 500 多名医务工作者活跃在每一个机关与连队、前方与后方。他们不断研究和改进医疗技术与工作方式，伤病员住院时日不断缩短，返回部队的伤病员治愈率逐月提高。为了减轻战场伤员的痛苦，他们尽量将医院和病室靠近火线，使伤员能在最短时间内得到救治。曹家埠战斗在 3 小时内即能接受合理的治疗，这在中国军队救护史上也是很少的。在观念上，大批的伤病员们已不再反对新的治疗方式而是衷心拥护了，指战员们长烂疥疮和生白虱的现象在主力部队中已不复存在，科学的预防注射和接种，已从强迫进入自愿的新阶段。连队的生活习惯在改变着，过去被认为是闹笑话的防病卫生制度开始普遍有效地建立起来，我们的战士正以科学的生活习惯、健壮的体格、再武装以进步的政治军事思想和军事技术，成为真正的名副其实的革命军人，部队的战斗力空前提高。

1940 年前，第 1 师医疗卫生队伍由崔义田同志领导，1940 年后，他调新四军军部工作，第 1 师卫生部长是李振湘同志。在党和军队的领导下，这些从事创造性、科学性、艰苦性劳动的军中医护工作者，是救死扶伤的天使，是人类崇高之爱的象征，是为正义真理而战的新四军铁流中一支强劲支流。当时我们称之为“新南丁格尔”。（南丁格尔女士出生在英国贵族家庭，是人类护士工作和军队急救与卫生工作的创始人，被誉为“世界英豪”。1872 年，以“5・12”南丁格尔女士的生日定为“国际护士节”。我军从 1929 年起，规定每年 5 月 12 日为“医务节”。）

1943年5月12日，新四军第1师机关和直属部队隆重召开“国际护士节、本军医务节纪念大会”。粟裕师长兼政委对医务工作者的修养作了“勤劳、忍耐、精细、温和”的题词。我和卫生部长李振湘分别发表了讲话。《抗敌》杂志编印了《5·12国际护士节、本军医务节纪念特辑》。我们在全师表彰了一大批先进医务工作者。

第三，在执行俘虏政策、瓦解敌军工作方面，这一时期有了新的发展。

随着战争规模日益扩大，战役战斗频繁，如何处理好战俘成了重要课题。刚下山时，由于复仇心切，个别单位有打红了眼搞所谓“驳壳枪点名”的事。经及时进行教育，纠正了狭隘的报复心理。

对于日军，由于民族偏见的影响，“武士道”教育的毒化，在抗战初期，要捉一个活鬼子是不容易的事。但我们也没有放弃对其争取教育的机会。为了瓦解日军斗志，有的部队在日军据点周围播放日语思乡歌曲，战场上用日语喊话，散发日文宣传品，对日俘则政治上教育，生活上优待感化。2旅在裕华镇战斗中，抓获7个日本兵，开始顽固得很，死不肯跟我们走。后来他们知道了新四军并不伤害俘虏，终于被感化。陈毅同志曾亲自做日俘香河正男的工作，专门找来翻译耐心说服教育，争取其参加了反战同盟。日军上等兵松野觉，在1941年12月的如东县双灰山战斗中，被我3旅8团俘获，几次企图逃跑未成，就卧地耍赖，拼命顽抗，差点拉响我战士身上的手榴弹。指战员将其捆在门板上抬走。3旅旅长陶勇同志请他吃饭，亲自做工作，经敌工部门的干部多次争取教育，提高其阶级觉悟。他终于参加了日本人民反战同盟苏中支部和在华日本共产主义者同盟苏中支部，由日军武士变为反法西斯战士。1944年3月5日，他在车桥战役中亲自向日军喊话，不幸中弹牺牲。当时的《苏中报》专门介绍了他的先进事迹。随着我军对日作战不断获胜，瓦解敌军和俘虏政策的深入贯彻，到抗战中后期，活捉的日军官兵越来越多，工作方式也越来越多样化。1942年9月25日，3旅7团在粟裕师长和旅首长亲自指挥下，进行了二窎（即谢家渡）战斗，歼灭日军南浦旅团52大队大队长保田中佐以下110余人（生俘3人）。战后，我军将保田等尸体送还南通日军驻地。敌方复信感谢，谓“贵军战后归还战骸，宽仁厚德，诚贵军政略之胜利”。广泛深入的争取日军工作，对取得抗日战争的胜利发挥了积极作用。

对于伪军，我们也作具体分析。就整体来说，他们充当日寇走狗，为虎作伥，出卖民族利益，是我们的打击对象。但就伪军的某一部分或个人来说，并非都是十足的汉奸，应区别对待：对于典型的汉奸武装，其成分多为地痞流氓，作恶多端，应坚决予以打击；有些则是察言观色，迫于形势，为求生存，表面投敌，实际上两面都不过分得罪，我们对其拉打结合，以拉为主，争取为我服务；有的则是为了保存实力，暂时屈敌，甚至对我忠诚、对敌敷衍，我们采取宽大政策，谅其处境，加强联络引导，让其多做有益于民族和人民的事情。在具体工作上，各级均把从军事上、政治上制服伪军，当成夺取抗战胜利的重要环节，指派得力干部成立伪军工作专门机构，采取多种形式，分别在其内部的上层下层广泛开展工作，充分利用敌伪之间、新老伪军各个派系和各种背景的伪军之间的矛盾。在战场上，则在军事进攻的同时，开展政治攻势。如 1944 年 1 月，我 3 旅 7 团以一个营兵力围攻地处高邮、宝应之间的伪军坚固据点王家营，在军事进攻的同时，组织了 30 多个伪军家属，有营长的侄女、连长的父亲、排长的老婆、士兵的父母，指名道姓地向伪军喊话，要他们的亲人放下武器，很起作用。后经谈判，400 余伪军全部携械投诚，我仅伤亡几个人。

各单位普遍重视了在加强对顽军军事打击的同时，开展政治斗争，加强了对顽军的调查研究，运用一切策略争取和瓦解顽军。黄桥战役之前，处理俘虏主要目的是传播我军政策，动摇顽方军心，主要采取“放”的方针，大批俘虏放回，扩大了我党我军的政治影响。到姜堰战斗时，则采取释放与留下兼施，争取其中一部分成分较好的补充部队。黄桥战役之后，随着形势的发展，敌我力量的变化和战争规模的扩大，对俘虏除军官和老弱残废者外，原则上不放，争取了 3000 余人，编了一个补充团，壮大了自己的部队。在俘虏教育方面，主要通过诉苦进行阶级教育和爱国主义教育，提高阶级觉悟和民族意识，使之懂得“为谁当兵，为谁打仗”。并从政治上生活上关心爱护，如隆重热烈地召开欢迎大会、会餐、发动指战员向新战友赠送日用品等活动，体现新旧军队的不同本质，引导俘虏提高思想觉悟，转变世界观。经过教育与感化，大批俘虏加入我军后，衣帽还没有换，就能掉转枪口打击顽军，不少人表现英勇顽强，立功受奖，入党提干。

这里要说说所谓“汤团投敌”的问题。

1943 年 4 月，日伪军以通（南通）如（皋）海（门）启（东）为试验区的“清乡”正式开始。

面对这种严峻的形势，苏中区党委坚决执行中共中央华中局和新四军军部的指示：抗战已到相持阶段，敌人以“军政清乡”与“经济侵略”并重，妄图置我于死地；我们必须针锋相对，以武装与非武装、合法与非法、公开与秘密三者相结合的斗争方式，因地制宜，灵活运用，争取反“清乡”斗争的胜利。为此，要大力开展日伪军工作，利用日伪、伪伪之间的矛盾，使日伪的军事行动协调不起来。用“孙行者钻进铁扇公主肚皮里从而战胜她”的策略，打入日伪军内部，加速反“清乡”斗争的胜利。

这就是所谓“汤景延部队当伪军”的历史背景。

汤景延，江苏如皋人，我苏北地下党发展的秘密特别党员。曾任国民党军少校团副等职。我军于1940年6月渡江后，他部接受新四军苏皖支队的领导，称为“通海自卫团”。为便于隐蔽，允许他保持旧时生活习惯。我们将他的部队作为中间力量使用，接受我领导，专向敌占区行动，是个“外围”的“灰色”抗日武装组织。群众称他为“汤司令”。该部后与崇明警卫团合并，仍称“通海自卫团”。

苏中的日、伪、顽、我四角斗争十分尖锐复杂。在泰州城，驻有苏鲁皖豫游击总指挥部的部队，号称万余人。该部的副总指挥李长江当时已经附逆。我军曾讨伐给其以沉重打击，但贼心不死，不仅积极配合日军向我进攻，而且还伙同颜秀五、丁聚堂、陈才福等伪军，专门来做汤景延的工作，拉他去当伪军。汤将这个情况报告了区党委和师部，请示如何对待他们。

粟裕同志主持会议研究，大家认为，日伪军实施“清乡”的罪恶计划是不会改变的；我夺取反“清乡”斗争的胜利信心是坚定的；敌我双方争夺中间势力的斗争是不容忽视的。对汤景延等武装组织，虽有我党的一定基础，派了一些政治干部去工作，但因时间短，还没有达到改造的应有程度，如果在我们与日伪军斗争的紧要关头，其部队被瓦解了，把他们拉出去了，后果与影响都不好；不如将计就计，主动让汤部“打进去”，既符合上级指示的政策精神，又可适应当前斗争的紧急需要，是个“打入敌人内部工作”的好时机。

因此，区党委和师部决定：将一支地方部队交汤景延率领去“当伪军”；而汤部则驻防原地，由副团长沈仲彝同志指挥，继续控制南通海门这个中心地区，免受外来日伪军侵占。这个决定是报告了中共中央华中局批准的，由刘炎政委回来作了传达；我受区党委和师领导的分工，向该部团以上干部传达了这个决定。

于是，汤景延同志带着副官秘书、妻室儿女，在南通城设了“汤公馆”，作为办事机关与日伪打交涉，要钱要粮，要枪械弹药，要军需物资。还搞情报，敷衍敌伪，开展地下斗争。并且寻机为我打据点作向导，镇压汪蒋特务；掩护革命干部，保护群众的生命财产安全，等等。从而，在反“清乡”斗争中起到了一般部队所起不到的作用。

他们伪装了6个月之久。1943年9月，汤景延、顾复生等领导同志执行我党我军命令，公开发表“反正”宣言，率部暴动，进袭日伪据点，扩充了队伍，将部队全部拖回；随后起义或投诚的还有伪军34师施亚夫（中共地下党员）等部。这一行动给了日伪以沉重的打击。

汤景延同志后来担任了新四军苏中军区“联抗”部队副司令员等职。1948年他接受党的派遣，率部到上海的浦东浦西地区开辟敌后武装斗争，不幸受伤被俘，英勇牺牲。而汤部后来编为“联抗”第2团；后上升到华中野战军第6纵队和华东野战军第24军的建制，在人民解放战争中再立新功。

汤景延部队奉命打入敌阵“当伪军”问题，苏中区党委书记粟裕和第4分区党委副书记钟民，当年在总结反“清乡”斗争胜利时曾予充分肯定和高度评价；中华人民共和国成立后《新四军战史》初稿也有详细记载。但在“文化大革命”中却被全盘否定，从粟裕、陈丕显、姬鹏飞等领导到当年汤团的一般成员，一大批人受到迫害与冲击，制造了一起特大冤案。上海、江苏、东海舰队和军事科学院的造反派多次逼我“交代”有关这个问题的“罪行”。1968年6月29日，我写了上述详细回忆材料，并且明确表示：“所谓‘汤团投敌问题’，是我新四军苏中军区在反‘清乡’斗争中对敌伪工作的一部分”，“是成功的一例”。

抓大局　抓思想　抓质量

我军同一切剥削阶级军队的根本区别，在于我们的指战员履行职责是高度自觉的，是为一定的理想和目标而奋斗的，而不是被迫的、盲目的。这种自觉性的形成，理想和目标的树立，政治素质的提高，是政治工作注意抓大局、抓思想教育的必然结果。

共产主义的理想教育，是新四军第1师政治工作的核心内容和经常性的长期任务。国民党企图限制我们，不准提共产党的领导，不准提共产主义，妄图改变我军的性质。但我们绝不受反动派的限制与迷惑，始终响亮地旗帜鲜明地教育全体指战员，一时一刻也不能忘记我们是共产党领导的抗日武装，要为建设“铁的党军”而奋斗。打鬼子，实现民族解放，仅仅是当前的战斗任务；我们的最高纲领和最终目的，是实现社会主义和共产主义。在战火纷飞的岁月，部队领导机关坚持悬挂马恩列斯画像和毛主席、朱总司令的肖像；开会高唱《国际歌》《义勇军进行曲》《大刀进行曲》《三大纪律八项注意》和《新四军军歌》；干部必读《联共（布）党史》《列宁主义问题》和毛主席著作《论持久战》《新民主主义论》，还有刘少奇同志的《论共产党员的修养》等；《抗敌》杂志经常发表连队讲话提纲，介绍国际形势和反法西斯战争的胜利，以及社会主义在全世界的发展，号召指战员为实现共产主义而斗争。部队刚到黄桥地区时，陈毅同志听到一首歌的歌词最后一句是“打走鬼子好回家”，立即作了纠正。指示改为“打走鬼子建设新中华”，以此告诫大家：部队教育要把实现当前任务同我们肩负的长远的根本任务紧密联系起来，部队才有坚定不移的政治方向和旺盛的革命斗志。

经常进行建军宗旨的教育，牢固树立全心全意为人民服务的思想，是政治思想教育的根本任务。主要是通过阶级教育，使广大指战员明了，新四军是人民的抗日武装，代表着中国劳动人民的根本利益。我们的指战员来自人民，要为人民的利益而战斗。在民族危亡的时刻，人民的根本利益，集中地表现为民族利益。政治工作的任务就是要保证抗日战争的胜利。为了凝聚抗日力量，在不断提高部队阶级觉悟和战斗意志的同时，要团结全民族各阶层的人民，调动一切积极因素共同抗日。为此，部队上下十分重视严明纪律，不侵犯群众的一针一线，使军民互相亲敬，对于各种出身的人士，只以赤诚抗日为条件，紧紧地团结在我党我军的周围，汇集成一股巨大的抗日力量。于是，我们的部队迅速扩大了，武器装备改良了，战斗力越来越坚强，使广大人民群众清楚地看到：“新四军有办法”，“中国不会亡”。从而，我军的声威震天下。在苏中，人民亲切地叫我们的指战员为“子弟兵”，这是人民抗日武装的本质所在，也是我军坚强战斗力的阶级根源。

加强军事训练中的思想教育，是政治工作的重要环节。1940 年 9 月，我们攻克黄桥后，增加了 3000 余名新战士，部队有了大的发展。我们在《政治工作方针的训令》中指出：“通过军政训练，使每个老战士可以领导两个新战士，进退自如，唯命是听。使每个新战士会打手榴弹，会打枪，会行军，钢胆沉着，临事不慌，提高部队战斗力。”1941年1月1日，我在第1师续办的《抗敌》创刊号上发表了《曹甸战后的工作》，主张“在军事教育方面，应该‘实做多于口讲’、‘野外多于课堂’、‘鼓励多于责罚’。同时，政治工作应密切的配合，政治工作在连队，政治工作在野外，积极的政治教育多用，消极的办法用不着。这是我们应该以新的认识来对待这新的事业——整训工作的”。通过思想教育，正确地处理好军政关系，是搞好部队整训的一个重要问题。当时，存在参谋机关与政治机关闹关系的事，什么“你大我小、你小我大”呀，“你指挥我，我指挥你”呀等等。我在1943年10月7日的《整军工作从何着手》中指出：“政治机关是党派在军队中进行政治工作的机关，其基本任务是保证军队打胜仗消灭敌人为中心。凡是关于军队中政治工作问题，它有独立决定的职权，所属部队一切人员均必须执行，参谋处不能例外；但是参谋机关同样是为部队而设立的，其基本任务，是建设军队组织作战。它在首长意图下有策划关于军事诸问题的责任和权限，并用命令公布它所颁布出来的一切指示计划，所属部队必须坚决执行，政治机关自然也不能例外，并且还应动员自己各种政治组织给予保证。以政治工作为主把军事工作放在次要位置，或者以军事工作为主而把政治工作属于次要位置，这两个极端的偏向都是不正确的。”经过深入过细和反复的思想教育，我们较好地处理了军政关系问题，保证了军事训练和部队建设的健康发展。关于民兵训练问题，“教、学、做应该是合一的，随讲、随做、随学、随用，政治教育必须与军事教育上的演习与作战密切配合，教育方法应是民主讨论、问答对谈、漫谈启发，反对板着脸孔讲大道理，言者谆谆，听者藐藐，自己大吃其力，而民兵所得无几。应抓住农民的‘散漫性’和‘爱传话’两个特性，组织分头传播，从闲谈中进行教育；再由听者在闲谈中传给别人以适应分散环境和战斗频繁的需要。”这是我在1943年12月23日关于《民兵中的政治工作》的意见。

回顾第1师政治思想教育的方法，主要有以下几点：一是“正面灌输”。第1师部队集合着一大群中华民族的优秀儿女，这支队伍的主流是健康向上的，步调一致的。但这种向上，这种一致，并不是自发的、固有的，而是靠深入细致的政治思想工作激励和凝聚的。师领导和各级政治机关、政治工作干部，始终把对部队的正面灌输、激励先进，当成自己经常性的工作任务，采取各种生动有效的形式去执行这个任务。如各级首长定期作时事政策和形势任务报告，举办各种短期集训班，连队政治、文化教育，党课教育，报刊宣传，开展评模奖励活动，个别谈心活动，党的组织生活等等。这些形式，在今天人们看来，似乎是老生常谈。可贵的是，当时是在生死决斗的战争环境里进行的，是伴随着血与火进行的，是在衣着单薄、食不果腹的艰苦条件下进行的，完全是靠理想和信念自觉坚持进行的，因而也是行之有效的。

二是"扶弱为强"。我军政治工作是在鼓励"先进"的同时，帮助和改造"后进"，让先进的更先进，后进的赶上先进，达到扶弱为强、共同进步的目的。在车桥战役以后，第1旅1团曾在部队中开展改造落后分子的活动，使当时全团闻名的比较落后的老战士李绍清有了转变。在苏中地区，1945年2月的全面扩军运动，苏中部队以改造后进战士为目的，开展了"曹立三运动"。新战士曹立三原是兴化县一个乡的民兵大队长，参军后只当了一名普通战士，因有地位观念，开始不安心工作，表现消极；后经部队的耐心教育，思想有了很大转变，决心当好一名普通战士，由消极变为积极分子。领导上以他为典型，广泛宣传他的思想转变的事迹，谓之"曹立三运动"，使广大士兵群众进一步明确了参军的目的，决心发扬革命英雄主义精神，争取杀敌立功。

三是"见事就教"，"有问必答"。我们那时候反对搞"队前训斥"。这是最简单生硬的教育方式，非但不能解决思想问题，反而加深思想对立。我们主张"见事就教"，就是提倡政治工作干部深入群众，了解情况，发现问题，抓住思想苗头，及时地、有针对性地、逐个地回答问题。解决问题，不拖不欠，不敷衍，不欺骗，诚心诚意地做指战员的知心朋友。只有这样，思想教育才有成效，政治工作和政治工作干部才有威信。

坚持敌后根据地斗争的第1师部队，由于受到敌、伪、顽的夹击，反"扫荡"、反"清乡"、反磨擦的战斗频繁，部队分散，流动性大，根据地活动范围有限，"鱼大塘小"。这就要求我们重视部队的质量建设，不断改进工作作风，提高工作效益，以适应复杂激烈的三角斗争需要。

1941年6月20日，我在《抗敌》第11期发表《在整训中力求改善政治工作领导方式问题》，主张"我们是活的策略指导者，而不是机械的马列主义者，要改善领导方式，少作空洞计划，多帮助团营连建立工作制度。""政治机关面向连队，党的工作面向支部。要肯定地检查出某个连是工作模范，某个连保持原状，不好不坏的是某个连，落后的是某连，作出单个的具体的结论，总结出经验教训，使优胜者更向前进，平常者赶上前去，落后者也向进步的看齐。"

1941年冬，中共中央发出“精兵简政”的指示。1942年1月8日，毛泽东主席在党内指出：今年内德意会向下，日本还会向上，英美会削弱，国民党会分化。我们的方针是巩固自己，随机应变。随后，毛泽东主席具体指示我们：伴随着极端残酷的斗争，根据地缩小必然要到来，而且可能很快到来。这一点如不预先计及，将来必要吃大亏……明年必是非常困难的一年，其困难程度为目前许多人所不能想象，高级领导机关必须预为计及，内战时还可以有长征，现在则绝不能有长征。如使根据地民力财力迅速枯竭，弄到民困军愁，便有坐毙危险。要求我们切实搞好精兵简政工作。在深入动员教育的基础上，我们首先从师领导机关作出精简榜样。至1943年5月10日先后进行了四次精简。将本来不大的师机关从师长政委以下只留26人，其中我们政治部刚好一个班的人数。粟裕同志的夫人楚青和我的爱人凌奔等一批女同志，都离开师部通过日伪层层封锁线转移了工作岗位。将财经部、供给部、卫生部合为一个伙食单位。将一批机关干部下放基层。科长以下自带行装，将大部分勤务员充实到连队。师直遣散老弱病幼人员78人，全师遣散这类人员820人。大部分马匹转移到安全地带训练骑兵。对部队则在苏中地区党政军一元化领导下，充实一部分主力团，另以一部分主力部队地方化。师部和各旅旅部分别与苏中军区及各分区在组织上合并办公，减少重叠机构与人员。第1、2、3、18等4个旅，各保持一个主力团，其人数充实到1500人至1700人，战斗员与非战斗员之比为8∶1，其余7个团则全部编入各县警卫团，作为地方兵团的坚强骨干。

精简整编以后，真正做到了“缩小机关，充实连队，一切工作在基层，政治工作在前线。”这样，由于机关中的干事、科员或服务团团员一般比连队干部水准高些，他们充实到连队后，提高了基层干部的工作能力、政策水平，政治工作对取得战争胜利的保证作用也就加强了。机关人员减少以后，由主任组织集体办公，统一计划工作，分工不分家，通盘协作，减少了基层忙乱与重复要求。提高了工作效率，又从另一个角度加强了政治工作的保证作用。比如师政治部油印股，负责印刷文件和教材等出版物，任务重，突击性强。精简整编后，原来4人只留1人，刻版、油印、发行、挑夫数职一身兼任，照样出色地完成艰巨的工作任务。

政治工作必须机动灵活，雷厉风行。在紧张激烈的战争环境里，政治工作不可能是“正规化”的，也不能套用固定的“模式”，“机动性”和“时间性”

是我们当时做政治工作的显著特点，这就要求政治机关和政治工作干部，根据不同时期（根据地的开创时期、艰苦坚持时期、反攻时期），不同环境（集中与分散、城镇与乡村等），不同部队（主力部队、地方部队、海防部队、联抗部队等），不同任务，分别机动灵活地开展政治工作。在部署上、要求上和做法上都不能千篇一律，生搬硬套，更不能统得过死。在明确任务、方针和基本做法的前提下，允许和提倡下级政治机关和政治工作人员，根据当时当地的实际情况，创造性地开展政治工作。在时间上，则要利用一切空隙，使政治工作对战斗任务的保证作用及时而不间断。

那时白天行军，一到宿营地，我们马上拟写战斗动员令，一般是亲自动笔，机关连夜突击印刷分发，第二天就送往全师每个连队，可谓雷厉风行。第1师的《抗敌》（原是新四军军部办的，皖南事变后由第1师继续办）杂志，就是在这样紧张、高效的情况下坚持办刊的。在当时处于敌后根据地的条件下，团以下部队没有电台，看不到全国性报刊，它成了师领导传播中央、军委战略方针和上级指示的喉舌，发布战斗动员令的工具，交流战斗经验、开展政治思想工作的坚强阵地，为第1师部队的政治工作建设作出了贡献，也为今天全军研究军史、战史留下了大量宝贵的原始资料。各旅、团都办有报纸，形式多样，生动活泼，战时还出"快报""号外"。其中如第7团的《战斗报》、第1团的《前进报》、第52团的《工农兵》等，都很活跃、很具鼓动性和战斗性，在当时影响相当大。这对鼓舞部队士气，对加强部队的政治工作建设发挥了重要作用。

活跃的战时政治工作，是检验平时政治工作质量的最好尺度。我们曾响亮地提出:"连队政治工作必须集中于战斗方面，保证在任何情况下的战斗胜利。"战时政治工作一般分为战前动员、战中鼓动、战后总结再动员三个阶段。战前充分而深入的思想动员，主要是明确战斗任务，坚定必胜信心，分析取得胜利的条件，克服困难的措施，检验战前一切准备工作；战中的政治工作，主要是对内鼓动，对敌争取和瓦解；战后的政治工作，主要是进行实战检讨，总结经验教训，评比战功，祝捷发奖，举行再战动员，并向群众宣传胜利，以鼓舞民心士气。这种及时有力、生动活泼的战时政治工作，是保证战役战斗胜利的重要因素。

如黄桥战役的战前动员就十分生动有力，陈毅同志亲自草拟了《为黄桥决战敬告指战员同志书》和《黄桥战役标语口号》，师政治部大量印发，并通过层层召开誓师大会，广泛宣传，人人知晓：“依据天理，依据人情，依据敌我力量对比，依据人民意见，依据党的领导和同志们的抗战热情，胜利都是属于我们，而失败属于韩德勤，同志们努力吧！为抗日而战！为自卫而战！为苏北抗日民主根据地而战！”这些铿锵有力的誓言，迅速变为指战员的战斗行动，终于夺得了黄桥战役的历史性胜利。又如，1945年12月26日，我华中野战军第8纵队在攻克高邮城的战役中，在军事进攻的同时，发动指战员对敌展开了强大的战时政治攻势。大量散发传单，内容针对敌伪思想动态，体现我军政策，简单明了，通俗易懂。为使传单攻势更有效，想了不少土办法。如有的制作大弓箭将传单射进城里，有的用迫击炮把成捆的传单打进城去，最好的是制成“土飞机”（即大风筝），用长线带着一包包传单，每包传单连着一根点燃的线香，将传单逐包散落到敌阵的各个角落，对动摇瓦解敌军产生了重要作用。后经纵队政治部主任韩念龙同志亲自与日军头目谈判，令其无条件投降，取得苏中地区抗日战争最后一个战役的彻底胜利，生俘日军独立第90旅团岩奇大佐以下891人、伪军第42师师长王和民以下3943人。

做领导　做大家　大家做

陈毅同志指出：“政治工作就是拿政治来工作。”所谓政治，主要指阶级和政党在国内和国际关系方面的活动。我军的政治工作，就是中国共产党的活动在人民军队建设上的具体体现。就是要把党的指导思想即马克思列宁主义用于指导军队建设，把党的战略、路线、方针和政策，变为全体指战员的实际行动，步调一致地为实现党的总任务总目标而奋斗。为了实现这个光荣而艰巨的任务，在抗日战争时期，我军所肩负的任务的艰苦性和斗争的残酷性，决定了我军的政治工作必须依靠一支坚强的领导骨干才能实现；而培养好这支领导骨干，又成为政治工作本身的重要任务之一。我们第1师当时主要做了三个方面的工作：

一是树榜样，“正上梁”。为了保证抗日战争的胜利，我们要求各级领导，尤其是各级政治机关和政治工作干部，要发挥先锋模范作用，以身作则，为人师表。那时从陈毅、粟裕同志起，广大干部同战士群众一样，过着军事共产主义式的供给制生活。抗战前五年，苏中部队的生活极为艰苦，到1943年以后才有所改善。每人每天大米1斤14两（当时16两为1斤）、菜金每人每月4.5元，毛巾、鞋、袜、牙刷等定期供应，或发给代金购买。几个主力团自己组织生产，战士的鞋子和牙刷可以自做自用。官兵一致，没有特殊享受，却要求政治工作干部必须“冲锋在前，退却在后”,“吃苦在前，享受在后”。当时流传:“卫生部讲营养，供给部讲给养，政治部讲影响。”就是要求干部处处做好样子，能够为人师表，并对政治工作干部的使用严格把关：不起模范作用的不能当政治指导员，不能打仗的不能当政治指导员。在红军长征中给毛主席当过运输员的赖记美同志，他来到5团担任5连指导员，从不夸耀自己，也不居功骄傲。部队行军打仗，他把背包一背，总是走在队伍最前面。他讲话不多，主要靠事事带头，成为无声的命令。1939年在上下会战斗中，政治指导员陈吉生同志负伤陷入敌手。敌人先用欺骗手段要查明我军兵种、部署和首长姓名，他一字不吐露；敌人用白刃威吓，他仍然不动摇；最后敌人杀害了他。陈吉生同志临死大叫:“政治工作人员不怕死，死也要打倒日本强盗！”人民感动得落泪；敌人对居民说:“这个人，不错，坚决得很！”他的英雄气概，连敌人也不得不低头。1941年冬，日军对茅山地区发动“扫荡”，16旅政委廖海涛和旅长罗忠毅同志在溧阳塘马战斗中，率领部队顽强抵抗敌人的进攻，终于壮烈殉职。廖政委牺牲时身上还背着先烈遗留的三支步枪和一挺轻机枪，成为高级政治工作干部以身作则的模范。

二是敢于反不良倾向，化消极因素为积极因素。当时激烈的民族斗争与阶级斗争，必然要反映到部队内部建设上来；成员的出身、经历不同，军政素质不同，必然有思想水平的差异和时代的历史局限。因此，第1师部队不可避免地会有各种不良倾向。但这种不良倾向既不是它的本质，又不能熟视无睹，听之任之。政治工作不能回避矛盾，报喜不报忧。它的战斗性应该突出地表现在思想工作紧密联系实际，敢于及时反对不良倾向，化消极因素为积极因素，使部队获得发展。我们在这方面始终没有放松过。刚下山阶段，集中反对游击习气，加强纪律养成；有些受旧军队影响的干部体罚打骂战士，我们就开展反对军阀主义的教育，提倡拥干爱兵；部队接连打胜仗，大量俘虏成分补充部队，各种非无产阶级意识侵入部队，在艰苦条件下，逃跑或动摇变节的亦有发生，就进行党性教育、革命气节教育和共产主义理想教育，反对贪生怕死，反对半截子革命思想，等等。在1942年反“扫荡”最激烈的时候，师政治部提出了“坚定斗志，坚持斗争，提高斗力”三条响亮的号召，有力地鼓舞了士气，坚定了战胜困难、夺取抗战胜利的信心。

1942年2月8日，我在中共中央华中局第一次扩大会议上，作了《一师工作报告》，在较为全面分析部队的历史和现状，充分肯定成绩、总结经验的基础上，对“部队中的不良现象”做了专题分析，列举了叛变逃跑、贪污腐化发洋财、军阀残余、不团结现象、地位观念与不安心工作、单独工作不能把握住自己的立场等六条表现，并重点剖析了贪污浪费的十种手法，对不良倾向进行了揭露批判，提出了纠正措施。但有的同志却认为，在党的高级干部会议上讲第1师“坏话”有损胜利之师的形象。主持会议的刘少奇同志得知，专门肯定了这个发言，说“讲得好，部队有这些问题就要讲实话，共产党人不能报喜不报忧。只有揭露毛病，才能克服毛病，发展部队”。

第1师所处地域虽是沿海经济文化相对发达，同八路军和新四军其他部队相比，地域社会风气也要“花”一些；但由于抓紧了反对不良倾向的斗争，第1师部队的干部绝大多数是相当艰苦朴素的，领导干部生活特殊化现象是比较少的。这种状况一直延续到新中国成立后的和平建设时期。

三是对有错误的同志坚持惩前毖后，治病救人。新四军第1师的领导同志疾恶如仇，从不放过不良倾向，批评干部十分严厉，也处罚过一些人。但这种严厉，必要的处罚，是从关心爱护部队、关心爱护干部出发的，从不蓄意整人，能使有缺点错误的干部口服心服。各级领导也是如此，看人功过分明，批评处分之后，只要不是立场、品质等重大原则问题，一般不影响使用，重在教育，重在以后的表现。即使对犯有重大原则错误、需要执行军纪制裁的人，也要讲究政策，重在教育改造，给人出路。1944年，苏中军区通如纵队3连司务长王新民贪污了公款数十元。经纵队党委研究，认为王新民当过伪军，加入我军后仍恶习不改，难以救药，为杀一儆百，决定执行枪决。他们一面上报，一面准备开大会批斗后执行。我得悉后紧急从太仓赶到留城，耐心开导纵队领导干部：贪污几十元就杀头，太重了。我们苏中有人民政权，有监狱，人是可以改造的，不能随便杀，要给他改造转变的机会，也要相信我们能够把他改造好。再说，基层干部犯错误，我们做领导的也有责任，教育关心不够。20多岁的人路还很长，应重新研究处理。纵队干部接受了我的意见。后来经过改造教育的王新民进步很快，1945年底打兖州时，非常勇敢，荣立战功。后来残废复员回到如东，一直保持革命军人的本色，表现很好。

新四军第1师的干部来自各个方面，老底子是三年游击战争的骨干，主要是老2团、老4团、老6团和老1团的部分干部；从延安总部和八路军部队调来的干部也不少；加上江南江北都有一些地方干部加入。虽然来自各不相同的山头，但从陈老总起，都是搞五湖四海。承认山头，照顾山头，不管来自哪个地区，不论资历深浅，不分工农分子和知识分子，在贯彻执行党的决议和抗日救亡的旗帜下，政治上一视同仁，工作上共同进步，生活上互相爱护。一个好的干部，不论从哪里来的，都能得到重用，发挥他的最大作用。因此，当时在第1师工作的广大干部，心情是舒畅的，上下级和同志间的革命感情是深厚的，令人长久怀念。虽经各种政治运动，但至今很少发现冤假错案，主要是陈毅、粟裕等同志掌握政策的稳妥。

军队是武装的政治集团。掌握武器的群众既是军队政治工作的对象，又是军队政治工作的主人。这是中国共产党领导的人民军队的本质所在，也是新四军第1师政治工作的重要特点之一。

充分相信群众，牢固树立坚强的群众观念。1941年7月我就说过："以命令代替说服，以惩办代替教育，拒绝人家的正确意见，抑制人家的自我批评，这是军队中的党最容易犯的毛病，这叫作官僚作风，是过分集中的倾向。我们认为是不对的。"第1师领导和各级政治机关、政治工作干部，一方面对部队普遍地经常地施行正面教育和开展反不良倾向的斗争，在广大指战员头脑中牢固地树立起革命的全局观念，指出前进的方向，明确行动的规范；但另一方面，又不是包办一切，统死一切，使人感到过分拘束，甚至"透不过气来"，而是要让"大道理去管小道理"，相信群众能够自己教育自己，自己解放自己。因为我们党的大政方针，人民军队建设的普遍原则与规范，是代表无产阶级和人民大众的根本利益的。这些方针、原则与规范，一经为群众所接受，就能产生强大的物质力量，群众就有了识别是非的能力与标准，就有了主动性和积极性，自觉地练文习武，闻战不惊，闻令乐从，就会滚雪球似的发生连锁反应。事实正是这样。我们许多连队在激烈的殊死战斗中，连长、指导员牺牲了，排长马上自动代替指挥；排长打光了，班长响亮地喊出："听我的！""跟我上！"班长不在了，党员自告奋勇地树起指挥旗帜；有的战斗打到最后，战士骨干挺身而出，指挥幸存者取得最后胜利；有的连队或者单独执行任务的班、排，在残酷的反"扫荡"、反"清乡"战斗中，整个队伍被打散了，但只要剩下三五个人，战后总有骨干分子出来集合队伍，大家主动靠拢归队。由于群众性政治工作的无比威力，涌现了无数指战员积极求战的光辉范例。如姜堰战斗中的勇敢队、裕华战斗中的敢死队、车桥等其他战役中的突击队，都是群众自动报名参战，冒着最大的危险，完成最艰巨的任务，以牺牲自己来换取战役战斗的胜利为无上光荣。

政治工作要依靠群众来做，这是人民军队的性质决定的。我军政治工作，不仅是政治机关、政治工作干部的工作，而是整个部队、全体干部和全体成员的工作。我们一贯强调，政治工作干部要懂军事，不会军事指挥的政治工作干部是不称职的；同样，我们也要求军事干部、技术干部和后勤干部都要学政治，会做思想工作。这方面，陈毅和粟裕等同志是榜样。他们既是军事主官，又是政治统帅，并严格要求各级军政主管干部也这样做。旅、团干部中，有的是一身军政双兼，有的是前期从事军事工作，后期主管政治工作，有的则相反，但大都是文武双全。由于战斗频繁，部队分散，任务繁重，政治工作干部伤亡及流动性大，所以第1师部队普遍在排一级配备了“政治战士”，作为政治工作干部的助手和后备军。他们是火线政治工作的能手与尖兵，是政治机关联系群众、了解情况、传达任务、巩固部队的一支生力军。群众性的政治工作还表现在，平时群众自觉遵守纪律，保守军事机密，巩固与发展部队；在战前大练兵中，开展群众性的官教兵、兵教官、兵教兵活动，提高部队的战术技术水平；战时开展火线喊话、战场鼓动和维护战场纪律，这是我军取得战役战斗胜利的力量源泉。

长期重视开展“拥干爱兵”活动，是持续的群众性政治工作的有效形式。1943年以后，全师上下广泛开展了“拥干爱兵”活动，连队通过民主讨论，从实际情况出发，普遍订立了“拥干爱兵”公约。“拥干爱兵”的重点在“爱兵”。而“爱兵”的重点是在如何争取教育比较后进的战士。我们在全师介绍推广了第1团改造后进战士马丕明同志的经验。小马是江苏海门人，自幼顽皮，16岁当学徒受尽虐待，反抗性强；被迫参加旧军队，染上不少恶习；解放入伍后一直表现不好，受到歧视，与干部、群众严重对立。有的反映“三天点名不提马丕明，革命就成功了”。在“拥干爱兵”运动中，首先由连排干部改变和检讨歧视他的错误，战士骨干也纷纷找他谈心交心，使他受到感动，第一次体验到阶级友爱的温暖，主动反省错误，各方面进步很快，成为连、营、团的转变典型，促进了“拥干爱兵”运动的深入开展。我们还以1师兼苏中军区首长名义，签署了《关于创造大批英雄模范》的训令，通过抓先进典型推动各项工作，使官兵关系更加密切，涌现了大批拥干爱兵的模范人物。广泛深入开展的“拥干爱兵”活动，对于巩固和壮大部队，提高部队的战斗力，起了很好的作用。这是第1师政治工作在抗日战争时期的一件大事。当时曾在整个新四军和八路军部队中普遍推广。军委总政治部通过延安《解放日报》，将“拥干爱兵”统一改称为“尊干爱兵”。此后，我们进一步加强领导、教育干部，反复进行思想动员，建立制度，各级政工干部做了大量具体细致的工作。最后将这一活动落实到每一个连队和每一位指战员。

1943年，钟期光主持总结了1师1团改造后进“拥干爱兵”的经验，推动“拥干爱兵”活动的开展。后被中央军委统一改称“尊干爱兵”，在整个八路军、新四军部队推广，成为抗日战争时期军队政治工作的一件大事。图为钟期光1945年1月在江苏省宝应县石仑庄。

第七章　新四军的整风运动

1987年4月，应中国人民解放军历史资料丛书编审委员会之约，我和曾在新四军战斗工作过的张凯、张崇文、汪大漠、刘志诚同志，联合撰写了《回顾新四军的整风运动》。在此基础上，我再做些补充回忆。

新四军的整风运动，是中共全党全军整风运动的重要组成部分。由于地处抗日敌后根据地，战斗频繁，部队分散，环境不稳定，所以它经历了1942年至1945年四个年头。

1942年2月，毛泽东主席作了《整顿党的作风》《反对党八股》两篇重要报告。指出整风的任务是，"反对主观主义以整顿学风，反对宗派主义以整顿党风，反对党八股以整顿文风"，其中又以反对主观主义为重点。4月3日，中共中央宣传部号召学习讨论毛主席关于整顿"三风"的报告。4月中旬，新四军军部举行干部动员大会，组织整风学习。6月4日，成立新四军直属队整风学习检查总委员会，在陈毅代军长领导下，由曾山、赖传珠、彭康、邓逸凡、薛暮桥、宋裕和、刘毓标、崔义田、张闯初为委员，曾山为主任，彭康为整风文件研究总指导员。整风总委员会成立时，陈毅代军长报告了党中央整顿"三风"的意义，说明了"三风"检查要针对着每个党员、干部在思想方法、观察事物和执行任务时，对事对人对同志是否犯有主观主义、宗派主义、党八股的毛病，充分发扬自我批评的精神，洗刷"三风"不正的余毒，以整顿"三风"作为推动实际工作的武器。随后，各师组成整风学习检查委员会，粟裕、谭震林、黄克诚、邓子恢、李先念、曾希圣等分别为主任，负责组织和指导整风学习。6月16日，中央军委与总政治部发出《关于军队整顿三风的学习与检查工作的指示》。7月2日，延安《解放日报》发表《军队中的整顿三风》的社论，进一步明确开展整风运动的方针、原则和方法步骤。并特别强调军队开展整风运动对于提高部队战斗力的特殊重要性。经过头一年的整风学习，部队的思想面貌发生了很大变化。但由于处在战争环境，日伪军频繁对我发动"扫荡"与"清乡"，顽军不断挑起磨擦，各大单位整风运动发展不平衡。

1943 年 4 月 3 日，中共中央作出《关于继续开展整风运动的决定》。这时，新四军军部机关和直属部队，已由苏北阜宁县陈家集西南一线的停翅港、郝周、夸周、转移到淮南路东根据地的江苏盱眙县黄花塘、大王庄、泥沛湾一线，淮南、淮北联成了一片。各师也一再粉碎日伪军“扫荡”与“清乡”，打退顽军的磨擦进攻，敌后抗日根据地不断扩大。根据中央决定和华中局的统一部署，1943 年 6 月重新计划部署了整风运动。上半年，新四军的整风运动转入联系实际，检查思想和工作，开展批评和自我批评阶段。华中局、军部直属队和各师分别成立整风审干总会，在整风的基础上进行一次普遍的审查干部。陈毅代军长和到华中治病的八路军山东军区罗荣桓同志以及粟裕、谭震林、黄克诚、邓子恢、彭雪枫、钟期光、潘汉年、曾希圣等同志，先后给军部机关干部作过整风报告或时事报告。联系我党我军的历史，从正反两方面阐述党内思想教育和思想斗争的经验教训。

1944 年钟期光和蓝荣玉（右）在苏北。

从 1944 年 1 月起，军直和各师吸取华中局党校的整风经验，在反省阶段采取“机关学校化”的办法，举办整风队和坚持在职整风两者并举，除留下部分干部边工作边整风外，抽调干部到整风队集中进行整风。如军直属整风队在特务团驻地岗村举办，抽调干部 105 人参加，由军直整风审干总会主任张凯主持，选择配备骨干，研究确定典型，掀起了思想反省的热潮。1944 年 4 月，中共华中局召开整风工作会议。张凯部长报告了军直整风情况；彭康同志作《华中局党校整风报告》；温仰春同志作《支部工作与核心工作》的典型发言；谭震林同志作《二师整风报告》；成钧同志谈《14 团战士整风》情况；吴芝圃同志作《四师整风报告》；赖传珠参谋长谈《对直属队整风的观感》。最后，张云逸副军长作关于整风问题的发言，饶漱石书记对整风工作会议作了总结报告。这次会议，对新四军前两年的整风工作作了比较全面的总结，为新四军完成整风任务奠定了思想、组织和方式方法的基础。这次会议的详细情况，我做了 5 万多字的笔记，1960 年 10 月，由南京军区战史编辑室打印存档。总参档案馆和军事科学院图书馆等有存件。到 1944 年年底，军直、各师和浙东游击纵队举办的整风队先后基本结束。此外，还有 200 余名营团以上领导干部，分别参加了华中局党校和各地区党校的整风学习，获得很好的效果。

1945 年 3 月，新四军政治部对全军发出了《整风善后工作的指示》，对整风审干中的遗留问题作了具体规定。经过一系列认真细致的工作，到 1945 年 5 月党的第七次全国代表大会开幕前，新四军的整风运动全部胜利结束。

新四军的整风运动，一般分为学习文件提高认识、联系实际反省检查与审干防奸、鉴定总结和善后工作等阶段。

整风学习的内容，是党中央规定的 22 个文件。一般分为粗读阶段和精读阶段，要求大家认真领会文件的精神实质，掌握思想武器。并根据文件的精神实质同自己的实际行动对号。各人按文件逐条写出反省内容的学习笔记；或写自我批评提要，交上级批阅。在学习小组中分类进行讨论；有的还通过办墙报或整风小报等形式，登载大家的学习心得体会，交流情况，指导学习。军政治部宣传部还创作了一首《整风歌》："三风不正害死人，劝我同志快猛醒……" 普遍教唱，配合整风学习。从而，使整风学习既轰轰烈烈，又扎扎实实，每个参加学习者提高了马克思主义的思想认识水平，有利于整风检查，有利于后来的工作，使人终生难忘。

整风的对象，重点是科团以上领导干部。原则上，连和科员以上干部都要参加整风检查和审干。分别编为甲、乙、丙组：甲组系中心组，主要是科团以上干部参加，既是整风运动的领导中心，又是整风的主要对象。如军政治部，就将部长一级的干部邓逸凡、钱俊瑞、刘贯一、李亚农、范长江、于毅夫、徐雪寒、冯定、李代耕等同志，单独编为一个组，作为军部机关整风的重点，由邓逸凡任组长，开展批评和自我批评，进行反省检查；乙组系中级组，为整风审干扩大对象，凡相当于营、连级的军政干部和机关干部都参加；丙组系特别组，凡有斗争历史，有实际工作经验而文化程度很低、没有阅读能力的干部编入特别组。由总会派人讲授整风文件并上文化课。此外，班排干部和战士进行正面教育，将整风文件列为政治课和党课内容，每月讲授1—2次，或由各级领导作关于整风问题的报告。

整风检查与审干防奸结合进行。在深入学习文件提高思想觉悟、明确方针原则的基础上，个人反省，小组互助，开展批评和自我批评；每个人写出思想总结，形成自传；再由小组会议讨论各人的自传，根据大家的意见，加以补充修改，个人签名和小组签署意见；然后报整风审干委员会审查。在整风检查中，贯彻1943年8月15日党中央《关于审干运动的决定》中提出的九条方针。即：采取首长负责；自己动手；领导骨干和广大群众相结合；一般号召与个别指导相结合；调查研究，分清是非轻重；争取失足者；培养干部，教育群众；以审查政治历史问题为主，号召干部向党说真心话，对自己过去的历史不隐瞒掩饰，不拐弯抹角，不避重就轻，不夸大片面，向党坦白交代搞清问题，政治上对党负责，将两条心或半条心的人们转变为一条心，为革命奋斗到底；反对搞逼、供、信和乱打乱捕的错误方针。这样，在小组讨论中，大家能从爱护的愿望出发，虽然意见提得很尖锐，但都很诚恳。被提意见的同志能耐心听取，虚心检讨，认真改正。那时大家都是从残酷的斗争环境里打出来的，同过甘苦，共过患难，生死相依，阶级感情特别深厚。因此，总的来说运动的开展比较健康顺利。

组织鉴定，是根据个人检查材料和小组意见，加以分析研究，作出客观的简要结论。不仅指出缺点错误，同时也指出优点、长处和努力方向。但在文字措辞上注意分寸，指出问题不宜过于尖锐，不戴政治帽子，并同本人见面，采纳本人的合理意见。自传和鉴定一式两份：一份交组织存档，一份个人留存。当时由于处在敌后环境，对有些较复杂的问题，不能作广泛调查，就根据个人反省和平时一贯表现，相信本人意见，并在自传鉴定中注明："相信本人交代，日后如发现新的问题，由本人负责。"这样，既对组织负责，又对同志负责，有利于调动积极因素。

整风运动的深入开展，给新四军部队的政治、思想、组织和作风等各方面的建设，带来了深远的影响。

新四军的干部队伍，大体可分为两个部分。一部分是来自南方八省红军游击队的老革命干部和领导骨干。他们政治立场坚定，革命意志坚强，斗争经验丰富，领导方法灵活。但有的经历复杂，有的存在山头宗派情绪，有的工作方法简单生硬，个别的在新的环境中发生新的动摇，等等。另一部分是抗日战争开始以后，从华中华东各地投身革命的青年知识分子。他们当时不畏艰辛，突破重重封锁，冒着生命危险投奔新四军，革命热情很高，思想活跃，精力充沛，有较高的文化知识水平。但斗争历史短，缺乏经验，并由于旧思想旧习惯的影响，有的存在不同程度的个人主义和自由主义倾向，有的遇到艰苦挫折容易发生动摇，有的思想方法片面，甚至有个别坏人或不纯分子混进部队，等等。不论新老干部，通过参加整风审干，普遍受到深刻的教育，各种非无产阶级思想得到系统的清理。可谓思想、组织双丰收。

政治上，增强了党性，提高了执行正确路线的自觉性。不少科团以上领导干部，尤其是师以上干部，经历了红军第五次反“围剿”的失败到抗日战争的发展、皖南事变的挫折到重建军部以后的壮大这两个重大转折。整风中，大家以正反两方面的历史事实为根据批判王明“左”、右倾错误，肯定以毛主席为首的党中央和中央军委的正确路线，坚定了夺取抗战胜利和中国革命胜利的信心。如军政治部部长小组，大多是在苏区或白区长期从事革命斗争的老同志。他们对王明先“左”后右给中国革命带来的危害感受极深。由于“左”倾教条主义在党中央的统治，导致红军第五次反“围剿”的惨痛失败，丧失了绝大多数用鲜血凝结成的革命根据地，并使党的广大白区工作遭受破坏。党中央改变和纠正王明的“左”倾教条主义以后，才迎来了我党我军在抗日战争中的大发展。但项英同志对抗日民族统一战线中独立自主的原则认识不足，不敢大胆发动群众，不敢建立与扩大革命根据地，对国民党顽固派的反共阴谋缺乏警惕，以致在皖南事变中犹豫动摇，处置失当，使新四军皖南部队遭受严重的损失，这是血的教训。幸亏党中央处置果断、正确，陈毅代军长和刘少奇政委率领全军执行党中央正确路线积极主动，很快开创了新四军的新局面。铁的事实使大家深刻认识到，各级干部特别是高级干部的党性观念强弱和执行正确路线自觉性的高低，是建党建军和革命成败的关键。

思想上，增强了免疫力，提高了马克思主义水平。整风是一次马列主义的大学习，也是一次非无产阶级思想的大清理和无产阶级思想的大发扬。党中央规定的整风 22 个学习文件，有的是马克思列宁主义原著，其余都是马列主义与中国革命实践相结合的理论概括。联系实际学习这些文件，大家都感到“文件是对着自己讲的”,“心里开窍了，耳聪目明了，过去多年想不通的问题，现在搞通了。”过去有的干部看问题往往简单化、片面性。通过整风，头脑“有了道理”，能从事物的表面深入到里层去分析解剖，遇事问个“为什么”，处理问题讲个“一、二、三”，比较全面正确了。不少干部头脑里“马列主义多了，个人主义少了”，全局观念和革命意志大为增强，先进典型层出不穷。如军部参谋处二科谍报员李公园同志，1944 年秋从整风队结业后，即到嘉山县游击区执行侦察任务，不幸被捕，敌人刑讯逼供，他威武不屈，壮烈牺牲，为共产主义流尽了最后一滴血。他牺牲后，军首长很重视，张云逸副军长步行十余里到二科驻地参加追悼会，在《新路东报》上宣扬其英雄事迹，成为对部队进行人生观教育和革命气节教育的典型。

作风上，扫除了歪风邪气，提高了部队的战斗力。整风中，开诚布公的思想交锋，实事求是的自我反省，理论联系实际的马列主义学习，心悦诚服的组织结论，使广大干部武装了头脑，明确了方向，对己对人有了正确的认识，各种非无产阶级思想和不良作风得到一次较好的克服。在同志和上下级关系上，过去新老干部之间、工农干部和知识分子干部之间，有的互相瞧不起，影响工作。整风后，都认识了自己的缺点和不足，彼此消除了隔阂，各向自己所欠缺的方向去努力。原来有些技术干部或者鄙薄技术工作，或者有单纯技术观点，整风后对军事技术工作的作用和地位有了正确的认识，热爱本职工作，并重视政治学习和积极参加政治活动了。闹地位观念的，安心积极工作了；爱犯自由主义的，注意组织纪律了；感情用事的，懂得讲原则了。最为突出的作风转变有两个：一是军阀主义残余得到比较彻底的清扫，阶级感情和爱兵观念普遍增强。如 4 师针对特务营政指过小秋、政教马正信误杀新战士的事例，先在该营开展了反军阀主义残余的斗争，然后在师直属队召开全师性的反军阀主义残余的会议，与会者 400 余人，师首长亲自主持，对军阀主义残余从思想上、政治上展开了热烈的批评和揭发。会后在全师各部队继续进行的反军阀主义残余的斗争，收到了很好的效果。二是搞臭了“克里空”，调查研究之风大兴。为了配合整风学习，华中局党校排演了苏联著名话剧《前线》，在部队演出后对干部教育很深。剧中塑造了两个作风不正的典型人物：一个是不接受新事物，拘守狭隘经验的将军戈尔洛夫。一个是夸夸其谈、弄虚作假的新闻记者克里空。整风中，大家都以这两个典型人物为镜子，对照自己的不良作风，都以不要做“戈尔洛夫”和“克里空”而互相勉励，掀起了深入实际，调查研究的热潮。上上下下，歪风邪气普遍没有了市场，正派作风发扬光大，各单位呈现一派新的气象，这是部队战斗力提高的重要因素之一。

组织上，全面考察了干部，纯洁和巩固了干部队伍。各部队在思想整顿的基础上，有计划有领导地进行了组织上的整顿，普遍地审查了排级以上的所有干部，基本弄清了干部的历史、政治面目和各种社会关系。如军直有个别干部，在白区担任交通工作时，曾被敌人秘密捕捉而自首，过去未向组织交代，在整风队通过学习提高了觉悟，经过激烈的自我思想斗争，终于幡然悔悟，主动彻底作了交代，放下了包袱，获得群众和组织上的公正结论。同时，通过整风，也进一步了解了干部的工作和思想情况，发现了大批德才优秀的干部，他们对党忠诚，作战勇敢，作风正派，联系群众，在整风中受到培养锻炼，成为运动的骨干，有的后来被提拔到重要岗位上，为党的工作做出了优异成绩。

1944 年 5 月，我们第 1 师政治部在《抗敌》杂志上出了五六月号“整风反省专辑”。从抗大 9 分校参加整风的几百名学员中，选出 18 位同志的反省材料印发党内。经历史检验，在这些材料中，有些是不实的，是某些过火斗争的反映；有些是迫于当时的形势，牵强附会，上纲上线过高；但也有不少同志是出于对党的忠诚，从严自觉检查自己的思想与过失，达到了改造思想，提高觉悟的目的。因此，总的说，第 1 师的整风运动，是在坚持一线对敌战斗的前提下进行的，是以正面教育为主的。营以上干部集中整风的某些偏差及时得到了纠正。从整风运动对于思想教育的意义上可以看出：一、当时我们抗日部队的成员，来自社会各个阶层，尤其是抗战爆发后参加革命的同志，虽然绝大多数具有爱国民族意识和无产阶级革命精神，但也有不少人是怀着各式各样的动机加入抗战队伍的。他们在思想上并未确立共产主义人生观，而保留着旧社会的思想意识，有的在行动上做了些对党对革命不利的事情。但经过这次整风，大家认识了自己，改造了自己，提高了自己，思想和行为就有了一个新的高度。这既充分证明了整风的必要性，又反映了整风的丰硕成果。二、在当时残酷激烈的三角斗争中，日伪军和国民党在同我们武装对抗的同时，还利用特种手段千方百计、无孔不入地破坏我党我军。但通过这次整风和审干防奸，受害者提高了觉悟，幡然悔过，自觉自愿地反省自己的失误，揭露敌人的罪行，决心立功赎罪。我们视他们为自觉的革命行为，不但未加什么处分，还充分肯定赞扬他们的举动，分配了适宜的工作，连内部印发他们的材料时，也没有点他们的名字。这既深刻地教育了他们，又教育了广大指战员。这是整风运动的成功，是党的真理的胜利，是敌人阴谋的彻底破产。三、整风过程是思想改造的过程，是痛苦与愉快交替的过程。经过剧烈的内心斗争，有各式各样的问题者，其思想终于被无产阶级的真理所战胜，犹如洗了一个政治思想"澡"。个人获得了无限的轻松。部队则为先进思想所武装，队伍整齐了，思想一致了，步调一致了，战斗力也就空前提高。

新四军的整风运动，成绩和收获是重大的，主要的，但也有偏差。主要是受到康生在延安搞"抢救"运动制造冤假错案的影响，发生了一些"左"的错误，个别地区、个别单位发生过错斗、错捕现象。

在1943年秋至1944年整风审干期间，华中局本身就发生了饶漱石打击陷害陈毅同志的事件。华东干部称为"黄花塘事件"。对此，1955年3月中共中央召开的批判"高饶反党联盟"的扩大会议上曾有专题结论。

在饶漱石整陈老总时，我也是挨整者之一。当时华中局整风会议结束后，饶把我们少数人留下，逐一"单个教练"。他给我归纳了三条"罪状"：一说第1师知识分子多"是阶级路线有问题"；二说我坚持执行了陈老总关于"让租让息"的政策是"改良主义"；三说我跟随陈老总，中立李明扬，是"右倾机会主义"。他一箭双雕，既打击了陈老总，又是对我的迫害。会后，将我由第1师兼苏中军区政治部主任，降职为苏浙军区政治部副主任。我个人对于职务一向是不太看重的。我基本上干了一辈子副职，多数情况是正职或未到职、或生病、或有他任，而由我主持全面政治工作。我把职务的变动视为党的事业需要，从不计较。唯独饶漱石等人在黄花塘整我与降职，在我心灵上留下了很大的创伤。

军部3科电训队在整风审干中，在饶漱石亲自掌握和具体布置下，贯彻执行康生搞"抢救"运动的那一套，以秘密反特斗争的一套方式，采取"突然袭击"和"车轮战"等逼供信方法，搞出了一些所谓"特务、反革命分子"，而且逮捕了几个"反革命分子"，弄得人人自危。淮北地区也曾发生过"反特"的假案，把总共只有200多人的淮北中学，搞出"特务、反革命分子"达56人。淮南第2师5旅某团，把审干工作扩大到连队战士，在新战士中"查出"不少受过"特务训练"的人。历史证明，当时被诬为"国民党员""三青团员""特务""反革命分子"的同志，绝大多数都是好同志，对党是忠实的，对敌斗争是坚决的。当然，也确实有个别的敌人钻进我们的内部，进行各种破坏活动，但为数极少。即使是这些人，问题搞清之后，经过教育改造，除个别极端分子外，也是可以争取为革命出力的。1943 年 8 月，谭震林同志在总结第 2 师和淮南区整风工作时指出：从揭发的内奸数目看，是相当的多，但其中有些是弄错了的。从历史发展看，国民党在抗战初期尚有一定程度进步性，且日寇迅速侵入，使其在敌占区的各种机构包括特务机构垮台，如果说国民党那时就有社会化群众化的特务政策，是不合事实的。日寇侵华初期是重视国民党而轻视共产党，只有 1940 年以后，因其受了八路军新四军很大打击，才在加紧对我们军事“扫荡”与“清乡”的同时，进行大规模的特务活动。而我党我军今天的中下级干部和战士骨干，绝大多数是抗战开始后到 1940 年以前入伍入党的。所以说在我们内部有许多敌特分子是不符合历史事实的。

在整风最后的总结和善后工作阶段，对审干工作进行了甄别。被诬为“特务、反革命分子”的同志，有的本人如实说明了是在逼迫之下，为了早日过关而胡编乱说的前因后果；有的则是在学校中参加的国民党和三青团的外围组织，但没有活动，主动作了交代，反而挨了整。经过整风审干委员会核查，并报上级总会批准，给这些所谓“特务、反革命分子”平了反，使他们放下了包袱，轻装前进。另外，对在整风运动之前被怀疑或已内定为所谓“托派分子”作过平反结论的人，经过审查，再一次为他们彻底平了反。

回顾新四军的整风运动，有以下几点主要经验。

第一，整风以思想改造为主要任务。长达四个年头的整风运动，始终注意思想教育，反反复复学习和讨论整风文件，针对“三风”不正的实际，开展批评和自我批评，以提高干部的政治觉悟和马克思主义理论水平为目的。即使在整风结合审干、防奸阶段，也是从思想教育入手，引导干部忠诚老实，襟怀坦白，向党说真心话，使某些有政治历史问题的人自觉反省，主动交代，放下包袱，轻装前进。华中局曾提出，要反对自由主义和武断主义，广泛深入进行党内正确思想斗争的动员与教育，本着“治病救人”的方针，提倡对原则问题不掩盖，对非原则问题应大事化小，小事化无。有一段时间，有的单位过于强调了审查干部和防奸，而忽视了改造思想与转变作风这一主要任务，军首长立即通报各师，在实际工作中及时纠正了这种偏差。

第二，整风以各级领导干部为主要对象。从计划部署，到编组学习和反省审干，始终把科团以上领导干部作为整风的主要对象。陈毅代军长带头作自我解剖，动员各级领导干部“脱裤子，割尾巴”。有的师就公开发动群众对师的领导提出批评意见，不少干部反映这是自己参军以来所没有的。各旅、团的首长也照此办理，直到连队也召开民主大会，虚心听取战士对干部的意见。过去，有些领导干部一听到群众批评，就“一申明，二驳斥，三打击”，搞得所在单位“万马齐喑”,“鸦雀无声”。通过整风，这种局面得到较好的改变。各级领导干部带头整顿“三风”，为广大干部树立了榜样，使绝大多数单位的运动健康发展。

第三，整风以自我反省为主要方法。领导动员，群众互助，目的在于启发自觉，指点方向，有利于个人自我反省。只有个人思想真正通了，疙瘩解开了，“三风”的界限划清了，经验教训找准了，整风的目的才能真正达到。凡是搞逼供信、强制思想改造、不以自我反省为主的，效果都不好。

第四，整风以“惩前毖后、治病救人”为基本方针。“三风”不正的矛盾，是无产阶级思想同小资产阶级思想、资产阶级思想和封建思想等非无产阶级思想的矛盾，是党内和革命队伍内部的思想是非问题，属于人民内部矛盾。对犯有某些缺点错误的同志，普遍纠正了过去两种极端做法：一是防止过火过激，习惯于动不动就开“斗争会”，而是注意从团结的愿望出发，对犯有错误的同志满腔热情地帮助其改正；二是防止迁就姑息，只讲团结，不讲斗争，而是在关心爱护的前提下，认真严肃地开展必要的思想交锋，以理服人，不拿原则做交易，这是整风运动成功的关键。

第五，整风以提高部队战斗力为根本目的。当时是在战争环境，在敌后根据地进行整风，各级领导都能以整风的精神，分析和认识敌后斗争的形势，坚信党中央领导的正确，树立了克服暂时困难、抗战必胜的信心，正确处理了整风与战争和日常工作的关系。当时提出了“在不妨碍战争，但不怕暂时妨碍工作的条件下，完成整风与审干防奸的任务。”并在实践中始终掌握整风不要妨碍战斗，不准削弱部队战斗力的原则。尤其是第1师和第6师面对敌伪残酷的“清乡”与“扫荡”，战斗更为频繁。我们就轮流将部队调到环境较为稳定的地方，把干部分批集中轮训与整风。通过整风促进战斗，在战斗中检验整风成果。

第八章　巧断奇兵战东南

1987年4月，也是应中国人民解放军历史资料丛书编委会之约，我与王必成同志合写了回忆新四军苏浙军区战斗历程的史料。这里就以此为基础，稍作补充。

“上有天堂，下有苏杭。”

美丽、富饶而令人神往的祖国东南大地，在40多年前的苦难岁月里，遭受着日本军国主义强盗和中国反动势力的双层践踏。为了拯救人民于水火，中华民族的优秀儿女——新四军苏浙军区的指战员们，曾在这里浴血奋战，在民族和阶级解放战争史上写下了光辉的一页。

巧战敌伪

1944年，第二次世界大战已进入全世界人民夺取反法西斯战争胜利的战略决战阶段。在中国战场，日军遭受我解放区军民猛烈打击，处境日益危殆。为了挽救其败亡命运，它一面大举进犯湖南、广西，打通朝鲜至马来西亚的陆上交通，一面以进犯浙赣铁路的一部兵力转向东南沿海进攻，占领温州、福州等地，企图阻挠盟军的反攻，阻挡中国人民的抗战胜利。而国民党顽固派，采取消极抗战、保存实力、排斥异己、坐待胜利的政策。处于正面战场的正规军在敌人进攻下节节败退，8个月损兵60万，豫、湘、粤、桂、黔诸省大片国土相继沦陷，日军长驱直入我国西南腹地。东南沿海港口全部丧失，成为日军对抗“盟军”在中国沿海登陆作战的基地。

根据国际国内形势的变化，中国共产党中央委员会确立了发展华南、重申发展东南的战略方针。1944年9月27日，中共中央给华中局发出《开展苏浙皖地区工作的指示》，要求我军为了准备反攻，造成配合盟军条件，对苏浙皖地区工作应有新发展的部署，特别是浙江工作，应视为主要发展方向。并对浙东和苏南我军提出了战略要求。指示派叶飞等同志率第1师部分主力部队渡江与苏南部队会合后执行南进任务。还提议恢复第6师师部，拟由叶飞任第6师师长。后因情况变化，第6师师部没有恢复；中央批准了粟裕同志的请求，由他亲率第1师主力执行南下任务。1944年11月26日，中共中央又指示华中局：同意发展东南的部署。但新四军西进南下两大任务，应以南下为主。江北兵力尽可能逐渐抽调南下，一切工作首先着眼保证南下任务的完成。当时，华中局和新四军主要领导人陈毅、刘少奇同志都已去延安参与中共中央的领导工作，在华中主持军事日常工作的是“张饶赖”（张云逸、饶漱石、赖传珠）。中央对华中局和新四军的许多电报指示，是委托陈毅同志起草后由毛泽东同志、刘少奇同志签署下达的。在此前后，中央还多次指示华中局和新四军，对华中新四军部队作了具体部署：以第1师主力与第16旅担负南进任务，沿宁杭公路向东南伸进，发展太湖西南地区，造成与浙东打通联系的战略形势；浙东游击纵队除依托四明山逐步向南发展外，着重加强金华、义乌、兰溪、桐庐等地游击战，接应由苏浙边南下的部队，并加强对浦东敌后斗争的领导；浙南游击队向浙闽交界沿海敌后发展。同时，还应从第1、第2、第3师抽组第二、第三批南下部队，进行必要的准备工作，待令南进。

此时，我华中各抗日根据地已进一步扩大和巩固，武装力量有了很大发展，主力部队达20.8万余人，地方武装5.6万余人，民兵自卫武装81万余人，战斗力进一步增强。苏南军民经过长期的艰苦斗争，不仅坚持了阵地，加强了根据地建设，而且开辟了郎（溪）广（德）和长兴外围地区，为我军大部队南下开辟了前进阵地。皖南地区的游击战争较前有了发展，已建立了小块游击根据地。浙东我军在粉碎顽军进攻后，恢复了四明山区。浙南、福建党领导的人民武装，也处在有利的发展形势中。而在敌情方面，华中日军已被迫进一步收缩兵力，许多地区仅由少数日军监督伪军防守。敌伪士气更加低落，矛盾更加尖锐。顽军除国民党第10战区（桂顽）部队仍与我军处于相持局面外，第3战区主力大部在日军进攻浙赣铁路、占领浙江沿海时向闽北、江西后撤，但在天目山地区仍留有重兵。

华中局、新四军军部根据中共中央的指示精神和抗日根据地的实际情况，及时作出南下部队的具体部署：第1师抽调三个主力团组成第一批南下部队，会同第16旅执行南进任务，采取逐步发展、逐步巩固的方针，首先打开苏南、浙西局面，再与浙东打通联系，控制全浙江，相机向南发展；第2师继续监视桂顽，巩固淮南津浦路西阵地；第7师继续坚持皖江地区，并担负开辟芜湖、当涂、高淳、南陵地区的任务，贯通与苏南部队的联系；苏中区组建第五（镇丹武）、第六（苏常太）两地委，恢复和扩大这两个地区的斗争局面，保障大江南北的交通联系；浙南游击队向瓯江以北敌后开展游击战争；福建党领导的游击队向福建沿海敌后发展。

1944年12月27日，粟裕率第1师师部和3旅7团及300多名地方干部，由苏北仪征渡江，经句容下蜀、龙潭间，穿过宁沪铁路敌伪封锁线，于1945年1月6日到达浙江长兴仰峰岕，与第16旅旅部会合。另特务第1、第4团在3旅旅长陶勇率领下，由苏中扬泰地区渡江，经丹北越宁沪铁路到达长兴地区。1月13日，中央军委命令成立苏浙军区，粟裕任司令员、谭震林任政治委员（未到职）、刘先胜任参谋长，统一指挥苏南与浙东部队。2月5日，苏浙军区成立大会在长兴县槐花坳温塘村隆重召开，擂响了驱逐日本侵略者、夺取东南地区抗日战争最后胜利的战鼓。随即整编了部队，以第16旅编为苏浙军区第1纵队，司令员王必成、政委江渭清、参谋长陈铁君、政治部主任魏天禄。辖第1、第2、第3支队（团）；浙东游击纵队编为第2纵队，司令员何克希、政委谭启龙、参谋长刘亨云、政治部主任张文碧，辖第4、第5、第6支队及部分地方武装；苏中南下部队编为第3纵队，司令员陶勇、政委阮英平、参谋长梅嘉生、政治部主任彭德清，辖第7、第8、第9支队。4月7日，根据党中央3月11日的决定，留在苏中的苏中军区司令员叶飞和第1旅旅长廖政国，率1旅旅部与1团、第1军分区特务团和部分淮海、苏中地方

1944年于江苏省盱眙县，钟期光和战友在一起。左起：周季方、钟期光、韦一平。

干部于丹北安全渡江，另2团由苏中靖江地区渡江，于4月23日到达长兴县槐花坳与粟裕会合，部队整编为苏浙军区第4纵队，司令员廖政国，政委韦一平、参谋长夏光、政治部主任曾如清，辖第10、11、12支队。叶飞被任命为苏浙军区副司令员。军区机关驻长兴县仰峰岕村。

第1师部分主力要南下，另一部分主力和地方部队要继续坚持和发展苏中抗日根据地。从部队的编组到动员，从人员到武器装备的调整与分配，还要选调数百名地方干部随军南下，又处在日伪军的残酷“扫荡”与严密封锁之下，军内军外，上上下下，各方面矛盾很多，有大量的组织工作与思想工作要做。开始，中央和华中局决定我留在苏中，主持上下内外的协调与思想教育工作。待送走粟裕同志和叶飞同志统率的两批南下部队，又参与苏中区党委编组部署好留下部队各项工作之后，粟裕同志提议，考虑到谭震林政委不能到职，要我南下苏浙军区协助他主持政治工作。经中央和华中局批准，我于1945年4月底到达苏浙军区，随同到达的有第1师宣教部长张崇文等同志。我的职务是政治部副主任，主任位置留给萧望东同志；但他也没有到职。所以对内对外实际由我行使主任职权。

苏浙军区部队经过整编，进一步进行了政治动员，号召全体指战员在进军作战中，正确执行党的各项政策，严格遵守群众纪律，发扬我军艰苦奋斗、英勇顽强的传统作风，坚决完成党中央赋予的发展东南敌后的战略任务，并抓紧时间进行了山地作战训练，对各部队确定了进军作战部署：第1纵队进至安吉、递铺以东，余杭以北，控制莫干山及杭（州）嘉（兴）湖（州）敌后地区，建立前进基地；第2纵队除继续巩固四明山地区外，逐步向西发展、策应军区主力部队的南进作战；第3纵队两个支队进至誓节渡、广德、泗安以南，配合第1纵队行动，一个支队在广德，泗安公路南北地区掩护后方交通。

苏浙军区成立前后，我英雄的新四军健儿，满怀爱国救民的热忱，以高昂的战斗意志，机动灵活的战略战术，对日伪军展开了一系列的进攻战斗，对进犯我军的顽固派，也给以必要的自卫反击。

侵华日军为了所谓“尽快地处理解决中国事变”，以配合太平洋战争，于1943年下半年起，先后在向国民党统治区正面战场发动赣西、鄂西、湘北等战役攻势的同时，沿津浦、平汉、正太、同蒲各铁路大举向我解放区发动残酷的“扫荡”与“清乡”。9月30日开始，敌以三个师团各一部约5000人，分三路向苏南、浙西、皖南我抗日根据地进犯。驻苏浙皖边正面战场的国民党军15个团，虽数倍于敌，但在“避敌击匪”方针下，逃进天目山区，江南大片国土陷入日军铁蹄之下。我党我军为了保卫人民的生命财产，开辟新的敌后抗日根据地，10月初命王必成、江渭清率16旅挺进苏浙皖边。10月15日恢复溧水、溧阳原来根据地。11月1日，旅长王必成率48团解放了高淳的东坝镇以后，趁敌军分散、伪军立足未稳之际进入郎广地区，以营为单位，打击伪化顽军，剿匪肃特，发动群众，建立抗日民主政权。年底，旅部和48团进至长兴县仰峰岕。46团于11日发起溧（阳）高（淳）战斗，攻克新桥、东流、郃村、漆桥等敌伪据点，生俘伪第3师副师长陈炎生以下700余人，毙敌大尉及伪中校参谋以下40余人。经三个月战斗，16旅收复了宣长公路以北广大农村，扩大和巩固了苏南抗日根据地，并初步开辟了郎广新区。1944年1月，苏皖区党委决定在郎广地区成立第4行政区，48团政委罗维道兼地委书记，团长刘别生兼军分区司令员。

16旅一系列对日伪军的作战中，杭村缴炮的故事，动人心弦。

1944年春，广德县门口塘的日军经常下乡残害人民，无恶不作。我16旅决心为民除害，命令48团派两个营，悄悄地进驻广德北乡的杭村（今新杭乡）设伏。3月29日上午，日军南浦旅团小林中队100余人和伪军300余人，由几匹战马拖着1门92步兵炮，窜到杭村附近的广宜路两侧作恶。团长刘别生（化名方自强司令）闻报，立即电告旅长王必成。并立即命令3营迅速占领杭村西南的祠谷山，断敌返路。命令1营占领杭村东南的牛头山高地，夹击敌人。当3营跑步赶到祠谷山高地时，一部分伪军枪上挂着抢掠来的鸡鸭财物，已经往回走出我军伏击圈，但大部伪军和全部日军仍在伏击圈内。3营营长徐超、教导员郑大方果断地命令部队开火，刚到牛头山上的1营营长曾旦生和教导员江淦衡，也几乎同时发出射击命令。顿时，轻重火器齐发，枪声四起，打得日军、伪军哇哇乱叫。战斗正在激烈进行，王必成旅长赶到牛头山，团部小炮排也随即进入战斗。王旅长发现敌人大炮以后，立即把望远镜递给小炮排排长戴文辉，命令说：“我们就是要用小炮打鬼子大炮，给你三发炮弹，干掉它！”那时我们从敌人手里缴来的迫击炮没有瞄准器，全凭目测与经验开炮。小戴一面瞄准、一面蛮有把握地回答：“一定干掉它！”话完炮响，两发炮弹就将鬼子拉炮的战马打得死的死，跑的跑，敌人乱作一团。王旅长和刘团长、罗政委随即命令部队冲锋。军号齐鸣，杀声震天。1营和3营的攻势如潮，锐不可当，将敌压缩到广宜路之西、路西村以东的一块麦地。郑大方教导员冲在部队前面高呼“为人民立功，冲啊！”率部杀向敌阵，同敌人展开白刃格斗。经1个多小时激战，歼灭日伪军70余人，缴获一批枪支弹药，那门日式92步兵炮和三发炮弹也成了我军的战利品。但郑大方教导员在夺大炮、抢战马、追击敌人的过程中，冷不防被负伤装死的鬼子打了一枪，壮烈牺牲，年仅23岁。他祖籍广东中山县，1938年上高中时，投笔从戎参加新四军。

鬼子丢了大炮，如丧考妣。据传，小林中队所在师团，是个维护了“大日本帝国皇军皇威”的“荣誉”师团。为保面子，南京日本侵华派遣军总司令部命令这个师团一定要找回这门大炮。第二天，鬼子出动1000余人外加大量伪军和特务，四处寻找我军决战，以十倍的疯狂加紧“扫荡”。我本着“敌进我退”的方针，当晚即已转移部队，神出鬼没，与敌周旋，使日军处处扑空。但因山路崎岖，大炮又重，行动太不方便，从煤山到罗岕，将大炮拆开搬运，还是太劳累，最后决定用几只大木箱将炮架、炮轮、炮闩、炮后座装好，选择一个隐蔽山沟埋藏，并由被服厂的几位骨干化装成老乡在罗岕一带打埋伏，暗中监视敌人行动，只有炮身和三发炮弹仍由机炮连携带。

日军寻我决战不成，又得知大炮打了埋伏，就出动更多的兵力到处乱挖；还广贴布告，以20万法币高价悬赏收炮。可是，爱钱者不知情，知情者不爱钱。日军折腾了20多个昼夜，大炮仍然踪影全无。最后只好将丢炮的中队长枪毙了事。从此，广德一带的鬼子作恶有所收敛，龟缩在据点里不敢妄动。

日军“扫荡”结束后，48团重返温塘，从罗岕收回大炮配件，装炮整训，很快掌握了大炮的性能。后来16旅在长兴战役中，合溪伪军固守碉堡，拒不投降；我军用这门炮射击，只一发炮弹，就将碉堡炸开。伪营长乖乖地举起了白旗。利用这门大炮，加上指战员们的英勇顽强，一夜就拔掉日伪军13个据点。在以后的反顽战斗和解放战争中，这门大炮威力大扬，屡立战功。

就这样，1944年新四军16旅在郎广地区先后发动了杭村战斗、长兴战役、周城战斗、泗安战役等一系列攻势作战，共歼灭日军1个中队、伪军10个营，毙、伤、俘日伪军2000余人，缴获炮7门、重机枪9挺、轻机枪45挺、长短枪1400余支，收复敌据点30余处，一度攻入长兴、溧阳、溧水3座县城，给日伪以严重打击。特别是杭村之战稳定了郎广新区，长兴、泗安大捷光复国土2000余平方华里，周城战斗把郎广地区和茅山地区连成一片。这些胜利，把苏南地区由原来分散坚持的小块游击区，变成了拥有300万人口的大块抗日民主根据地，为粟裕率师南下成立苏浙军区向东南发展，打通了前进的道路，奠定了巩固的后方。

苏浙军区成立后，第1纵队于1945年2月12日向敌后莫干山地区挺进，沿途积极打击敌伪，粉碎了安吉、梅溪等地的敌伪出扰，乘势控制了武康、德清两座县城，开辟了莫干山地区。

浙西三次反顽战役

一贯“外战外行、内战内行”的国民党顽固派，对新四军在苏浙地区敌后的发展，坐卧不安，阴谋阻挡。

我军为顾全大局，呼吁停止内战，团结抗日。国民党军却置若罔闻。正当我军向日伪展开进攻时，第3战区指令其苏浙皖挺进军，出动第28军和“忠义救国军”所属五个团的兵力，由天目山、孝丰地区首先向我军第3纵队7支队发起进攻，企图切断我第1纵队后路，进而消灭我军，制造第二个皖南事变。苏浙军区为巩固阵地，继续发展敌后，被迫起而自卫。顽军大部是美式装备，拥有卡宾枪、汤姆枪、60炮等。尤其是“忠义救国军”，善于山地作战，称为“猴子军”。但我7支队从黄桥决战，到强攻车桥、痛歼保田、如中遭遇，血染战旗，威震敌胆！“猴子军”可谓碰到了强猎手。1945年2月12日，“忠义救国军”以一个团兵力猛攻我7支队的上保里阵地。我军浴血奋战，阵地多次失而复得。4连指导员汪德恕，紧密配合连长指挥全连多次打退顽军进攻。不久，顽军又向我阵地攻击，他跳出工事，高喊“共产党员跟我来！”带头冲锋。一颗子弹从他口中穿过，牙齿打掉了，鲜血直流。他仍忍痛冲锋，再次把顽军打下去。与此同时，粟裕司令员命令第3纵队全线出击，解7支队之围，并急调第1纵队主力参战。经5天战斗，将进犯之顽军击败，歼灭1700余人。我军乘胜解放孝丰城，控制了天目山北部地区。这就是浙西第一次反顽战役。

1945年2月24日，中共中央电示苏浙军区：在敌打通浙赣铁路以前，苏南、浙东、皖南部队应巩固现地，深入农村工作，整训、扩大部队，随时准备反击顽固派可能的进攻，准备将来大举跃进。各部对顽方的进攻应有迎击部署，取各个诱歼政策。

果然，国民党顽固派不甘心失败，不顾抗日救国的大局，第3战区又重新纠集192师、52师各一部、挺进军浙江保安第4纵队等共约12个团的兵力，于3月1日向新四军苏浙军区发动了第二次进攻，企图夺回孝丰，歼灭我军主力，将我军逐出天目山北部地区。4日，顽52师和“忠义救国军”攻占我孝丰外围白水湾、报福镇等阵地，逐渐形成对孝丰三面包围之势。6日，顽军向我坞桥阵地和孝丰正面进攻。粟裕司令员胸有成竹，沉着应战。正当顽军洋洋得意之时，我1纵队除以2支队及独立团于四明山、青明山、五峰山等阵地节节抗击外，又以第1、3支队出顽意外地向渔溪口、西圩市之顽军出击。3月7日晨，“忠义救国军”两个团分三路向我8支队3连扼守的石鼓山阵地迫近。3连以猛烈的火力和小群出击，将顽军击溃。顽军再次来攻。2排战斗英雄陈阿弟跃出战壕，端起机枪，猛扫顽军；其他同志也纷纷跃出战壕，与顽军展开白刃格斗。陈阿弟和2排大部分同志，先后壮烈牺牲。全连指战员同仇敌忾、愈战愈勇，有的子弹打光了，就用石头、铁锹、枪托歼灭突人之顽军。经7个多小时激战，打退顽军6次冲击，毙伤顽军200余人，全连虽然只剩13名同志，但阵地分寸未失。3月8日，我军主力全线出击，全歼192师、52师所属6个营，俘顽军副团长以下1000余人。我乘胜扩大战果，1支队进占羊角岭，2支队占领章村市、孔夫关。12日，顽军192师，挺进1纵，4纵及62师再次拼凑残部向我前沿阵地反扑。我第1纵队连续发动反攻，至27日再次粉碎顽军的进攻，歼其1700余人，除巩固现有根据地外，又乘胜解放临安县城，占领了东、西天目山，取得了第二次反顽战役的胜利。至此，我军控制了浙西纵横100余公里，包括广德、孝丰、安吉、武康、德清、吴兴、余杭、临安、于潜、长兴等10个县一部的广大地区，解放人口100多万。

1945年3月11日，“张饶赖”首长致电苏浙军区：“你们在两次反顽大战中，再度创造以少胜众的新纪录，捷报传来至以为慰。特再传令嘉勉，以昭有功。顽陶（顽军第3战区苏浙皖挺进军总司令陶广）主力曾先后被我破歼，犯焰大挫。但其残余力量仍相当强大，稍加整理尚有卷土重来之可能。希研究此两次作战经验，教育部队。勿因迭次胜利而起轻敌之念，并继续努力以竟全功。”

第二次反顽战役胜利后，苏浙军区为了防备顽军新的进攻，立即部署大部主力进行整训，总结实战经验，进一步提高部队战斗力。并以第4纵队11支队南渡富春江，与金萧支队会师，打通与浙东的联系；以第8支队和地方武装一部，开辟粮源充足的杭嘉湖敌后新区，以解决军粮困难。同时，在浙西区党委领导下，大力进行了新区根据地建设，先后建立了天南、天北地委、专署和杭嘉湖工委及 8 个县的抗日民主政权；广泛宣传党的各项政策，揭露日伪罪行和国民党顽固派的欺骗宣传与反共内战阴谋；开展了统一战线工作，初步发动和组织群众；以主力一部为骨干，建立和发展了地方武装。据 1945 年 3 月 13 日统计，苏浙军区第 1 纵队主力为 7755 人，配备有步马枪、轻机枪、重机枪、驳壳枪、掷弹筒、迫击炮等武器。另有地方武装 4974 人、民兵 83239 人；第 2 纵队主力 3702 人、地方武装 2681 人、民兵 26684 人；第 3 纵队主力 6699 人。连军区直属队，再加当年 4 月到达的第 4 纵队 4300 余人，全区总计主力部队共计 22748 人、地方武装 7655 人、民兵 109923 人。

1945 年夏，全国解放区战场对日伪军的攻势更加扩大，收复重要城镇和大片国土的捷报频传，日军临近最后败亡。为了缩短防线集中兵力做垂死挣扎，并诱使国民党打内战，日寇相继撤出南宁、柳州、福州、新昌、兰溪等地。国民党果然乘机积极图谋向我进攻，内战危机更趋严重。

5 月，苏浙地区的日伪军与国民党顽固派互相勾结，策划共同“剿共”。中旬，日伪军以 10 个团的兵力向我苏南地区“扫荡”；下旬，日伪军又集中两个师团兵力向莫干山、杭嘉湖抗日根据地“进剿”。与此同时，国民党为与我争夺江南，秘密颁布“清剿沦陷区奸匪以配合盟军登陆之方案”，企图于“盟军”在我国东南沿海登陆之前肃清江南新四军，并限于 7 月底之前达到目的。为此，蒋介石下令第 3 战区司令长官顾祝同，调集主力 14 个师，42 个团，共 6.6 万多兵力，先后由陶广、李觉两个集团军司令率领，向我天目山地区发动大规模的军事进攻：首先以 1 个师进至富春江以北地区，切断我天目山与金萧地区的联系；以另一个师向我孝丰进扰；其主力分向于潜、宁国东南集结；杭嘉湖地区的残顽亦图谋向莫干山地区蠢动。

苏浙军区奋起自卫反击，揭开了第三次反顽战役的序幕。

为了打破顽军的大举进攻，苏浙军区于 5 月 28 日决定：在政治上，公开揭露国民党顽固派勾结日伪向我进攻的事实，发表了《告浙西同胞书》，号召军民紧急动员起来，为粉碎日伪军的“扫荡”和顽军的第三次大举进攻而斗争。在军事上，粟裕、叶飞等同志立即调动部队，将派往杭嘉湖和苏南、皖南的部队调回天目山地区，派独立 2 团去围歼窜入莫干山地区的残顽，调 2、3 支队接替天目山地区防务，命 1、3、4 纵队主力各一部向新登进击，驱逐 79 师，确保浙西与浙东的联系，争取时间，集中已分散的兵力。并分工叶飞、王必成、陶勇、廖政国等组成前线指挥部。5 月 29 日晚，我集中第 1 纵队

1 支队、第 3 纵队 7 支队、第 4 纵队 10 支队 3 个主力团，向进占方家井、阿阜、殿边、云昌、施家村一线的顽 79 师发起反击。经三天激战，击溃了富春江以北地区之顽军，于 6 月 2 日乘胜占领了新登县城。随后，又粉碎了顽军 10 个团的反扑。此役共计摧毁碉堡 300 余座，歼灭 79 师 1 个团和突击队 2 个营共 2200 余人，生俘近千人，缴轻重机枪 70 余挺、步枪数百支。但我在连续攻坚苦战中伤亡亦较大，而顽军援兵又不断增来，为保持主动，乃于 6 月 4 日撤出新登。

1945 年 5 月于浙江省天目山开辟的苏浙皖敌后新区。

在新登战役中，我 1 纵 1 支队司令员刘别生，为了坚守虎山阵地，亲临前方指挥，率部勇如猛虎般展开白刃格斗，多次杀退顽军的反扑。但他不幸中弹，身负重伤，英勇牺牲在新登密山脚下。临终前将身上仅有的 4 块银圆和 1 支钢笔交了最后一次党费。对他的牺牲，我特别悲痛。他勇敢善战，工作很有能力，我们相处感情很好。我和爱人凌奔那时留下的照片，大多是他用缴获的照相机拍摄的。他是江西安福人，13 岁参加红军，经历过中央苏区第一次至第五次反“围剿”和三年游击战争，抗日战争中成为陈毅、粟裕同志亲自培育起来的、威震江南的“老虎团”团长。他在皖南事变突围中表现英勇，在溧水回峰山战斗中率部歼敌一个团，在句容尚村歼灭冈崎中队，在开辟郎广新区中化名方自强司令，使日伪闻风丧胆，在杭村战斗中缴获大炮大获全胜，在浙西第一、二次反顽战役中屡建战功。牺牲时年仅30岁，首葬临安县板桥村，解放后移葬于上海龙华烈士公墓。他永远活在人民心中，他的名字将与“新四军”的英名共存!

新登战役后，顽军继续向临安进逼，企图寻找我主力决战。此时苏浙局势主要成为顽我正面冲突。我为顾全国共合作共同抗日的大局，并避免在不利条件下作战，乃于6月8日主动撤出临安。但顽军得寸进尺，他们占领临安后，即以3战区副司令长官上官云相为总指挥，第25集团军总司令李觉为前敌总指挥。将全部进犯军14个师6万余人组成左、右两个“进剿兵团”，孤注一掷向我大举进攻。

这次进攻的顽军，多系国民党的“精锐”。其中有按英军编制和武器装备起来的突击第1、第2纵队（曾拟赴印缅战场配合英军对日作战，故又名“国际突击纵队”），有在皖南事变中偷袭新四军充当主要打手的第52师、79师。而苏浙军区能够集中的兵力，只有3个纵队10个团2万余人，不仅在数量和装备上处于劣势，而且部队经连续作战十分疲劳，粮食又极端困难，有些单位已发生断炊现象。在这种情况下，苏浙军区于6月10日决定撤出天目山地区，向孝丰地区集结，待顽军深入时寻机再战。至6月15日，我全部撤离东西天目山地区。

顽军误判我主力北移为“溃退”，分兵向孝丰急进。其左兵团辖第52师、第33旅及第146师一部，由苏皖边区绥靖指挥部司令兼江南行署主任刘秉哲指挥，自于潜、宁国之线向东北进攻；右兵团辖突击纵队第1、第2队，第79师，在突击纵队副司令胡琪三指挥下，由临安向北进攻；第28军、“忠义救国军”由陶柳指挥，进占天目山区。

苏浙军区根据顽军进攻态势，决心集中兵力在孝丰附近组织新的战役，求歼进犯顽军一部，以粉碎其进攻。当即部署：以三个支队担任孝丰正面守备，积极防御，迟滞、消耗顽军；以七个支队隐蔽集结于孝丰西北地区，伺机实施有力突击。

顽军仍步步向我进逼。6月19日，其左兵团进至孝丰以西之西圩市、百步山地区，已突出到我孝丰外围阵地附近，而其右兵团才进到孝丰东南的港口地区，两个兵团之间，东西相距约20公里。至此，我各个歼灭顽军的战机已经出现。粟裕司令员和叶飞副司令员等缜密研究，当机立断，确定首先攻歼顽军左兵团，再视机扩张战果。为争取战役全胜，我们政治机关及时调整和加强了各级军政领导力量，部署了具体有力的政治动员，响亮地提出了两个号召:“歼灭 52 师，为皖南事变死难烈士报仇”，“向党的七大献礼”，并广泛深入地开展了战区群众工作和战场服务保证工作，各部队指战员斗志昂扬，积极求战，纷纷要求上级给予艰巨的作战任务。

6 月 19 日夜，我集中 6 个团向顽军左兵团突击。经一昼夜激战，一举歼灭 52 师主力，而奉命驰援的第 28 军和“忠义救国军”，均因多次遭我打击，慑于被歼，未敢轻进。

原来，顽军左“进剿”兵团指挥官刘秉哲认为，我军撤至孝丰地区后还要“继续北逃”，便主张改变原定“进剿”计划，赶直路向孝丰西北急进，企图抄我后路，此计被李觉采纳。刘秉哲为了让其嫡系 52 师抢夺攻占孝丰的首功，又下令原计划由独立 33 旅进占的新桥头、西圩市一线，也让 52 师去占领。这样，当 52 师开始向我进攻时，已将兵力分散成南北两路，彼此相距十公里之远；我派少量部队且战且退，麻痹敌人。至 19 日，52 师已分散在新近攻占的各个山头上，他们为“胜利进军”所陶醉，连工事也不构筑，夜间毫无战斗准备，就呼呼大睡，做起攻占孝丰“领功”的美梦来了。与其“协同”的独立 33 旅，由于同 52 师有矛盾，动作迟缓。52 师这种急于求功，分兵冒进，位置突出，自陷孤立，给我造成了歼敌良机。其实，我军让出的山头并不高，方圆小，个个孤立，而周围的主要制高点仍被我军控制，我军大队人马已迅速集结于主要制高点的两翼，52 师就不知不觉地落进了我军布下的天罗地网之中。

这天夜晚，云淡星稀，风平路静。借助夜幕，我军各部队以尖刀连开路，以虫声鸟声为联络暗号，由老乡领路，轻装敏捷，隐蔽迅速接近顽军阵地，直到先头部队上千人插入顽军纵深，顽军竟毫无察觉。22 时半，1 支队经顽军 52 师与 33 旅结合部直插位于杭岭头的 154 团团部，将敌层层包围。顿时，号声四起，枪声大作，一捆捆集束手榴弹在敌群中爆炸，该团指挥中断，一片慌乱。与此同时。我第 2、3 支队，也向位于新桥头、百步山的 154 团正面的敌两个营发起大规模夜战，很快将其分割包围于各个山头。天明后，顽军几次突围均未得逞。我利用山上茅柴多便于隐蔽的条件，处处设伏，步步紧逼。激战至 20 日中午，154 团被全歼，击毙团长张俊清、副团长殷广金。几乎同时，我 3 纵队 7、9 支队和第 4 纵队 10 支队将顽军 155 团紧围猛打，歼灭于小白店地区。而在 154、155 团被我围歼时，52 师师部就在不到 3 公里的梅村，但它只顾自保，毫无办法，33 旅更是见死不救。

在这次战斗中，我 2 支队政委丁麟章，身先士卒，深入战斗第 1 线开展政治工作，给指战员以极大的鼓舞。但他自己却不幸英勇牺牲，年仅 33 岁。他和我同是湖南平江人，少年参加红军，在战火中成长为我军优秀的政治工作干部，为民族解放和我军的胜利发展献出了年轻的生命。

也是在这次战斗中，粟裕同志和我站在一个山头上，观察地形，部署战斗。他用望远镜敏感地发现，对面山头上的敌人正在组织向我炮击，当机立断地拉着我迅速离开躲避。果然，我们跑出不远，刚刚隐蔽起来，敌人的炮弹就落在我们原来站立的地方。那个惊险场面，终生难忘。

在我军围歼左兵团之际，顽军右兵团已经赶来，向我孝丰城东南、以东和东北之外围阵地猛攻，并企图抢占五峰山制高点。我担任守备的第 8、第 11 支队和独立第 2 团与顽军展开激烈战斗，坚守了阵地，并抢先占领了五峰山，打退了 79 师的数次猛扑，迫使顽军右兵团主力陷于孝丰城东南不利地区，为我歼灭该顽创造了有利条件。

我歼灭其左兵团之后，立即迅速调转兵力围歼右兵团。6 月 21 日晚，我第 1 纵队经大竹杆、山坞迂回切断了顽军后路；第 3 纵队经孝丰东北向顽军右翼迂回；第 4 纵队则向孝丰城正南之顽军突击。此外，9 支队插向孝丰西南之下汤，阻击已进驻报福镇的“忠义救国军”的增援，12 支队由杭嘉湖地区赶赴港口、白水湾地区，堵住顽军的退路。这样，将顽军右兵团紧紧包围并压缩在孝丰城南之草明山至港口、白水湾的狭小山谷地区内。22 日夜，围歼战开始。我 1 纵一部从顽军突击 1 纵、79 师和突击 2 纵之间的结合部潜入山林隐蔽，至 23 时伏兵齐出，同时以 1、3 纵队 4 个支队穿插分割，切断了 79 师与突击 2 纵的联系。经我连续一昼夜强攻，79 师和突击 1 纵伤亡惨重，至 23 日 18 时，胡琪三慌忙下令撤退，连夜向临安方向逃窜。23 日 16 时，我 4 纵队和 1 纵一部对大毛山发起总攻，全歼了号称“王牌军”的突击 2 纵。为了歼灭逃窜的 79 师、突击 1 纵之残敌，粟裕巧妙地采用了“黄鼠狼吃蛇”的战法，将敌拦腰截成几段，实施多路突击，一部分一部分歼灭溃逃中的敌人。经两昼夜恶战，顽右兵团大部被歼，余部在混乱中向南溃逃。我因部队连续苦战，体力不支，仅追击至黄湖镇附近。至此，第三次反顽战役胜利结束。共歼顽军 52 师副师长韩德考、79 师参谋长罗先觉、突击第 1 纵队少将副司令胡旭盱以下 6800 余人。彻底粉碎了顽军聚歼我苏浙军区主力、驱逐我新四军出江南的狂妄企图，为坚持孝丰、莫干山、杭嘉湖敌后新区，并进一步巩固苏南抗日根据地扫清了障碍。1945 年 6 月 29 日，华中局来电指出："此次主动退出天目山，诱敌深入而全歼的模范经验，值得深刻研究和发扬。"

第三次反顽战役胜利后，苏浙军区和中共苏南区党委确定，主力部队回师苏浙皖边休整，加强根据地建设和开展敌后斗争。第 1 纵队返苏南溧阳、高淳地区休整；第 2 纵队继续坚持巩固四明山区，发展会稽山区；第 3 纵队进入郎溪、广德地区休整，并向宣城方向发展；第 4 纵队留守浙西地区，并以 12 支队全部地方化，分编为吴兴、武（康）德（清）、临（安）余（杭）3 个支队，担负坚持和发展杭嘉湖、莫干山敌后地区的任务。为适应斗争需要，8 月初华中局决定：原苏南、浙西两区党委，合并为苏浙区党委，粟裕、金明、吴仲超、叶飞、江渭清五人为区党委委员，粟裕为书记，金明为副书记，吴仲超兼区党委组织部长和苏南行政公署主任。对外，保留浙西行政公署名称，朱克靖为主任。在苏浙区党委一元化领导下，广泛开展根据地建设，做了大量组织工作、群众工作和发展地方武装的工作。

摄于天目山三次反顽自卫战胜利后。

苏浙军区还举办了苏浙公学。1945 年 1 月筹办，2 月开学，校长由粟裕兼任，政委谢云晖，副校长江渭清、骆耕漠，教育长周林、吴肃、张日清。共办两期，培养学员 1400 余人，对部队和地方的组织建设作出了贡献。

在苏浙军区主力作战期间，苏浙地区的党政机关和广大人民，尤其是苏南人民，进行了全力的支援。天目山地区产粮不多，历来主要依靠芜湖地区经宁国供应粮食。宁国粮道遭敌封锁后，我军粮食大部靠苏南供应，浙西人民也节衣缩食给予支援。苏南各支前委员会有组织的长期随军服务的民工即达 6200 余人，为运送军用物资、粮食和伤员等共付出了 50 多万个劳动日。民工们在南北长达数百里的运输线上往返跋涉，翻山渡水，日晒雨淋，极度辛劳。特别是在第三次反顽战役时，军粮更加困难，有的部队竟曾断炊。

为了克服困难，保证第一线战斗部队的粮食供应，我们政治部指派得力干部，吸收当地参军的男女青年参加，组成了“战场服务二作队”，到石溪坞等军粮转运站开展思想教育和组织协调工作。我对负责的佘景行等同志说：苏南民工是饿着肚子将粮食挑过来的。你们要大声对我们的同志讲:“这只有妈妈对儿子才能做到。只有在共产党的领导下，苏南人民才能像妈妈对儿子一样热爱自己的军队。”那时非直接战斗人员，除伤员每人每天 4 两粮食有保证外，其他人员 4 两还保证不了。运粮的民工，不吃自己肩上的大米，而吃点沿途群众送给的野菜杂粮，令人十分感动。为此，我对工作队规定了一个任务：因运粮民工返回时还要抬运伤员，你们要让他们吃一顿“饱饭”：每人 1 斤大米。但不包括你们和部队其他人员。要给大家讲清楚:“这一斤粮食是回敬‘妈妈’吃的，是我们这些‘儿子’对‘老娘’的报答。”大家心甘情愿地坚决执行了这一“规定”。军民鱼水之情，在这种特定的历史条件下得以生动体现。从军区政治部做起，各级政治机关带头节粮，以保证前线部队的供应。部队尽量减少非战斗行动，静卧蓄精，以减少热量和体力消耗。并通过寻找野菜、竹笋、螺蛳等代食品克服困难。苏南党政机关又紧急动员了 3000 多民工，动用 300 多匹牲畜，运送了 16 万斤大米支援前线，立下了汗马功劳。

迎接新的战略转变

1945 年 8 月 8 日，苏联政府对日宣战，出兵我国东北。8 月 9 日，毛泽东主席发表《对日寇的最后一战》。8 月 12 日，毛泽东主席为中央拟电指示华中局：在国共力量对比下，华中部署改变如下：江南力量就现地向四周发展，夺取广大乡村及许多县城，准备内战战场。江南各大城市不做占领打算，除以人民面目活动外，党的组织仍取隐蔽政策。浙东力量仍在原地扩展，内战失利时准备转到浙南。江北力量全部留江北，不再派兵去江南。8 月 14 日，日寇被迫发出投降书。陈毅同志为中央军委拟电指示苏浙军区：江南方面应立即有计划地分路发动进攻，占领吴兴、长兴、宜兴、溧阳、溧水、郎溪、广德、金坛、句容、高淳诸城镇间太湖西岸各地、浙西敌后各县，创造一整片农村局面，造成迎接内战的坚强基础。8 月 14 日，华中局来电指示：“立即停止向南京进攻。敌人投降后我们主要任务是应付内战。中央指示，不要作进攻南京、上海、杭州的打算，不要打算入大城市，要火速集中力量准备打击顽军进攻，只有粉碎顽军进攻一切才有办法。”

根据上述指示，苏浙军区主力、地方武装和民兵，迅速向日伪军展开战略反攻。8 月发表《新四军苏浙军区对日本驻军的通牒》和《新四军苏浙军区对伪军伪警及一切伪组织的紧急通告》，命令京（宁）、沪、杭、甬沿线各

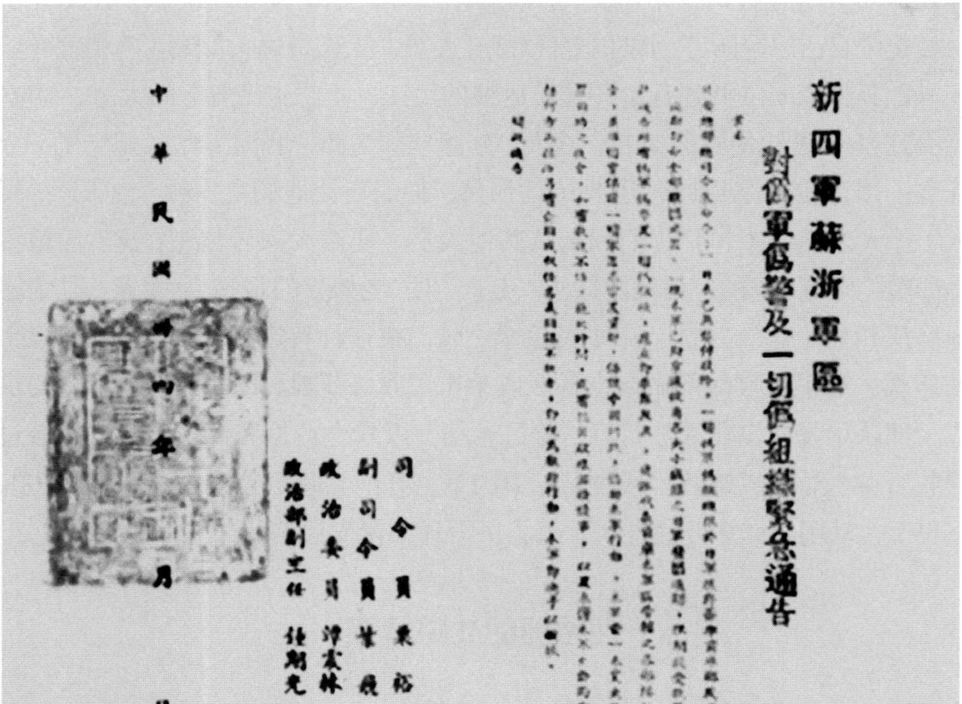
新四軍蘇浙軍區
對偽軍偽警及一切偽組織緊急通告

司令員 粟裕
副司令員 葉飛
政治委員 譚震林
政治部副主任 鍾期光

中華民國卅四年 月 日

新四军苏浙军区通告影印件

1945 年，日本投降，新四军苏浙军区发出紧急通告：要求所有伪军伪警及一切伪组织，应立即率队反正，速派代表前来本军区管辖之各部队接洽反正事宜，并须切实保护一切军器卷宗及资财，保护中国同胞，协助本军行动，假借名义图谋不轨者，即视为敌对行动，本军即决予以缴械。司令员：粟裕，副司令员：叶飞，政治委员：谭震林，政治部副主任：钟期光。

日伪军立即向我缴械投降。蒋介石却指使日伪军拒不向我投降。我军随即发起大反攻。从8月16日起，先后收复长兴、溧阳、金坛、溧水、句容、安吉、郎溪、广德、高淳、宜兴等10个县城和苏南、浙北大小100余处集镇。

抗日战争胜利后，1945年8月24日，毛泽东主席向华中局和苏浙军区领导作了九条指示：时局变化，抗日阶段结束，和平建设阶段开始；我党口号是和平、民主、团结；大城市进行和平、民主、团结的工作，争取我党的地位，不取军事占领政策；力争占领小城市及乡村，将苏中、苏北、淮南、淮北打成一片；中央正向重庆谈判，避免内战，实现和平建国；蒋介石困难甚多，加上国内外压力，可能赞成和平建国；江南江北我军主力各就现地集结整训，恢复疲劳，养精蓄锐，准备于顽军进攻时，坚决、彻底、干净、全部消灭之（不要轻打，打则必胜，每次消灭其一部，各个击破之）。打得几个大胜仗，威震大江南北，对于促成国共谈判非常有利，顽军亦不敢轻视你们；一切作持久打算，依靠人民；设法向敌伪军购买子弹，愈快愈多愈好，同时注意从敌伪撤退区收集军用资材，为持久计。

9月16日，中共中央指示华中局：全国内战危机虽然较大，但和平局面仍有可能。你们苏南、浙东、皖南三地区部队，如果和平局面出现，有转移到江北之可能，望你们立即注意控制北上道路，保证北上安全，准备于将来适当时机渡江北上。9月20日，中共中央又指示华中局：浙东、苏南、皖南部队北撤，越快越好，此事已在重庆谈判中，当作一个让步条件向对方提出。

据此，苏浙军区立即部署部队和地方党政干部北撤苏中地区。第1、3纵队从常州与奔牛之间越宁沪铁路，由西桥渡江北上到达苏中泰兴；第4纵队和浙西地方武装从吴兴、长兴、太湖一线经宜兴、溧水、句容等地，随3纵北上，渡江至泰兴地区；第2纵队从浙东分路北撤：一路乘海船驶过杭州湾在上海南汇登陆，经青浦越宁沪铁路至太仓支塘渡江到南通地区；另一路于圩北过钱塘江至海盐澉浦镇，击退国民党军队拦截后，转到支塘北渡苏中。至10月上旬，我苏浙军区主力部队和部分地方干部先后胜利到达长江以北的苏中苏北解放区。但我北撤部队也付出了重大代价：第4纵队一部，为了避免与蒋军冲突，夜渡长江时，因超重发生轮船沉没事件，纵队政委韦一平以下800余人不幸遇难。

苏浙军区北撤时，发表了《江南新四军北移告别民众书》，对广大群众做了大量宣传工作，为保卫人民利益，长期坚持江南斗争，主力部队北撤后，留下部分干部组成苏浙皖工作委员会转入地下。并留少数部队，设立新四军留守处，配备精干武工队。他们在极端艰难险恶的环境下，英勇奋斗，做了大量工作，一直坚持到 1949 年“百万雄师过大江”。

苏浙军区成立前后，长江以南的新四军健儿，肩负民族的希望，阶级的重托，在整整两年的时间里，转战祖国东南的苏浙二十余县广大地区，在敌、顽、我复杂激烈的三角斗争中，胸怀全局，审时度势，同仇敌忾，英勇顽强，同日伪军和国民党顽固派军队进行了大小 600 余次战斗，毙伤日伪军 5600 余人，歼灭顽军 1.3 万余人，开辟了苏浙边敌后抗战新区，加强了根据地建设，完成了党中央赋予我军发展东南的战略任务。这对于夺取抗日战争的胜利和迎接全国解放具有重要的历史意义。

第一，新四军南下开辟东南敌后战场，它是全国抗战棋局的重要一着。党中央高瞻远瞩，胸有成竹，在日军太平洋战场出现危局，急于收缩兵力，妄图打通朝鲜至东南亚陆上交通之际，看到了中国人民抗战胜利在即的有利形势，决定八路军一部南下发展华南的同时，及时确定了新四军发展东南的正确战略方针。我军在东南地区对日伪军广泛主动进攻，积极作战，开辟、巩固和发展抗日民主根据地，这是全国抗战进入战略反攻的重要组成部分，延长了日军的战线，搅乱了它的后方，消耗了它的力量，这对华北、华中、中原和中南地区的侵华日军，无疑是有力的牵制，对于夺取全国抗战的最后胜利，作出了重要的贡献。

第二，新四军南下开辟东南敌后战场，对于推动国民党坚持抗战，并粉碎其破坏抗战的阴谋，起了重要的作用。东南地区地理位置重要，宁沪杭甬等大小城镇星罗棋布，经济文化比较发达，向来是国民党的统治中心。浙江又是蒋介石的故乡，在日军进攻面前，国民党军队虽然一触即溃，日丢数城，但又不甘心日军长久地侵占其老巢；我军在这个地区的出现和发展，更使它担心出现“孙悟空钻进铁扇公主肚里”的局面。所以它在这里留下了相当数量的正规军和地方部队，虽然主要是对付我军，但客观上又是对日军的一种牵制。对国民党坚持内战，破坏抗日统一战线的行为，我军坚决地给予了及时有力的反击，使其妄图消灭我军主力，将我军逐出江南的阴谋始终未能得逞。抗战胜利后，我党我军又主动让出包括苏浙地区在内的江南八个解放区，表示了我党的和平诚意，增强了同国民党谈判的地位，揭露了它的反共内战阴谋。

第三，新四军南下开辟东南敌后战场，壮大了主力部队和党政领导力量，提高了部队战斗力，为夺取解放战争的胜利奠定了基础。在这两年连续、集中而激烈的战争实践中，通过频繁对日伪军作战，特别是通过浙西三次大规模反顽自卫作战，人员由南下时的 7000 余人，会合江南部队组成 2.2 万余人的苏浙军区。到抗战胜利时，仅北撤到达苏北和山东的就有 6.5 万余人。部队提前实现了由游击战到运动战、由分散作战到集中大兵团作战的战略转变，开始实践诱敌深入，集中优势兵力，在运动中各个歼灭敌人的原则，发挥了战时政治工作的威力，取得了战役战斗的胜利。使我军各级指挥员积累了指挥大兵团连续作战的经验，各部队锻炼提高了山地运动战、歼灭战的能力。是我军从游击战到大兵团运动战的一个重大战略转变。并在战斗中歼灭了一批国民党军队主力，削弱了它的军事势力。这些都对我军北撤渡江后，在解放战争初期破除“崇蒋恐蒋”心理，取得苏中“七战七捷”胜利，以及后来的鲁南、莱芜、孟良崮、豫东、济南、淮海等重大战役的胜利，产生了积极影响。

第四，新四军南下开辟东南敌后战场，广泛发动了当地群众。人民拥护和支援新四军；新四军在广大人民群众中传播革命的火种。苏浙军区举办的《苏浙报》（原名《苏南报》），对于揭露日军的暴行和奴化宣传，打破国民党的新闻封锁与造谣诬蔑，报道新四军的辉煌战绩和根据地的建设成就，反映人民的抗日民主呼声，发挥了重要作用。广大指战员以实际行动，树立了共产党和人民军队的崇高威望，培养锻炼了大批当地干部和骨干，实践和丰富了建党建政的经验，为东南地区的全面解放和解放以后的社会主义革命和建设，创造了有利的条件。

第九章　保证苏中七战七捷

抗日战争胜利后，国际国内形势进入一个新的历史阶段。如何认清新形势，适应新形势，并且促进新形势向有利于人民、有利于我党我军的方向发展，成为当时军队政治工作的一个重大课题。

1946 年 7 月中旬至 8 月下旬进行的苏中战役，不仅在军事上取得了重大胜利，具有深远的战略意义，而且也是战略转移阶段战时政治工作的一次重要实践，提供了许多有益的经验。

“开　始　打”

苏中解放区，是华中解放区的南方前沿部分，也是全国当时六大解放区之一的华东解放区的重要组成部分。它南临长江，东连黄海，西接运河，北靠淮阴、淮安与盐城。除南通、扬州、泰州少数据点被日伪军占领外，均为解放区，人口 900 余万，占华中地区总人口的五分之二，素有“江北粮仓”之称，粮食产量亦占华中地区的五分之二，沿江工商业比较发达，税收占全华中的二分之一，地势平坦，水网交错，运输方便。这里是苏中人民经过八年浴血抗战建立的老根据地，群众政治觉悟高，热爱中国共产党，军民军政团结好。日本侵略军投降了，抗战胜利了，苏中军民兴高采烈，激情满怀。人民渴望和平，珍惜和平。在半年多的和平日子里，上下协力，医治战争创伤。抓土改，搞建设，发展生产，改善生活，休养生息，一派喜庆欢腾景象。我们华中野战军和地方部队广大指战员，也是欢欣鼓舞地迎接和平的到来。根据上级的统一部署，总结抗日战争的经验，开始整编复员，加强人民军队的各项建设。

然而，蒋介石国民党破坏停战协议和政协决议，破坏全国人民的和平与安宁。1946 年 6 月，蒋介石在其政工主任和特种兵营以上军官会上妄称：“我们有空军、有海军，而且有重武器和特种兵……一定能速战速决，把奸匪（诬指中共党及其军队）消灭。”同年6月17日，蒋介石通过美国特使马歇尔向中共中央提出最后通牒式的无理要求：勒令我军立即撤出包括我们苏中解放区在内的陇海路以南、胶济路全线以及东北大部地区。6月下旬，蒋介石用其160万人占全部正规军80%的兵力，以郑州绥靖公署主任刘峙指挥22万人围攻中原我军；以徐州绥靖公署主任薛岳指挥46万人进攻华东我军；以郑、徐两绥署所部25万人指向晋冀鲁豫我军；以第2、第11、第12战区司令长官阎锡山、孙连仲、傅作义等部26万人向晋绥和晋察冀我军进攻；由东北驻军长官熊式辉和杜聿明所部16万余人进攻东北我军；以第1战区胡宗南所属15.5万人准备进攻陕甘宁解放区。妄图沿各主要铁路干线，由南向北夺取和控制各解放区的城市与交通线，歼灭我军主力，或将我军逐步压缩到黄河以北，最后聚歼我军于华北地区。并且妄想在三至六个月内消灭人民解放军，全国规模的内战从此爆发。

苏中解放区是华东我军的前哨阵地，直接威胁着蒋介石政权的政治经济中心南京与上海，被其视为眼中钉，列为第1绥靖区，由徐州薛岳所属的李默庵部15个旅约12万人，预定7月15日从长江北岸全面发起进攻。在此之前的停战令公布前后，他们在“抢占战略要点”的密令下，已先后占我苏中的白蒲、赵庄、西马厂、油坊头、港口、大桥、嘶马、杨家桥、三和、天补、长乐、灵甸、小庙、兴仁、陈家桥、大生桥、新生港等城镇与村庄。所到之处“清剿”“扫荡”，烧杀奸淫，一如日寇，军民吃尽苦头。

面对国民党军的即将大举进攻，根据中共中央和毛泽东同志关于“我军必须战胜蒋军进攻”的指示，苏中军民为赢得自卫战争的胜利作了充分的准备。6月15日，华中军区张鼎丞司令员发表《华中解放区当前的形势和任务》的谈话，号召党政军民全体总动员，保卫自己的土地，保卫家乡，保卫和平民主，坚决彻底粉碎反动派的野蛮进攻，争取自卫战争的全部胜利。6月24日，华中军区邓子恢政委在干部会上指出：我们共产党新四军是不好惹的，打起来，军队老百姓一齐打，敌人哪天来，我们就哪天打，敌人在哪里进攻，我们就在哪里坚决消灭它！华中军区副司令员兼华中野战军司令员粟裕，也在6月24日接见记者时指出：苏中是人民自己的苏中，苏中人民要紧紧团结，坚决自卫。日伪都被我们打败了，现在国民党军士气不高，战斗力也不比日伪军强，而其存心要奴役和压榨人民又与日伪无异，所以我们的胜利是有把握的，是必然的。

当时，华中军区和华中野战军，其领导成员，除中共华中分局的张鼎丞和邓子恢同志兼任军区司令员和政委、张爱萍同志任副司令员以外，其余均为身兼两职。粟裕同志是军区副司令员兼野战军司令员，谭震林同志是军区副政委兼主任又兼野战军政委，刘先胜同志是军区参谋长兼野战军司令部参谋长，我是军区政治部副主任兼野战军政治部主任。领导机关则由原苏浙军区和淮北新四军 4 师机关合并组成。机关的部长们也大多数是上下兼职。比如野战军政治部二级部（处）长、副部长谭肇之、蓝荣玉、罗斌、孙克骥、韩念龙、赵易亚、吴宪、朱斌等同志，他们大都同时也是军区的部长或副部长（军区政治部还有邓逸凡、吴嘉民、谢胜坤、陈其五、周山、瞿道文、陈同山、陈超凡、杨进、罗应怀、杨辛等为正副部长）。军区设在后方淮安，野战军在前方海安。谭政委前期主要参与军区的领导工作，我一直随粟裕同志在前方主持野战军的政治工作。6 月 25 日，由我组织起草、以谭政委和我两人名义印发了《华中野战军政治部对苏中自卫战役战时政治工作的具体指示》，对此次战役的意义和可能发生的变化，战斗中政治动员的重点，组织上应做如何的准备，对敌政治攻势与俘虏政策，其他政治工作应注意的事项等问题，作了详细阐述，提出了 30 多条从原则到具体的要求。在这前后，野战军各级政治机关和全体政工人员，深刻领会具体贯彻上级和野战军首长的意图，与司令部机关紧密配合，做了大量深入细致和具体全面的组织工作、思想教育工作和群众工作。在组织上，实现了从军区、野战军到师、旅和团以下各级的整编、复员与扩军工作，进行了大量的组织与人事调整，加强了领导，调整充实了人员与装备，从编制体制上适应战略转变和战役战斗的需要。在思想上，通过战前的政治思想教育，使广大指战员实现了三个转变：由抗击外敌入侵、捍卫民族独立到对付国内敌人、为人民翻身解放而战的转变；由抗战胜利后的短暂和平到重新投入紧张激烈战斗的转变；由分散独立的游击战到集中统一的大规模运动战的转变。在战区群众工作方面，我们将此视为政治机关和政工人员的重要职责与基本功之一，投入相当力量，协助地方土改、支前、参战、生产、防特等动员组织工作。

当时就全国而言，整个华东地区较少和平幻想，部队的缩编、复员等没有全面搞起来。而华中地处前沿，抗战虽已胜利，但国民党及其军队一直没有停止“动作”，我们首当其冲。因此，各级领导的头脑没有松懈斗志。

“敌人磨刀我磨刀，我比敌人磨得更亮光。”党政军民齐动员，百里战场忙备战。部队开展了以政治教育为主的军政大练兵，指战员们的政治觉悟和求战热情空前高涨。五六月份，我和参谋长刘先胜同志两次率工作组到基层去检查战备落实情况，进一步深入战备动员与组织工作。不少连队70%—80%的指战员写了请战书、决心书。战区村庄的墙壁上，写满了醒目的大标语:“军民团结，提高警惕，粉碎反动派的进攻！”营地街头，荡漾着嘹亮的战歌,“狠狠地打”的歌声此起彼伏。

7月初，华中野战军在如皋召开了团以上干部会议，粟裕同志传达了中央军委关于“先在内线打几个胜仗，再转至外线，在政治上更为有利”和“先打几个胜仗，看出敌人弱点”的指示。

7月10日，由我亲自改写，我们下达了《华中野战军政治部关于“开始打”的指示》。

“开始打”，虽是普通的三个汉字，但在当时的历史条件下，是很有分量的。它不仅文字简练响亮，颇具号召力，而且凝注了上级揭开华东地区人民解放战争序幕的划时代战略决策，凝注了华东人民和广大指战员“人民不可侮”“义战必胜”的决心与信心，也凝注了本部各级军政指挥员的智慧与意志：一方面，充分把握了获取初战胜利的诸多有利条件；另一方面，又具体分析和准备了克服各种困难，争取完成任务的一系列措施。其中在政治思想动员上，主要是迅速将领导的意图，变为千军万马的统一行动，彻底抛弃“和平”幻想，一切立足于“打”。一切为了打胜仗，一切为了准备打大仗，并且准备长期打，直到最后胜利。于是，我们在“开始打”的指示中响亮地指出：大家等得不耐烦了，现在可以开始动手打了，打的时候注意两件事:“信赖指挥”与“反对轻敌”，并具体提出了20条要求与口号。

7月10日24时，野战军司令部下达了《关于攻击泰兴、宣家堡之敌的作战命令》，部队随即投入战斗，揭开了苏中战役的序幕。

战　必　胜

1946年7月13日，我华中野战军乘国民党军李默庵部正在大规模调动而部署未妥之际，先机制敌，主动出击，首战宣（家堡）泰（兴），直捣敌军进攻出发地，打乱其入侵部署。因战备工作深入而普及，指战员们犹如刀出鞘、箭离弦，又加指挥得当，集中优势兵力，攻击力很强。我第1师6个团打敌驻宣家堡1个团另1个营，经一昼两夜猛烈攻击，全歼敌整编第83师19旅56团及旅属山炮营；我第6师6个团攻击敌驻泰兴的57团，在猛烈炮火的配合下，开展强大的政治攻势，迫敌1个营投降，其余大部被歼；我第7纵队担任打援任务。宣泰战斗不到60个小时，就将原在湖南号称“铁军美械化”的敌19旅两个团一个营共3000余人歼灭于苏中。首战告捷，上下振奋，战斗意志更加高昂。

7月15日，我签发了《华中野战军政治部关于泰兴、宣家堡战后政治工作的指示》，部署对首战获胜进行总结表彰，提出了六项再战动员和加强战场政治工作的措施，指出了初战中有的单位对支前民工管理照顾不好的缺点与改进要求。

蒋军在宣泰战斗中首次吃亏后并不服输。他们凭借所谓“正统”与美国援助，看不起我军，从江北江南四处调兵遣将，妄想寻歼我军主力。但其指挥拙劣，部署混乱，我军指挥灵活，调动得宜，更使其措手不及，疲于奔命。他们一会急令整编第49师从白蒲缩回平潮以保南通，一会又复令该师返回白蒲进攻如皋，一会慌忙调遣整编第65师、69师、49师、83师及25师分别向泰兴、黄桥、如皋、泰州等地进击，然后图谋合击我军。

我华中野战军在粟裕等同志指挥下沉着对敌，乘敌频繁调动，于7月15日晚挥师东进，一夜强行军百余里，远途奔袭，出敌不意地将运动立足未稳之敌整编第49师压缩于如皋以南地区。从7月18日至21日，以泰山压顶之势聚而歼之，取得了如（皋）南战斗的又一重大胜利。歼灭整编第49师师部、第26旅全部、第79旅大部、第99旅和第105旅各一部共1万余人，其中俘虏6000余人。

连战皆胜，政治工作紧紧跟上。7月20日，毛泽东同志为中共中央起草下发了《以自卫战争粉碎蒋介石的进攻》的党内指示，告诫全党全军“只有在自卫战争中彻底粉碎蒋介石的进攻之后，中国人民才能恢复和平”。并科学简练地分析了敌我优劣条件，指出了战胜蒋介石的方针、策略与方法，激励全党全军的胜利信心。我们野战军政治部立即认真学习，迅速向全军传达。并结合正在进行的苏中战役的实际情况，于7月24日下达了《关于如皋战役后的政治工作指示》，用事实雄辩地证明，只要我们认真贯彻党中央、军委和上级的战略方针与政策，粉碎蒋介石的进攻是完全可能的。我们已经取得的胜利是空前的，胜利的意义是重大的，提出了夺取更大胜利的方针与具体措施。此后，国民党军继续连连大举反扑，我华中野战军依然一一巧战歼敌，先后打了海安战斗、李堡战斗、丁堰林梓战斗、邵伯战斗和如（皋）黄（桥）路等战斗，取得了七战七捷的胜利。仗越打越大，政治工作越做越深入具体，保证了整个战役的胜利。

战场鼓动，激励士气。我们政治部和各级政治机关，通过各种渠道与方式，迅速搜集和通报战况，宣传胜利，纠正偏向，鼓舞指战员们的战斗情绪与胜利信心。各级政工干部多数都在基层第一线。部队连续作战，七八月天气特别热，指战员们十分疲劳。1 师 1 旅政委卢胜、政治部主任张日清等同志都下到连队，边走边打，边做宣传鼓动工作。文工团员们分散深入到连队与阵地，深受指战员们欢迎。连队共产党员、青年队员、政治战士等人的群众性政治工作更是活跃。印传单，写标语，土广播，编节目，随时随地为部队行军作战增添精神食粮。战斗频繁激烈，敌人还握有制空权，敌机不时在空中侦察和轰炸扫射，我们的部队就凭借地形熟悉和青纱帐隐蔽，敌机一过，战士们编顺口溜说道:“高粱秆子长又长，纵横百里青纱帐，敌人飞机头上转，我们歇息好乘凉。”这生动风趣的宣传，引来朗朗欢笑，活跃了战场情绪，使战士们忘了战斗的疲劳。战士们还给敌军红头绿身子的“野马式”飞机起名“红头苍蝇”。第 6 师 18 旅 54 团副排长徐文秀，用轻机枪击落敌机一架，被评为战斗英雄。邵伯保卫战中，在第 10 纵队统一指挥下，第 2 军分区的第 4 团，士气十分高涨。7 连政指戴祖彭两次负伤不肯下火线，坚持指挥作战，直到第三次负伤才被人抬下来。战斗英雄沈金富坚守前哨碉堡，与敌肉搏，两处负伤，指导员背他下来，他说:“我还要和敌人拼！”坚守了阵地。而敌人士气十分低落，尤其害怕白刃战。我们战士喊声“杀”或者举起刺刀晃一晃，他们就心寒胆裂，纷纷往回跑。敌指挥官计穷，集中耕牛驱向我阵地，又令士兵身上绑着棉絮冲锋，均无济于事，难挽败局。

加强领导，保证指挥。我们十分重视团以上各级主官的调配与管理，注意在战争中锻炼考察干部，对基层干部在加强教育提高素质的同时，注意保留储备干部，层层选好代理人，以保证频繁战斗的伤亡补充和扩大部队的需要。而且强调各级领导干部，尤其是政工干部和共产党员要起模范带头作用。当时，粟裕同志就没有固定的指挥位置，哪里打得激烈，他就奔向哪里，哪个部队仗打得艰苦，他就带着机关干部赶到哪个部队去，视察情况，掌握战机，调整部署，指导下级指挥员取得战斗胜利。8 月中旬，李堡战斗正在激烈进行中，谭震林同志率领新2师第5旅，从军区来到了苏中前线，深入基层，加强了全军的政治工作领导。打宣家堡时，1师3旅8团攻击受挫。副师长陶勇飞马赶到8团，发现敌人兵力增加，我们的部署有问题：全野战军在打歼灭战时部署了6∶1的优势兵力，而8团的具体战斗却成了1∶1，“歼灭战”变成了“胶着战”。他果断下令停止攻击，调整部署，7团、9团开辟新的攻击方向。8团仍为主攻，很快取得了胜利。在邵伯保卫战中，第10纵队89团在团长孔诚、政委黄烽指挥下，打得十分顽强。当敌第三次进攻失败后，又发动第四次攻击。空中与地面火力交织，犹如冰雹倾泻。5连1排全部壮烈牺牲，5连阵地被突破。4连政指蒋井深挺身而出，亲率4连2排出现在5连阵地上，与敌搏斗，中弹牺牲前还高呼：“一定要把阵地夺回！”4连战士们没有辜负指导员的号召，最后将敌反击下去，把5连失去的阵地夺回。在激烈残酷的战斗中，共产党员的先锋模范作用是十分明显的。仅据第6师统计，5000余名伤亡人员中，共产党员占48.2%。其中连以上政工干部的伤亡，占干部伤亡总数的61.8%。大批战斗英雄和模范80%以上是共产党员。这是党的光荣，也是政治工作的光荣。连国民党军的战史也供认：“匪政工人员特多，权力甚大，能力非常良好，凡匪军所到之处，标语、传单到处张贴，民众全为控制。”

1946年钟期光在华中野战军第1师与战友合影。前排：姚力（左二）、左四起：林少克、蒋新生、钟期光、刘先胜、王集成、张震东、伍洪祥，后排左二起：陈野耘、梅嘉生、黄兢、卢胜、陶勇、张日清、彭德清。

政治攻势，瓦解敌军。8月8日，在原有政治工作部署的基础上，我又专题签发了《华中野战军政治部关于开展群众性对敌政治攻势的指示》，明确指出:“充分运用我们的政治优势，来削弱敌人的军事优势，是目前自卫战争胜利的中心环节。”并从提高认识、健全组织、总结经验、宣传重点、突破中心、敌后捕俘六个方面，提出了原则要求。各级部队认真抓了这一工作的具体落实。如南战斗中，第1师1旅1团在丁堰镇将敌一个营及县政府、区公所团团围住。敌凭纱厂密集房屋顽抗，我一再攻击未果，在友邻第3团等部胜利鼓舞下，1团再次发起强攻，守敌开始动摇。团长周维生、政委周特夫认为对敌政治攻势的时机已到，下令停止攻击，由政治处主任陈坚组织带头喊话:“国民党军弟兄们，你们过来吧，不要给老蒋送命！”经反复宣传动员，敌军枪声逐渐稀落，到黄昏时我军发出最后通牒，令敌立即投降。在军事压力与政治攻势下，敌人只好乖乖放下武器。新2师5旅在如黄路战斗中，将敌160旅5个连及土顽一部四面包围。敌凭大碉堡、小圩子和围墙，组织交叉火力顽抗，我军伤亡很大。第5旅是豫南桐柏山区红军游击队发展起来的部队，旅长宋文、政委邓少东认为，为减少伤亡，以利再战，强攻不如智取。他们向各团、营下达命令，一边集中炮火平射轰击高堡与围墙，加紧军事压力，一边开展政治攻势，组织火线喊话。经一昼夜围困宣传，敌见突围无望，5个连及部分土顽军全部缴械投降。整个战役中，在瓦解敌军基础上，正确执行了俘虏政策，大量战俘补充部队，使我军越打越多，越战越强，敌人则越打越少，越战越弱。如我1师战前仅1.5万人，除伤亡外，战后发展到近3万人。人员与装备相当充实，充分反映了“人民军队与人民战争”的本质。其他部队与此类似。

总结经验，表彰奖励。8月12日，在苏中战役进行整整一个月，取得首战宣泰、再战如南、保卫海安、出击李堡四仗胜利之后，对内，我们以粟裕、谭震林、刘先胜和我四人名义，发布《华中野战军首长为争取自卫战的更大胜利告全体指战员书》，对前段作战作了初步总结，号召官兵充分发扬自己的优点，纠正缺点，瞄准敌人的短处，再接再厉，愈战愈勇。并要求从思想上、军事上、工作上和纪律上边战斗边总结经验，打一仗进一步。要求“政治工作上不间断宣传鼓动，奖励英雄模范，使部队锻炼如钢，百战百胜”。对外，粟裕同志在《新华日报》(华中版)上发表文告《号召苏皖军民再接再厉争取更大胜利》，总结了前段自卫战争的成绩与经验，指出“背信弃义者必败，正义自卫者必胜”。由王必成、江渭清同志指挥的第6师（现第24集团军的前身之一）18旅（实际上是新18旅，在我军序列中是一支比较年轻的部队），在苏中战役中参加了攻击泰兴、林梓、分界三次战斗。旅长饶守坤、政委刘文学很注意总结经验，表彰先进，从战争中学习战争。过去主要跟日伪军作战，打的是小仗、夜战和游击战，在苏中战役中跟美械装备的国民党主力军作战，不仅夜间打，白天也打，不仅能打伏击战、袭扰战，而且能打攻坚战、遭遇战和运动战。攻城可破、攻坚可克、运动歼敌、连战连胜，使18旅迅速成长为一支英勇善战、越战越强的主力部队。而18旅的明显进步，又是整个华中野战军战斗力迅速提高的一个缩影。

力 无 穷

解放战争初期，我军还没有从编制上设立与司、政并列的集中统一领导的后勤部，只有直属分立的供给部、卫生部两个业务部门。所以在苏中战役中，在粟司令谭政委的意图下，司令部和我们政治部都要用很大力量，具体抓战时后勤工作和协调地方支前工作。苏中战役是在解放区内线进行的，我们占有天时、地利、人和的有利条件，党政军民一体，形成一股强大的合力，展示了人民战争的壮丽景象。

在“一切服从战争，一切为了前线，一切为了胜利”的指导思想下，紧急成立了军地联署办公、分头负责的战地后勤司令部，在华中局领导下，统一指挥，严密组织，科学分工，效率很高。地方支前工作具体由陈丕显、惠浴宇、贺希明、谢克东、包厚昌、张鹏举等同志负责；部队各级司令、政治机关紧密配合，上下内外一体，工作十分出色。这是在解放战争初期，在战争实践中形成的适应战略转变和大兵团作战需要的一种全局性的系统工程，发挥了很好的作用。这一经验是具有普遍意义的一个创举，受到军委和总部的肯定与推广。

（一）组织部署地方武装和广大民兵积极配合主力作战。在动员青壮年踊跃参军充实战斗部队、将部分地方武装上升为主力部队的同时，留在当地的地方武装与民兵，有的担任某一战斗较远距离的钳制与阻击，有的在敌后广泛开展游击战争，有的负责锄奸防特、维持社会秩序和协助部队押解看管俘虏等任务。海安战斗之后，部队进行休整。由于强调了保密工作，尤其是民兵和群众封锁消息，缉查敌探工作做得好，野战军机关部队 3 万余人在东台的三仓、唐洋一带休整一星期之久，离敌人驻地最近者仅一二十华里，出操上课，开会唱歌，敌人却一无所知，完全成了瞎子与聋子。连国民党军队的战史材料也记载:“苏北匪化（对我党我军政治工作的诬称）甚深，故匪之情报灵活，行动自如，我军则每有盲目作战之感，常贻匪以集中兵力袭击我一点之机会”;“地方民众不问男女老幼皆为匪之民军，到处袭杀国军”;“最惊人者，即周围五十里内所有民军全体动员，致我突围官兵处处受击，人人被俘，除极少数外，无一漏网”。

（二）组织军需粮秣的征集、运输与供应。战役过程中，苏皖边区政府所属的第 1、2、9 分区各级党政领导，亲自率领支前队伍，将粮食、药品、日用品等各种军需物资，源源不断送往前方。据粗略统计，参战民工达 14 万人，在后方为支前忙碌的有近 50 万人。仅 1 分区提供的粮食就有 360 万多石、柴草 70 多万担、不计其数的蔬菜、副食、军鞋等多种物资。征集的是原粮，前方需要成品粮，有的还要加工成熟食。战区各地，家家磨面，户户碾米，昼夜不歇，然后靠肩挑、车载、船运，水陆并进，百里支前。由于敌机轰炸，主要靠晚上运输，不辞辛苦。有的冒着枪林弹雨，把物资送到前线，出现了无数可歌可泣的英雄事迹。苏中人民不愧为伟大的人民!

（三）组织实施战伤救治。这是一项庞大的组织工作和业务工作。我们各级政工干部，有一段时间有一半以上的力量投入了这一工作，与广大部队医护人员和地方支前群众一道，夜以继日地忙碌着。这次战役，不论从兵力动员、连续时间、运动范围、武器使用、敌我伤亡数目来说，都非过去任何一次战役所能比拟。因此，战伤救治任务十分繁重。据资料统计，经过野战军卫生部转运总站登记的我军战伤确数为 9429 人，各师纵遗漏未登记的 600 余人，总数在万人以上。此外，救治的战俘伤员在千人以上，包扎之后就地遣返敌人据点。其中 178 名重伤战俘转运我后方医院治疗。因是重武器战，炮弹伤与枪弹伤的比例几乎相等，所以重伤员较多，使救治工作难度加大。

为了做好战伤救治工作，由军区和野战军卫生部齐仲桓、李振湘、魏天禄同志具体负责，成立 7 个后方野战医院，总收容量为 15000 人左右，设 1 个前方伤员运转总站和 10 个分站与支站，昼夜不停地工作。在 1 万名以上伤员中，有 3000 余名运至宝应、淮安各后方医院，其余 6000 多名运至兴化、射阳和盐城各医院，运程达 500 余华里。运输工具，由火线到各师、纵转运站用担架，然后用民船运往总站和后方医院。完成了 703 次手术治疗。如第 1 师卫生部长陈耀汉领导的手术队，能在 12 小时内开 100 多台的手术。全军至 1946 年 8 月底，有 3130 人伤愈返回了前线部队，死亡 259 人，仅占收治总数的 4%。不仅医治及时，伙食保障伤员也较满意。除伙食费外，还有少量负伤费，分三级标准，按物资折价计算：重伤 150 个鸡蛋；轻伤 100 个鸡蛋，擦伤 50 个鸡蛋，一次发齐。

我华中军 5000 名医务工作同志，出色地完成了战伤救治任务。其中涌现出 165 名救护英雄，有 136 位救护员光荣负伤，有 29 位救护员英勇献身。其中有 15 岁参军的从事 9 年救护工作的医务员吴世杰同志，有从国民党军解放过来英勇地为革命而牺牲的老医务员李正修同志。他们的业绩将流芳千古!

李振湘同志当时任华中军区卫生部副部长兼华中野战军卫生部长，湖南人，曾就读于中国早期四大著名医学院之一的长沙湘雅医学院。他思想进步，抗日战争时期参加新四军，长期从事医疗业务与领导工作。他是广为新四军指战员称道的“四大名医”之一（其他三人为崔义田、宫乃泉、齐仲桓），而且是始终着力于前线战伤救治工作的医疗领导与专家。他为新四军和华东部队的战伤救治与医疗保健事业，建树颇多，贡献突出，是难得的高级专业人才。新中国成立后任南京军区后勤部卫生部长和后勤部副部长。但他过早地离开了人间，十分可惜。

地方群众也为战伤救治作出了巨大的贡献。战区各县的县长、区长、乡长分别担任民夫总队长、大队长和分队长，除运送粮秣以外，主要是组织担架和船运工作，为救治战伤服务。参加卫生系统的民工达 10 万人以上，伤员的护理与饮食工作，几乎全是妇救会和儿童团负责。如设在紫石县仇湖镇的转运站，得到仇湖区署的全力支持，总计动员船只 1400 余条，门板 7000 余块，长凳 1100 余条，担架 200 副，除船夫外，每日为伤员服务的民兵、妇女和儿童近 200 人。工作有条不紊，紧张而有规律。应该说，一个半月救治工作的成绩，一大半是苏中人民群众的功劳。我们永远怀念为此而英勇流汗、流血和牺牲的苏中父老兄弟和姐妹们!

此外，在打扫战场，掩埋烈士遗体，慰劳部队指战员等各个方面，也使我们深刻体会到“人民战争”的真义。

启　示

苏中战役从1946年7月13日至8月31日，在48天内连续作战七次，先后歼敌6个旅、5个交警大队共5.3万余人，占敌军进攻苏中解放区总兵力的五分之二，我军伤亡1.6万人。中共中央军委延安总部发言人称誉此次战役为“七战七捷”。

苏中战役已经过去40多年了，对于它在军事上的意义，官方与非官方、我军与外军以至敌军，多年来已有诸多肯定的评价，我不再重复。下面仅通过此次战役政治工作实践的回顾，从战时政治工作经验教训的角度，想到一些问题供后人参考。

苏中战役，同我军在解放战争的中后期诸多战役相比，不算很大，但就当时来说，它的规模与战果又是空前的、重大的。它为我军政治工作如何保证大兵团连续作战、大范围运动歼敌、克服敌军重武器和汽车运输的优势而取得胜利，提供了实践与检验机会。因此，它对我军战时政治工作的继承与发展，也就产生了特殊的地位与作用，为后来更大规模战役的政治工作保证，奠定了坚实的基础。

首先，坚决贯彻最高统帅部的战略意图，政治工作才有高度。战争是政治的继续。苏中战役作为我军对付国民党蒋介石破坏停战协定和政协决议后，为粉碎其全面内战阴谋而进行的首次较大战役，掌握政治全局的敌我双方的最高统帅部，都在密切关注着战役的发动与发展。而战役的结局证明，敌军的失败，一方面，是他们最高统帅部战略战役决策的拙劣；另一方面，又是他们上下矛盾重重。其上司的决策本来就诸多谬误，而其下级又不可能全部贯彻其上司的本来意图的结果。而我军则正好相反：一方面，中共中央军委和毛泽东同志关于苏中战役的决策是科学的、民主的；另一方面，我们是上下一致，不折不扣又实事求是地执行了军委的正确决策，所以胜利是必然的。此次战役前和战役过程中，军委同华中分局和华中野战军领导同志之间，据不完全统计，先后共有45次电报往来之多。对于中共中央军委的每项指示：华中分局、野战军首长和司、政机关，都是认真研究，坚决贯彻执行的。并在执行中随时汇报情况，根据全局与局部相结合的原则，提出积极的建议，中央军委也十分重视战区指挥员的意见。战争初期先在内线歼敌的方针，就是采纳粟裕同志建议后调整形成的。我们的政治工作实践，包括我们政治部在整个战役过程中形成和下达的 16 个政治工作指示与文告（名称上文已大部提到），正因为是以最高统帅部的战略意图为根本依据，就能从政治全局的高度，说明战役战斗的性质和必要性、敌我战区形势、有利条件和可能遇到的困难、指战员们肩负的历史使命与具体任务。从而，调动了指战员们为正义而战、为人民利益而战、为自己翻身解放而战的积极性，从根本上提高了部队的战斗力，反映了正义的人民战争必胜、非正义的反人民战争必败的客观规律。我们的政治工作特点，正是在这个基础上产生、发展、升华而形成的。现在，这 16 个文件已被分别收入《军队政治工作历史资料》《战时政治工作经验选编》等，在军内馆藏或内部发行。

其次，针对战争实际提出问题和解决问题，政治工作才有深度。战时政治工作的总任务，是从思想上、政治上和组织上巩固部队，提高战斗力。并且改善战时军民关系，加强对敌工作，发扬战时政治工作的顽强精神，保证部队军事上战胜敌人。而战役战斗的实际情况是复杂的、多变的、具体的。只有从实际出发，善于发现、提出和解决这些复杂、多变而具体的实际问题，政治工作的总任务才能得以实现。苏中战役的实际情况，动员阶段主要解决“和平观念”，树立“战争观念”问题。战役初期重点解决“崇美恐蒋”思想，树立“美械装备优势可以克服，蒋军可以战胜”的观念。初战胜利后，又及时解决了“轻敌骄傲”思想，树立“稳打稳胜”的科学战争观。战役发展过程中，注意了防止和纠正“拼命主义”和“贪生畏缩”两种倾向，并且始终强调要节约民力物力，以利坚持长期战争和战后的恢复建设，等等。解决这些问题的有效方法，是实事求是。重事实，又不夸大不缩小事实。通过摆事实，讲道理，说真话，说实话，使指战员明了真相，认识利害关系，分清是非，提高觉悟，自觉自愿地端正态度，解决问题。这就叫“把政治工作做到了心坎上”。因此，我们的指战员冲锋陷阵，是出于政治觉悟的主动献身精神，群众支前也是进步思想指导下的心甘情愿，因而是无敌的；而国民党军则相反，他们实行愚民愚军政策，不讲真话，也不敢讲真话，政治与思想都以欺骗为基础。他们不仅上下之间搞欺骗，在自己内部搞欺骗，还想欺骗我们解放区军民。7 月 8 日，蒋军的美式飞机，竟在我海门的聚东、海东两个区投下三个吓人的怪东西。是纸做的小箱子，吊在降落伞上，内装许多无线电收音机线圈式的东西。箱上注有“美国制造”的英文字，还有一行汉字“内系有原子，当心爆炸”。显然这是借假原子弹吓人。殊不知，假如是真原子弹掉下来，当时已与我们当面对峙的蒋军，以及他们身后的国民党最高统帅部，能有存在的可能吗?！所以连当地一般老百姓也不相信:“反动派真无耻，真原子弹我们也不怕，何况是假的。”一时传为笑话。这既反映了他们对我军民的低估，又反映了他们的愚蠢与无能。国民党靠虚声恫吓吃饭，靠如此欺骗发动内战，焉有不败之理!

第三，大兵团作战的政治工作要发动大家来做，政治工作才有广度。大兵团作战，战场广阔，参战部队多，兵力密集，战斗激烈，伤亡大，俘获多，连续战斗时间长，等等。根据这些特点，政治工作要保证大兵团作战取得胜利，就要有不间断性，有战斗性，有灵活性。其基本任务，一是保证搞好协同动作，严格服从和执行上级指令，克服各行其是的游击习气，确立整体观念，将千军万马拧成一股劲；二是保证战斗命令的执行。加强统一性、纪律性与集中性；三是发扬勇猛顽强精神，反对退却畏缩；四是动员组织好人民参军支前。从政治、思想、组织上凝聚人民战争的力量；五是加强敌军工作。教育争取战俘；六是从政治思想上保证部队补给；七是保证战役战斗之间的短期整训，以利再战；等等。要完成这些繁重的具体的任务，只靠政治机关和为数有限的政工干部“跳光杆舞”是不行的，必须发动群众，把大兵团作战的政治工作，变成群众性的政治工作；但政治机关、政工干部和共产党员要发挥组织领导和骨干带头作用。要加强思想领导，及时布置任务，明确要求，提出响亮有力的战斗口号，如“开始打！”“大家充分准备好，今晚拿下宣家堡！”“反对骄傲轻敌，誓死歼灭敌人！”等，就简明有力；强调战斗越紧张，政治工作越要顽强有力，坚持到最后五分钟，保证战斗完全胜利；注意及时整顿组织，培养骨干，指定代理人；在战场火线上和战后注意发展党员，带动广大群众完成战斗任务；表彰先进，激励后进，调动群众积极性。

第四，不同时期的政治工作要有不同招数，政治工作才有创新与发展。政治工作要保证党的政治路线和组织路线的实现，保证战役战斗任务的完成，这是不能改变的；但完成这些任务的方法，则是可以不同的，多种多样的，“择其善者而从之”。什么方法好，什么方法新，什么方法最有效，就用什么方法，政治工作才有活力。比如战前动员，苏中战役中就有很多新的创造。什么“说胜大会”“齐心大会”“估计大会”“控诉大会”“战时公约”等等，突破了老一套，形式多样，方法灵活，受到群众欢迎。我们通过开会、文件和报刊等，及时作了宣传推广，起了很好的作用。又比如战时的宣传鼓动工作，也要方法灵活，迟早适宜。胜利消息的传播、互相勉励、工事与工事之间打电话、老同志帮新同志、各部在工事和器具上贴标语口号、说故事、唱小调、战士剧团的活动、发动地方群众送慰劳品和帮助军队做事、请地方干部和英模做报告，等等，都收到了很好的效果。尤其是1师2团在李堡战斗后开展的“功劳运动”，掀起了群众性的杀敌立功热潮，为战时政治工作开辟了新的途径，影响深远。

苏中战役的实践证明，战时政治工作必须具有坚强的群众观念。要眼睛向下，深入前线与基层（最紧张时刻，政治机关要“倾巢出动”），向富有创造能力的指战员们学习，多调查，多研究，集中群众的智慧，总结提高，推广开去。这样，政治工作就越做越活，越能保证战役战斗的胜利，越能提高部队的素质。而要做到这一点，首要的是不断提高政治工作人员本身的素质。

检讨苏中战役政治工作保证的不足，我作为政治部主任，从领导上讲，一是开始时对政工力量使用不当，搞后勤的政工人数，曾一度超过保证前线作战的政工人数，战役中后期逐步纠正；二是前几仗部队运动作战时，对当地群众的宣传解释不够，部队转移后造成了一些混乱；三是我们领导上对地方热情支前缺乏科学冷静态度，有的部队有浪费民力物力现象，后期虽然发觉制止，但仍纠正不力；四是整个战役虽然胜利大、缴获多，但对战利品的收集和利用不充分，有的私分私藏好武器；而在情况变化时又来不及搬运，以致流散损失较多，殊为可惜。这从政治工作保证上检查是有责任的。

第十章 “立功运动”的创立与发展

“立功运动”，作为激励指战员为人民服务、发扬革命英雄主义的生动内容与有效形式之一，已载入中国人民解放军政治工作优良传统的史册。

这个运动，是在解放战争初期，由我们华中野战军第1师1旅2团首先开展起来的。它一产生，立即受到广大指战员的热烈响应，迅速推广，使部队精神面貌焕然一新，对保证战斗任务的完成和加强部队建设，产生了重大影响。不久，就在人民解放军所有部队和各个解放区广泛开展，并在实践中不断完善与发展，成为我军政治工作的一个创举。

二团首创

1946年七八月的苏中战役，七战七捷，战果辉煌。但我们所面临的敌军，毕竟是抗战胜利后获取了日军百万人的装备，并得到美国政府全面军事援助，而正在向我解放区发动大举进攻之“强弩”。因而，我们的每一胜利不得不付出重大代价。苏中战役后，部队出现了许多新情况。以我部所属的第1师1旅2团为例，这个团是从地方部队上升的主力，在苏中战役中受到很大锻炼，俘虏1600余人，缴获大量武器装备，从轻重机枪到步枪都换成了新的，有了部分美式装备，武器比以前好多了。战前全团仅1690人，伤亡532人，占近三分之一，补充俘虏及新兵1089人，战役后人数增加到2157人。人数和装备虽然加强了，但部队素质发生了许多新变化：

一是成分变化大。伤亡的532人中，班以上干部130人，占24%；党员伤亡191人，占党员总数的34%；老战士伤亡397人，占老战士总数的74%强。补充的新成分，占全团总人数的50%；干部伤亡后从下面提升，全团230名干部中90%提升了一级；发展新党员187人，党员数量同战前几乎相等。

二是素质有所下降。基层干部新，党员新，老战士少，新成分多，给基层部队的领导与指挥增添了新的困难。

三是干部的工作难度增加。新补充的785名俘虏兵中，有595名是顽军105师新7旅的成员，顽化思想较深，顽副旅长等在战前即有“一旦被俘，即行谋反”的预先布置；新参军的304人是淮北的“侉子”（指翻身农民），与苏中长江边上的“蛮子”在生活习惯上有很大不同；苏中老战士则因家乡陷落，部队辗转北撤，两淮（淮阴、淮安）战斗又遇到挫折，看到老乡减少了，对时局认识产生了一些模糊观念，思想情绪不如以前高涨。

总之，尽管苏中战役打了胜仗，初挫敌军锐气，大长了我军威风，取得了大兵团作战的初步经验，增添了新的武器装备，但就基层指挥能力、政治素质和士气而言，反而不如“七战七捷”之前了。而当时部队大踏步前进，大踏步后退，忽南忽北，打走不定，十分疲劳，思想波动颇大，“麻烦事”之多可想而知。麇集在两淮的国民党“王牌军”74师等部，锋芒毕露，蠢蠢欲动，一场大战迫在眉睫。在这种情况下，如何管理好部队，加强指挥，鼓舞士气，保证部队继续打胜仗，成为政治工作的当务之急。

这时候，第2团正在涟水县大桥镇短期整训。在苏中战役前，这个团在群众性的党支部改选工作中，曾对党员提出“到战场上去竞选”，对候补党员提出“在战斗中表现好，缩短候补期”，对群众提出“在战斗中争取创造入党条件”。这些口号对提高士气发挥了积极的作用，特别是被解放入伍的新战士接受得更快。1营有一位在宣家堡战斗解放过来的战士，战斗中缴获4支枪，就对指导员说:“请把我的功劳记下来”。连里满足了他的要求，正式建立了“功劳簿”。又有许多战士的功劳记在了功劳簿上。团政治处主任郑克总结了这个经验，向全团提出:“在战场上比比看，为人民立功劳”，“把功劳记在功劳簿上”，被全团指战员们所接受。从此,“功劳簿”成了激励战士们战斗情绪的一种好形式。在整训中，大家对这种新形式的作用给予了充分的肯定。

当时，军区政治部文艺科长赖少其因病没有参加苏中战役，主动找我要求下部队锻炼。我考虑到第2团政治处主任郑克（郑克同志广东饶平人，1937年5月加入中国共产党，1937年12月参加新四军。在1949年1月淮海战役中光荣牺牲，时任华东野战军第4纵队10师29团政委。他军政都好，一直是我们华野一位优秀的团政委，牺牲时才29岁，十分可惜。）拟提升为政委，就派他先去当个副主任，协助郑克同志加强政工领导。谭震林同志同意了我的意见。我跟赖少其同志说好，如果需要，将随时把他调回军区。他下去后同郑克同志合作得很好，两人各有所长：他是文化人，在理论、文字方面有他的优势；郑克同志是从海外归国参加新四军的华侨，皖南抗战时期，曾在新四军军部任联络副官，专事同国民党三战区打交道，有较高的政治、文化水平，能说善写，有基层实际工作的经验。两者结合，第2团的政治思想工作进一步得到加强。

在整训中，第2团党的总支委员会在调查研究的基础上，讨论了以往战时政治工作的经验，认为“支部竞选”工作是有时间性的，涉及范围也不广泛，号召力不可能持久，也不普遍，而士兵群众出自正当愿望自发要求的“功劳簿”，可以为每个做了好事、为战斗立了功劳的战士记功，则可打破时间、地点和对象等条件的限制，打仗、行军、做工事、练兵、爱民和部队其他各项工作，都可以用这种方法不断调动大家的积极性，也利于长期坚持。这比“支部竞选”工作前进了一大步。但最初设立的“功劳簿”，目的主要在于为日后评选英模人物积累材料，实际涉及的还是少数人。只有以普遍激励士气、提高部队战斗力为目的，号召大家在各自岗位的实际工作中建立功劳，“功劳簿”的作用才能得到充分发挥。经过热烈讨论，团党委于1946年10月8日正式作出《关于开展功劳运动的决定》，明确了为什么要提这个号召，这个运动对完成战斗任务和加强部队建设有什么作用，开展功劳运动要注意什么问题等等，政治处宣教股还起草了《功劳运动讲话材料》。

这个运动一提出，立即受到广大指战员的热烈欢迎。一个解放战士说：“新四军真是赏罚分明，不像我们在国民党军队里，打了胜仗好处是当官的，小兵有屌子功劳”。一位干部讲：“这是领导方法上的新名堂，要好好学一下。”功劳运动开展后，指战员的情绪大不一样，不论是行军还是其他工作，不仅牢骚怪话少了，而且争着挑重担、干重活的越来越普遍。有的战士行军背两支枪，宿营后还抢着站岗和烧洗脚水。战士陈可民一人挑十发炮弹。他说：“我的功劳要记到毛主席那里去。”战士梁士长过去比较落后，经常掉队，现在背300发子弹也不掉队。群众情绪极其高昂，好人好事，比比皆是。

在实践中，功劳运动的内容与方式在不断发展。由于战斗频繁，部队来不及换装，有不少解放战士还穿着国民党的军装就参加战斗。他们担心受伤后送到后方被人误解，或在路上被民兵、儿童团误当受伤敌人对待，提出除在“功劳簿”上记功外，最好给每个立功的人发个“功劳证”。连队这样做了，解放战士的情绪更加稳定。后来，有的单位还提出，指战员立了功，还应发给“功劳状”。将“功劳状”寄回家，全家光荣。这对提高指战员的斗志和减轻家人的忧虑、密切军民关系和提高人民群众的胜利信心都有好处。宣教股通过《勇士报》大力宣传这一运动，引导指战员们正确认识这一运动的意义：为什么要报功？我们的功劳与反动派的功劳有什么不同？什么功可以报？怎样报法？使功劳运动深入人心。一连的战士把功劳运动的意义归结为12个字："功劳功劳，刻苦耐劳，把仗打好"。有个党员说："党员有双重任务，自己多立功，还要多帮助别人立功"。为防立功后骄傲，3连的战士提出建议：在"功劳簿"上加条"备注"，把立功者的缺点记上，立功不忘批评和自我批评。

团总支和政治处集中大家的智慧，进一步向全团指战员提出"有功报功，论功行赏，人民功臣，个个尊敬"的口号，向全体党员发出"党员应在功劳运动中立头功"的号召。各单位逐步建立了一套功劳组织：连有功委会，班有记功员，随时为大家记功、报功。并正式确定在全团建立"三证"：个人有个"功劳证"，叫作功劳跟人走，调到哪里也光荣；连队有个"功劳簿"，大家记功，集体光荣；向立功指战员家里发个"功劳状"，一人立功，全家光荣。

从此，功劳运动在第2团普遍地开展起来，全团政治思想面貌焕然一新，战斗力大为提高。该团在涟水保卫战中表现突出，被评为全师先进团。

延安推广

第2团开展的功劳运动引起了上级的重视。我们华中野战军第1师1旅政治部主任张日清同志，派宣教科长吴健人带两个同志，去第2团调查功劳运动的情况和总结经验。

吴健人等同志随团行动，深入连队班排，亲自参与班的记功、论功与报功，参加连的评功会议和团的奖功、庆功大会等活动。这一新的政治工作方法，在基层所产生的重大反响，深深地感动了他。回到旅部，除向领导作了汇报外，还写了一篇《怎样开展功劳运动》的专文，发表在苏皖边区的《江淮日报》第一版上。该文向新华总社发稿，立即被转发各地。1946年10月13日，吴健人同志还写了《海丰大队（即第2团的代号）热烈开展"功劳运动"》的通讯。这篇报道，由新华社华中前线分社发到延安总社。新华总社立即刊发。延安新华广播电台也播送了这篇报道。

这时候，山东解放区也在酝酿和开展立功运动。1946年10月10日，山东人民武装自卫委员会、山东军区人民武装部作出《关于开展立功运动的决定》，在全体民兵自卫队员中普遍开展“立功运动”。同时，山东军区和山东省政府联合颁布《关于山东民兵自卫队开展立功运动暂行办法》，号召“每人立一件功劳……争取自卫战争的彻底胜利”。

1946年11月11日，延安《解放日报》综合华中解放区和山东解放区开展立功运动的情况，发表了《加速全面抵抗胜利的到来，华东开展立功运动》的头版头条新闻，并加一则短评，高度评价这一运动。这篇题为《号召普遍响应立功运动》（新华广播电台广播时，题目改为《广泛开展立功运动》）的短评说:“这是人民自卫战中的一个创举。为人民立功劳，做人民的功臣，这是一个革命战士的最大光荣，也是对人民的最大贡献，应当大大提倡和推广……华中新四军某团所提‘有了功劳不骄傲，功劳上面加功劳’的口号是很好的。我们号召全解放区普遍响应这一运动，作为争取全面抵抗胜利的有力武器”。

中共中央机关报和广播电台发出号召，延安部队率先响应，很快掀起轰轰烈烈的立功运动热潮。我们华中野战军首长和政治部对此极为重视。为了使华中部队与全军的提法一致，也把“功劳运动”改为“立功运动”。迅速在整个部队普遍开展。11月中旬，我在全野战军宣教部长联席会上发言，把第1师开展的“功劳运动”，作为当时六个政治工作“范例”之一，充分肯定，号召全军学习。这时，我收到了赖少其同志在11月8日撰写的《二团“功劳运动”第一阶段初结》。这是一篇万字长文，比较系统地初步总结了第2团开展这一运动的收获、意义和具体做法。既有大量生动实例，又有一定的理论概括。我立即批给我们政治部出版的《建军增刊》，在第17期上全文发表，作为全军开展这一运动的参考。12月4日，我又在全野战军工作总结大会上，作了《目前野战部队中政治工作报告》，进一步肯定立功运动的“群众化”和“普遍化”，并向大会直接推荐了赖少其同志总结的经验。

不久，立功运动作为群众性的有效政治工作，就在人民解放军所有各部队和各个解放区广泛开展起来。

1946年12月13日，新四军兼山东军区下达《关于开展立功运动的指示》，为发扬我军高度的革命英雄主义，提高革命的创造精神，造成全军气壮山河之势，压倒敌人，粉碎蒋介石的进攻，号召“人人立功，事事立功”。并同时颁布了《立功运动暂行条例》，对立功运动的实施做了比较详细的规范。1946年12月21日，东北民主联军的《自卫报》，发表题为《所有连队把功劳簿建立起来》的社论，号召为人民服务，做人民的功臣。与此同时，晋冀鲁豫、晋察冀、陕甘宁和晋绥等地的人民解放军与地方武装，也都作出了开展“立功运动”的决定或指示。到1947年年初，立功运动在全解放军上上下下，前方后方，部队与机关，野战军和地方军，正面战场和游击区域，形成了热火朝天的群众运动。1947年1月15日，中共中央华东局发出《关于广泛开展“立功运动”的指示》，指出“立功运动”是“中国化的组织形式和工作方法，已经成为争取人民自卫战争胜利的有力武器。”要求华东地区所有部队、民兵、后方机关、工厂等单位的指战员与劳动人民，广泛开展为人民建立功劳的运动，“以加速全面反攻胜利的到来。”1947年2月，延安《解放日报》发表了《再论立功运动》的社论，指出由苏鲁皖部队首创的立功运动，在全解放区普遍推行，已成为人民解放军争取胜利的有力工具和很大的推动力量。

总结提高

立功运动是群众性的政治工作。群众欢迎它，关心它，它在战斗中产生，又在战斗中发展与完善。

在第2团，最初是解放入伍的新战士普遍响应功劳运动，加速了他们的思想转变与进步成长。接着，解放区入伍的新同志和老战士们也很快掀起了立功进步的热潮，加速了全体士兵群众军政素质的提高。在奖功庆功方式上，由小型的连队军人大会颁奖贺功，发展到全营、全团召开“功劳光荣大会”，还邀请驻地党政领导和人民群众参加，敲锣打鼓，隆重热烈，上下共庆，军民同贺。请看第2团3营的一次庆功会议场景：

主席台正中央悬挂着“功劳光荣大会”六个大字，两旁是大字对联:“新四军为人民解放非常光荣，你们是光荣中的无上光荣；子弟兵为人民立功功劳顶大，你们是功劳中的顶大功劳”。四周张贴有：四个月自卫战争和本营战绩图。“十大光荣”：人人说好光荣；同志尊重光荣；上级爱护光荣；名字传出去光荣；同志学我光荣；家里晓得光荣；功劳簿上永远光荣；老百姓夸奖无上光荣；流芳百世万年光荣；光荣光荣实在光荣。功劳榜：全营《功劳光荣军人》的名字与功绩。巩固模范班：一个班自卫战争以来没有逃亡，不仅是正副班长的光荣，也是全班同志光荣。一封家信：上面写着母亲在家讲革命道理，勉励儿子在部队要争气。

别说当时大会进行时，主席团成员的代表性如何广泛，功臣们的报告如何生动，团营首长讲话如何深刻，地方干部和群众的贺词如何热烈，光是看看这会场设置的情景，当时身临其境的指战员们的心情，是如何的激动与鼓舞，就可想而知了。难怪群众如此热烈欢迎立功运动！

战士被激励上进了，干部怎么样？第2团炮兵连政治指导员张培之介绍过该连的情况：

在长期频繁的战斗环境下，有的干部产生了疲劳现象，工作简单，方法生硬，动不动就是“枪毙你”，官兵关系受到影响。功劳运动提出后，开始有的干部认为，“这是对战士的，不关我的事”。后来虽然认识到功劳运动不错，下面好人好事多了，兵好带了，但总觉得自己是领导这个运动的，站在运动之外。战士们也觉得：“单替当兵的记功，是哄哄我们的。”显然，这不仅仅是干部要不要和能不能进步的问题，而且还影响到整个功劳运动的健康发展。党支部经过认真研究，决心改变这种状况。提出了“干部战士互相记功”的号召，以搞好连队建设、完成战斗任务为共同目标，以事实为依据，战士替干部记功，干部也为战士记功，总结时，上下都有功。于是，干部受了记功的鼓励，将自己置于功劳运动之中，处在群众监督之下，工作更认真了，更深入了，民主作风也好了。战士们觉得：“干部的功劳要战士替他们说，这到底是新四军、新鲜事！”战斗情绪更加高涨了。这样，干部战士都投入了“功劳运动”，随着“功劳运动”的发展共同前进。在活捉李仙洲的莱芜大捷的立功大会上，赖少其同志也因积极总结和参与领导立功运动，被评为干部一等功臣。

部队是战斗集体，集体又是由个人组成。为了正确处理个人与集体的关系，在个人立功有了一定基础之后，要防止和克服个人英雄主义，发扬集体英雄主义，加强干部的责任心。为此，第2团在南下打盐城时，将个人立功发展到个人、集体双立功，提出了开展“功劳光荣班”和“奖红旗”的竞赛。集体立功的条件是：“伤亡少，胜利大，缴获多”。团政治处创作了一首《创造“功劳光荣班”的红旗颂》，主要内容为：

"奖红旗，红彤彤。功劳班，最光荣。定功劳，共三种：胜利大，一种功；缴获多，二种功；伤亡少，三种功；都做好，有大功。

奖红旗，红彤彤。全班人，都有功。把名字，写旗中。一支旗，全班功。首先记，班长功；二支旗，全排功。首先记，排长功；三支旗，全连功。首先记，连长功；五支旗，全营功；四个营，都有功，团首长，也光荣……"

结果，在第二次"功劳光荣大会"上，全团有41个班，2个排，1个连荣获"功劳光荣班""功劳光荣排"和"功劳光荣连"的称号，由团首长分别授予红旗，营首长敬酒，功臣代表参加主席团，地方妇女儿童献花，功臣代表作报告，群情激奋，战斗意志空前高昂。

1947年1月，遵照中央军委的决定，华中野战军与山东野战军合并，组成华东野战军（即后来的第三野战军）。陈毅任司令员兼政委，粟裕任副司令员，谭震林任副政委，陈士榘和刘先胜任正副参谋长，唐亮和我任政治部正副主任。

华东部队的集中与统一，力量更加强大。犹如一把坚韧的巨型钢锤，为砸烂旧中国、建立新中国日益显示着它的巨大威力。集中人才、统一领导后的华野，政治工作的保证作用也得到进一步加强。仗越打越大，越来越辉煌。受到广大指战员欢迎，又得到延安总部一再肯定推广的立功运动，在大规模的人民解放战争中，继续发挥着巨大的精神鼓舞作用。

整编后的原第1师1旅2团，变成了华野第4纵队第10师29团。他们在"全面论功、自觉认过"的口号下，逐级举行比功大会，选出全团突出的功臣60余名，并从中培养了两个尖子典型：改造解放入伍新同志典型黄友根和遵纪爱民模范李长顺，使"功运"与当前任务紧密结合，扎实健康地发展。1947年3月28日，10师政治部发出《对于全力开展立功运动、及时纠正偏向的指示》，充分肯定了立功运动的成绩；指出了有的单位评功中"走群众路线不够"、有的单位存在"争功"现象等问题，加以正确的引导。5月29日，第4纵队宣传部副部长赖少其，在该部《战地》杂志发表《立功运动应该向前发展》，对这一运动发展中应注意的几个问题作了理论阐述。

比较全面、系统而有一定理论高度的总结立功运动，要算1947年10月我们政治部印发的《华东野战军一年来立功运动的总结》。这是我们政治部宣传部教育科长奚原同志，经调查研究后起草的一个6万余字的长篇报告，经野战军政治部讨论通过，由我题写书名后，印成单行本发至全野战军。

当时，全国的解放战争已由战略防御转为战略进攻。我们华东部队继苏中战役之后，又先后取得了宿北战役、鲁南战役、莱芜战役和孟良崮战役等许多重大胜利。战争实践证明，在诸多胜利因素中，政治工作的保证作用是重要因素之一。而立功运动的创立与发展，又为新时期的政治工作增添了崭新的内容与形式。凡是立功运动开展得好的单位，士气就高，战斗力就强，胜利就大；反之，结果则相反。这使我领悟到，作为高级政治工作领导机关，既要抓大事，又要注重实效；既要发扬传统，又要善于创新。立功运动的实践，可以做到这两者的统一，必须抓住不放，一抓到底。于是，我一面要求各纵队政治部，总结上报开展这一运动的经验教训材料，一面从野政机关组织巡视组，下部队调查研究，重点搜集"立功运动"的材料。1947 年春，部队到了鲁中。2 月至 5 月，我们派奚原同志到第 4 纵队 10 师 29 团和 30 团搞调研。他就立功运动、改造解放战士、干部教育等问题，搞了三个月的调查研究。直到孟良崮战役后，他才回到华野机关。5 月下旬，部队在山东省沂水县的坡庄整训。唐亮同志和我召集野政部务会议，听取了奚原同志关于立功运动等问题的调查汇报，进行了研究，责成他写出调查报告。但由于当时战斗频繁，部队流动大，机关人少工作多，任务重，奚原同志无法坐下来写材料。7 月，华野分兵作战，唐亮同志去了西兵团参与领导二作，华野政治部的工作由我主持。我就对奚原同志说:"其他什么事你也不要管，就躲起来总结立功运动"。他在我们印刷厂驻地的一个庄子躲了十几天，终于把材料写成。因战争任务繁重，等不及华野前委审查，我们研究后，就以野战军政治部的名义印发了。以不失工作指导的时机。

这个单行本的形成，因有近 30 万部队指战员一年来开展立功运动的实践基础，有各纵队上报的大量典型事例材料为依据，又有野政机关巡视组的实地调查体验，还有延安总部推广立功运动的指导方针，经过奚原同志的精心综合与提炼，从理论与实践的结合上，较好地总结了我华野部队一年来开展立功运动的主要收获、初期运动的偏向、进一步开展这一运动的认识问题，掌握的重点问题、组织领导问题、几个专门问题的理论阐述和发展完善这一运动的措施，还对开展"立功运动"的一般步骤——动员、记功、评功（小评和总评功）、奖功，做了比较科学的规范与统一。材料翔实，事例生动，观点鲜明，有一定的理论高度。下发后受到部队和各级机关的欢迎。当时华野还没有统一的报纸，这个单行本成为全野战军发展和完善立功运动的基本指导材料，对保证华东部队在解放战争的中后期取得一系列重大战役的胜利，产生了积极的影响。这个单行本，还通过我们华野的西兵团（陈士榘、唐亮兵团），传到了中原野战军，刘伯承、邓小平同志给予了肯定的评价。现在这个材料的原本，我军各主要档案馆均有收存，并被收入多种战时政治工作史料汇编。

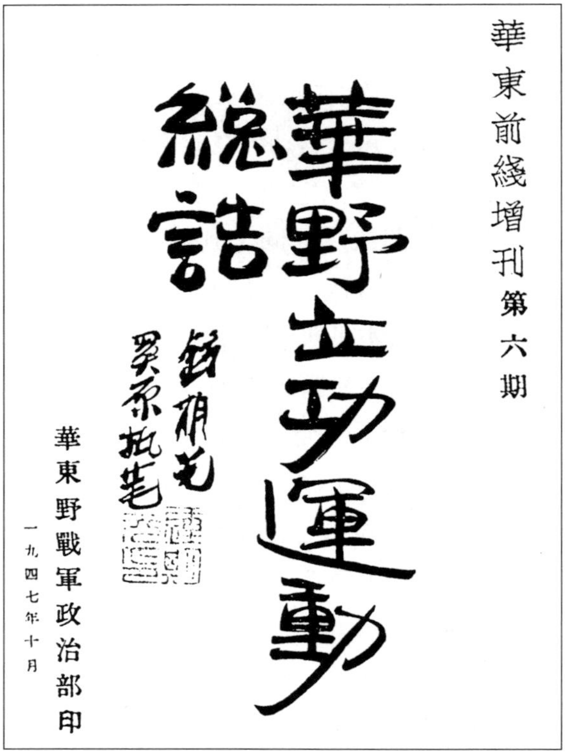

1947 年 10 月华东野战军政治部印发的由钟期光题写刊名的《华野立功运动总结》。

当时，我们还利用战争空隙，举办了战时政治工作训练班。其中开设了立功运动专题课。因奚原同志对此有较深的研究，曾请他作过专题讲授。短训班分期分批，不拘人数与规格，着重实效，为推动这一运动的发展培养了大批领导骨干。

1947 年 6 月，新四军兼山东军区司令部、政治部制定《部队立功运动概则》，就立功运动的要义、方法方式、组织与制度等问题，提出了具体要求与措施。1947 年 10 月，华东军区政治部编印了《连队工作的三把钥匙》，将“立功运动”与诉苦复仇运动、团结互助运动一并作了介绍。

集体的智慧

立功运动，作为群众性政治工作的历史作用，已经载入史册。据1951年华东军区、第三野战军第一届英模代表大会统计，仅华东部队在解放战争中涌现的功臣，就有565911人、941684次立功。其中立特等功的423人、468次；立一等功的10171人、12291次；立二等功的45802人、58084次；立三等功的210885人、316968次；立四等功的298630人、553873次。在立功的基础上，还产生了英雄人物1163人，其中三级以上华东人民英雄495人、各级模范27181人，其中军级以上评选的模范678人。这些数字，还缺第9兵团所辖第20、26、27三个军的统计。

一级战斗英雄杨思根、陈宝富、周文江、毛杏表；一级人民英雄施刚魁、李公然、张志礼、顾金坤；全国战斗英雄胡忠林、张学东，华东一级人民英雄唐洪生、华东二级人民英雄吴文照等同志，就是这些功臣和英模中的突出代表。正是这数十万人民功臣、英雄与模范，带动了更多的有名和无名英雄，同全军和全国人民一道，在党中央、中央军委和毛泽东同志的正确领导下，完成了打倒蒋介石，建立新中国的壮举。

新中国成立后，在抗美援朝战争中，立功运动作为中国人民志愿军的政治优势之一，继续发挥激励士气的作用，共有302724人被评为功臣、英雄与模范，保证了志愿军以劣势装备，战胜相对现代化优势装备的敌人。在人民解放军40多年的革命化、正规化和现代化建设中，以至全国人民的社会主义革命和社会主义建设中，立功运动一直闪烁着它的光辉，在新的历史条件下发挥着新的作用。

立功运动之所以具有很大的推动力与生命力，首先是它的先进性。它的两项基本内容，一是贯彻为人民服务的思想；二是发扬革命英雄主义精神。这是人民军队本质的反映，是人民军队基本宗旨的具体体现，是提高指战员政治觉悟的科学方法。

其次是它的群众性。立功运动是以我军全体指战员忠于共产党、忠于人民的政治觉悟为基础，并与革命英雄主义相结合的群众运动。“每人立一功，胜似百万兵。”其内容和形式，既符合群众的愿望与要求，又符合人民战争的规律。所以它受到了广大群众的热烈欢迎与支持。

三是它的实践性。这个运动不是空喊的，而是从实际出发，以指战员的革命行动和先进事迹为坚实基础的。从而对各行各业、各种不同对象、各个不同历史时期开展各项工作，都有极灵活极现实的适应作用。

四是它的创造性。立功运动是我军政治工作的新发展。从红军时代起，我军就建立了政治工作制度，并积累了丰富的经验。这是我军保持人民军队特有本色、克敌制胜的法宝。在长期的斗争中，各部队联系实际有许多新的创造，丰富和完善着我军的政治工作。立功运动就是在这样的基础上，结合新形势新任务创造出来的。它的重要特点之一，就是实际地解决了部队政治工作领导方法上一个重要问题——表扬为主，批评为辅。当时政治工作领导方法，大致有三种：第一种，批评为主，忽视表扬；第二种，批评与表扬都不够；第三种，整风以后，领导上开始注意团结积极分子，争取中间分子，改造落后分子，加强思想领导，运用典型推动全盘，但还未能普遍运用。自从开展立功运动以后，第一、第二种现象被彻底纠正了，第三种方法则补充提高起来，加以普及，更加丰富和发展了群众路线的领导方法。

此外，立功运动除号召、动员和一般实施外，还建立了简便的既可行又有效的各种制度，使之经常化和可操作化。这是立功运动能够持续巩固和不断发展的原因之一。

综上所述，立功运动是群众的创举，集体智慧的结晶。但群众性的政治工作，又不是自发的，无领导的，而是要有首先发起者，调查发现者，提倡推广者和组织领导者的共同努力。这正是毛泽东同志历来所提倡的，“从群众中来，到群众中去；集中起来，坚持下去”的工作方针。立功运动的创立与发展，也正是经历了这样一个完整的过程。客观地说，在肯定群众创举与集体智慧的基础上，有几位起了突出作用的同志，是不能忘记的：就是上文提到的郑克、赖少其、吴健人、奚原等同志。从华中野战军到华东野战军（第三野战军），各级政治机关与广大政工干部，在陈毅、粟裕和谭震林等同志领导下，对立功运动的创立与发展，作了一些组织领导和普及推广的工作。这是我们的当然职责，但我们也因此有利于革命事业的兴旺而受到巨大的鼓舞。

第十一章　评定伤亡　研究战术

1986年夏，列入《新四军丛书》之一的《涟水保卫战》一书，由中共涟水县委党史办公室编辑后，即将由江苏人民出版社出版。编者约我题词，我于8月1日题写了“纪念涟水保卫战四十周年”。因脑血栓后遗症长期半身不遂，字写得有点歪斜，但40年前的涟水保卫战和这之后开展的“评定伤亡，研究战术”的情景，脑际的印象却十分清晰。

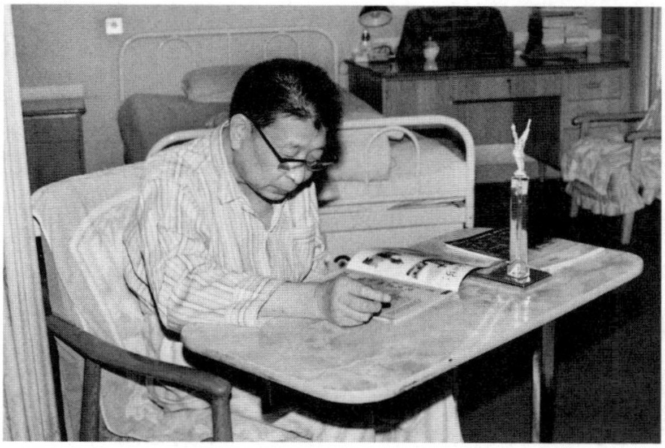

1989年在301医院病房。

一 道 难 题

涟水保卫战，先后进行了两次，第一次是1946年10月19日至11月1日，第二次是同年12月3日至16日。

解放战争初期，针对敌优我劣的总形势，我们华中野战军执行中央军委和毛泽东同志关于以歼灭敌人有生力量为主要目的、大踏步前进大踏步后退的作战方针。1946年9月21日，国民党军侵占我苏皖边区党政军首府淮阴和淮安。10月19日，敌又以五大主力之一的所谓“王牌军”整编第74师全部、整编第28师一部共约4万人，直扑我苏北战略要地涟水城。敌师长张灵甫气势汹汹，目空一切，狂称“有我 74 师在，就有国民党在”，妄图歼灭华野主力，切断我华中与山东两大解放区的联系。

两淮撤退以后，华中全体军民都盼望着在北线打几个胜仗，以扭转战局。但一个月来，我们几次北上南下，寻找战机，都因情况变化，条件不成熟，没有打成。现在，骄兵东进，送上门来，机会终于来了。我华中野战军报经中央军委和新四军军部批准，集中了 28 个团共 4 万多人的兵力，在解放区人民群众的大力支援下，于 10 月 19 日至 11 月 1 日举行了第一次涟水保卫战。我们政治部下达了《涟水战斗动员讲话材料》，部队上下，进行了充分的战前动员和战役保证工作，经 14 个昼夜血战，歼敌 9000 余人，将敌军打回两淮，取得华中北线首次大捷。

蒋介石在第一次进攻涟水失败后，企图尽快“结束苏北战争”，实现其在山东与我决战的目的，于 1946 年 11 月下旬，又集中 28 个旅的兵力，分四路同时向我盐阜、淮海、鲁南地区发起进攻。其中以李延年指挥的整编 74 师 3 个旅、28 师和桂系第 7 军各 1 个旅共 4 万余人，再次进攻涟水。我华中、山东两大野战军在陈毅同志统率下，根据中央军委“确保华中、巩固山东”的指示，决定乘进攻敌人的空隙，组织宿北战役。为了保证我军在主战场的展开，粟裕同志率华野主力南下盐城，守卫涟水的只有谭震林同志率领的华野第 6 师、淮南第 6 旅等共 10 个团 2 万余人。我们以谭政委和我的名义，印发了《为粉碎敌人再度进犯涟水的阴谋给各级政治机关的指示》，加紧各项战斗准备。结果，我军与两倍于己之敌激战 14 个昼夜，歼敌 4000 余人，完成了预定牵制两淮敌军主力、保障我军在宿北主战场展开的任务，然后撤出涟水。

两次涟水保卫战，第一次取得了完全胜利，第二次虽然完成了任务，但部队损失较大，其原因是多方面的。当时曾把这个责任推给一线指挥员王必成同志，是不公正的。

但整个地讲，涟水战役是新四军改变番号前的最后一仗，无论在军事上、政治上都具有重要意义。它改善了敌占两淮后的华中战局，有利于华中党政领导机关和后勤单位向北转移；加速了山野、华野两支主力部队的会合而形成一个坚强有力的拳头；也有利于华中、山东两大解放区连成一个整体，增强华东地区支援自卫战争的能力，并准备了新的战场。同时，有力打击了国民党军的嚣张气焰，为我军打大仗、打硬仗和大量歼敌进一步积累了经验；充分证明了中央军委和毛泽东同志关于自卫战争战略思想的完全正确；进一步消除了“崇美恐蒋”情绪，打破了“74师不可战胜”的神话，为尔后的孟良崮战役彻底歼灭该师奠定了基础。连一贯骄横的张灵甫，在涟水战后虽然表面上仍很骄妄，但在其内部也不得不承认:“涟水一战，本师元气亏损，一蹶不振”。

然而，在涟水保卫战之后的战斗检讨中，大家惊异地发现，我们虽然胜利了，但也付出了重大的代价：第一次涟水保卫战，共歼敌9000余人，我们亦伤亡6000余人，第10纵队司令员谢祥军光荣牺牲。第二次涟水保卫战歼敌4000余人，我亦伤亡4000余人，而且未能粉碎敌人进攻，我被迫撤出涟水城。

仗越打越大，时间越来越长，伤亡也越来越大。而且，新的更大更残酷的战役战斗，又迫在眉睫。这种战争的长期性与残酷性，在基层部队中引起了许多新的问题。

有的说:“胜利是胜利了，我们也打伤了。”

有的讲:“几个打他一个，怎么不胜利；这么多人挤在一团打，又怎能不伤亡大?！”

还有的人不冷不热地道:“总有一天要报销！”

“报销”,“报销”，更多的人在沉闷地苦思着这个问题。

尽管深入的政治教育使大家坚信：共产党领导的革命战争是正义的，正义的战争一定会引导我们胜利。但面对重大的伤亡，面对大规模运动战的空前残酷，部队指战员中坚韧的战斗意志、朝气蓬勃的创造精神，都受到了相当的影响。

显然，这种“早晚报销、一拼了之”的消极“报销”思想，已成为当时不少指战员的主要思想倾向。而且这种消极思想一经蔓延，必然会大大削弱我们的战斗力。

于是，政治工作如何适应这种新情况，如何用积极的方法来解决消极的“报销”思想问题，成为政治机关和政工干部的当务之急，也是当时上下领导机关和各级领导干部的一道难题。

九团突破

正当我在思索着如何用积极的方法，解决当时一度普遍存在的消极“报销”思想问题时，收到了第1师3旅9团政委梁竹吉、政治处主任夏峰于

1946年11月20日的一个总结报告，题目是《关于从评定伤亡中来提高战术的经验》。这个材料很有新意，它所总结的正是我们各级干部正在苦思冥想的问题。

开始，9团也是按一般惯例进行战斗检讨。结果，各营连的汇报，都是枯燥而无内容，方法是老一套，思想情绪是愈检讨愈低落。比如有位战士说："新四军打仗就是靠猛冲、拼刺刀，还开什么检讨会，不如多练练劲好。"另一位战士则说："打仗就打吧，冲就冲吧，检讨什么？还是指挥上多多检讨吧。"一般基层干部也认为，"动员""打仗""检讨"，这必经的"三部曲"成了"老一套"的"走过场"。

检讨没有新成果，多数单位对"老一套"习以为常，也就算了；但2营觉得不行。副政治教导员张本和（1947年1月枣庄战斗中光荣牺牲）来到了4连，先找连长指导员谈话，打通他们重新研究问题的思想，又召开副班长以上干部会议，要求干部带头，检讨出新的战斗情绪来。张本和亲自参加三班的检讨会。由于营首长的重视，会议气氛好了些，但多数发言还是流水账，会议开得时间很长。张本和问大家："你们这次伤亡几个？是怎样伤亡的？"3班长回答："第一个第二个都是在攻击中被打倒的，一个重伤员未包扎就大声叫唤，被敌人发现目标，连打两发炮弹，又被打倒三个。要不叫唤，这3个伤亡是可以避免的。"班长这么一具体讲，引起了大家的兴趣，觉得这是与大家生死相关的问题。一个姓聂的战士说："连长叫我们去支援6连，结果班长带错方向，走不到10米，被打倒四个。"大家争着发言，并用柴草和手榴弹摆地形、工事、火力点等实战情景，具体评议每个伤亡的情况与原因。列举和评议结果，三个班伤亡的14人中，只有两人是不可避免的，12人是可以避免的。而6班副班长也讲了他们来回两次通过敌火力点，一个也没有伤亡的经过，这与不讲战术造成本来可以避免的伤亡，形成了鲜明的对照。

3班以寻找伤亡原因，来具体评定每个同志的伤亡，打开了战斗检讨的新门径。全连学习3班的经验。2班施广东同志说："我们快接近敌碉堡时，敌人原本无目的开枪，我们机枪手不沉着，过早地扫了两梭子，被敌发觉，打来两发炮弹，伤亡5名同志。"1班刘金标同志发言："部队前进太慢，不注意搜索，没有发现敌人的埋伏，造成3个不应有的挂彩；另外两个在攻坚时伤亡，是不可避免的。"指导员邹林也说："当时误传6连被围，5连打上来解围。晚上看不见，互相之间没有具体联络，结果5连打来两个手榴弹，误将我们

8 班两个同志伤亡。”总括起来，4 连共伤亡 34 人，经具体评定，有 24 人伤亡可以避免；3 人伤亡原因不明；只有 7 人是不可避免的伤亡。这么一评，大家心里亮了：当兵打仗，不一定个个会死，“报销”观念太消极了。人有很大的机动灵活性，讲究战术，注意战斗动作与技术的巧妙结合，是完全可以减少伤亡的。一位解放战士说：“新四军开小会，比‘中央军’打野外还管用。”

各班热烈检讨战术，启发了干部检讨指挥的自觉性。2 排长认识到，连长命令他在 6 连后面跟进，自己没有很好观察地形，以致 4 班长带错了方向。2 排副也承认自己总是跟在队伍后面，没有带一个班打前锋，是畏缩表现。大家通过评定伤亡，感到许多伤亡是通信联络差，战术动作不熟练，夜间行进不肃静，遭受敌 60 炮杀伤最大。于是，纷纷献计献策，研究战术技术。连里集中大家智慧，找出了 13 种对付 60 炮的办法，进而实地演习班进攻和攻打隐射碉堡等动作。

最后，张本和同志引导大家认识到，“评定伤亡”不仅打破了战斗检讨的“老一套”，而且它关系到每个人生死存亡的切身利益，更关系到战斗的胜败，只有认真研究和改进战术、提高技术，才能有效地消灭敌人，保存自己。他还让大家讨论了可能发生的偏向：不要认为不可避免的伤亡是不光荣的；不要单纯责怪指挥；不要停留在只注重评议伤亡，要重战术研究，以免造成消极气氛。

为推广 4 连“评定伤亡，研究战术”的经验，9 团政治处下达了《关于运用 4 连战斗检讨方法的指示》，从思想认识上和组织保证上提了 10 项措施，使 4 连的经验迅速在全团普及推广。

不久，第 9 团总结了全团运用 4 连经验的主要收获：

（一）认清了伤亡大的主因，是“自己本领不行”。一位干部说：“过去的指挥，除了冲以外，很少有别的办法了。”一位指导员说：“我从地方来到部队，军事知识很少，打完一仗算一仗，糊里糊涂，现在确实要学习军事了。”从而，各连自觉掀起了军事学习的热潮，大大发扬了群众的创造性。继 4 连找出对付 60 小炮的办法后，7 连、8 连讨论出对付敌人照明弹、鹿砦和铁丝网的新办法。

（二）增强了胜利信心，“报销”观念有了很大改变。过去不少人因思想消极，不求进步，不愿开会、听报告，不想参加演习，认为“进步了也不能保命”。自从评定伤亡后，重新认识了敌人，也重新认识了自己：“他们要我死，我还要他们的命呢！”“只要自己学得好，十仗八仗保。”

（三）评定伤亡，军事上可以提高战术技术，政治上可增强敢打必胜信心，军政工作得以统一，军政关系大为改善。过去有的连队，连长、指导员关系恶化到彼此不讲话，现在转变到事前商量、分工合作、事后通报情况，连队工作起色很大。

（四）批评和自我批评加强，改善了官兵关系。通过评定伤亡，战士们首先看到了自己战术技术上的缺陷，然后再帮助干部改善指挥。干部则为战士的高姿态所感动，主动检讨自己。官兵之间，思想统一在如何“消灭敌人、保存自己”上面，消极埋怨变成了积极合作，有利于战斗力的提高。

一项新纪录

“我们的指战员是多么好啊！”我反复琢磨着第9团的经验报告，十分兴奋，感慨万千。战争是力量的搏斗，更是智慧的较量。我们年轻的指战员们，既面临着战争的威胁，又经受着战争的考验与锻炼。他们在正义的旗帜下，依靠自己的聪明才智，一定能够赢得这场战争！于是，经过一番思索与研究，我拿起了笔，在1946年12月5日写下了《对评定伤亡工作的意见》：

“一、从评定伤亡中来提高战术，是自卫战争中政治工作新的成就之一。我们决定，将一师九团政委梁竹吉、主任夏峰两同志对评定伤亡的意见，变为领导上的意见，拿来推广到全野战军中去。这不能说是没有帮助的。

二、部队伤亡较大，有的同志产生了自己迟早免不了要伤亡的消极报销思想，这对部队战斗力影响很大。评定伤亡以后，始知谁是可以避免或减少伤亡的，从血的经验教训中，就证明消极的所谓‘报销’思想，是毫无根据的了。

三、十年内战、八年全面抗战的政治工作中，只注意了与非战斗减员现象作斗争，在政治工作条令上也明确规定了这点，但对于战斗减员，总像是不可避免的。而政治工作人员，对此亦无责任。评定伤亡以后，明确了战斗中也可以做到少减员。这样，在战后工作检讨中，就提高了上下级研究战术的积极性。所以在政治工作的创造性上来说，是突破了内战与抗战时期的新纪录。

四、这个评定伤亡的经验告诉我们，只敢打，但不会打，是不行的，这就叫作‘有勇无谋’。所以在战斗进行中，应提倡‘智谋与勇猛相结合’。另一方面，徒有智谋而无勇，只是口头讲、笔头写，而不敢在战场上去使用，也是不行的。应该是‘谋而行’，不然便是‘纸上谈兵’。

五、在自卫战争中，一般的军事宣传，报道‘志士成仁’的多，报道‘志士成功’的少。以我个人的看法，这就是产生悲观消极思想、对斗争厌倦的根源。评定伤亡以后，证明了对敌作战，只要自己战术动作熟练，就能既消灭敌人，又保存自己。只有斗争，前途才是光明的。谁不为革命事业战斗到底，谁就会招致恶果。

六、共产党、新四军所遇到的困难，没有不可以克服的。根本的方法就是团结一致，以新的方法来战胜它。方法不完全是出自上级机关，而是从群众中来。因此，各级领导同志必须有虚心向群众学习的精神，要善于吸收与总结群众中好的经验。张本和、梁竹吉、夏峰三同志便是范例。望各部队以后更不断有新的东西产生出来。

七、这个评定伤亡工作，在政治工作本身来说，是做到了军政工作的一致，保证了军事技术的提高，加强了部队的战斗力，在全野战军可以开展这个运动。但在战后军政工作的检讨，并不是各个部队都需要走这条老路的，可以按自己部队的特点，去钻研新的检讨方法，必然还会有更进一步的发展的。它是一个经验，但不是呆板的公式和法则。”

我的这个《意见》和第9团的经验，得到陈毅、粟裕和谭震林等同志的赞同。先在华中野战军逐级传达贯彻。然后，于1947年2月5日，我们华东野战军政治部汇编成小册子：《政治工作经验介绍之一：从“评定伤亡”提高到战术研究》，印发部队后，使这一工作在整个华东部队先后展开。

随后，人民解放军全军许多部队，也陆续推广了“评定伤亡”的经验。并在此基础上，逐渐发展为比较全面的“技术评论”和“战斗评论”（简称“战评”）。即在每次重大战役之后，从下而上地发动干部战士，评议每个人战斗动作的优点和缺点，军事指挥上的正确与失误，检查为什么能完成战斗任务或没有完成任务的原因，以及战斗伤亡是否可以避免或减少，从中吸取经验教训，研究改进的措施，打一仗进一步，不断丰富和完善作战经验。并引导大家，利用战役战斗的空隙，进行实地演习，为下一次战斗做好准备。这样，就把政治工作同战术、技术的检查与训练紧密结合起来，把战斗检查同立功运动紧密结合起来，既提高了部队的战术、技术水平，又增强了官兵之间的相互信赖与团结，提高了部队的战斗勇气与胜利信心，对保证解放战争的胜利起了良好的作用。

1947年12月30日，陈毅同志在《一年来自卫战争总结》的报告中指出：“自卫战争一年来的政治工作起了很大的作用。表现在溶化俘虏，昨天放下武器的蒋军士兵，今天就拿起枪打仗，且打得不错；立功运动，评功庆功；评定伤亡、评定战术；团结解放战士、老战士与新战士；组织救护伤员，组织民工担架队，运输给养；时事教育等，是自卫战争得到胜利的重要原因之一。”

1947年12月，东北民主联军政治部（即后来的东北野战军和第四野战军），以《华东解放军始创“战评”》为题，编辑介绍了我们华东部队《从评定伤亡来研究战术技术》和《技术评论的四种方法》两篇经验材料，收入《连队工作丛书之一》。

在战争年代出生入死、立过战功、当年对“评定伤亡，研究战术”有过贡献的团政委梁竹吉同志，军事政治工作都有能力，新中国成立后曾任职师政委、军炮兵主任和师长。但在1959年“反右倾”政治运动中遭受严重打击，被开除党籍，赶出军队，长期蒙冤，历尽艰辛与坎坷。党的十一届三中全会后，由叶飞、我和王平等同志费尽周折，报请组织为其平反，收回部队，任海军舟山基地副司令员，后离职休养。

新的思索

产生于解放战争初期的“评定伤亡，研究战术”，发挥了它的历史作用而载入政工史册。在今后的现代化战争中，当时的一些具体做法，没有必要重复与模仿。但其基本精神，仍有借鉴的价值。

（一）“评定伤亡，研究战术”，是以科学的战争观和科学的战术与技术相结合为指导原则的。今后打现代条件下的人民战争，更需要科学的战争观和科学的战术与技术相结合。由于历史条件的局限，当时以农民为主体的人民解放军指战员，革命意志旺盛，政治觉悟高涨，但普遍的文化水准很低、战术技术素质不高，“勇”有余而“谋”不足。所以虽有战争的正义性和先进的战略战役思想指导，可以取得胜利，但代价十分高昂。而“评定伤亡，研究战术”的提出，“勇”上添“谋”，“蛮干”改为“巧干”，弥补了上述缺陷，所以是一个进步。根据我国的国情与传统，未来的反侵略战争，仍然是现代条件下的人民战争，并在相当长的时期内仍然是武器装备敌优我劣。面对敌人的武器装备高度科技化，如果我们的战略、战术思想不讲科学，不能充分发挥现代化技术装备的性能作用，那么在实战中所付的代价，较之过去的有勇少谋或意气蛮干，更是不堪设想。所以加强科学战争观的修养，重视提高战术技术水平，仍为当今作战训练的重要任务。

（二）“评定伤亡，研究战术”，是战时政治工作的具体化，可操作化。未来反侵略战争仍然需要政治工作保证，仍然需要政治工作的具体化和可操作化。胜利要付出代价，而代价的大小，又关系到每个参战指战员的生死存亡，关系到战争的胜败，这是一对矛盾。“评定伤亡，研究战术”具体而又可操作地正视了这对矛盾，力图使这两者相统一，为解决这对矛盾创造了条件。所以是一个创新，受到广大指战员的热烈欢迎。反之，如果政治工作只说空话、大话，指战员们无从操作，效果是不会这样好的。这一点，未来反侵略战争中的政治工作保证，尤其需要继承与发扬。

（三）“评定伤亡，研究战术”，巧妙地实现了政治工作与军事工作的结合，未来的反侵略战争更需要这种结合。我军的政治工作与军事工作，都是党的军队建设工作。在提高部队的军政素质与战斗力上面，两者的目标与任务是一致的。但在具体实践中，在时间安排、力量分配、主导作用、物质保障等方面，如果认识片面、安排不当、处理不好，就可能产生一些矛盾。“评定伤亡、研究战术”，为军政工作的结合，找到了一个“结合点”，而且是“最佳结合点”，使两者相统一，有利于战斗力的提高，所以是一个发展，受到军政干部的共同欢迎。因此，战时政治工作要重视找出军政结合的“结合点”，并且善于找出“最佳结合点”，实现两者的紧密结合与和谐统一。这是政治工作的领导艺术，是认识上的辩证与方法上的灵活，具有普遍意义，值得未来反侵略战争借鉴。

（四）“评定伤亡，研究战术”，着重在于检讨如何避免不必要的伤亡，提高部队战斗力。但同时也可以从中发现指挥得当、战术高明、爱护士兵的干部和智勇双全的战士，有利于培养军政指挥人才，这也是具有现实意义的经验。

（五）“评定伤亡，研究战术”，是由人民军队的本质所决定的，是对中国工农红军、八路军、新四军民主制度的继承与发展。我军在新时期的正规化现代化革命军队建设，同样需要继承和发扬军事民主制度，继承和发扬优良传统，与一切违背民主制度、违反优良传统的不良倾向作斗争，使人民军队的本质永放光芒，切实保证未来反侵略战争的彻底胜利。

第十二章 达成大规模运动战的胜利

1946年国民党军向我发动全面进攻时，华东地区即成为全国解放战争的重要战场之一。

国民党蒋介石集中了进攻解放区的总兵力中约三分之一的兵力，即62个旅（师）约50万人的正规军，向华东解放区大举进攻。他们在首先侵占我苏皖解放区主要城镇之后，压迫我军北撤山东，然后妄图在山东寻找我决战。

当时，华东我军在部分兵力调往东北战场之后，全部兵力只有42万人，其中编入野战军序列的仅13万余人。

敌我兵力对比，我们处于明显的劣势。但我们有人民战争的优势，全区民兵已发展到约150万人。而我们更大的优势，则是政治和政治工作。因此，在这场残酷的军事对抗中，华东党政军民经受住了严峻的考验，不仅保证我军粉碎了敌人的全面进攻与重点进攻，而且连续地、规模越来越大地打了许多漂亮的运动战与歼灭战，为战时政治工作积累了丰富的经验。

宿北歼敌

在全国范围内，人民解放军在头三个月的作战中，赢得了歼敌正规军25个旅的重大胜利。毛泽东主席及时地总结了三个月的战争经验。

华东人民解放军，经过三个月的艰苦奋战，以暂时撤出苏皖边区的大部分城镇和山东边沿区的少数城镇为代价，换取了歼敌8万余人的胜利，初步开展了敌后游击战争，迫使敌人延长了战线，开始分散兵力。我军则战线缩短，兵力逐渐集中，解放区的党政工作日益转入战时轨道，支前组织日趋健全。

但是由于战争规模空前巨大，持续时间又长，失地多，流动大，伤亡重，困难增加，使相当一部分指战员产生了一些埋怨与怀疑情绪，对中央军委和毛主席积极防御的作战方针，对三个月的战争形势，缺乏全面客观认识，对长期战争和最后胜利，缺乏精神准备。

这一时期，我们的政治工作以加强形势教育为重点。我们通观全国战局的发展，以中央军委和毛主席的战略指示为依据。紧密结合部队的思想实际，深入贯彻军委和野战军首长的战役意图，自上而下，先干部后战士，从党内到党外，利用一切机会，短期培训与边行军边作战边教育相结合，把形势教育搞得形式多样，生动活泼，及时具体，深入人心。1946 年九十月间，我们华中野战军政治部先后下达了《撤出两淮准备打大歼灭战》《北线首次出击战斗动员提纲》《从思想上保证爱国自卫战争的胜利》《最近战局的讲话材料》《北上山东打胜仗，要把威名天下扬》等政治工作指示和形势教育材料。对爱国自卫战争的正义性质和蒋介石卖国、媚外、内战的反人民罪行，对人民军队人民战争的本质特征与胜利条件，和国民党军队的反人民内战的反动本质与必然失败的规律，作了客观的分析。并从理论与实际的结合上，讲清失地与得兵、损兵与得地、跑与打、速胜与持久、小胜与大胜、消灭敌人与保存自己、战争与和平、战胜敌人与翻身解放等辩证关系，从思想上武装全体指战员，树立坚强的革命意志，敢打必胜，一往无前。还及时详细地传递全国各个解放区战场的胜利消息，使广大指战员胸怀全局，心中有目标，行动完全自觉。

1946 年 9 月下旬，根据我们中共华中分局的提议，经上下多次协商，中央军委批准，华中野战军与山东野战军内部合并，统一指挥。但对外仍保留原有番号。两军会合，力量集中。毛主席于 9 月 28 日为中央军委亲拟电报指出："两军会合第一仗必须打胜。我们意见：1. 不要打桂系，先打中央系；2. 不要分兵打两个敌人，必须集中打一个敌人。"

为了更好地完成党中央赋予我们的战略任务，1946 年 10 月下旬至 11 月上旬，我们在涟水西北的陈师庵等地，先后多次召开了团以上干部会议。陈毅同志根据毛泽东军事思想和党的战略方针，分析了全国的自卫战争形势，总结了华东战场初期的作战经验，阐述了粉碎蒋美政治攻势与和平攻势的阴谋，号召大家更好地学习贯彻毛主席集中优势兵力，各个歼灭敌人的作战原则，树立高度集中统一的思想，消除埋怨怀疑情绪，同心协力克服暂时困难，努力完成作战建军等任务。他指出："战争首先要靠勇气，就是拼；其次才是战术。所以我们要提倡自我牺牲的革命英雄主义，敌进我进，挺进到敌人后方去，准备杀他个七进七出。"陈毅同志还以自己的博大胸怀与坚定的革命意志，鼓励全体将士:“我出来时就准备三条路：胜利回去开欢迎会；打败仗开斗争会；死则开追悼会。不能再有别的了！”通过对这些会议精神的深入传达贯彻，对普遍提高干部，特别是高级干部对当时形势的认识，增强内外团结，加速华东部队的集中统一，产生了积极的影响。

当时的美国政府，表面上调解国共矛盾，实际上执行援蒋反共政策。对此，我们多数同志都有坚定的一致认识，但也有部分同志认识模糊，不利于统一战斗意志。根据党中央和毛泽东同志的指示，我们明确地告诉大家：我们的斗争，要完全建立在自己的利益与力量的基础之上。我们客观评价美国的有识之士反对其政府的援蒋反共政策，对当时的美国政府，则要正确地运用联合与斗争的策略。斗争要适当，联合不失原则，不出卖民族。我们对美国当时的政府和人民要分开；政府里决定政策的与不决定政策的要分开；先后政策有好有坏要分开；同一个人的前后态度不同也要分开。我们对美不搞“宁为玉碎，不为瓦全”与“虽败犹荣”的狭隘拼命主义，而是原则的坚定性与策略的灵活性相结合，从实际出发，以斗争胜利为目的。从而，使指战员们消除了对美模糊认识，增强了自卫战争必胜的信心。

在深入进行形势任务教育的基础上，我们发动全野战军总结以往的作战经验，广泛开展群众性的功劳运动和评定伤亡、研究战术的活动，加强后勤保障的政治思想建设。我们政治部以谭震林同志和我的名义下达了《对野战医院的政治工作指示》，针对蒋介石“打到底”的反动方针，我们下定“抵抗到底、胜利到底”的决心，搞好野战医院战伤救治的各项建设，百倍爱护伤病员，加强对伤员的政治思想教育，加速伤员的痊愈归队，充实部队战斗力。帮助地方和部队后勤部门总结支前工作经验，整顿健全组织制度，成立了华中北线支前司令部，统一调度人力物力支援前线。还大力组织了华中后方机构向山东转移的工作。各项打大运动战、大歼灭战的思想建设与组织建设准备就绪。

1946 年 11 月 15 日，蒋记“国民大会”开幕。为了取得军事上的配合，蒋介石拟定了所谓结束苏北战事的作战计划：从宿迁、淮阴、东台与台（儿庄）枣（庄）地区，以 28 个旅、20 万人的重兵，分四路同时进犯我淮海、盐阜、鲁南解放区，并置其主力于淮海方向。

我军早已严阵以待，指战员们求战心切。这时，华中野战军与山东野战军两支劲旅已在苏北与鲁南结合部靠拢。陈毅、粟裕等领导同志共同研究并报中央军委同意，为了兼顾苏北、鲁南两战场，除以一部监视敌人外，主力分别集结于鲁南郯城西南和苏北沭阳以南的机动位置。经侦察判明，各路进攻之敌间隙甚大，利于我集中兵力突袭其一路，且宿迁地区之敌69师极端骄狂，对我了解较少，首歼该敌较为有利。即于1946年12月13日定下了歼灭该敌的决心。我以华野第1师；华野第6师、第7师19旅；鲁南军区第10师、滨海警备旅、鲁中军区第9师；华野第7纵队、第10纵队第13旅等部28个团的兵力分别担任阻击打援任务。而以山野第1纵队、第8师；山野第2纵队、第7师（欠一个旅）；华野第9纵队等部共24个团的兵力，实施南北对进，求歼敌69师于宿迁以北地区。

战斗打响后，敌军完全按我作战计划就范。我军经穿插分割，将各路援敌与69师一一阻隔分离，于12月17日完成了对69师的合围。叶飞同志指挥的第1纵队，重点负责穿插分割敌整编第69师与整编第11师的联系，在此役中担负的任务最重，处境最艰险，发挥的作用也最大。第8师经激战抢占战场制高点烽山，立了关键一功。第9纵队、第2纵队会同第1纵队等部最后总攻整编第69师，协同密切，英勇顽强，表现出色。其他各负责阻击援敌的部队也圆满完成了任务。整编第69师和各路援敌虽然多次连续反扑，但均无济于事。12月18日晚我军发起总攻，至19日上午，全歼整编第69师师部及3个半旅共2万余人，师长戴之奇自杀，副师长饶少伟被俘。

宿北战役是华中野战军与山东野战军会师苏北后的第一个较大规模的运动歼灭战，开创了全面内战爆发后，我军一次歼敌3个整旅的范例。旗开得胜，意义重大。它对打击国民党军侵占两淮后的吹嘘“胜利”，挫败其进攻气焰，对改善华东战局、鼓舞解放区的军心民气，加速华东部队的集中统一和打更多更大的运动歼灭战，都产生了良好的影响。

鲁南奇迹

宿北战役后，根据中央军委和毛泽东同志的指示，陈毅、粟裕、谭震林等领导同志果断决定，乘华野和山野会合后首战告捷、士气高涨之机，隐蔽北上，挥师鲁南，寻歼妄图侵犯临沂之敌。

当时，在四路进犯华东解放区的国民党军队中，最北面的一路为“峄临兵团”，包括整编77师、整编26师及美制坦克、重炮装备起来的第1快速纵队、整编51师、整编59师等部和当地的地方部队，主力共9个旅、3个团、4个营的特种部队。兵力优厚，且有的部队全是美械装备，又有多路大军可作战役配合。加之当时整个国民党军在战略上处于对解放区的全面进攻之中，所以该兵团锋芒毕露，不可一世。但其彼此之间，有中央嫡系与东北军、西北军派系的矛盾，各自保存实力，互不协力，利我各个击破。其中整编26师及附编第1快速纵队，自恃装备精良，为蒋介石的嫡系，骄兵轻进，位置突出，分散配置；宿北69师被歼后，其进攻转入防御，立足未稳，工事不牢。该敌虽强，但弱点明显。打蛇先打头，消灭这股敌军，鲁南战局将基本改观。

于是，我华东部队集中27个团的兵力，组成左右两个纵队，由整体上的相对劣势变为局部四倍于敌的绝对优势，犹如巨人的两只铁臂，紧紧地夹住整编26师及附编第1快速纵队。于1947年1月2日突然发起进攻，经42小时激战，淋漓痛快地歼灭该敌。接着扩张战果，雄师直指峄县与枣庄，多路突击，轮番攻坚，炮火压制，短兵血战。至1月20日，先后全歼守敌整编51师一部和26师残部。战场左右的其他敌军，各图自保，果然未敢全力相援，少量蠢动被我隔阻后，各自龟缩不动。

整个鲁南战役历时18天，共歼敌5.3万余人，生俘26师中将师长马励武、51师中将师长周毓英等大批敌军高中级将领，缴获坦克24辆，汽车470余辆，各种火炮200余门，其中105毫米大口径榴弹炮48门。首创我军一次歼敌5个整旅的最新纪录。

1947年3月钟期光在华东野战军鲁南战役前线。

这里我要强调，后人千万不要从我的上述轻描淡写的文字中，误认为蒋军是那么不堪一击、我军是那么轻易地大量歼敌。其实，我的描写，只是高度概括地写了个结果，而当时实际的敌我形势是很严峻的，两军交锋的过程，是十分激烈壮观的，充满了谋与勇、智与力、血与火的顽强对抗。

客观地历史地分析，由马励武统率的整编26师及所编的第1快速纵队，既不是国民党统帅部所吹嘘的什么“金刚钻部队”“国军精华”，也不是某些局外人事后轻评为“不堪一击”的“豆腐渣”。事实是，它的武器装备是全部美国货。尤其是第1快速纵队的坦克与大口径火炮，在当时的中国、亚洲乃至世界，不是一流二流，也是上乘的。就常规武器而言，40年代的坦克，其声威不亚于当今80年代的高科技电子武器。部队经过了一定的正规训练，特种武器是经过美军教官训练的，凭中国人的聪明才智，其官兵对现代化武器的掌握是熟练的。论指挥，整编26师师长中将马励武原是军长整编的师长，是黄埔军校第一期毕业生，参加过北伐和抗日战争，1928年即任蒋介石的侍从副官。据资料反映，鲁南战役前，他已被任命为湖南省政府主席，只待攻下临沂后“凯旋上任”。被俘时缴获他随身携带的与蒋介石的双人合照，可以说明他对蒋氏的忠诚程度。而快速纵队的第80旅，则是蒋介石的外甥俞济时曾任师长的一支下属部队。拥有24辆坦克的快速纵队战车营，是蒋纬国任团长的战车团第1营。并且当时的蒋军，总共只有两个快速纵队，这是其中之冠，深受蒋氏之宠。空运调动时，派宋美龄亲到机场送行。除思想上进行反共法西斯教育外，“待遇优惠”，薪饷远高于其他部队，军官并享有允许携带女人的特权。据俘虏称，战车营在印度缅甸作战3年，配属步兵冲垮过日本有名的第8师团，全营只有7人阵亡，“美国人对我们很看得起”。总之，这是一支装备比较精良、训练有素、具有一定战斗力，但政治上反动的国民党嫡系主力部队。

有同志问我，华东野战军在蒋军全面进攻的困难条件下，如此痛歼这样一支劲敌，靠的是什么？我说，在一定的物质基础上，主要靠两条：一是打指挥；二是打士气民心。

关于鲁南战役的指挥问题，包括中央军委和毛泽东同志的战略决策、陈毅粟裕谭震林等同志的战役指挥艺术，粟裕同志的《战争回忆录》和许多其他专著均有论述。无需重复。我的回忆侧重士气民心问题。士气高涨，民心归向，是由我党我军进步的政治和深入的政治工作所决定的，是我军克敌制胜的重要因素之一。

首先，我军有忠于党和人民的无产阶级觉悟。华东人民解放军的主力，是由全部新四军和部分八路军发展壮大起来的，并且大都有中国工农红军的基础。中国共产党的绝对领导和持续深入的政治工作保证，是其优良传统的核心。全心全意为人民服务，明确为谁当兵，为谁打仗，是每个指战员入伍后的第一课。而每项工作、每次战斗，又有具体详细的政治思想动员，最大限度地启发指战员们的阶级觉悟。鲁南战役前，在传达贯彻陈师庵等地高干会议精神的基础上，又在鲁南一个山坡下的小树林里，召开了参战部队的主要领导干部会议，陈毅同志亲自作战斗动员，讲形势，讲任务，讲如何打坦克，从政治与军事思想上武装领导干部的头脑。野战军政治部下达了《关于鲁南战役政治工作原则指示》，指出了敌情与任务、此次战役的重点、完成战役任务的条件和保证圆满完成任务的十项措施。各参战部队师团政治机关都有具体的贯彻意见，使野战军首长的战役决心，迅速变为每个指战员的战斗意志，化为力量，见诸行动。

由于战役动员深入，形势任务明确，战役打响后，各级指挥普遍靠前。陈毅、粟裕同志亲自运筹全局。陈士榘参谋长直接具体负责左纵队的作战指挥；右纵队则由鲁中、鲁南两军区的王建安、向明、傅秋涛、郭化若同志负责指挥；唐亮等同志上下忙碌政治工作保证。当右纵队夺得敌军全部警戒阵地后正向 26 师师部逼近时，左纵队的第 1 师 3 旅奉命攻击吴家庄之敌，配合右纵作战。但激战了两个多小时，守敌拼命抵抗与反冲锋，攻击受阻。旅长彭德清果断交代政委伍洪祥留旅指挥，自己迅速赶到前沿 7 团指挥所，与团长林少克、政委蒋新生共同指挥部队攻坚，很快攻克了吴家庄，有力地配合了友邻的作战行动。激战中，第 1 旅副旅长谭知耕和第 3 团副政委陈烙痕来到第 3 营阵地，指挥部队出击，并与战士们一起冲锋。下雨地滑，有的战士跑不动了，大家就喊:“副旅长都上去了，同志们快冲！”团长康林将团指挥所向前移至突破口上，稳定战局，鼓舞士气。结果，第 3 团圆满完成了攻坚任务，俘敌 169 旅副旅长丁建仁以下 2000 余人。

其次，我军有实事求是的科学战斗作风。打坦克，我们部队在鲁南战役是头一回，过去大多数指战员连见都没有见过坦克。我们用毛泽东同志关于一切反动派都是纸老虎、决定战争胜负的主要因素是人而不是武器等辩证唯物主义的军事观点，武装大家的头脑，又在指战员中开展对蒋军美械装备的研究，在《建军增刊》上介绍研究美械装备的资料，使大家既消除思想顾虑，又从军事科学技术上了解新式武器的构造性能与对付办法，还在战场上进行实地打坦克演习与边战斗边总结摧毁坦克的经验。战士李耀清说得好："坦克是人造的；人造的东西，人就有办法治它！"群策群力，大家想了许多对付坦克的办法：远距离怎么打，近前怎么打，单个坦克如何打，集群的又如何对付，正面打应注意什么，侧面攻击有什么要求，跳上坦克怎样往里面打，被坦克甩下又如何再爬上去，等等。大家硬是用密集火力、燃烧瓶、炸药包、集束手榴弹、火箭筒等武器，先把步兵消灭，使坦克失去依托，或者先把坦克打瘫痪，使步兵失去掩护，然后聚而歼之。有位绰号叫"快板大王"的战士，根据坦克的弱点，编出了《坦克有十怕》的快板，行军时边走边唱，有力地鼓舞了士气。此役，将第1快速纵队的24辆坦克全歼缴获，成为我们华东野战军成立特种纵队的物质基础之一。

对较大城市的攻坚作战，也是从鲁南战役开始的。枣庄是有名的煤矿区和中等城市，有很多钢骨水泥建筑物，日军和国民党军队先后构筑了大批集团堡群，增设了电网等各种障碍物，构成外围与核心阵地紧密相连的永久性设防体系。敌整编第51师凭坚顽抗。我第1师8个团围攻枣庄及其外围齐村，连续两次攻击均未成功，伤亡较大。粟裕同志率我们司政机关部分同志深入前线，一面增调第1纵队第2、第4团和第8师23团共3个团配合第1师攻坚，一面重点解决爆破问题，抽调一批"爆破大王"火线传授爆破技术。陶勇同志集中全师爆破手举办爆破训练班。勇敢、战术、技术相结合，火力、爆破、突击成一体，终于突破敌军坚固防御体系，全歼守敌。我们野战军政治部及时总结了这一经验，在全野战军开展了以学习爆破技术为主的互相学习活动：原华中部队善野战，很勇敢，但不会爆破，就学习山东部队组织大爆破的经验；原山东部队讲究战术技术，但不善高度机动的野战，缺少穿插撕裂敌阵的特殊战斗经验，就学习华中部队的野战与勇敢精神；华中部队溶化俘虏工作比较熟悉，也在全野战军推广。原两支部队在战斗中互相学习，既增强了团结，又互相取长补短，提高了战斗力，成为一支无坚不摧的坚强劲旅。

第三，我军有英勇顽强的革命英雄主义精神。立功运动的普遍深入开展，阶级觉悟和战术技术的不断提高，部队的士气空前高涨，在最后聚歼26师和第1快速纵队的战斗中，我广大指战员发扬了"有我无敌"的英雄气概，冒着敌军多种火力射击，不顾炮声马达声震耳欲聋，不顾细雨泥泞，将一字长蛇突围之敌截成几段，与敌机械化部队顽强搏斗。最后将残敌压缩到下湖与漏汁湖之间洼地内，坦克、车辆陷入泥潭，人员、辎重混乱一团，被我聚歼。第1师第8团排长李教清，连续爬上敌坦克，用手榴弹塞进“乌龟壳”，俘获两辆坦克，迫使另一坦克之敌举白旗投降，创造一人缴获3辆坦克的英雄事迹。第3团排长蔡得高，带领全排在夜间巡逻游击时，发现敌人一个密集队伍向西逃奔，他端过机枪手的机枪，向敌猛烈射击，将敌队伍打断。一部误奔我大部队驻地被歼；余敌在全排十分响亮的集体喊话后，吓得举手投降；他又命前一个投降者喊后一个敌人投降，结果一队敌军“鱼贯而入”地成了俘虏。战士梅加裕、张学安等6人围住一辆坦克，因靠得很近，坦克里面的炮火对他们无可奈何。他们先是围而不打，任坦克前冲后闯，左转右折，将驾驶员弄得筋疲力尽，最后张学安爬上坦克从呼吸孔中往里射击，迫敌出来投降，并连声说:“跟贵军作战，坦克也没有办法！”就连头天晚上刚解放过来的新战士张国祥也缴到5支枪，陈守书缴掷弹筒1个，王以明缴枪3支，他们的名字被立即登在《新战士第一功》上面。新解放战士们把这新闻互相传告，激励着更多的战士英勇杀敌立功。与此相对照。敌军兵心厌战，士气极低。在攻克峄县的战斗中，一个敌军连长带着80多名士兵投降，大声喊着：“枪是美国的，命是俺自己的。我们投降，你们千万别杀俺呀！”我军第8师战斗英雄郭继胜连长，连忙递上一包刚缴获的美国香烟说:“你们缴枪就成了好朋友，先吸支美国烟压压惊吧！”说得大家都笑了。

第四，我军有军民一体的人民战争条件。鲁南是老解放区，群众政治觉悟高，生产支前组织好，党政军民一股劲。宿北战役后，我们大军长途隐蔽北上，夜行晓宿，军民共同封锁消息，密集配置的敌军竟毫无所知。他们进入解放区完全成了瞎子、聋子。我军突然发起攻击时，敌主帅马励武还在峄县城里过阳历年。敌军失去主帅指挥，一开始即陷入被动。整个战役期间，山东支前组织动员民工达60万人，其中随军服务的常备民工有25万人，大小车1500辆，担架6000余副，及时输送粮秣弹药，后运伤员，有力保障了一线部队的作战。各地民兵组织爆炸队，配合主力作战。著名的鲁中高运成金维山爆炸队，滨海高广珍爆炸队，郯城马文香爆炸队、赵镈姚成功爆炸队等数十个大小规模的爆炸队，活跃在前方与敌后的铁路、公路上，炸汽车，打坦克，破路炸桥，各显神威，许多爆炸英雄荣立了特等功。战场附近的群众，更是积极配合我军作战。他们协同指战员拆桥、破路、挖沟，使敌机械化部队陷入瘫痪。帮助部队侦探敌情，捕捉、押送俘虏、打扫战场，抢救伤员。大娘、大嫂和识字班的姑娘们，提姜汤，拿柿饼，把热气腾腾的花生米熬猪肉和小米煎饼送到官兵手中，热情鼓励子弟兵杀敌立功。

鲁南大捷是一个奇迹。美国记者葛兰恒女士当时采访了峄县城内的三位外籍教士：法籍神父皮尔克、施奈德和美籍牧师瓦格纳。他们在赞赏我军对其优遇相待、让其照常传教、保护其财产无损的同时惊呼："26 师是很精锐的部队，有美制坦克和各种大炮，没有人知道他们何以一败涂地。"马励武则将失败归咎于"上峰用兵战略错误"；同时也承认我军"上下一体，军民一家，是制胜的重要因素"。我们如果用一句话概括，叫作中华民族人民战争的胜利。

我参与签署了《华东野战军首长嘉奖令》："鲁南歼灭蒋军 26 师及第 1 快速纵队之役，我参战部队人员发挥了高度的革命英雄主义精神，创造了人民军队歼灭现代机械化装备的蒋军的模范战例，每一参战的指战政工后勤人员，将以参加此次战役引为个人历史上的无上光荣，特予传令嘉奖！"

第十三章　大踏步后退　大踏步前进

1947 年初，中共中央发出由毛泽东同志起草的《迎接中国革命的新高潮》的党内指示。指出当时中国的政治形势，正处在反帝、反封建斗争的新的人民大革命的前夜。为夺取胜利，要求人民解放军在今后几个月内再歼敌 40 个至 50 个旅。其中赋予华东我军歼敌 10 个旅的任务。

中共中央华东局及时传达了中央的指示。

爬过山顶　迎接光明

1947 年 1 月 21 日，华东全军遵照中央军委的命令，进行了统一整编：将新四军军部兼山东军区、华中军区的番号撤销，合编成华东军区；将华中野战军与山东野战军合并，组成华东野战军（简称“华野”）并成立中共华野前委。我被任命为华东野战军政治部副主任和华野前委委员。

这次华东部队整编有个过程。早在 1946 年第四季度，根据战局的发展，为了集中力量打大规模的运动歼灭战，中央军委同意了陈毅、粟裕和谭震林等同志的建议，将华中野战军和山东野战军内部合并，对外先不公开；宿北战役时，两军首次协同作战，旗开得胜；鲁南战役中完全合署指挥，实现了两军合并作战，胜利更大；鲁南战役后，华东全军完成了统一编制：华东军区统辖鲁南、鲁中、渤海、胶东、苏北、苏中等六个二级军区、滨海军分区和淮北支队共约 30 万人。华东野战军编为 12 个步兵纵队和 1 个特种兵纵队，共约 27 万人，力量空前强大。

在整编过程中，我们各级政治机关和全体政工干部，做了大量深入细致的组织工作和思想工作，整编进行得很顺利。几十年后回忆，最难忘最有意义的，是人事安排上的高姿态、高风格。

解放战争时期的华东野战军，主要来自三种成分：较大部分是抗战时期的新四军；较小部分是抗战时期在山东的八路军；一部分是山东、江苏的地方部队上升的主力。各级领导干部也自然来自上述三种部队。而华野的主要领导人陈毅、粟裕、谭震林同志，都是原新四军的首长。整编时，他们当时定了一条不成文的原则：在德才资历大体相当的前提下，尽量让编进本部的干部当主官，本部的部属任副职。但在工作使用上，不论正副职同样信任放手，你有多大本事都能用得上。

这也是新四军的优良传统之一，在整个抗日战争期间的多次整编，都是按这种不成文的原则安排人事的。主要是为了事业，为了团结，为了提高部队战斗力。

这是华东部队团结一致、克敌制胜、越战越强的重要因素之一。

鲁南战役后，国民党蒋介石妄图扭转损兵折将的败局，影响当时即将召开的苏、美、英三国外长会议，制订了所谓“鲁南会战”计划。他们错误地判断，我军为了集中主力有利于歼敌有生力量而主动放弃一些城镇，是“伤亡惨重，续战能力不强”。于1947年1月底，调集31万余人的兵力，分南北两线向鲁南大举进攻，妄图在临沂附近与华东野战军主力决战。

我军在统一整编加强组织建设的基础上，积极抓紧粉碎敌军重点进攻的战役思想动员。陈毅同志发表了《一面打仗，一面建设》的重要讲话。高度强调建立整体观念，克服山头主义、本位主义和游击主义，实行高度集中统一的指挥；坚决贯彻人民军队的建军路线，加强党对军队领导，加强政治工作建设；树立群众观念和纪律观念，密切军民关系；还提出了“以战养战”的原则。他特别强调要搞好军政工作协作和军政干部的团结。他说:“我在野战军虽兼政委，但我仍然必须尊重谭副政委和唐、钟两主任及政治部的意见和建议。特别每一军事指挥员要养成这种尊重政治工作，提倡政治工作，参加政治工作的良好习惯。”政治工作人员“更要尊重其他部门的同志，特别要尊重各级军事负责同志，要了解军事政治负责同志间的合作，常常对部队工作有决定的作用。例如，我在本军必须重视张副军长的领导，在野战军我必须遇事征求粟司令的意见，重视他的领导，这样才能做好工作。”

1947年1月21日，我们政治部下达了《为争取鲁南会战胜利对部队政治动员要点》。2月1日，华东军区拟定了《争取鲁南决战胜利紧急动员提纲》。2月3日，我参与华野首长签署了《华东野战军鲁南会战政治动员令》。（战争年代，单位副职领导很少，正副参谋长和正副主任，不仅仅是部门领导，也作为单位领导参与首长签署命令和指示。这与新中国成立后一个时期，单位副职领导很多、司政部门领导不视为单位领导的情况不同。说明这一点有利于后人和史学工作者了解历史。）2月8日，中共华东局发出《关于动员全体军民以全力争取鲁南会战胜利的指示》。

上述文件，总结了7个月自卫战争的经验，客观分析了当时敌我形势与发展趋势，提出了争取战役胜利的任务与措施。当时我们指出，敌人30万大军寻我决战，是下了狠心的，斗争是残酷的，情况是严重的，但这并不说明敌人的强大。相反，是其面临政治崩溃和军事失败情况下的孤注一掷，兵员是从各个战场的蒋军东拼西凑起来的，是垂死挣扎的军事冒险。但敌人集中大军重点进攻，解放区面积的相对缩小，会给我们人力物力的支援带来不少困难。但敌军深入解放区作战，陷入人民战争的罗网，运输和补给比我们的困难将更大。敌军是越打越小、越打越弱，我军是愈战愈大、愈战愈强。

总之，当时对形势的总估价是，空前有利的困难时刻，胜利前进中的严重局面，爬过山顶的重要关头。既是困难时期，又是光荣时期、立功时期。既反对盲目乐观，又反对悲观动摇。只要华东党政军民加倍奋发，上下振作，团结一致，克服山头主义与本位主义，全力贡献于党和人民，胜利就一定是我们的，前途就一定是光明的。并提出了“一切为了前线，一切为了战争的胜利”，“爬过山顶，迎接光明”等简练响亮的口号。

在深入进行政治思想动员的同时，军事指挥上制定和实施着多种歼敌方案。2月6日，我第2纵队发起讨伐投机叛变的郝鹏举部战斗，一举全歼该敌总部和两个师。但其他敌军鉴于过去分散被歼的教训，未敢轻举分兵，稳步集团推进。我们原定在临沂附近运动歼敌的计划未能实现。华野前委经报请中央军委批准，决定一面佯作南堵西撤，迷惑敌军，一面主力隐蔽北上，放弃临沂，出其不意地聚歼北线李仙洲集团。

1947年2月10日，我军神速兼程北上。2月15日，南线敌军进占临沂，大肆吹嘘“胜利”。2月16日，我野战军政治部向各纵队发出《莱芜战役政治工作指示》，具体阐明放弃临沂，北上歼敌的重大意义，明确走路和打胜仗的关系，提出了“大量歼敌，活捉李仙洲”的口号。并且强调情况紧急，要边走边动员，边走边教育，边走边准备，严格保密，隐蔽行动目标，加强友邻团结，搞好军民关系。随即，我们野政又与山东省支前委员会发布《关于切实加强巩固现有民夫的联合训令》，紧急调动数十万支前民工随军北上，配合作战，还协助后勤部门紧急调转南运物资和战场救护的医疗力量，回头向北。

当时，由于我军不偏重地方守备，而以运动歼灭敌人有生力量为主，敌军逐步向山东解放区腹地推进，我军物资供应开始紧张。加上省里个别领导干部地方主义作怪，对部队给养实行非平等待遇，增加了部队生活困难。当时流行着一首歌谣:“反攻反攻，反到山东，票子无用，两手空空，一手大饼，一手大葱，有啥意见，打回华中。”在中共中央华东局作出正确处置之后，我还具体组织了对部队的教育解释工作，尽量做到不分彼此，公平待遇，约束部队，严守纪律，克服困难，战胜敌人。

当敌军上下沉浸在欢庆进占临沂的“胜利”时，我军神速以绝对优势兵力突然包围了北线之敌李仙洲集团。经2月20日至23日昼夜激战，在莱芜城以北地区，全歼敌1个绥区前进指挥所、73军和46军，共7个师5.6万余人，连同南线和胶济铁路东段的作战，共歼敌7万人，我军伤亡8800余人，收复城镇13座，粉碎了敌军南北夹击我军的计划，使渤海、鲁中、胶东和滨北四区再度连成一片。并活捉中将绥区副司令官李仙洲和73军中将军长韩浚，46军军长韩练成接受我军秘密劝告，放弃指挥，为我军的胜利作出了贡献。

莱芜战役政治工作的主要经验，一是统一整编，风格高，人心顺，组织强，指挥灵；二是战役思想动员，形势分析客观辩证，任务明确具体，口号准确有力；三是贯彻毛主席运动歼灭战的思想教育，更加自觉，更加灵活，“放弃临沂、北上歼敌”的道理讲得透彻；四是瓦解敌军的工作很有成效；五是“以战养战”的方针，提得适时，做得较好。

猛虎掏心　“王牌”覆灭

孟良崮上鬼神号，七十四师无地逃。
信号飞飞星乱眼，照明处处火如潮。
刀丛扑去争山顶，血雨飘来湿战袍。
喜见贼师精锐尽，我军个个是英豪。

我军个个是英豪，反动王牌哪得逃。
暴戾蒋朝嗟命蹇，凄凉美帝怨心劳。
华东战局看神变，陕北军机运妙韬。
更喜雨来催麦熟，成功日近乐陶陶。

这是陈毅同志为庆祝孟良崮战役的胜利，即兴写下的诗句。生动真实地概括了孟良崮战役的指挥艺术、两军搏斗的壮烈场景及其伟大意义。

1947年3月，国民党蒋介石在内外交困的形势下，被迫由对解放区的全面进攻，改为对山东和陕北的重点进攻。敌军用于进攻山东解放区的总兵力，已达24个整编师60个旅45万人。占其重点进攻兵力的66%，我们华东野战军前委，根据中央军委不急躁、不分兵、总有机会歼敌的指示，面对敌军重兵密集、稳步推进的架势，沉着应战，持重待机。采用“耍龙灯”式机动战术，经过一个多月忽南忽北，时东时西的与敌周旋，巧妙地利用矛盾，制造战机。以“百万军中取上将首级”的无敌气概，“猛虎掏心”的智勇战术，于5月13日至16日，局部集中5倍于敌的绝对优势兵力，将强敌整编第74师从进攻的敌军集团中央，两翼重兵簇拥之下，迅雷不及掩耳地加以割裂包围。同时顽强阻击反包围的各路援敌，然后以泰山压顶之势，经三昼夜空前激战，果断迅速地将“五大主力之首”的“王牌”整编第74师，全歼于鲁中孟良崮山区。共毙伤敌军3.2万人，击毙中将师长张灵甫、副师长蔡仁杰。消息传出，震惊中外，敌阵胆寒，解放区军民欢欣鼓舞。

孟良崮战役的胜利，是华野前委在陈毅、粟裕和谭震林同志主持下，正确执行军委和毛泽东同志战略方针的结果，是运动战和阵地战相结合的成功范例，也是广大指战员抓紧战役战斗间隙，严格厉兵秣马并且不畏艰辛，往返回旋，制造战机，勇猛战斗的收获，当然也是战役政治工作保证的重大成果。

2月下旬，莱芜战役结束后，根据自卫解放战争7个月来连续作战、部队十分疲劳的实际，中央军委明确指示，要抓紧一切时间，休整部队，以利再战。我们立即部署全军转入胶济路休整。

1947年3月中旬，在山东淄川以东的大矿地召开了高级干部会议，传达学习中共中央和华东局关于时局与任务的指示，总结莱芜战役经验，讨论进一步贯彻陈毅同志《一面打仗，一面建设》的措施。同时，野战军领导机关分别召开了政治工作、参谋工作和后勤工作会议，总结经验，部署工作，部队进行了紧张的整训。

当时，唐亮同志和我研究决定，在全面部署华野全军集训中的政治工作之后，我们政治部重点抓了三件事：一是干部工作；二是党务工作；三是领导干部的思想教育工作。

由于战争规模空前，连续伤亡，部队数量激增，干部的需要量也随之增大，虽经多次地方输送，部队自己提拔，但干部的缺职数字仍十分惊人。特别是连排干部和连级政工干部，缺的更多。同时，又由于普遍提拔，频繁作战，部队合并，基层干部任职时间短，无暇学习培养，作风各一，干部质量降低，管理制度不健全。因此，有计划地大量提拔和培养干部，统一与严格干部工作制度，事关部队战斗力的提高和自卫解放战争的胜利，成为当时政治工作的一项中心任务。

于是，我们召开了华野全军第一次组织工作会议，讨论通过了《关于干部工作的决议》和《关于组织工作的决议》（当时的干部工作和党务组织工作，均由政治部下属的组织部负责）。

干部工作决议强调，对干部的认识，应从爱国自卫战争的实际出发，历史地发展地了解干部，既看过去整风评干中的结论，又注重在现实战争中考察干部的本质与才能，战斗是锻炼与考验干部的最好机会。

当时具体统一规定了五条提拔干部的条件：政治可靠，组织观念好；战斗勇敢（战斗部队干部基本条件）；联系群众（爱民爱兵）；现任能力虽弱一点，但有发展前途；对有技术的俘虏兵提拔干部，当难完全依照上列条件执行时，则本着政治严格，生活优待原则处理之。还统一规定了四条认识干部的重点：完成任务情况；指挥和掌握部队的能力；个人在战斗中的表现；执行政策状况（如团结、城市、俘虏、纪律等政策）。

培养与提拔连队班排干部的来源：伤愈归队的老战士和基层骨干；参军之地方干部；有相当战斗经验的老战士和基层骨干；英模和立功较多的积极分子；直属机关的老通讯警卫人员；自卫战争前期过来的经过战斗考验的觉悟先进的解放战士。

培养与提拔基层政工干部的来源（基层军事干部从现职中按级提拔）：有向政治工作发展前途的排长；文教、文工团员、宣传队员、政工组员、宣传员；参军之地方党政民干部；经过相当培养的文书、书记及军队党政组织的基层骨干。

培训干部的方针，以具体业务教育为主，思想教育为辅，力求与战争及部队实际相结合，在短期内培训大批干部，以应付战争的需要，具体分工：野战军政治部举办中级干部训练队，负责培训营级政工干部；纵队举办教导团，培训连排干部，内设一政治营，培训连队政工干部；团利用休整时间，举办三五天至半个月的各种短期业务轮训队，以交流经验、提高某项业务为主。

此外，对干部的管理与福利，也统一建立了一些规章制度。其中残废抚恤费为：一等残废全年120斤猪肉折价；二等残废全年70斤猪肉折价；三等残废全年35斤猪肉折价。老年优待问题：凡有5年军龄的45岁以上的老年军人，可领取老年优待金，其金额同三等残废，即全年35斤猪肉折价。

这就是战争年代为人民翻身解放而流血的我军干部的福利待遇。

当时，大家自觉投身革命，一个共同的奋斗目标，就是一切为了民族独立、阶级解放和人民翻身，一切为了战争的胜利，连生命都可以随时献出，什么名利地位、福利待遇等这些问题，就很少有市场了，人们连想都没有精力去想它。

关于组织工作的决议，就统一华野全军各级政治组织机构、加强基层党支部工作、搞好党务工作建设、建立组织工作制度、明确组织工作的重点等问题，总结了经验，作出了具体规定。

根据中共中央关于在军队中恢复实行红四军第九次党代表大会决议的指示，华野前委决定：在团以上单位建立党委会，实行集体领导，强调政治委员制度的作用，强调以加强连队党支部建设为当时政治工作建设的中心。

在长期、连续和大规模的运动战中，战斗单位的基层党员伤亡很大，党员数量相对减少，质量相对降低，新党员多，老党员少，候补党员多，正式党员少。为发挥党员先锋模范作用，保证作战任务的完成，发展新党员和加强党员教育工作，成为当时支部建设的当务之急。

从战争实际出发，根据当时中共中央组织部关于新党章解释的初步规定草案的精神，我们对入党介绍人资格和新党员的候补期问题，作了一些战时暂行决定：根据不同素质的发展对象，分别由正式党员1人或2人介绍入党；不要候补期、一个月候补期、两个月候补期；但这些决定，只限于野战军战斗部队适用。这对保持连队足够数量的合格党员，以利于融化俘虏，带领群众完成作战任务，创造了必要的条件。

当时的党员教育，新党员由支部负责，过党日，上党课；支委、小组长和老党员，一般由营总支上党课，情况允许时，团党委不定期地召开党内骨干座谈会、业务研究会或用轮训等方式进行教育。根据古田会议决议精神，干部党员的教育，一般由营总支负责，有时请团以上首长上党课、加强党性教育，评奖好坏典型。为了提供党课教材，野政不定期出版党刊，由组织部搜集材料，宣教部编印。

组织准备和思想准备，是战时政治工作的两项最基本的任务。在集中研究部署组织工作之后，我们始终把连续不断、步步深入的思想教育放在首位。1947 年 5 月 10 日，野政发出《关于部队待机作战中的政治工作指示》。5 月 12 日，又颁发了《目前干部学习重点》的指示。5 月 13 日，下达《孟良崮战役政治鼓动口号》。

思想教育，重点抓干部，特别是高级军政负责干部。自卫战争发展到 1947 年夏季，中央和华东局，赋予华东野战军的总任务，是“迅速完成内线歼敌，全力准备大反攻”。当时我们确定，思想教育的任务，是要深刻认识全国和华东战局发展的特点，严肃检查莱芜战役以后部队的思想与行动，总结经验教训，求得全军上下从战略意图、领导思想到具体行动，高度合拍，完全一致，保证更大规模运动战歼灭战的胜利。

宿北、鲁南、莱芜战役的连续胜利，华东战局发生了重大变化。蒋介石在思想上摒弃陈诚、薛岳、吴奇伟等急进派的主张，采用顾祝同等稳健派的方策，不再叫嚣“三个月剿灭共匪”，而作长期内战打算；组织上取消绥署等指挥机构，直接由陆军总部统一指挥；接受失败教训，改变作战方针，不再奖励占领城市，实行“空心战术”“重点主义”，重点放在“捉人缴枪”上。而在我军，由于连续胜利，“骄傲轻敌”思想开始抬头；敌军战略策略的变化，战机相对减少，“急躁情绪”普遍，总想大打，甚至不惜一拼。我们及时给大家指出，敌变我变，不能轻敌，不能急躁，只能持重待机。我们的方针：尽量争取在山东境内多歼敌主力，减少将来反攻困难；尽力支持苏中游击战争，为将来出击准备条件；要做长期打算，逐步积累优势，不能过早“一决而定天下”。从而，统一了全军的思想。

这期间，在“保卫党中央，保卫毛主席，保卫陕甘宁，保卫山东解放区”

的响亮口号下，华野团以下基层部队，普遍进行了形势任务教育，广泛深入地开展诉苦运动、团结互助运动和立功运动，发挥连队政治工作的作用，加深了对战争长期性、艰苦性的认识，增强了胜利信心和责任感。从而为夺取孟良崮战役的胜利，奠定了牢固的思想基础。

第十四章　俘虏政策的发展与创新

长期的战争实践，我军逐渐创立和完善了一套正确的俘虏政策。其基本内容是：对放下武器的敌军官兵，给予宽大待遇，不杀不辱，不没收私人财物，受伤者给予治疗，愿留者收容，愿去者发给路费返遣。这是我军政治工作三大原则之一的“瓦解敌军”的重要内容，是开展“敌军工作”和“扩军工作”的基本任务之一。由于解放战争的规模、敌我双方投入的兵力、战场范围和我军俘虏敌军的人数，在我军历史上、有的战役甚至在世界军事史上，都是空前的。而华东地区又是全国的重点战场之一，战役频繁，越打越大，俘获的敌军官兵一次比一次多。因而，在执行俘虏政策上的创造与发展，很具特色，成绩非常巨大。

从“瓦解敌军”到“壮大我军”

1946年7月，华东野战军在苏中战役中歼敌5378人，其中俘虏3128人。为了处理大批俘虏，我们将苏中1分区复员局改为“苏中俘虏管理处”。不久，又在苏中俘管处基础上，成立“华中野战军俘虏管理处”，韩念龙同志任处长，房少庸同志任副处长。

我们对“宽待俘虏”的意义与目的，随着战争实践的发展，认识也不断加深。实际上它包含两个方面的内容：瓦解敌军；壮大我军。过去的宽俘政策，重点放在前者，而忽视了后者。结果是“捉了放；放了又捉”，不少敌军兵痞子“二进宫”“三进宫”，甚至被捉放五六次。在解放战争中，我们总结了以往的经验教训，将宽俘政策由重在“瓦解敌军”发展为“瓦解敌军”与“壮大我军”两者并重。最后又将此发展为以“壮大我军”为主的“扩军方针”之一。

1946年9月5日，我给韩念龙、房少庸同志写了一封信，提出了要从战争全局和发展的观点看待敌军俘虏，从“瓦解敌军”和“加强我军组织建设”

的高度，而不是仅仅从处理俘虏的狭小意义上对待俘虏工作。并就俘虏军官和士兵的处理，分别提出了一些原则意见。其中对争取俘虏士兵入伍归纳了三条好处：第一，节省根据地人力动员；第二，减少蒋介石兵源，使他不可重新武装来反共；第三，补充战俘，可以使我们连续作战，并利用其军事技术，提高其政治质量。

根据这些原则，我们把大部分俘虏，经团以上政治机关训练教育后补充到部队，当时称为“融化俘虏”，提了个口号叫“从火线上扩军”。第1师和第6师做得最好。有个团补充700名以上俘虏兵仅一人开小差，我将此作为4个月自卫战争政治工作范例之一介绍了经验。与此同时，少量战俘教育释放后也收到好的效果。敌49军的机枪连连长和电台台长，是通海战役俘获的43名军官中的两个。他们被宽大教育释放后，在后来的一次战斗中一弹未发，积极组织投降缴枪，带来的无线电台等装备一个零件也不缺。

融俘教育

1947年2月，经过宿北、鲁南和莱芜战役，战俘达10余万人。华野和山野合并后的华东野战军俘虏管理处，徐宗田同志任处长，房少庸、康明同志任副处长。5月孟良崮战役后，战俘人数更多，俘虏军官的级别更高。这时的野战军俘管处设5个大队、27个中队和1个将校队，收管俘虏军官6万余人。我们野战军主要管训尉官。为了保证安全和管训时间，提高管训质量，校级以上的俘官，经初步收容整理后，送后方“华东军区解放军官训练总团”。俘虏士兵则由各纵队负责管训后大部充实连队。

打整编第74师，打得干净利落，全师人员基本被歼，极少漏网。班长以上官佐，除击毙和击伤送医者外，都集中到了俘管处。这就形成了74师一个较完整的建制俘虏军官集训体。74师是蒋军“精锐”之“精锐”,“建军模范”,研究该师就可了解蒋军一般主力部队的轮廓与特点。我们觉得，这不仅有利于对俘虏的审查教育，而且是一个从俘虏中获取重要情报、研究敌军、知彼知己、以战教战的极好机会。决定对74师的俘虏官佐，提高一级审俘待遇，班长当尉官、尉官当校官处理，过细审讯与调研。由联络部长吴宪同志牵头，组织20余名得力的干部，找了百余名各级各类俘虏军官座谈调查，并参照缴获的文件资料，分历史沿革、组织编制、官兵成分与素质、官兵训练、新兵补训与残部概况、参谋补给卫生业务、参加战役经过及检讨、惯用战法、政治情况与“政治”工作共 9 个专题，经三个星期的突击，写成了一本十万余字的《蒋军七十四师的调查研究》，由我题写了书名。朱总司令得悉索要，我们赶印报送。这一调查研究下发部队后，发动全野战军研究 74 师，洞悉敌军的长处与短处，改进我军的战术技术。这对后来的作战胜利产生了良好的影响。

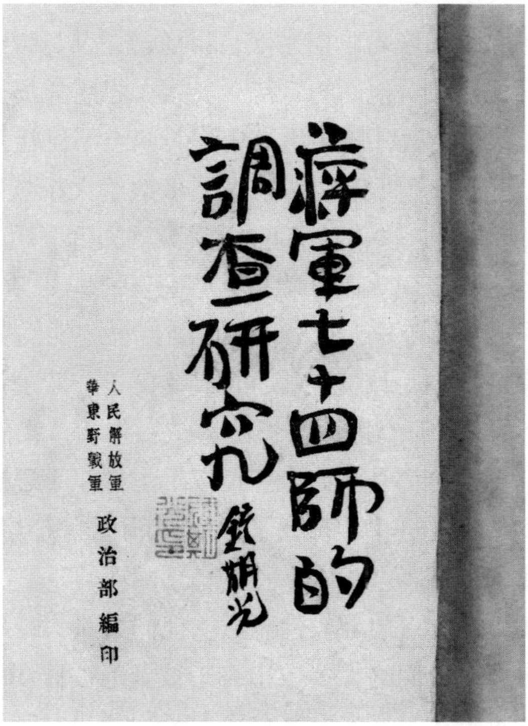

1947 年 5 月孟良崮战役全歼蒋“王牌军”74 师，华东野战军政治部发动全军上下研究敌军，改进技术，提高战斗力。钟期光亲审联络部 10 万余字的《蒋军七十四师的调查研究》，题写了书名，下发部队并报送解放军总部朱德总司令。

解除敌军的武装，俘虏敌军的官兵，固然是很大的胜利，而教育战俘提高觉悟，改变思想与立场，由敌人变为朋友与战友，由被迫为俘到主动合作，并肩作战，以解除更多敌人的武装，则是更大更彻底的胜利。我们以毛泽东同志的战略战术思想和党的政策为指导，从实际出发，区别不同对象，采用不同方式方法，使战俘口服心服，教育工作很有成效。

对俘虏官佐的教育，一般地讲，蒋军主力俘官比杂牌俘官难度大，中高级俘官比基层俘官难度大，解放战争初期的俘官比战争中后期的俘官难度大。这是由他们所接受的反共反人民的反动思想深浅程度所决定的。曾经妄图组织整编第74师部分战俘暴动的指挥者，竟然是一名普通班长。这个师的多数俘官，一开始对打败仗很不服气。认为凭装备，论训练，打“正规”仗，解放军远不如他们:“关云长大意失荆州，不是没有本领”。其失败，只是战略指挥失误，部队误入绝地，带有偶然性。经过形势教育、辩证唯物战争观教育、人民战争教育和政策学习，摆事实，讲道理，又目睹亲历了解放区军民关系、我军的官兵关系和对他们的宽待，多数人思想立场开始转变。各级首长找俘虏座谈、作报告，教育效果更好。陈毅同志不仅接见招待马励武、周毓英等高级将领，平等相待，晓之以理，还多次给大批校以上俘官作长篇报告，有理有据，气吞河山，讲得他们心悦诚服。“临沂蒙阴新泰，路转峰回石怪。一片好风光，七十二崮堪爱。堪爱，堪爱，蒋军进攻必败。”陈毅同志的这首《临沂蒙阴道中》诗作，在战俘中广为传诵。他们敬佩他不仅是难得的军事家、政治家，也是一位造诣很深的诗人，进一步加深了对共产党和解放军的认识。蒋军第74师少将参谋长魏振钺被俘后，我们指定野政秘书处长谭肇之与其谈话。他们都是湖南人。谭以毛主席军事思想开导他，使其诚服，后又经高俘团集训，进一步提高了觉悟。新中国成立后，他担任了南京军事学院的古代战史教员。

我们把俘虏教育的重点放在被俘士兵。他们数量大，年纪轻，多数思想单纯。从政治上分析，他们绝大多数出身于被剥削被压榨的劳动人民，尤其是战争中后期的蒋军士兵，基本上来自蒋占区的穷苦农民，因被逼被抓等多种原因卷入内战，在蒋军内部处于被压迫地位；但又普遍地不同程度地接受了反共和内战的反动思想教育，对我党我军存有一些误解与偏见。他们一旦放下武器，我们就把他们视为阶级兄弟，不叫“俘虏”，而称“解放战士”。并且耐心教育他们，使他们转变思想政治立场，回到人民队伍中来。

被俘敌军士兵一旦补入我军连队，就成为人民军队光荣的战斗员之一。他们在政治上同翻身工农入伍的士兵一样平等，思想上一样接受教育，生活上一样被关照，各方面都无所歧视。对他们教育的基本内容是两种社会、两种军队的“阶级教育”和“全心全意为人民服务”的人民军队“建军宗旨教育”。最有效的教育方法是“诉苦”“挖根”“换心”和共产党员、各级干部以身作则的模范行为。这些内容与方法，在实践中不断充实发展，不断深化提高，不断完善丰富，形成了一整套的制度与经验。尤以“诉苦运动”最为生动感人。阶级仇、世代恨、自身苦，是当时广大劳动者的普遍社会遭遇，是颇具爆炸性轰动效益和深远号召力的“凝聚剂”。说到伤心处，满场悲声欲绝，许多人难过得在地上打滚，然后站起来，举枪宣誓:“报仇雪恨”,“有我无敌”,“为人民立功! ”在这样的基础上，再施之以系统的经常性的政治教育和科学的组织领导，这些阶级兄弟，随即掉转枪口，成为我军智勇双全的人民战士，一大批人立了战功，不少人后来成为我军优秀的各级指挥员。

1947 年 9 月，当解放战争进行一年以后，我们已歼敌正规军 8 个师部、29 个旅、278 个团，非正规军 23 个团共 43.1 万余人。其中俘虏官兵 26.2 万余人，除将校尉官入学校学习和释放一部分外，被俘士兵绝大部分经教育后补入了我军。

为了教育好越来越多的新解放战士，在调查研究的基础上，经野战军政治部讨论，由宣教部教育科长奚原同志执笔，总结了一年来改造新解放战士的经验，写成三万余字的系统材料。我题写了《改造俘虏工作的初步总结》的书名，以《华东前线》增刊第 11 期印成小册子下发部队。

钟期光指出“融俘教育”的重点是被俘士兵。钟期光题写了《改造俘虏工作的初步总结》，下发部队。图为 1948 年钟期光在淮海战场对被俘官兵讲话。

这个小册子，总结了改造新解放战士的三个基本经验：一是从组织翻身到思想翻身；二是开展控诉教育，启发阶级自觉，打开思想改造之门；三是领导上防止两种偏向：对俘兵估计过低，不要俘虏只要参军战士和对俘虏成分盲目乐观，只要俘虏不要参军成分。每个经验都多层次多侧面地作了系统的理论概括，并以大量具体生动的事例，详细论证，颇具说服力。

《蒋军七十四师的调查研究》《改造俘虏工作的初步总结》，连同第十章提到的《华野立功运动总结》，这是我们野战军政治部在自卫战争头一年中，在连续大规模运动作战的艰苦环境里，形成的一大批理论成果中比较突出的三项，是数十万指战员浴血奋斗、战争实践的结晶，较好地发挥了保证作战和部队建设的历史作用，也是难得的战时政治工作的历史资料。

即俘　即补　即战

1948 年 7 月初，在睢杞战役的行军路上，第 1 纵队团长栗亚告诉我：战斗很激烈，虽然取得很大胜利，但部队伤亡减员也很大。为了保证连续作战，又尽量保持原来的建制，不失老传统，他们采取了一边战斗一边将俘虏补充到部队的办法。我问他：补入的俘虏跑不跑？他说：因基层骨干强，老战士觉悟高，补入的俘虏兵都能听从指挥，纷纷争取杀敌立功，很快被融化，连队兵源有了保证，战斗力得到增强。我随即将这个团“火线扩军，随补随打的经验”，迅速推广到其他纵队，普遍获得成功。

其实，早在 1946 年 11 月华中野战军宣教部长联席会上，我在推广第 1 师和第 6 师“融化俘虏”的经验时，就提出过“随抓随补随打”的“火线扩军”意见。但因当时战争规模、思想认识等局限，没有被普遍引起重视。随着战争规模越打越大，减员与补充的矛盾越来越突出。单靠后方补充新兵，或等上一战的俘虏送后方审讯后再返前方补充，在时间和数量上都成问题。而当时战场上大量敌军士兵的被俘，正好可以解决这个矛盾。这是革命战争兵源认识与实践上的一个新突破，是战时政治工作的一个发展。

紧接着是济南战役。我在为华野政治部起草《关于攻济打援的政治工作指示》时，正式列入“随捉、随补、随打”的扩军方针，被全野战军上下普遍接受。经过济南战役的实际执行，效果很好，上下一致认为这个方针是正确的。后来中央军委将这个经验转发全军时，改提为“即俘、即补、即战”。

部队在具体执行这个方针时，从实际出发，不断完善，不断总结经验。认为在战斗中随俘随补随打，可以了解敌情，了解敌人所构筑的工事，新解放战士可作我军开辟冲锋道路的向导，可以充实我之战斗力，及时补充战斗减员缺额，在某些军事技术上，可作军事互助的能手。等等。对有些人一时不懂我军传统、受反动派麻醉欺骗影响等缺陷，经过一段共同战斗生活的融化，很快可以得到解决。大家都负起转变新解放战士的责任，成为全连群众性的任务。在补俘数量上，到解放战争后期，统一执行全军编制，每个纵队自补2000，自管3000，多余的俘虏兵上交统一处理。

淮海战役是空前的大决战。特别是战役第一、二阶段，战斗相当激烈。全役两个野战军共伤亡13.4万人，如不及时补充大量兵员，就很难进行如此大规模的连续作战，而当时后方不可能动员和输送这样多的新兵到前线。“即俘、即补、即战”的扩军方针满足了这个需要。不仅及时补充了伤亡缺额，而且还大大扩充了部队。其中我们华东野战军在战役前仅36万人，到战役结束时，发展到55.1万人。所增加的人数大部分是解放战士。这不能不说是中外战争史上的一个奇迹，是我军战时政治工作瓦解敌军、赢得人心而壮大自己的结果。

1948年在淮海战役中，钟期光主持推广“即俘、即补、即战”的扩军方针，对迅速扩大人民解放军、赢得人民解放战争胜利产生巨大影响。

整个解放战争中，华野共歼敌176.3万人，自己伤亡47万余人。总人数，却由1947年1月27.5万人，发展到1949年6月63.5万人。其中解放战士除伤亡外尚有29.5万人，占总人数的46%。在诸多胜利因素中，“瓦解敌军”“融化俘虏”和“即俘、即补、即战”的扩军方针，对加强部队建设、保证夺取解放战争胜利的意义是显而易见的。

第十五章　夺取“第二战场”的胜利

解放战争时期的敌军工作，是被中央军委和毛泽东同志列为全军战略任务的一个重要方面，朱德总司令称之为“第二战场”。

我们华东部队坚决执行中央军委关于敌军工作的一系列方针政策，中共华东局和华野前委高度重视，通盘部署，上下协力，全军动员，深入开展了专门机关与群众性相结合的敌军工作。我们各级政治机关和全体政工干部，把开展敌军工作列为战时政治工作的重要内容，下了很大的力量，在继承传统的基础上，又有许多新的创造与发展，成绩斐然，有力地配合了军事斗争，为夺取解放战争的胜利作出了贡献。

策反敌军

解放战争时期开展敌军工作的一个重要方面，是打入国民党军队内部，组织策反，削弱敌军，加强我军。

抗日战争胜利后，中共中央于1945年10月发出党内指示，提出了派人打入国民党军队组织策反的方针:“长期埋伏，结交朋友(可以而且必须个别谨慎地发展党员)，积蓄力量，以待时机。”毛泽东同志在1945年12月号召:“开展高树勋运动，使大量国民党军队在战争紧急关头，仿照高树勋榜样，站到人民方面来，反对内战，主张和平。”“设置专门部门，调派大批干部，专心致志，从事此项工作。”

据此，华东地区的中共党内和部队系统，于1945年12月成立了“国军工作部”。对外不公开，具体工作由部队政治部的联络部负责，一个机关两个名称。当时陈毅等领导亲自过问敌军工作。

中共华中分局、华中军区与华中野战军政治部，均成立了相应机构，由我分管此项工作。具体事宜先后由杨帆、陈同生和吴宪同志负责。后来成立华东野战军、第三野战军，敌军工作还是由我分管。联络部负责人先后有吴宪、黄远、徐宗田、廖卓之等同志。华东军区另有敌军工作领导机构，联络部长刘贯一，副部长黄远、陈同生、王兴纲。野战军和军区的联络工作，既有分工，又密切协调。

打入敌军内部的策反工作和搜集战略情报，风险很大，政策性、全局性、独立性与连续性都很强。所以在实际工作中，从中央到地方，从军委到部队各级政治机关，都是上下一盘棋，分工协作，统一配合，主动积极地把工作做好。

我们当时打入敌军内部，主要有三个渠道：一是通过上级与友邻的间接渠道；二是我们自己的直接渠道，即成立华东野战军联络部“外线工作组”，派驻徐州开展秘密工作；三是通过释放部分条件好的战俘，部署派遣任务。

1947 年 2 月在莱芜战役中，敌军李仙洲集团所属 46 军军长韩练成放弃指挥，对我军取得该战役胜利作出了重要贡献。他的这个革命行动，就是打入敌军内部策反的成果之一。

韩练成统率的 46 军，是国民党李宗仁、白崇禧所属的桂系主力之一。中共中央周恩来、董必武同志，通过中共南方局打入桂系的地下党员与韩练成建立联系已经多年，做了许多工作，使其对我党我军的认识日益加深。全面内战爆发后，蒋介石于 1946 年冬调韩部进入山东作战。中共中央即将与韩的关系由中共南方局转到中共华东局，由陈毅同志直接掌握。陈毅同志派舒同同志会见了韩练成，达成我军派联络员常驻韩部的协议。莱芜战役发起后，通过我党驻韩部的联络科长杨斯德（后任华野第 13 纵队政治部联络部长）等同志，韩一直与我军保持联系，配合我军行动。原拟策动该军战场起义，后因韩是西北宁夏人，而 46 军是西南广西部队，官兵绝大多数为广西人。韩只能掌握一个特务营，不能直接掌握部队。为了保护韩的安全，只好改变起义计划，让韩提早离开部队，放弃指挥，使敌军陷入混乱，以利于我军全歼李仙洲集团。

韩练成，1908 年生，1925 年从军。曾参加北伐战争和抗日战争。莱芜战役后我们将他秘密送出解放区。他于 1948 年 10 月脱离国民党军队参加我军。1950 年加入中国共产党。先后任兰州军区第一副司令员、军委训练总监部科学和条令部副部长，军事科学院战史研究部部长等职。1955 年被授予中将军衔。是第一、二届国防委员会委员、第五届全国政协常委。我和他自解放战争相识后，60 年代前期又同在军事科学院工作，彼此相处甚好。1984 年 2 月病逝，享年76岁。

华东部队争取原国民党军第96军军长兼84师师长吴化文将军的工作，经历了一个漫长曲折的过程。

吴化文将军是山东省掖县人，1920年从军。曾任冯玉祥将军所部的团长、韩复榘部手枪旅旅长兼济南警备区司令等职。抗战时期走蒋介石“曲线救国”道路，投降汪伪，成为山东伪军的主力。日军投降后，吴部被国民党收编，任陆军暂编第5路军总司令。因不被蒋介石信任，其部又被改编为山东省保安第2纵队。后来王耀武为了利用拉拢他，亲自保荐他升任整编第96军军长兼整编第84师师长。

早在红军时期，吴化文部就有中共党员的活动。抗战时期，新四军江北部队和山东鲁中军区等，对吴部给予军事打击的同时，多方面开展政治争取工作。他的一些部属将领受我军政策感染，与我军建立了联络关系，对他有一定的影响。他对我的军事对抗行动，逐渐有所收敛，比较谨慎行事。

解放战争开始后，在中央军委关于开展高树勋运动的普遍号召下，对吴部的争取工作多层次多侧面同时展开。中共中央周恩来、董必武等，通过冯玉祥将军和民主人士李济深、刘子衡、孙墨佛等先生，打通了同吴化文将军的上层关系，共议时局，传达信息，政治争取，影响迟滞其军事行动。陈毅同志和华东军区、华东野战军其他领导同志紧密配合中央领导同志的行动，派刘贯一、吴宪等一批得力的敌军工作骨干，通过吴化文将军的老上司、同窗好友、老师，以至他的父亲、妻子、内表弟等亲近关系，层层建立了联络关系，针对他的个性特点，开展深入细致的争取工作，逐渐增加了他对我军的了解和对蒋军的失望，在军事行动上逐渐由主动变被动，积极转消极，以致达成某些问题的默契与协议。

但当蒋介石气势汹汹地对山东发动“重点进攻”时，他又错误地估计了形势，认为我军对蒋军的攻势难以抵挡，而对蒋介石的笼络抱有幻想。因而一度中断了同我军的联系，加入了“重点进攻”行列。

我们没有因他的反复而放弃争取。他中断同我们的直接联系，我们就通过间接关系继续做他的工作，而且更显诚意，从社会进步与历史发展的哲理高度，对其通之以理，晓之以义。在军事上坚决果断地逐一粉碎蒋军的“重点进攻”，用铁的事实教育争取他，使其逐渐醒悟。在蒋军节节败退的形势下，他又开始向我们靠拢，对王耀武的调遣敷衍了事。

我们趁热打铁。陈毅同志明确向他提出上中下“三策”：在我们大军围困济南孤城未发动进攻之前，主动扣压王耀武，由他在内部单独解决济南问题为上策；在我军发动攻济打援战役时，他在战场起义为中策；下策是继续与其他蒋军为伍，内战到底，自取灭亡。

这三条，既反映了当时国共两党两军斗争的规律，又是对吴化文将军及其所属官兵的政治关心与前途爱护。我们不仅通过各个渠道，对吴化文将军本人反复逐条解释说明，而且上下统一行动，对吴部各级将领与基层官兵全面开展宣传教育，使多数人接受并理解我们的诚意与坚定立场，在其内部形成了一股“弃暗投明”的合力。

吴化文将军慎重分析了内外形势，客观权衡了自己的势力及其与蒋军的历史渊源关系，最后下定决心：“三策”择其中，在我军发动攻济外围战时，于1948年9月19日率部2万余人战场起义。他的这一正确举动，为自己及所属官兵选择了一条光明道路，为我军夺取济南战役的胜利作出了重要贡献。

吴化文部战场起义后，移驻黄河以北的济阳地区。华野前委分工我负责对该部的整编、训练与改造工作。我组织了一个精干的联络班子，由吴宪同志牵头，联络员有张普生、郑炎、孙萍初、刘东明、吴彻、陈霖、夏光、沙慕、茹志雄等同志，他们是第一批派驻起义部队的联络骨干。

根据上级指示精神，我们当时确定的整编方针是：按照人民解放军的建军原则与优良传统，组织和教育好起义部队，军事干部原则上原封不动，调配政治工作干部，建立政治工作制度，政治上巩固部队，军事上提高战术技术水平，将起义部队改造成为新型的人民军队。具体工作分两步走：第一步，将起义部队调离前线，派去部分联络干部沟通联系，组织解放区人民群众沿途欢迎与慰问，组织好军需供应，稳住部队；第二步，宣布整编方案，配备政工干部，开展整编教育，学习政策，建立各项制度，提高觉悟，转变立场。

根据中央军委的命令，原国民党整编第96军于1948年10月改编为中国人民解放军第35军，原3个旅改编为103、104、105三个师。军长吴化文，政委何克希，副军长杨友伯，副政委兼政治部主任吴宪，副政委张雄，吴宪调离后政治部主任为孔繁彬（后任命副军长胡大荣、参谋长张荣湘，政委何克希调离）。为了充实和提高该军的战斗力，1949年2月将原鲁中南纵队与该军合编。35军后来参加了淮海战役、渡江战役和杭州市的警备与浙南的剿匪战斗。渡江战役中担负正面攻打南京的任务。他们在江浦、浦镇和浦口的战斗中打得很好。渡江后，攻占南京国民党“总统府”并插上红旗的，就是35军。他们为中国人民的解放事业建立了历史功勋。

在解放战争中，华东战场随后较具影响的策反成功事例还有：在淮海战役中，1948年11月8日，何基沣、张克侠两位中共地下党员，率蒋军第3绥靖区第59军和77军大部23000余人起义；11月13日，第1绥靖区副司令官兼第107军军长孙良诚，率军部和206师投诚；11月27日，蒋军第85军110师在师长廖运周（中共地下党员）率领下，举行战场起义；12月9日，第85军23师师长黄子华率部向我投诚。在渡江战役中，蒋军有1个军、10个正规师和11个非正规师向我军投诚或宣布起义。这些都是我军战略战役指挥和战时政治工作策反敌军的丰硕成果，对取得华东地区解放战争的胜利产生了重大影响。

战略情报

兵家历来重视知己知彼，百战百胜。要“知彼”，就要研究敌军，熟悉敌军，了解敌军的历史与现状，掌握敌军的特长与缺陷，洞察敌军的部署与动向。华东野战军在这方面的建树，是值得一书的。除了上文提到的通过战俘研究敌军，上级与友邻通报敌军情况，以及战场当面侦察敌情等手段外，打入敌军内部获取战略情报，是达到“知彼”的重要而有效的手段之一。

由我们政治部直接掌握的战略情报组织，叫华野联络部外线工作组，也叫华东野战军徐州办事处。由联络部组织科副科长邵晓平同志兼办事处主任，成员有李彬人、姜子翌等同志。他们根据中共中央关于“长期埋伏，结交朋友（可以而且必须个别谨慎地发展党员），积蓄力量，以待时机”的敌军内线工作方针，以“积极为战争服务”为目的，以徐州国民党军“剿匪”总司令部为主要工作对象，在敌军内外建立了战略情报网络。分别在国民党军徐州“剿匪”总司令部第一处（军务处）、国民党军联勤部在徐州的十八区电台、徐州“剿匪”总司令部警卫团阻击连、津浦铁路徐州火车站、国民党徐州陆军总医院、徐州万字会小学等多处开展了地下情报工作。其中有打进去的中共党员掌管国民党军的核心机密，有的建立了中共地下党支部，有的与中国民主同盟徐州分部建立了反蒋同盟。并分别配置地下交通联络员，分别从不同角度，不同层次搜集、汇总和传递敌军战略情报，做了大量的很有成效的工作。

我们华东野战军战区正面敌军的最高指挥机构，是三易其名的徐州国民党军战区总部：先是叫“徐州绥靖公署”；薛岳撤职后，顾祝同坐镇徐州，改名为“陆军总司令徐州司令部”；后来又改称为“徐州‘剿匪’总司令部”。为了获取敌军战略情报，我们派遣中共党员钱树岩同志打入徐州敌军总部达三年之久。他的工作十分出色，左右逢源，机动灵活，既博得“上司”信赖，又圆满完成了情报搜集任务，始终没有暴露。他当时的公开身份是“徐州剿匪总司令部”第一处少尉司书，经办命令下达、来往快邮代电、人马实力统计、部队部署调动等机要文件，是非常理想、十分难得的情报来源。通过他的巧妙工作，又通过地下交通员朱伯平、王兆轩、袁洁如（侯五嫂）等和临近徐州的我第10纵队电台的传播，各种敌军重要战略情报源源送到我们华野前委。重要的敌情资料，及时上报中央军委，并抄送友邻部队首长。比如顾祝同制定的黄河以南、长江以北、东至黄海、西临潼关的徐州战区兵力部署，包括徐州司令部和郑州指挥所70多个整编师的番号、主官姓名与实力统计等核心机密，敌军正在实施之中，就为我们所获。待其部署完毕，我们的对策决心早已下达，甚至有的尚未部署完毕，我们的军事铁锤就已砸向敌军头上。华野首长的指挥自如，一定程度上得力于情报的及时与准确。

我们在徐州郊区建立的地下党组织“中共徐州第二工作委员会”，在书记李凯同志领导下积极开展情报工作，也很有成效。他们与中国民主同盟徐州分部的江涛声、莫少彰、邹铎等人组成反蒋联合阵线，以江涛声任院长的国民党徐州陆军总医院等多处为据点，通过来医院视察、慰问的敌军将领、党政官僚、社会名流和住院的伤病员等，了解敌军的内部关系、指挥官的变动与特点、新老兵的比例、部队士气、后勤保障等情报，为华野前委分析形势，判断敌情和下定歼敌决心，提供了许多重要的参考资料。

敌军战略情报真，我军耳聪目又明。在解放战争国共两军的激烈对抗中，许多生动传神的战争奇观都与战略情报的及时准确提供有关。比如，1947年秋冬，当我刘邓、陈粟和陈谢三路大军以建立和巩固大别山根据地为主要任务时，国民党蒋介石急忙从山东等地回调重兵，妄图与我在中原决战。由于我们的情报及时准确，洞察敌军的一举一动，明白其战略意图，华野首长偏不与其决战，而是利用敌军急于求战的心理，用部分兵力牵着敌军鼻子保持一定距离与接触，我们在前面运动，他们在后面紧追。前面是我华野外线兵团，后面是寻我决战的新5军等王牌敌军，其后跟着国民党的“还乡团”。“还乡团”不敢停留，他们又被我们地方武装和民兵所驱赶。这样，一圈又一圈地由我军一部牵着敌军走，形成豫皖苏地区敌我两军“武装演习”大游行，而我军的大部队却分散在豫西和冀鲁豫等地休整，养精蓄锐，当敌军被我牵着东奔西窜，疲惫不堪时，我华野外线兵团各纵队时分时合，破袭铁路，攻城略地，逐步消耗敌军，夺取敌军粮弹装备自己，最后于1948年春发动洛阳战役，歼敌约2万人，随后又在豫东战役中歼敌9万余人，给中原之敌以重创，为后来的济南战役与淮海决战，创造了十分有利的条件。

政治攻势

文武兼施，历来是高明的军事家用以克敌制胜的两种主要手段。我军以政治优势而著称。战时政治工作的任务，不仅对内要巩固部队，而且对外要瓦解敌军。我们的“文攻”，就是对敌军进行政治斗争的方式，选择有利时机，配合军事打击，有计划有组织地对敌军开展强大的宣传攻势，以扩大我党我军的政治影响，动摇和瓦解敌军。这是军事斗争的重要辅助手段，是我军战斗力的重要组成部分。

早在解放战争初期，我们华中野战军政治部，就曾以一个敌军士兵脱离敌军回乡生产的真实故事为素材，由联络部撰写简练的文字，由宣传部擅长木刻的科长赖少其配图刻板，彩色套印成图文并茂的精美的对敌宣传品，起到了很好的对敌宣传作用。随着战争规模的不断扩大，战争胜利的空前发展，对敌政治攻势的作用也越来越突出。到淮海战役时，对敌政治攻势成为群众性的运动，收效惊人。

1948年9月12日，由唐亮同志和我签发的《济徐战役中对敌工作的补充意见》，比较系统地总结了前两年开展对敌政治攻势的经验。认为在我军由战略防御转入战略进攻之后，连续大捷，士气旺盛；敌军趋向悲观失望，恐慌混乱之时，正是组织对敌政治攻势的很好机会。明确提出:“必须配合对敌军事打击，展开群众性的政治攻势，减少伤亡，多缴武器，多捉俘虏，以迅速解决战斗，补充部队”。要求各级的战斗动员要部署对敌政治攻势工作，连队要普遍建立喊话组织，班排与战士个人要订出对敌宣传立功计划，做到“不失时机，人人宣传，个个立功，造成部队群众性的对敌宣传的热潮。”并具体总结了几种对敌宣传的时机:“在增援敌军被击退时；敌军一部被歼时；敌军官长死伤时；敌军缺粮缺草缺水时；敌机运输投不中目标时；敌军最后面临被歼危机时，等等。”宣传的主要对象是敌军士兵，而士兵中的新兵，更为主要对象的重点。因为解放战争中后期的蒋军士兵以新兵为最多（最后面临就歼危机时，敌军主官也应视为宣传对象）。宣传品的形式有：传单、画片、旗子、标语、漫画、牌楼、信件、蒋军官兵坟墓牌铭、祭文、战报、俘虏名单、俘虏感想录，等等。宣传内容不必过分政治化，针对敌军厌战、不满、思乡、想家等具体情况开展宣传，提出口号更为有效。如“保护武器物资有赏”，“组织官兵集体投诚立功”等。

1948 年在淮海前线。左起：唐亮、张国华、钟期光。

淮海战役中，当我军取得歼灭黄百韬兵团 10 个师的胜利后，中央军委在贺电中把“对于敌军进行猛烈的有实效的政治攻势”，作为夺取全战役胜利的重要条件之一。战役的第二阶段，毛泽东主席为我军起草了《敦促杜聿明等投降书》，在分析战局发展敌败无疑的形势之后，劝导敌军团以上主官，体惜部下和家属的心情，爱惜他们的生命，学习郑洞国、孙良诚、赵壁光、黄子华等的榜样，下令全军放下武器，停止抵抗。我们通过多种方式，反复深入地向敌军宣传了这个重要文献，产生了极大的威慑与瓦解作用。

1949 年 1 月，我组织华野政治部联络部及时总结了淮海战役对敌政治攻势的经验。是役，我们争取了敌军整军、整师、整团、整营的集体投降，共3万人左右。此外，在我们总攻杜聿明集团前的20天战场休整中，由于政治攻势普遍深入，每天都有成班成排的敌军，冲破封锁前来投诚，平均每天达700人，共有1.4万余人，约等于敌军两个师的兵力。这对全歼邱清泉、李弥两兵团，活捉杜聿明起了重大作用，也进一步提高了广大指战员对这一工作的信心，打下了对江南敌军开展政治攻势的基础。杜聿明后来也承认：解放军的“政治攻势，广播、喊话、送信、架电话、送饭吃等等，也起了瓦解蒋军士气的作用。经常有整排整连的官兵投降解放军，弄得蒋军内部上下狐疑，惶恐不安”。

华野各级党委和政治机关，十分重视开展对敌政治攻势，普遍建立了三种专门机构，从组织上保证此项工作的开展：

一是政治攻势指挥所。一般由团党委指定一名党委委员（主任或副主任）负责，加上纵队和师政治部派出的干部组成，设在战场前哨阵地，就近研究敌情，掌握敌军动向，具体领导各个营连开展政治攻势工作，每天向师、纵队政治部汇报，作为上级党委及时掌握政治攻势情况的直接渠道（也有以师为单位组织的）。

二是投诚人员招待所。野战军和兵团设固定组织，纵队、师、团设临时组织。负责照顾投诚人员的生活，组织敌情调研，开展派出打入工作，争取与训练投诚官兵，处理释放遣散等工作。

三是连队政治攻势小组。选择几名政治文化水准较高的老战士或解放战士组成，指定班长或支委为组长，归连副政治指导员领导，进行喊话和其他政攻工作。有的叫攻心组、喊话组。

群众性政治攻势的做法，多种多样，生动灵活，主要的有：

喊话。这是瓦解敌军最普遍最有效的一种方式。可以大家动口，形成群众性的政治攻势热潮；可以直接向敌军阐明我军的政策主张，争取当面敌军；敌人难于阻挠，收效显著；动员俘虏现身说法，喻之以理、动之以情，使敌军容易相信；能够对敌军指名道姓地争取，适合具体情况，收效更好。对敌军官兵喊话，我干部战士各有侧重，相对指定喊话内容，轮流进行。喊话时机，黑夜比白天好，上半夜主要对官，下半夜和拂晓前主要对兵。遇到敌军特务阻挠，抓住要害，适当反击与警告；但不谩骂讽刺，以理服人，便于争取广大敌军官兵。喊话工具，当时主要用特制的喊话筒，或以炮弹壳等打通代用。有条件的，用马达发电的扩音广播器材，将喊话内容配以文娱节目，收效更大。

劝降。是有组织地派遣敌军投降人员或俘虏，携带我军首长或敌军高级战俘的劝降信件，进入敌军阵地，分送敌军主官或实权人物，劝其投降缴械。注意劝降信件的质量，充分体现我党我军的政策，需经纵队以上军政首长审定后方可发出，也可送电台广播。要慎重选择送信者，要活动能力较强或与劝降对象有较密切关系的人员。为防劝降信被搜或失落，多写几份，分别藏好，保证送达。

释俘。在战俘或投诚者中选择适当人员，加以训练，交代派遣任务，在战役发动前或火线上释放，进入敌军阵地，进行宣传瓦解工作。为便于被派遣者的安全返回，派出前做好动员鼓励与给予一定的日后联络凭证，以表信用。

宣传弹。用 60 炮将各种宣传品和“招待证”“通行证”等射向敌军阵地。自济南战役试用以来，效果很好。除普遍使用胶东军工化学厂特制的纸壳宣传弹外，各部队在实践中还创造了好几种宣传弹，各具优点，均见成效。

宣传牌。在我军阵地前沿的明显位置，用大幅白布或席子、门板等，竖立起许多巨幅标语牌，上面写着简明醒目的大字，如“欢迎国民党军官兵自动投诚”，“放下武器一律优待”，“过来就是生路，死守突围都是死路”等，作用很大。

送礼物。将各种食品、香烟夹带宣传品，在夜间放置到敌军前沿，上面写着“救命袋”“救命符”“新年礼品”等，天明后让敌军去取。在敌军被围饥饿难忍的情况下，这种办法效果甚佳。

时势造英雄。在伟大的解放战争中，我们华野涌现了一大批优秀的敌军工作干部。吴宪同志是其中突出的代表。他是河北省吴桥县人，1915 年生，1932 年在天津南开中学参加中共地下党领导的“社会科学家联盟”，1937 年至 1940 年受中共河南省委派遣，在国民党军从事抗日救亡工作。1940 年 8 月至 1948 年 9 月，先后任新四军 6 支队政治部联络科长、中共淮北区委城市工作部兼新四军 4 师政治部敌工部副部长、中共华中分局城市工作部副部长、华中军区政治部联络部部长、华东野战军政治部联络部部长、第三野战军政治部民运联络部部长。1948 年 9 月后任军政治部主任、军副政委、杭州市军管会秘书长、中共浙江省委书记处书记、常务副省长、省计划委员会主任。“文化大革命”中惨遭政治迫害，大脑功能严重损伤，丧失了思维与说话能力，四肢瘫痪，成为“植物人”。吴宪同志在战争年代长期具体领导敌军工作，为华东部队夺取第二战场的胜利，贡献了智慧与力量，作出了重要贡献。我常想念他。

第十六章　濮阳整训前后

1947 年 7 月至 9 月，人民解放军各战场先后由战略防御转入战略进攻。8 月上旬，根据华东战局发展和中共中央、中央军委的指示，我们华东野战军由陈毅、粟裕等同志率第 1、第 3、第 4、第 6、第 8、第 10 纵队和特种兵纵队组成外线兵团，实施战略进攻；由许世友、谭震林等同志率第 2、第 7、第 9、第 13 纵队组成内线兵团，继续担负山东战场的作战任务。

为了更好地完成战略进攻任务，华东野战军在边展开、边战斗的战略进攻初期，进行了一系列的军事、政治和后勤准备工作。在政治思想建设方面，以“新式整军运动”为中心的新区政策调研与教育、建立战士委员会和濮阳整训，使部队精神面貌焕然一新，战斗力大为提高，为华东地区战略进攻的胜利奠定了坚实基础。

新区政策的调研与教育

在中国共产党的领导下，我们所从事的人民解放事业，是开天辟地的伟大事业。作为党领导下的人民军队，华东野战军广大指战员肩负着“歼灭敌人”和“开辟新解放区”两大历史任务，必须人人学会打仗、做群众工作和筹粮筹款三大本领。为此，深入进行调查研究，认真学习和全面贯彻党的新区政策和其他各项政策，成为部队从内线作战到外线出击时的重大课题，是当时政治工作的一项根本任务。

正确分析和认识形势，是研究政策、执行政策的前提。我们部队自进入蒋管区作战以来，各方面都取得了很大的成绩。在军事上，1947 年 9 月上旬，取得了首战沙土集、全歼敌整编第 57 师 9000 余人、生俘其中将师长段霖茂的胜利；12 月中旬，又取得平汉铁路破击战役歼敌 3 万余人、破路 200 余公里、解放城镇 50 余座的胜利。政治上，豫皖苏新区的各项工作全面展开，基本群众的政治优势开始形成，旧的基层政权被基本摧毁，革命秩序逐步建立。除原有的3个地委、专署和军分区得以加强外，在沙河以南又新建了3个地委级党政军机构，扩大了解放区面积，地方武装发展到6万余人，成为保卫新解放区的重要力量。部队指战员通过开展新区工作，提高了政治素质和政策水平。但存在的问题也是比较突出的：有些部队自南麻、临朐战役失利以来的消极情绪尚未好转。由于认识上的偏差和其他种种原因，在豫皖苏地区一度执行了过“左”的错误政策，有些单位不分新老解放区，到处打土豪、分浮财、开仓济贫、没收“官僚资本”等等。弄得地主逃跑，商店关门，甚至有些基本群众不明真相也害怕我们。并使社会财富过早分散，军需负担过早地全部落在农民身上。从而，使我军在4000万人口的一大片地区活动，打仗吃饭发生了困难。

中共中央和中央军委针对全国新老解放区出现的政策偏向，自1947年中央12月会议后的数月内，先后发布了毛主席《关于目前形势和我们的任务》、中央《关于目前党的政策的几个重要问题》《纠正土地改革宣传中的“左”倾错误》《新解放区土地改革要点》《在不同地区实施土地法的不同策略》《关于民族资产阶级和开明士绅》《关于商业政策》等报告和党内指示，集中解决新形势下的政策与策略问题，严肃地告诫全党全军：“现在敌人已经彻底孤立了，但是敌人的孤立并不就等于我们的胜利。我们如果在政策上犯了错误，还是不能取得胜利。”通过广泛深入的教育与学习，部队逐步统一了“政策和策略是党的生命”的思想。

为了指导部队的政策研究与教育工作，我们政治部编印了《新区政策研究提纲》的小册子，就学习、研究和执行政策的意义、目的、指导思想与各方面的具体政策等18个问题，作了理论探讨，提出了规定性要求。

我们认为，关于新区政策的总方针，应该是充分利用抗战时期的经验，团结一切社会力量，组成广泛的民族民主统一战线，打倒蒋介石，建新区为解放区，南北配合，夺取革命的彻底胜利。

首先，要求部队在思想上明确，“面临全国胜利，必须加紧学习党的政策”，“政策是胜败的关键”，“不但要用武装打胜仗，还要用政策打更多更大的胜仗”，确立“蒋管区”就是“我管区”的观念。一切对“蒋管区”破坏行为的根源，是农民狭隘的报复主义，是小资产阶级的疯狂性，是党内无政府主义思想的表现，是一部分同志自私自利、对革命胜利与个人前途认识模糊的反常表现。

其次，要求部队在行动上，停止打土豪、分浮财和开仓济贫；禁止以粮换菜和在新区使用老解放区货币；禁止没收所谓“官僚资本”；禁止随便捉人、捆人、打人、杀人及将老区群众斗争方式用于新区、农村群众斗争方式用于城市。并对新区具体政策做了统一规定：军队给养取之于敌；坚决保护城市工商业；组织广泛民族民主统一战线；从实际出发分别地有步骤地实行土地改革；暂时利用旧保甲旧政权机构；保护外侨、宗教团体和文化机关；争取反蒋武装；军队努力做群众工作；党的一切政策从人民最大利益出发；严格纪律保证党的政策落实。

新区政策的学习与研究，是濮阳整训前后的重要内容之一。《新区政策研究提纲》的编印与深入进行教育，对统一上下的政策思想，提高执行政策的自觉性与坚定性发挥了重要作用，是华野全军执行外线出击任务的重大政治思想准备与保证。

这期间，我们政治部民运联络部的科长房少庸同志，出于高度的政治热情和对新区政策的钻研，对中央在1947年10月颁发的67条宣传口号个别条文提出了自己的看法。他的动机和主要观点都是对的，因为67条口号颁发后经过半年多的革命实践，形势发展很快，有些条文确实不适用了；但他有些看法，包括对形势的认识上需要进一步提高。于是，我给他写了一封回信，全文如下：

“房少庸同志：

（一）新兵工作材料，还是由你负责整理好，调研室尚没有成立起来。

（二）对政策的研究，我以为应该从中国革命历史发展各阶段来检讨研究，另外应从社会各阶层的动向来定政策。论今天革命发展的形势，两头小中间大的现象，已起了变化，真的是一头大、一头小、中间小了。为什么有这样的发展趋势？这说明了党的路线和政策的正确性。如：

①毛主席请施复亮（大革命后大叛徒）参加联合政府，则孤立分化若干敌人。

②停止打土豪开仓济贫。

③我们到新区，等于北伐时的北伐军那样，表面上军不干政，与军事相冲突者则打倒之，其他则不打倒一切。这是为的长久利益，这是为得换取全中国各阶层的民心。

④干部小资产阶级成分多，热情高，急性盲动毛病易犯，不易冷静考虑长

久的利益，而只看到眼前的利益，因此，应严格批判‘左’。‘左’了对中国革命危害性特大，等于覆水难收。右了还可以纠正，并容易纠正。

⑤过去把政策搅‘左’了，就是等于自杀政策，造成困难重重，使战争不能持久。因此，纠正‘左’倾，确定宁可右一点不可‘左’，就是这个道理。

⑥土地法在新区是一个目标，是一个方向。但在前期执行中是宣传的阶段。

⑦ 67 条口号，要分地点来写，有几条应该暂行停写了，不论新区老区，写了没有什么用。如：

‘打土豪分田地。’

‘开仓济贫！’

‘打倒背叛政协决议的蒋介石’是可以写的。我们已发出请帖召开政治协商会议，各党派均赞成，但蒋介石除外。

⑧口号修正权属中央总部，我们不好修改。

⑨搅错了工商业，是否赔偿，家务不大，赔不起，只好赔礼。原则上应该赔的。

许多问题都不深刻，以后大家再讨论。

钟期光

（1948 年）五月二十四日”

信中提到宁可右一点，重点反“左”。这有当时的历史条件，是当时党中央、毛主席的思想，是完全对的。从整体上讲，党的政策历来是反“左”防右。“左”与右，两个极端都是错。但自中国革命胜利以来，我们一直是重右轻“左”，宁“左”毋右，造成许多严重后果，这是一条深刻的历史教训。

这封信，从艰苦的战争年代到新中国成立后的风风雨雨，房少庸同志珍藏了40 多年。他这种精神十分难能可贵。现在发表，与世人共勉。

纪律是执行政策的保证。我们在加强政策思想教育的基础上，抓紧了纪律教育与行为规范工作。1948 年 6 月，我们华野制定了《处理缴获物资暂行条例》，就部队攻占城市后缴获物资的分配处理、打扫战场与收集缴获物资以及对这方面的奖励与惩罚等问题，分别作了具体规定。并对“一切缴获要归公”的纪律作了具体阐述与规范：所谓“一切”，是缴获品不论大小、多少、贵贱，整批或零星，完整或残缺，也不论是武器弹药、金钱器皿或日用食物和用品，都统统包括在内。所谓“归公”，是指归于党和人民，由其代表机关来统一处理和分配。其中留给前方军队使用者，应作为正常收入，以便少向上级领取或减少后方对前方的供应，不准任何人私自扣留、埋伏或私自分掉。1948 年 10 月 25 日，华野前委扩大会议通过了《关于加强纪律性克服党内无纪律无政府状态的决议》。这是一次历史性的重要会议。华野前委全体委员和全野战军 17 个纵队除缺苏北第 11 纵队外，所有师以上干部全部出席。这是华野在频繁的战争环境高干到会最多的一次。而解决的问题更重要。上半年一兵团于濮阳、西兵团于临颍、东兵团于胶东掖县的整训，重点解决军阀主义倾向问题，使部队在对外政策（指对地方政府）和群众纪律方面有了较大转变与进步，成绩显著；这次会议重点解决部队内部的无纪律无政府状态问题。在学习毛主席关于"军队向前进，生产长一寸，加强纪律性，革命无不胜"重要指示的基础上，开展了认真深入的批评和自我批评，揭露了无纪律无政府状态的种种表现，分析其危害，以加强请示报告和集中统一领导为重点，制定了克服不良倾向的措施。规定华野前委及军政后机关，每逢单月向中央军委、中央主席和中央局做综合报告；各纵委对华野前委逢双月做综合报告；各师委对纵委、团委对师委每月报告一次。并规定各级负责同志亲自起草报告。决议还对健全后勤机构，严格财经制度和供给制度、加强政策学习和马列主义毛泽东思想学习等问题，提出了具体要求。这对保证党的路线和政策的落实，使华野全军在政治上、思想上、组织上、行动上保持高度一致，加强内外团结，保证解放战争第三年的决战决胜，做了坚实的思想准备与组织准备。

战士委员会

解放战争以来，在红军和新四军民主传统的基础上，华东野战军的民主生活有了新的重大发展。普遍深入开展立功运动，广泛进行了民主评功评过活动，新式整军运动后期又发展为评党员、评干部，即邀请非党员战士向党支部和党员提意见，推荐新党员，协助党支部审查候补党员转正，用民主方法检查领导，推荐干部，建议惩处不称职的干部等等。由战士选出经济委员会，在管理伙食、监督经济开支、防止贪污浪费和侵占战士利益等方面，发挥了很好的作用。评定伤亡、研究战术，则是政治民主与军事民主的有机结合，使士兵群众对军事活动有了发言权，对保证战役战斗的胜利产生了积极的影响。

中央军委和毛泽东主席等领导同志，对我军民主生活的新发展十分重视，给予了及时有力的指导。

1948 年 1 月 30 日，毛泽东同志为中央军委起草的《军队内部的民主运动》的党内指示中，首次将我军的民主生活概括为“政治民主、军事民主和经济民主”。并总结我军开展民主运动的经验，归纳提出了军队内部民主运动的目的、意义和必须遵循的原则与方法:“部队内部政治工作方针，是放手发动士兵群众、指挥员和一切工作人员，通过集中领导下的民主运动，达到政治上高度团结、生活上获得改善、军事上提高技术和战术的三大目的。”

1948 年 2 月 17 日，军委总政治部发出《关于在连队中成立士兵委员会的指示》:“部队中实行广泛的民主生活，经验证明，很有好处。自各地实行有领导有秩序的政治、经济及军事等民主以来，对防止军阀主义，加强部队团结，以及提高军事技术上，作用极大。为使这些民主生活，更能经过一定组织形式，当作制度建立起来，经常发挥作用起见，有些部队，已组织经常的士兵委员会。”“总结这些经验，我军各部队，似均可在连队中普遍成立士兵委员会，并应将连队党的支部完全公开，使与士兵委员会之民主生活结合起来，更加密切党与群众的联系。”

华野领导对此十分重视，对军委和总政的指示进行了认真的研究。陈毅司令员兼政委亲自交代我拟定贯彻落实的措施。我随即组织力量，进行调查研究，起草成立士兵委员会和进行民主教育的文件。

1948 年 3 月 3 日，我们以华野司政主要领导陈士榘、唐亮同志的名义，向中央军委提出了《组织士兵委员会的两点建议》:“军委提出组织士兵委员会，我们除执行外，并有两点建议:（一）士兵委员会名义，因易误解士兵对付干部的一种组织，且士兵名词为战士不欢迎，以改为革命军人委员会较好。（二）因干部民主作风未很好养成，且能力经验均较差，我们部队中俘虏成分太多，觉悟程度仍有限，又在残酷的战争情况下，故对其具体权利，开始须稍约束，加强民主教育，视上述情况改变，逐渐放手，是否有当请示。”

1948 年 3 月 8 日，周恩来同志为中共中央起草了《在部队中试验组织士兵委员会》的指示。强调为巩固和发展新式整军运动的成果，“现在确实需要将这一民主精神的新运动转为部队中集中领导下的经常的民主生活。中共四军九次代表大会决议案上规定了的士兵会的组织，似较适宜。在名称上，采用士兵会与士兵委员会，或革命军人大会与革命军人委员会，可由各部酌定”。并规定了组织士兵委员会的五条基本原则，大意为：①必须在其直接行政首长领导下进行各项民主生活；②这一组织的任何决定需经行政首长批准后方得实施；③绝对服从上级的命令；④对直接行政领导干部的思想检讨需经上级政治部门批准；⑤组织一般批评与自我批评，要引导向有利于战争胜利和部队巩固的方向发展。

我们华东野战军政治部经过认真研究，一致认为，在广大指战员中建立民主组织、进行民主教育、健全民主生活，对于完成革命战争任务和加强部队建设十分必要，是战时政治工作的一项重要任务，是加强人民军队建设的重大措施。在名称上，为符合我们当时普遍称“战士”的名称，并与旧军队的“士兵”名称有所区别，我们定名为“战士委员会”。由我负责组织起草了《中国人民解放军华东野战军战士委员会条例草案》（奚原同志执笔起草）。该条例草案分为总则、组织、制度、关系、工作附则等 6 章共 18 条。

“总则”指出：人民军队即是民主的军队，军民团结，官兵一致，广大战士为了民族解放和阶级翻身，自觉地英勇斗争，这就是一切力量的泉源。“为使广大战士的民主生活能够正常的保持和发展，应在部队中普遍建立战士委员会，实行经常性的有领导、有秩序的政治民主、经济民主、军事民主。”并强调指出，要反对“压制民主”和“极端民主”两种错误倾向。

在“组织”中规定：战士委员会委员数目，百人以下单位设 7 人，百人以上单位设 9 人至 11 人。工农成分出身的委员在 7 人委员会中应占 4 人、9 人委员会中应占 5 人、11 人委员会中应占 7 人，以保证工农成分的优势。共产党员应保证不得少于三分之一，同时亦应有非党同志当选。并规定：“工农成分及共产党员应以模范行动竞选参加战士委员会，不得指派而侵害民主权利。”

在“关系”中明确：“战士大会和战士委员会受党支部领导（开会时党支部派人参加，审查批准各项决议，无支部代表或连部代表、机关代表，战士会即不得召开），同时有权批评及监督支部与党员（支部开会除讨论党务问题外，战士委员会可派代表列席本单位支部大会或支委会，对支部工作提出建议，支部应虚心考虑之），使党内外思想行动完全一致。”并且特别强调：“党支部主要依靠党的决议正确和党员的模范行动去领导战士委员会，不是采取命令形式。”同时还明确：“战士委员会应协助军政干部，保证坚决执行行政上的一切命令和决议；同时又有权派代表列席连排干部会，对干部和行政决议提出意见，直到越级报告或申诉”，“如此官兵一致，使领导上的命令和决议得到战士群众的补充、修整、发挥，战士又能自觉自动执行命令和决议。”

我将这个条例草案送陈毅同志审阅。他十分认真地亲笔作了修改，并给我写了一封批示信，原文如下：

“钟主任：来件悉，基本同意，很好，很好。我只作了一些修改：

一、训令太长且与总则重复，可以不要。改写一简令：‘兹制定士委条例……仰各级政治部实施之’云云即够了。

另外，可由前委作一个简单决议，要各党委各政治部负责人去做。要简单。中心指出士委运动是土改三查的继续，政治民主、经济民主、军事民主三大任务号召全党全军以全力进行，达到反军阀主义和维持纪律（之目的）。这个决议请你执笔。

二、在（此）士委条例一般拟得好。我只增加了士委组成上的意见，对成分及党与非党加以规定为更好。经委会及群众队必须经常成立。其工作任务详（见）后面。五条基本意见写到一、二、三、四、五、六各项里去。例如立功运动、评定伤亡均写在政治民主或军事民主下面均可。我这个写法与原件意思不矛盾，只是更清楚些，如何。

三、我建议，今后你们本部及各文娱组织应不应经常成立，请考虑。

规定士委开会必须有支部代表或机关代表参加为更好，否则恐民主失掌握。

原文‘工作’一项写得好。但我改一下，分列政治民主、军事民主、经济民主更突出。但每一项均写得不详细，请你增添。把第十（注：原信缺页，‘文化大革命’中遗失），（政治）部重要文件我均可过目一次，可以提一些意见。请告起草人，字要大，行要宽，头尾多留空白，以便我看了把自己意思（见）写上去。以上意见请考虑。再弄好连（同）前委决议交我再看一次。

布礼，陈毅”

我们根据陈毅同志的批示，很快将条例草案修改定稿，连同华野前委《关于在部队中普遍建立战士委员会的决议》和由陈毅、唐亮与我署名的《华野政治部命令》，一并于 1948 年 4 月 20 日印发华野全军。

战士委员会的普遍建立与健康发展，对解放战争的决战决胜和华东野战军的空前扩大与军政素质普遍提高产生了重大影响，标志着我军的民主建设进入了一个新的阶段。

1948年钟期光与战友们在一起。左三起：钟期光、陈锐霆、张爱萍、唐亮，前一张震。

1949年12月，军委总政治部制定的《中国人民解放军革命军人委员会条例（草案）》，将这一民主组织正式统一定名为“革命军人委员会”。

濮阳整训

华东野战军的新式整军运动，是以两种形式实施的：团以下部队，是在连队普遍开展诉苦运动的基础上，进行三查（查阶级、查思想、查作风）、三整（整顿组织、整顿制度、整顿纪律），提高指战员的政治思想觉悟和组织纪律水平；团以上干部则参加党委扩大会议，集中解决当时存在的主要问题。

根据中央军委的统一部署，华野各部队于1947年10月至1948年初，利用战场休整间隙，先后开展过土改教育。1947年12月25日，我们政治部下达了《连队诉苦运动实施方案》。1948年1月17日，华东野战军前委下达《关于三查结合三整工作的原则指示》，将土改学习向前推进了一步。一兵团部队全部到达濮阳地区后，迅速开展了“三查三整”运动。1948年3月12日，在部队“三查三整”运动进入高潮之后，针对运动过程中出现的“唯成分论”，在部队中搞“贫雇农当家”，要求极端民主，将地富家庭出身的干部和知识分子干部赶下连去当兵，而领导上不怕“左”只怕“右”等问题，华野一兵团发出了《关于纠正三查三整中几个偏向的指示》。3月15日，华野前委向全野战军下达了《关于三查三整中的处理方针的指示》，明确了这次运动“应该以思想改造为主”，严格区分本质问题与现象问题、政治问题与思想问题、情节重与情节轻、屡犯与偶犯等界限，从实际出发，实事求是地妥善解决问题，引导运动健康发展。全野战军各部队普遍展开的这场“新式整军运动”，是非常必要的、成功的。不仅提高了广大指战员的阶级觉悟和政治觉悟，也为开好华野前委扩大会议奠定了基础。

1948 年 3 月中旬至 5 月下旬，华东野战军前委在河南省濮阳县召开了扩大会议，开展“新式整军运动”。这是华野自解放战争以来集中时间最长的一次整训，也是华野部队转入求歼蒋军主力于长江以北之前，集中部分主要领导干部、总结主要经验、解决主要问题的一次历史性整训。史称濮阳整训或濮阳会议。

1948 年钟期光在华东野战军指挥机关驻地河南省濮阳城东孙王庄。

参加会议的，有华野前委和一兵团团以上干部。中共中央和中共华东局派饶漱石、康生出席了会议。会议后期，朱德总司令代表中共中央、中央军委亲临指导，分别接见团以上干部和基层干部、战士的代表，并作重要报告。会议分为三个阶段：第一阶段从 3 月 14 日至 4 月 9 日，召开准备会议和有第 1、4、6 纵队主要领导参加的前委扩大会议，提高认识，开展批评和自我批评，解决全野战军思想作风上共同存在的主要问题；第二阶段从 4 月 10 日至 26 日，分别召开各纵队党委扩大会议和进行前委扩大会议总结，在各纵队深入检讨基础上，总结全野战军的经验教训；第三阶段从 5 月 12 日至 5 月下旬，进行作战动员和围绕中央战略行动方案改变后进行的一系列准备会议。

几十年后回忆，有几个问题我的印象最深：

（一）濮阳整训最大的收获，是解决了“知己”问题。

战争是敌我两军的生死决斗，是双方千军万马合力的较量。要取胜，既要知彼，又要知己。而且“知己”比“知彼”更重要。这是“固本强根”之道。在全人民解放军，从当时历史地位和历史作用看，华东野战军无疑是一支强劲的主力。而由粟裕等同志统率的华野一兵团所属的第1、4、6纵队，又是擅长大规模运动作战的精锐主力。从苏中七战七捷到孟良崮战役，在其他部队的有力配合下，第1、4、6纵队确实打了许多漂亮的胜仗。但也正因为打胜仗多，有些人背上了“主力的主力”的包袱，产生了骄傲自大、轻敌麻痹、目无上级、违犯纪律等一些错误倾向。客观上，战斗频繁，很少休整，胜利大，伤亡也大，骨干减少，新成分多，俘虏兵多，战斗力一度相对减弱；而敌军在连续的失败中总结教训，进行了某些调整；加上雨季来临等气候因素的影响，以致在我们粉碎敌军对山东重点进攻的时候，在南麻战役后的一些仗没有打好，对部队士气影响颇大。而当时全国各大战场先后由战略防御转入战略进攻的总形势，中央军委赋予我们华东野战军的歼敌任务，都要求我们打更多更大的胜仗。

在这样的关键时刻，抓住纠正自己和本部队的不良倾向，在濮阳地区集中时间、集中精力深入进行整训，一个一个地检讨这些问题，认识这些问题，解决这些问题。从而使上下头脑更加清醒，既知自己的长处，也知自己的不足。并制定了扬长避短的措施。这就在“知己”上前进了一大步，所以意义十分重大。

（二）濮阳整训解决的核心问题，是抓住了肃清军阀主义倾向。

华野部队，是党的部队、人民的部队，服从党的领导，忠于人民革命事业，对敌作战，一贯英勇顽强，有着光荣的战绩，受到普遍赞扬，这是军内外一致公认的事实。但在残酷的战争环境里，在胜利面前，一些同志认为，“战争的主要矛盾是生死存亡问题，消灭敌人打胜仗就是一切”，“我扛枪，我打仗，你就得为我服务”。在这样的思想支配下，对一些不良倾向或熟视无睹，或视而不见，或认为不可避免，或觉得无关大局，有时抓一下，也是头痛医头，脚疼治脚，使问题越来越严重。在对外关系上，乱拉夫、拉驴、拉船，打骂老百姓，随意打白条要粮、要款、要物，浪费粮食，对地方党政干部要态度、蛮不讲理，轻视地方干部，有的单位一度相当严重；有的受流寇思想影响，打一路吃一路。在对内关系上，官兵之间、上下级之间，同级之

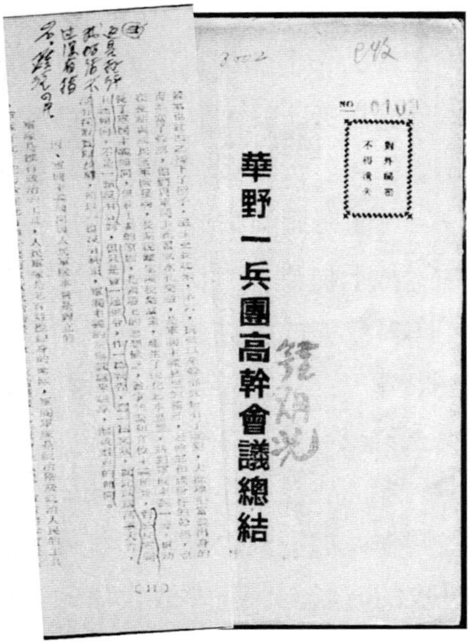
華野一兵團高幹會議總結

1948 年陈毅司令员的总结报告。左上角为钟期光当时作的学习笔记。

间，有些人缺乏平等观念和阶级友爱，开口处分，闭口杀头，只要服从，不讲关照，甚至争功诿过，比强逞能，嫉贤妒能，互不相让，彼此拆台。如此等等，程度各异，但都严重地腐蚀着部队，影响了部队的作战与建设。

作为政治机关，我们认真分析研究了上述问题，危害主要有两个：一是破坏了党的政策与纪律；二是破坏了军内外的团结。这种种表现各异的不良倾向，究其根源，都是军阀主义总倾向的派生，与人民军队的建军本质是不相容的，其思想根源是受非无产阶级思想的严重影响。

我们的分析，先后向粟裕、陈毅同志汇报后得到肯定。前委决定，在整训中抓住实质问题，集中火力反对军阀主义倾向，开展反对不良倾向的斗争。

陈毅同志运用毛泽东同志关于人民军队建设的基本理论，对这次整训反军阀主义倾向的斗争作了科学总结。他高度评价这次整训是组织了一次重要战役，打倒了一个强大的思想敌人，比我们过去任何一个战役的胜利都要大，是政治上精神上的胜利。其意义一定会在今后的作战行动上反映出来。前委扩大会议最后通过了陈毅同志亲自拟稿的《关于第一兵团部队展开反军阀主义倾向的决议》。

（三）濮阳整训最关键的环节，是以解决主要领导干部的问题为主。

华野前委没有满足于基层部队“三查三整”的成果。为了更有效地解决问题建设好部队，把“三查三整”的重点放在团以上干部身上。前委领导下了最大的决心，除个别执行紧急任务不能参加者外，团以上干部全部参加整训。

第一步，先召开了将近一个月的华野前委扩大会议，有兵团负责同志和三个纵队的主要领导等同志参加。会议前期，陈毅同志因在中央开会，由粟裕同志主持并作新式整军运动的动员报告，理论与实际相结合，重点阐述了领导带头，开好前委扩大会议的重要意义、目的和任务。并以无产阶级革命家的风度，第一个全面、认真和深刻地就自己在工作中的主要问题作了自我批评，对部队严重的军阀主义倾向承担了领导责任。他的诚恳检讨，为会议作了表率，对发扬党内民主、集中解决核心领导班子内部的问题产生了积极影响。叶飞、陶勇、王必成三位纵队司令员及其他与会同志，均先后作了诚恳的实事求是的自我批评。

后来，陈毅同志称赞粟裕同志的“反省很好，很中肯，很扼要，但我感觉得有些过分。这种严格的自我批评的精神，是值得大家学习的。”

陈毅同志从中央开会回来后，立即传达了中央和毛主席对华野的指示：今后要讲究政策，整顿纪律，不能胡来。并作新式整军的再动员，使大家对这次整训的重大意义和反军阀主义倾向的认识又加深了一步。

最后通过了濮阳会议的总结和决议，提出了四条重要措施：一、加强政治建设。全野战军必须把部队的政治建设放在第一位，把学习毛泽东思想和党中央的各项政策列为干部教育、部队教育的首要内容，使之建设成为一支政治威力强大的队伍，成为党推行政治任务的得力工具。二、加强军事建设。干部必须认真研究毛主席的十大军事原则和其他军事著作，使部队确实成为既能打硬仗，又能打巧仗，即善于野战，又善于攻坚的军事威力强大的队伍。三、加强后勤建设。执行“以战养战”方针，提倡艰苦朴素的作风，把人民负担和部队给养放在一起考虑，爱护群众，保证部队供给。四、加强党委建设。这是加强部队政治建设、军事建设和后勤建设的决定性关键。各级必须贯彻党委集体领导制度，改进领导作风，加强核心领导，促进全党全军的团结。

第二阶段由各纵队分别召开历时 12 天的纵队党委扩大会议，也开得很好。

（四）濮阳整训最成功的经验，是着重于教育，着重于解决思想认识问题。

濮阳整训几百名中高级干部，先后开了一个多月的会议，各自对将近两年来自卫战争的功过是非，作了比较系统的总结。尤其是对各种不良倾向，归结到军阀主义倾向的高度，进行了批判与斗争。但这种批判是政治上的批判，斗争是思想上的斗争。划清人民军队与军阀队伍的政治界限，分清无产阶级思想与非无产阶级思想的原则是非，明确共产党领导的人民解放军与国民党军队的本质区别。从而，提高大家贯彻毛泽东同志关于人民军队建军路线的阶级觉悟与政治自觉性，而不是要找出什么“代表人物”来蓄意整人。

因此，濮阳整训虽然揭露各种问题、批判错误思想十分严格，但始终以教育提高认识为目的，没有伤一个人，没有处分一个同志，这是一个很大的进步。

陈毅同志讲，我们是人民军队，是人民的一个武装学校，是一个人民大学，首先要讲道理，提高大家的政治思想与文化水平，反对愚民愚兵政策，反对“不教而诛”。

过去，我们对部队中的倾向，干部中的问题，主要是从组织上去解决，偏重使用行政的武器。这次整训注重教育，主要使用批评和自我批评的武器，十分成功。这和国民党军队的随意迁怒部属，动不动就撤职、杀头，寻找替罪羊、杀鸡给猴看等那一套惩办主义与政治欺骗，形成了鲜明的对照。

然而，不整人，不等于思想斗争可以不痛不痒，也不能因过去党内军内有过“左”的过火的斗争，而因噎废食，否认正当的思想斗争。这次整训对错误倾向的揭露和批判是严肃认真、毫不留情的。在基层部队“三查三整”深入展开、各种问题已有充分揭露的基础上，第一步，领导干部作自我批评，大家互相批评进一步暴露问题，不留情面，不怕地震。第二步，小组酝酿，分析批判，互助提高。思想不通的，允许申辩，同时由主要领导者进行个别谈话，以理服人。第三步，在明确是非、统一认识的基础上，逐人逐事做出明确的组织结论，记录在案，以资永久借鉴，可谓刻骨铭心。以揭露问题为例，仅陈毅同志在总结中指名道姓、既揭露事实又有分析批判的公开批评，包括他自己在内达 20 人之多。小组会上的批评和自我批评的激烈程度可想而知了。

濮阳整训对我的组织结论是:“积极负责，直爽坦白，斗争性强，爱总结经验（如融化俘虏、立功运动等），但也爱冲动，不冷静客观，有时也没有掌握以正确对错误的原则。”

整训后期，朱德总司令亲临指导，亲自动员，对华野部队特别是一兵团的战绩给予高度评价，作了著名的“放长线，钓大鱼”的报告，鼓舞了华野指战员打大仗、聚歼国民党军第 5 军等主力兵团的信心与决心。他还送给团以上干部每人一本马列主义经典著作。这是我第一次见到朱总司令。他送给我的是《社会科学简明教程》，有他的亲笔签名和“赠送给钟期光同志”的题

1948 年 5 月 14 日在河南省濮阳孙王庄召开华东野战军团以上干部大会欢迎朱德总司令。前排左起：刘先胜、钟期光、谭启龙、粟裕、朱德、陈毅、王集成、何克希、谢云晖，后排左一谢胜坤、左二梅嘉生、左三皮定均、左六张震、左七江渭清、左八陈时夫、左九刘文学、后右一王必成、右三陶勇。

词。我珍藏 30 年后，于 1977 年 11 月 1 日献给了军事博物馆，作为历史文物永久珍藏。

华野第 1 兵团，根据中央军委的部署，原拟在濮阳整训以后，开赴长江以南地区执行战略牵制任务。在濮阳整训第三阶段中，粟裕同志经过深思熟虑，向中央军委提出了一兵团暂缓南渡长江、留在中原打大仗的建议。事先征求了几位兵团领导干部的意见，我们都一致同意。这是一个主客观相统一、反映了一兵团广大官兵共同意志的好建议，得到中央军委和毛主席的批准，成为一着历史“高棋”。

总之，濮阳整训是一次马列主义、毛泽东思想的教育运动，是一次人民军队、人民战争理论与实践相结合的整顿与提高，着重解决了当时华野前委领导上的关键问题。因此，它不仅是华野一兵团一次成功的新式整军运动，而且对整个华东野战军的作战与建设都产生了重大影响。随后即相继取得豫东战役、济南战役和淮海战役等重大胜利，就是历史的结论。

豫东战役

作为濮阳整训的直接成果，豫东战役的胜利是令人鼓舞的。

1948年6月中旬至7月上旬，经整训后的华野第1兵团和第3（陈唐）兵团会师豫东，经中央军委批准，在中原野战军两个纵队和冀鲁豫、豫皖苏军区部分地方部队协同下，以共约20万兵力，对25万国民党军展开会战。灵活用兵，出敌不意，经五昼夜强攻，占领了当时河南省会开封，歼敌近4万，击毙敌整编第66师师长李仲辛。然后转兵东向打援。经审慎侦察，周密部署，巧调敌军，勇猛穿插，西隔东堵，南北夹击，将敌区寿年兵团5万余人歼灭于豫东睢县、杞县地区。生俘敌兵团司令区寿年和整编第75师师长沈澄年。并给援敌黄百韬兵团和邱清泉兵团以重创。全战役经20天连续苦战，共歼敌9万余人，为我军进一步发展中原、华东战局，创造了有利的条件。难怪当时蒋介石惊呼："中原战局严重万分"。

豫东战役中，在发挥新式整军运动成果的基础上，华野的战时政治工作又有了新的进步。突出表现在执行城市政策和保证更大规模城市攻坚战和野战的胜利上。

战役前，1948年6月11日，华东野战军政治部发出指示，响亮地提出号召："争取整训后第一仗的胜利"，"打好决定中原战局的第一仗"，全野战军广大指战员广为传播，热烈响应。6月15日，华野前委和野战军首长下达实施豫东战役的作战命令。同日，野政为攻占开封给各个纵队发出了指示信，号召全体指战员认清形势，消除顾虑，防止轻敌，英勇战斗，严格遵守战场纪律和城市政策。并提出了七条具体规定。如以营或团为单位统一购买生活物资，严禁抢购滥买；统一上缴和合理分配战利品；保护学校、工厂、仓库、教堂、文物和银行等不受损失；战斗结束后不在城内试枪；等等。

6月18日，在攻城部队突入开封市内前夕，野政又下达了《进入开封市的宣传要点》，就战争形势、我们的基本主张和对开封市的具体政策，作了观点鲜明的理论阐述和必须执行的具体规定与要求。6月20日晚上，我和粟裕、张震等同志来到开封前线，当时战斗仍在激烈进行，但部队进城后政策纪律执行得很好。指战员们一面战斗，一面冒着敌机轰炸和烈火燃烧，积极抢救人民群众的生命财产，广泛宣传我党我军的政治主张，对伪政人员除省长刘茂恩一人外，凡不再持枪抵抗与残害人民者，一律不加逮捕。并吸收旧职员参与临时市政维持委员会，稳定城市秩序，保护市内公共设施和企业财产，保护宗教神职人员和外侨，劝阻四乡农民进城捉拿地主和收缴财物，等等，产生了良好的政治影响。后来我军撤退时，一大批青年和各界进步人士随军离开开封，有的到解放区工作，有的参加了我军。

7月2日，我们又以粟裕、陈士榘、唐亮、钟期光、张震名义，向参加睢杞战役的各级首长和全体同志发出指示信，再鼓士气，要求“不要让吃到嘴边的东西给溜掉了”。

为了激励斗志，我将野政文工团派往部队，开展战时文艺宣传和战场鼓动工作。第二文工团由团长张泽易、政指何捷明率领下到第1纵队后，战前演出了《白毛女》《大翻身》等大型歌剧，给部队的教育鼓舞很深刻。战斗打响后，何捷明率领的文艺小分队深入连队班排活动。第1团参与总攻王老集战斗时，战士们蹲在战壕里准备冲锋，女文工团员陶振琴、李如秀却冒着敌人炮火，站在战壕上面演唱快板。战士们说:“女同志都不怕死，我们怕什么！”一举攻下了王老集。战后，第二文工团荣立集体二等功。

豫东战役，敌军兵力数量和武器装备均优于我军，但我军指挥得当，士气高涨。无论第3、第8纵队等部的攻城，还是第1、第4、第6纵队等部的打援，战斗都十分激烈，加之盛暑炎热，烈日暴晒，又值战区久旱，饮水奇缺，生活困难，但指战员们牢记华野前委和政治部的号召,“咬紧牙关，坚持下去”，不怕疲劳，不怕伤亡，以惊人的毅力忍受和克服了各种困难，全力“为争取此次战役圆满胜利而战”，打得顽强，拼得很凶，终于取得了重大胜利。

这与党的坚强领导和各级战时政治工作的有力保证是分不开的。

第十七章 “打到济南府 活捉王耀武”

济南战役，作为辽沈、淮海、平津三大战略决战的前奏曲，已经载入史册。但多年来对于济南战役的记述与评说，或孤立地看待攻占济南孤城；或片面地认为敌军不堪一击；或过分地强调某些单位、某些个人的作用；等等。

常言道:“瓜熟蒂落”。这香甜的熟瓜看似得来容易；但在它蒂落之前，从筹春、选种、育苗、栽种，至施肥、浇水、除害、保瓜，却有一个漫长的过程，充满着劳动者的汗水艰辛。同样,“十月怀胎，一朝分娩”。那白胖的娃娃，给人以欢乐与庆幸；然而，那将近 300 天的“十月怀胎”，其酸甜苦辣，能随意忘却吗?！

济南战役，正是经历了“从选种育苗到瓜熟蒂落”和“从十月怀胎到一朝分娩”的完整过程。作为战役亲历者之一，我有必要作些史实的回忆。概括为三句话：反复酝酿；充分准备；智勇奋战。

反 复 酝 酿

1948 年秋，人民解放战争进入第三年之后，敌强我弱易位，敌我力量对比和整个国内形势发生了根本性变化。从 1948 年 9 月开始，人民解放军在中央军委的统一部署下，先后在华东、东北、中原、华北、西北五大战场上，发起了规模空前的“秋季攻势”。

当时，中央军委赋予我们华东野战军第三年的作战任务：歼敌正规军 40 个旅（师），占全军计划歼敌总数的 34.8%, 相机攻占济南和苏北、豫东、皖北地区的若干大中小城市。

我华野广大指战员，在经过新式整军运动极大地提高了阶级觉悟和军政素质的基础上，在取得豫东战役，胶济路中、西段和津浦路中段战役等重大胜利的鼓舞下，信心百倍地加入全国性的“秋季攻势”，并将这个攻势迅速发展为就地歼灭敌军重兵集团的战略决战。

1948年七八月份，在我华东野战军战区当面的鲁豫苏皖地区，国民党军部署了徐州“剿总”所辖的6个绥靖区另4个兵团，加上特种兵和“保安团”队，共70余万兵力。并与以信阳为中心的华中“剿总”所属部队相配合，对我实施“重点追剿”，妄图隔断我华东与华北解放区的联系，并钳制我华东野战军不能全力南进，以达确保济南、屏障徐州，稳固南京之目的。我华东野战军在中原野战军的有力配合下，经过头两年内线和外线交替作战，歼灭了大量敌军，解放了许多重要城镇与广大乡村，打通了华东与中原两解放区的联系，实现了外线兵团、山东兵团与苏北兵团共15个纵队30余万人的机动自如，随时可以会合集中作战。

1948年7月6日，豫东战役胜利结束，经中央军委批准，华野外线兵团北撤鲁西南地区休整。7月10日，华野前委经过认真研究敌我形势，以粟裕、陈士榘、唐亮、张震、钟期光五人名义，向中央军委发电，提出了关于雨季休整后的三个作战方案：第一，集中全力转到豫皖苏及淮北路东地区作战，截断徐蚌铁路，孤立徐州，以重点放在打援，求得于运动中首先歼灭敌第5军，继而扩大战果歼灭其他兵团。第二，集中主力首先攻占济南，对可能北援之敌，仅以必要之兵力阻击之。第三，攻占济南与打援同时进行。但应有重点配备与使用兵力。并对每一方案的利弊作了具体分析，建议以执行第三方案为最好。

7月13日，我华野山东兵团解放兖州，津浦路中段战役胜利结束。中央军委于7月14日电示许世友、谭震林并告粟裕:“攻克兖州甚慰……84师歼灭后请考虑以主力立即北上占领济南飞机场，筑工固守，使敌不能向济南增兵，以利尔后夺取济南”。同日，中央军委又电示粟陈唐张，并告许谭、中原局、华东局：雨季时间据说有两个月，除争取休整外，是否还有作战之可能与必要。经分析敌人的行动，拟以许谭攻击济南为最有效，迫使邱黄两兵团分兵北援。

7月16日，华野前委经过认真研究认为，济南守敌有10个正规旅加保安团共10余万人，多年经营，凭坚固守；而我许谭部加地方部队全部集中，勉强算10万，双方兵力基本相等；但敌守我攻，我之伤亡必大于敌，实难奏效。便电报军委：以许谭一部抢占济南机场，恐有困难；若敌北援，兖州复被敌占。而以许谭现有兵力攻济打援，势难得手。因此，建议许谭与我们争取休整一月，而后协力攻打济南，并同时打援。

同一天，可能是华野前委的电报尚未送呈军委首长，军委又连续三次来电：已令许谭于歼灭 84 师后主力立即抢占济南飞机场，并迅速完成攻击济南之准备（16 日 1 时）；攻克兖州又歼 84 师甚好甚慰。望鼓励士气于尽可能短促时间完成对济南之包围（首先夺取飞机场），并乘胜夺取济南。如果可能，你们应争取于 10 天内外夺取济南（16 日 7 时）；许谭在现地休息一二天，应不惜疲劳减员，迅即北上，包围济南，并争取于 10 天内外攻克之（16 日 8 时）。

7 月 17 日 10 时军委来电接受了华野前委的建议：许谭所部暂在现地休息待命，看粟陈唐占领砀徐段，及他部击破徐蚌段后邱兵团动作如何，再定是否提早攻击济南。

豫东战役后，敌军集中兵力，配以大量飞机轰炸，加强了对我军的尾追攻击。而我外线兵团因连续作战，虽然胜利很大，但伤亡也较大，弹药消耗多，部队极度疲劳，需要以战备姿态进行休整补充。7 月 18 日，前委将此情况报告了军委。中央军委考虑到部队的实际情况，加上雨季又到，于 7 月 23 日电复：暂定休整一个月，期满情况许可再延长之。休整完毕，或在陇海南北打几仗然后攻济南；或先攻济南并打援，由粟陈唐张依情况提出计划，并统一指挥。7 月 26 日，军委又指示中野与华野：两军同时休整 40 天，然后于 9 月上中旬两处有效配合同时发起战斗。

部队在休整之中；领导机关继续在酝酿下一步作战问题。8 月 10 日，华野前委以粟陈唐张钟名义电报军委等：对雨季休整后的作战，重申了 7 月 10 日提出的三个方案。并对攻济打援部队的分工作了进一步规划部署。8 月 11 日，谭震林同志来电：下步作战以佯攻济南吸引邱兵团为有利。8 月 12 日，军委批复华野前委："九月作战，预计结果有三种可能。第一，打一个极大的歼灭战，这即是你们所说的既攻克济南，又歼灭五军等部大部分援敌。第二，打一个大的但不是极大的歼灭战。这即是攻克济南，又歼灭一部分但不是大部分援敌。第三，济南既未攻克，援敌亦不好打，形成僵局，只好另寻战机。""我们目前倾向于攻城打援分工协作，以达既攻克济南，又歼灭一部援敌之目的。即采取你们第二方案，争取上述第二项结果。"并提出了"夹运而阵"的打援方针，力求在运河东西两岸阻击与歼灭援敌。8 月 14 日，王建安同志意见：以夺取济南为主，南线歼敌一部。对济南攻击最好在 9 月中旬。8 月 22 日，军委发出攻济打援做好一切准备工作的指示。为集中优势兵力，华野决定调苏北兵团主力北上参加攻济打援，军委批复同意。

8月25日，华野前委致电军委：对攻克济南信心甚高。

8月26日，毛泽东主席代军委拟电：攻济打援战役，必须预先估计三种可能情况：（一）在援敌距离尚远之时攻克济南；（二）在援敌距离已近之时攻克济南；（三）在援敌距离已近之时尚未攻克济南。你们应首先争取第一种；其次争取第二种；又其次应有办法对付第三种。

8月27日，粟裕同志向军委建议：攻占济南应分两阶段进行：第一阶段以足够兵力攻占济南机场以吸引援敌，其余全部用于打援；第二阶段集中主力攻占济南，仅以一部担任阻援。8月28日毛主席拟电批复："我们要求你们的是以一部兵力真攻济南（不是佯攻，也不是只占飞机场），而集中最大兵力于阻援与打援。济南是否攻克，决定于时间。而取得时间则决定于是否能阻援与打援。"

8月底，华野在曲阜召开纵队以上干部会议，根据军委多次原则指示与敌我双方的实际情况，经数天讨论，粟裕同志最后下达决心：作战任务以攻占济南为目的，并求歼援敌之一部，坚阻援敌不能迫近济南，以使攻坚集团有足够的时间攻占济南，争取军委所料第一种可能的实现。具体部署：（一）攻坚集团分为东西两个兵团：以原东兵团之9纵、13纵和渤纵共24个团组成攻坚东兵团，由东和东南向济南攻击；以原西兵团之3纵、10纵和鲁中的4个团共19个团组成攻坚西兵团，由西南和正西向济南攻击。（二）打援集团由原西兵团之1纵、6纵、11纵和原东兵团之7纵及苏北兵团7个旅并鲁南4个团共52个团，位徐济铁路邹县以南以东地区准备打援。（三）阻援兵团则由原西兵团之4纵、8纵和冀鲁豫两个独立旅共20个团组成，依鲁西南水洼地带筑工阻击北援之敌。（四）以广纵和华野特务团组成扫荡部队，首先扫清长清及其周围之敌后，南移作为4纵、8纵之预备队。（五）拟令江淮军区、豫皖苏部队和淮南部队等在徐州及其以东、以南钳制作战、分散敌军北援。（六）攻坚战斗拟于9月16日发起。此计划上报后军委于9月2日批复：完全同意所提攻济及打援之整个部署。

半月后的济南战役，完全是按照这个决心与部署进行的。这充分说明：（一）济南战役决策的形成是经过反复酝酿的，是从实际出发和实事求是的，因而是完全正确的。（二）统帅部十分重视战区指挥员的建议，又适时提出全局性的原则指导意见；而战区指挥员则敢于直言，又善于直言，言之有理。

既对上级负责，又对部队指战员负责，两者高度统一，并十分尊重统帅部的全局指导，从而上下合力，形成民主的科学的决策。

充分准备

攻打济南并且一定要打下，这是华野上下一致的决心。在领导机关反复酝酿具体作战方案的同时，各方面的准备工作一直在抓紧进行。

在政治思想准备方面，首要的，是战前8月下旬的华野前委扩大会议开得好，认真研究了中央军委关于济南战役方针任务的指示，统一了高级干部的作战指导思想。

在此基础上，各级的思想领导坚强，政治动员深入。1948年7月31日，唐亮同志和我签发了《华东野战军政治部关于休整的政治工作指示》，对整顿组织，充实提高战斗力；深入战局形势教育，澄清模糊认识；总结开封、睢杞战役政治工作经验和轮训基层干部，提高干部质量等问题，作了具体部署，提出了措施与要求，为济南战役作思想准备与组织准备。

9月1日，由主持华野政治领导的粟裕、谭震林、唐亮、钟期光四人署名，下达了《华东野战军济南战役政治动员令》，号召全军为最后摧毁山东敌人巢穴，全歼守敌，夺取济南，大量消灭来援之敌，更进一步开展中原战局而战。《动员令》扼要分析了敌我形势，简练阐明了攻占济南的重大意义，重点指出了战胜敌人的有利条件和注意事项，分别对指挥员、战斗员、保障人员和担任攻城、打援、阻援等不同任务的部队提出了具体的要求。并十分响亮地提出了“打到济南府，活捉王耀武”，“打下济南城，解放全山东”，“军事上政治上都要打胜仗”，“进一步发展中原战局”等十条行动口号。据我们政治部原秘书处长谭肇之同志回忆,“打到济南府，活捉王耀武”这个口号，在我们四人正式向全野战军提出之前，来自基层战士。兖州解放后，7纵某班几位活跃的战士在兴奋地议论：形势发展这么快，下步的仗该往哪里打？有个绰号叫“小参谋”的战士说，山东除济南、青岛等几个孤点外都已解放。青岛嘛，在海边又有美国兵，可以暂时不理它；往南打徐州，不拿下济南，后院不平安；我看呀，下一步该是打到济南府，活捉王耀武了！由唐亮同志组织起草，经华野前委讨论，以我们四人名义将这个口号写进《政治动员令》，并经军委总政治部批准，就变成了全军广大指战员的共同意志与行动指南了。在战役过程中，在我军阵地上、驻地里、谈话中，随时随地可以见到听到“打到济南府，活捉王耀武”的标语和口号，它激励着指战员勇往直前。在济南城内和敌军阵地上，我们地下党组织广为张贴和散发这个标语口号，动摇了敌人的军心。当这个口号首次被王耀武本人得知时，他沉默良久说不出话来。

1948 年在山东省曲阜与华东野战军政治部同志合影。左一谭肇之、左三蓝荣玉、左五李振湘、前一钟期光。

9 月 5 日，又由粟谭唐钟四人署名，下达了《华东野战军关于攻济打援的政治工作指示》。这是由我亲自起草后华野前委讨论通过的。前述《政治动员令》比较简明扼要，特点是具有号召性与鼓动性。这个《政工指示》，则在深入政治动员，统一战役思想，明确战役目的、意义和任务的基础上，比较全面、系统和具体地提出了攻济打援的 12 个战时政治工作问题，特点是具有一定的经验性与指导性。比如加强战役思想指导、坚决执行命令完成各自任务、服从集中统一指挥、加强团结协同、严格战场纪律、开展火线政治攻势、战时支部领导与党员模范作用，等等，每个问题都作了经验性阐述与规范性要求。还概括介绍了刘邓部队构筑工事的经验：一是干部带头；二是支部保证；三是科学分工；四是抓紧奖评；五是传播经验；六是表扬典型；七是严格纪律；八是生活保证；九是文娱激励。在这之前的 9 月 2 日，华野政治部还印发了《关于济南战役（攻城打援）思想指导问题》（目前部队思想指

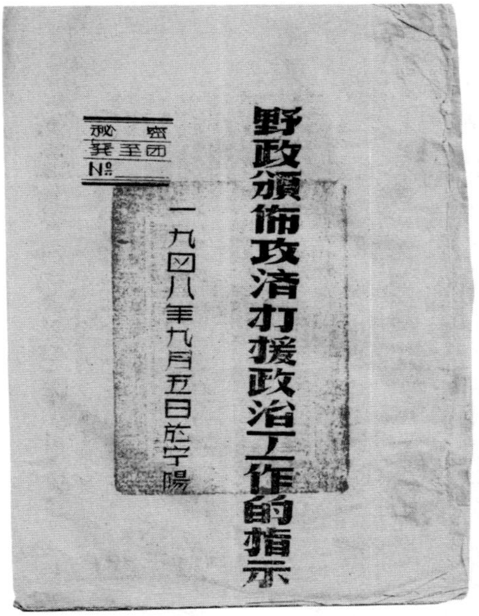

1948 年 9 月 5 日济南战役中，由钟期光亲自起草的华东野战军《攻济打援政治工作的指示》，华野前委讨论后于宁阳颁布。

导第二号），更加详细具体地专门就统一战役思想问题作了分析与阐述。9 月 15 日，华野首长发出《为争取济徐战役伟大胜利告后方全体同志书》，号召全体后勤人员为前线胜利而积极工作。

同时，敌军工作紧密配合：野政先后发出了《关于在新区作战对战俘处理的决定》《攻济打援处理俘虏的原则规定》《济徐战役中对敌工作的补充意见》。并加强了对吴化文部的策反工作。

在城市接管的准备工作方面，组成了以谭震林、曾山为首的济南市军事管制委员会，指定了城市警备部队，成立了济南市警备司令部政治部，拟定了《约法七章》和我军政人员的《入城守则》等文件，进行了城市政策和纪律的教育，牢固树立我军“不但要有打江山的本领，还要有坐江山的本领”。积极做好接管和警备济南市的各项准备工作。

军事准备上，攻城部队对济南的城防情况，特别是敌军兵力部署与工事分布作了详尽的调查与核实。广泛开展了军事民主，各部按自身的具体任务，摆情况，提问题，想办法，根据以往攻城作战经验，认真讨论作战方案，研究解决可能遇到的各种困难，并在相似的地形上，模拟敌人工事，对攻城的战术技术进行了反复的演练。在战术上，强调发扬连续战斗、勇猛顽强的优良作风，强调边打边侦察，边打边组织，边打边补充，边打边教育，取资于战场，取资于敌人。打援阻援的部队，反复组织了战场侦察，加强了阵地阻击和山地攻击的训练，组织军民联防，抢修和加固了大量的工事系统，群情振奋地严阵以待。

后勤准备自兖州解放后即着手进行。中央军委于 8 月 28 日给中共华东局、华北局和华东军区、华北军区等下达了《关于济南战役后勤工作的指示》，为华野 30 余万人准备了两至三个月的粮食、弹药、担架、药品、通信器材和其他支前人力与物力。华东局、华东军区和山东省委成立了“山东省支前委员会”，由7名常委、15名委员组成，华东局秘书长郭子化和军区副参谋长袁仲贤分任正副主任，并设秘书、政治、财粮、民力、卫生等五个部门，统筹支前领导工作。担负主要支前任务的鲁中南区、渤海区和胶东区党委，分别于9月初作出了具体支前工作安排。他们树立全党全民战争观念，地委建支前司令部，县建支前指挥部，区建支前站，村建支前生产委员会，将支前工作与秋收秋种统筹部署。实行公平合理、等价交换的原则，达到支前与生产的分工合作。华野前委在曲阜成立了以傅秋涛为主任、周骏鸣、冯平为副主任的支前机构，协调军队与地方的支前后勤工作。至战役发起前，已动员准备了50万支前民工，14亿斤粮食，18000辆小车和14000副担架及其他大批各种各类支前物资。各地地方武装和民兵也都整装待发，警戒后方，布下了天罗地网。

智勇奋战

济南战役决策的酝酿与形成，是以智与勇相结合为基础的，战役的实施过程，同样始终贯穿着智与勇的巧妙结合，下了几着高棋。

第一着，三级指挥，坚强有力。中央军委和华野明令：整个攻济打援战役由华野代司令员代政委粟裕统一指挥。攻城部队统由山东兵团司令员许世友、华野副政委兼山东兵团政委谭震林和山东兵团副司令员王建安指挥（战役前许世友同志正在养病，毛泽东主席指名令其返部加强指挥，战后再去休养）。打援集团由华东野战军司令部直接指挥；攻城西集团由第10纵队司令员宋时轮、政委刘培善指挥。攻城东集团由第9纵队司令员聂凤智、政委刘浩天指挥。战役过程中，在中央军委的密切关注下，三级指挥职责分明，反应敏捷，有条有理，处置得当，从根本上保证了济南战役的胜利实施。

第二着，东西突击，乱敌部署。战役前，济南守军总指挥王耀武根据多方面侦察，判断我军主攻方向在城西。故将其预备队第19旅置于飞机场以西古城方向待机，将第57旅由张夏、崮山等地调入市区，准备机动用于西郊。但我于9月16日午夜发起攻城战役时，东西突击，全线猛攻，经一天激战，东集团一举攻克敌军坚固设防的茂岭山、砚池山及回龙岭等制高点；西集团突破长清、齐河防线后迅速迫近济南西郊。这一东西猛击，使王耀武又判断我主攻方向在城东，急将预备队第 19 旅和 57 旅东调，并以第 15 旅及空运抵济不久的整编第 74 师一部自七里河方向实施反击；以该师另一部增援燕翅山，妄图制止我军在城东的攻势。又将飞机场以西的整编第 2 师 211 旅调入市区，增强机动兵力。实际上，我军在战役部署上，粟裕同志是以西线为重点攻城方向的；但战术上的东西突击，使敌军抽西补东，乱了部署，为我军下一步西集团的攻势发展创造了条件。

第三着，策反吴部，釜底抽薪。在我敌军工作部门长期策反工作的基础上，又慑于济南战役发起后我军强大的军事与政治攻势，在战役打响后的第三天，西城守敌整编第 96 军军长吴化文，率整编第 84 师等部共 3 个旅约 2 万人战场起义。吴化文亲自到阵地前沿架通电话与我军接洽，迅速撤离战场，并向全国发表起义通电，给敌军以重大打击，震动中外。我军趁势占领商埠以西阵地，又经两天激战，完全占领商埠，直逼老城城垣。以上第二着加第三着，一“乱”一“抽”，不仅歼灭大量敌军，动摇了敌人军心，而且使王耀武丢了半个济南城，只剩老城狭小拥挤的一隅，为我军奠定了战役胜利的基础。

第四着，连续突击，出敌不意。我军攻占商埠后，敌军判断我需要三五天的休整才能继续攻城。遂仓忙调整部署，将 3 个旅集中内城，以 4 个旅留置外城，加修工事，准备顽抗。但我军一刻也不给敌人以喘息机会，许世友、谭震林等同志当机立断，不顾疲劳伤亡，连续突击，采取挖心战术，不平推并进，而是集中兵力火力，突破一个口子钻进去打，像一把锋利的尖刀直插敌人心脏。这样指挥之果断，进攻之快，攻势之猛，完全出乎敌军意外，使王耀武以至蒋介石预定凭借其优势装备与良好指挥，凭借其空中优势支援，依托高厚城墙和坚固工事，至少可以坚守一个月、“固守待援”而妄图扭转战局的济南作战计划迅速破产。我军原定 20 天的攻济打援计划，只经 8 天即达成。

第五着，英勇顽强、可歌可泣。战役过程中，各级干部有进无退，大胆突击，掌握战机，速战速决的战术思想贯穿始终。部队中有我无敌，前仆后继，顾全大局，胜利第一的战斗作风威力无比。第 13 纵队大胆插入敌后，从敌侧背袭占商埠以南之丁家山、白马山，以 10 余人的伤亡歼敌 1 营之众。该纵还在我军攻占商埠之后，以数小时迅速动作，大胆突破，直逼济南外城。第 10 纵队在吴化文部起义后，迅即控制机场，并以迅雷不及掩耳之势从友邻左翼插断商埠敌军之退路，造成第9、第13纵队迅速攻击外城的有利条件。第9纵队以迂回包围动作歼灭各山地之敌，避免了正面平推使敌逃窜的可能。并利用已得的有利阵地给反击之敌以大量杀伤。3纵8师师长王吉文同志亲临火线指挥作战，身负重伤，命令医生不要管他快去抢救受伤战士，临牺牲前还鼓励身边同志革命到底，自我牺牲精神十分感人。13纵37师政委徐海珊同志带病坚持作战指挥，不幸光荣牺牲。在对内城的总攻中，9纵25师73团首先突入城内，两个连大部阵亡，许多指战员连续负伤三四次不肯下火线，为后续部队开辟了通道。13纵37师109团从另一个方向与敌争夺4小时，相继突入内城，为东西两集团突破王耀武最后防线胜利会师创造了条件。为此，73团和109团分别被中央军委授予“济南第一团”和“济南第二团”的光荣称号。

第六着，天罗地网，彻底歼敌。攻城战役发起第四天，中央军委发电指示：我军进一步攻城，王耀武很可能率部向天津或青岛或临沂等处突围逃跑。你们应从各方面布置，勿使敌人漏网达到全歼目的。9月22日，华野前委为防济敌突围，以11纵、6纵和苏北兵团一部布置了三道截击线。9月22日和23日，军委两次来电进一步指示：为全歼该敌勿使漏网，应布置多层堵击力量，除正规部队堵截外，华东局应立即布置通往临沂、枣庄、青岛、运河、鲁西南各路之地方部队及民兵的节节堵击。9月23日，华东局作出严防王耀武率部逃跑的布置。在吴化文部起义和我军强大攻势下，王耀武确曾向其统帅部请求突围，但遭蒋介石严拒，令其固守待援。直至9月24日上午11时，在我向内城发起总攻前7个小时，王耀武见败局已定，将指挥权交其参谋长罗辛理，自己化装出城向青岛方向潜逃。

9月28日8时，当王耀武伪装成“病老头”逃到寿光县境内时，路旁贴有“活捉了王耀武”的《济南战役捷报》。他挤上去看后，以为自己可以漏网了，就跟着围观群众喊:“捉到了王耀武，这就好了！”可是再往前走，他到一野地大便，侍卫们分立四边，引起农民们怀疑:“这人准是逃亡大地主”。等他上了马车，有人发现他用的是雪白的手纸，更断定他是“逃亡大地主”了。于是，民兵们追上去，将其俘获并送交寿光县公安局。经审讯，王耀武承认了自己的身份。国民党山东省党部主任庞镜塘等逃到临城县境时，也被我侦察兵智擒。至此，济南守敌10万余人除2万人起义外被彻底歼灭。

在济南战役中，充分发挥了炮兵和爆破技术的威力。炮兵在攻击外城时为步兵开路，不用梯子就可以登城。在内城攻击中炸药爆破起了很大作用。第一次使用 4 辆坦克配合步兵作战，对部队支持鼓舞很大。从此以后，华野的特种兵建设进入了在战斗中成长的新阶段。

1948 年 10 月济南战役胜利后，游千佛山。左起：谭震林、粟裕、张震，前右一钟期光、右二陈同生。

有一点必须指出：攻济打援，攻济干净利落，打援却没有打成。是否打援没有必要？或者是“小题大做”甚至“对敌情判断有误”？答案是十分明确的：不是！没有打上援，并不是蒋介石不想援，也不是敌军没有增援，更不能说蒋介石要王耀武“固守待援”完全是欺骗他。

当时的济南，虽然确有孤立之势，但蒋介石在这里陈兵 10 万，并在日伪原有工事基础上，加筑了支撑点式半永备型城市防御体系，储备了大批粮食与弹药，是其实施“点线防御”战略的一个重要战略要地。为此，蒋介石从 8 月上旬至 9 月上旬，分别从青岛和徐州将 57 旅、19 旅和 74 师空运济南。又确实拟订了一个 27 万人的“会战计划”：在济南遭攻击时，以王耀武 10 万守敌坚守消耗我军；以第 2、7、13 兵团 17 万人由徐州北援，以解济南之围。还以济南、青岛、北平、徐州等地 200 余架飞机作空中支持。王耀武也确系蒋军中较有军事才能的将领。攻济战役发起后，蒋介石曾三令五申其徐军北援。

敌第2兵团已进至鲁南城武、曹县地区，第7、13兵团也已开始集结，企图在鲁南击破华野主力的阻援与打援。共出动飞机523架次对我军实施了狂轰滥炸，配合守军造成了我军全役2.6万人的伤亡。

这一切充分证明：蒋介石援济是真的，王耀武固守济南也是真的，只是因为我军也是真攻济、真打援，而且我军的“真的”高明于敌军的“真的”，才使敌增援行动受挫、以守敌覆亡告终。假如我军不是真攻济南真打援，其结局必将是别样了。

第十八章 “中原定则天下定”

在战略决战的淮海战役中，我们华东野战军英雄的广大指战员，在中央军委和总前委的正确领导下，与中原野战军并肩作战，一鼓作气，一往直前，从 1948 年 11 月 6 日至 1949 年 1 月 10 日，经 66 天浴血鏖战，以伤亡 13.4 万余人（其中华野伤亡 10.5 万人）的代价，取得了歼敌 55.5 万余人（其中华野歼敌 44 万余人）的空前胜利。

以少胜多的科学决策

淮海战役战略决策和作战方针的形成、发展与完善，是中国共产党和人民解放军对解放战争战局的客观认识、科学指导与集体智慧的结晶。

1947 年 7 月，我军由战略防御转为战略进攻，中央军委和毛泽东主席指挥刘（伯承）邓（小平）、陈（毅）粟（裕）、陈（赓）谢（富治）三路大军挺进中原，实现了中共中央“以主力打到外线去，将战争引向国民党区域，在外线大量歼敌”的正确战略决策。

1948 年 1 月 27 日，中央军委指示华野，拟令粟裕等同志率一兵团 3 个纵队，南渡长江深入闽浙赣，以吸引中原敌军 20 个至 30 个旅回防江南，利于我军在中原大量歼敌。

粟裕同志在执行军委指示、做好各项渡江准备工作的同时，反复分析了分兵渡江与集中兵力在中原歼敌的利弊，于 4 月 18 日向军委提出了一兵团暂不渡江、集中主力在黄淮地区打大歼灭战的建议。5 月 5 日，党中央和军委当面听取了粟裕同志的汇报，采纳了他的建议，决定一兵团南渡任务不予取消，但在 4 个至 8 个月内暂不渡江，先集中兵力在中原作战。7 月 14 日，中央军委指示华野，准备在“八、九两月攻克济南”，然后于“冬春夺取徐州”，实际上改变了一兵团南渡作战的计划。

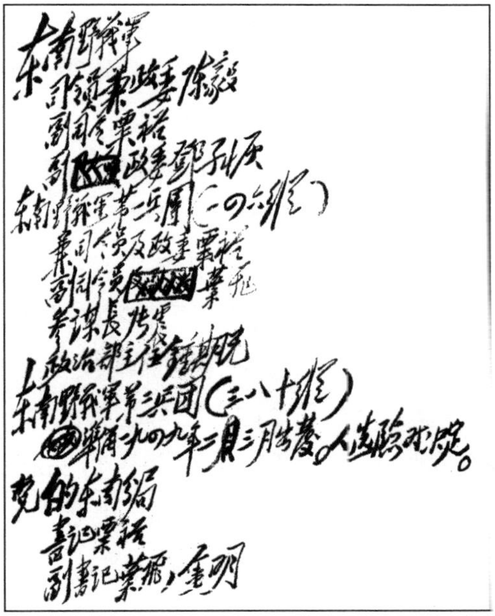

1948 年 2 月 2 日中共中央决定成立华东南野战军实施渡江作战。以华东野战军第 1、4、6 纵队组成东南野战军第一兵团，粟裕任司令员兼政委，钟期光任政治部主任。毛泽东主席将上述任命手令面交陈毅（后中央改变了南渡作战计划）。

7 月 29 日，我们华野政治部就“正确认识中原战局，为全部解放中原，建设中原解放区而战”，发出《目前部队思想指导》（第 1 号），指出“中原战场是目前革命战争的主要战场，中原战局是决定胜负的关键，……中原自古是兵家必争之地，谚有‘中原定则天下定’之语”。“敌人仅仅在中原战场上所保持的一种暂时的片面的优势（数量上技术上的优势），正在日益缩小，我军歼灭敌人主力大规模作战的条件日益成熟。只要我们努力作战，大量歼灭敌人，特别是歼灭敌 5 军和 18 军，敌人的这种优势就将最后丧失，那个时候就将意味着中原战局的改变，也将标志着全国战局和人民革命战争的新阶段。”8 月 23 日，朱德总司令在总部战况汇报会上指出：“自古以来谁在中原取得胜利，最后胜利属于谁的问题就能解决”，“到条件成熟时再同他们在中原决战。”

9 月 8 日至 13 日，中共中央政治局扩大会议决定：建设 500 万人民解放军，在 5 年左右的时间内（从 1946 年 7 月算起），歼敌正规军 500 个旅（师）左右，从根本上打倒国民党的反动统治。并决定战争第三年我军“仍然全部在长江以北和华北、东北作战。”据此，中央军委赋予我们华东野战军战争第三年歼敌 40 个旅（师）的任务。

基于上述上下对战局发展的客观统一认识和中央军委赋予华野的作战任

务，由陈毅、粟裕、谭震林、唐亮、钟期光、陈士榘、刘先胜、刘瑞龙等八人组成和由粟裕同志主持的华野前委，率部先后取得了豫东战役和济南战役的重大胜利。9月24日清晨，济南战役尚未结束，粟裕同志经过深思熟虑，并集中华野前委的意见，向中央军委提出了举行“淮海战役”的建议，以攻占两淮（淮阴、淮安）和海州、连云港为战役目标。9月25日，中央军委和毛主席批复：“我们认为举行淮海战役，甚为必要。”并具体分析了敌军可能的动向，提出“你们第一个作战，应以歼灭黄（百韬）兵团于新安、运河之线为目标。”后来战局的发展，完全符合军委和毛主席的预料与设想。

战局在继续发展。全党全军和全国人民都在关注着淮海战役，直到战役获得全胜，我军60万战胜敌军80万，创造了中外内战史上的奇迹。这在战略决策和战役指导上，有许多具有决定意义和历史意义的“关键点”。其中最主要的有：

（1）确定首战黄百韬，断敌右臂。如上所述，这个决策来自军委和毛主席，也是华野前委的一致主张。敌军80万人中，以徐州为中心部署的黄百韬、邱清泉、李弥、孙元良4个兵团和4个绥区即达60万，若以我军60万人去硬拼是不成的。而当时黄兵团孤立突出在运河以东的新安镇（现新沂）地区，又处在我华野主力的当面，便于接近，且相对较弱。一旦此敌被歼，徐敌就将失去右臂，对全役获胜至关重要，这为后来的事实所证明。

（2）隐蔽意图，出敌不意。为了迷惑敌军，有利于割歼黄兵团，华野前委在进攻部署上，采用了“声西击东”策略。我17个纵队从鲁西南到鲁东南与苏北，宽正面多箭头指向徐州，并报军委请中野从西面作战略配合，造成会攻徐州之势，使徐敌刘峙集团极为恐慌与混乱，连忙向徐州收缩兵力；后来，当敌发现我真实意图时，我主力已接近并包围了黄兵团。

（3）中野参战，双拳对敌。10月11日，军委指示中野：“望刘伯承、陈毅、邓小平即速部署攻击郑（州）徐（州）线，牵制孙（元良）兵团。”中野随即解放郑州、开封，挥兵东进，直抵徐西萧县地区。这样，两大野战军由战略配合变为战役协同作战，原计划的小淮海战役演变为大规模战略决战的淮海战役。

（4）加强领导，统一指挥。10月31日，粟裕同志向军委建议：“此次战役规模很大，请陈军长、邓政委统一指挥。”军委于次日批复同意。并于11月16日决定组成以邓小平为书记，刘伯承、陈毅、邓小平为常委，刘伯承、陈毅、邓小平、粟裕、谭震林为委员的总前委，从组织上、军事才能上、政治权威上保证了淮海战役的胜利。

（5）策反成功，合围阻援。黄兵团虽较孤立突出，但处在陇海铁路线上，距徐州较近，机动方便，徐敌东援也快。因此，歼灭黄兵团的关键，是迅速将其合围并阻止徐州邱李两兵团东援。战役发起，敌第三绥靖区冯治安部成为我南下合围阻援的第一个障碍。在此紧要关头。我长期的敌军工作发挥了作用，地下党员何基沣、张克侠两同志率部2万余人战场起义，让出运河防线，我军直下陇海，适时达成了合围阻援，为首歼黄兵团创造了条件。

（6）重阻慎攻，稳打必胜。淮海战役在兵力部署上，充分运用了“攻济打援”的成功经验。10月11日，毛主席为军委起草的《关于淮海战役的作战方针》指示华野：要用一半以上兵力，牵制、阻击和歼敌一部，以对付邱李两兵团，才能达到歼灭黄兵团的目的。据此，华野前委以6个纵队攻歼黄兵团，而以7个纵队阻击邱李两兵团，另以1个纵队为预备队，英勇围攻，顽强阻击，配合默契，均达预期目的。重阻慎攻，这是我军由内线作战集中绝对优势兵力歼敌一部，到外线出击歼敌重兵集团在作战原则上的重大发展。

（7）攻占宿县，分割敌军。这是军委和毛主席又一重大决策，也是刘陈邓的主动建议。当黄百韬被围后，蒋介石极为恼怒，大骂刘峙无能，令杜聿明去徐州加强指挥，派顾祝同到前线督战，限令邱李两兵团东援黄百韬，急令李延年、刘汝明兵团自蚌埠北进，又令其亲信、归白崇禧指挥的黄维兵团立即从平汉路赶援徐州。这时敌军增至80万，大有与我决一雌雄之势。军委和毛主席审时度势，果断决策，连续电令我军：“应极力争取在徐州附近歼灭敌人主力，勿使南窜”，中野“应集全力（包括[华野]三、广两纵）攻取宿县……断敌退路，愈快愈好”。在华野围攻黄兵团、阻击徐东之敌的同时，11月16日中野攻克徐南宿县，斩断浦津线，割裂敌军各兵团，阻其北进东援，封闭其南逃大门，使徐州成为一座孤城，为全歼敌军徐州集团创造了条件。

（8）再战黄维，承前启后。在黄百韬兵团即将被歼，敌其他兵团虽被分割，但攻势仍烈，蒋介石在力挽颓势。我军下一步打谁，成为战役全胜的又一关键。当时上下曾有多种方案，经11天反复商讨，最后军委和毛主席采纳了刘伯承、陈毅、邓小平同志的建议，确定战役第二阶段攻打黄维兵团：该敌虽强，但远道来援，已甚疲劳；距徐州蚌埠尚远，孤军深入；人生地不熟，补给困难；已被我节节阻击，气势减剁；且有我之内应，其内部不稳；加之黄维书生谈兵，缺乏指挥大兵团打大仗的实战经验。决策一定，中野组织战役实施，全力出击，华野先派 2 个纵队直接参战，7 个纵队南下钳制阻击徐州、蚌埠救援敌军，将黄维兵团紧紧包围于宿县西南的忠义集、双堆集地区。

（9）料敌南逃，杜军被围。黄维解围不成反被围，蒋介石痛心疾首，敌军上下动摇混乱。为挽危局。敌统帅部令杜聿明率邱李孙 3 兵团弃徐绕道南下，图解黄维兵团之围，并共同南逃蚌埠，保存实力，退守长江防线。这些均在我统帅部和战区领导的预料掌握之中。华野前委和粟裕同志适时指挥所属 11 个纵队，对放弃徐州向西南溃逃之杜集团分别实施平行追击、迂回拦击、尾随痛击和侧翼截击，第二天即抓住逃敌，第四天将杜集团包围于徐州西南 65 公里的陈官庄地区。

（10）先黄后杜，各个歼敌。战役第二阶段后期，黄维兵团久围未克，华野又围住了更大的杜聿明集团。敌军虽处困境，但毕竟是装备较好的重兵集团，又有空中优势。一再拼死突围，仍图两集团靠拢南逃，包围圈外还有李延年刘汝明集团相策应，而我军的兵力使用已接近极限，且已十分疲劳，如久围不决，难免发生变故。总前委实事求是地分析了形势，当机立断，调整部署，先黄后杜，各个歼敌。中野重新组织攻黄，华野增派 2 个纵队由参谋长陈士榘率领加强力量，组织地下党员廖运周率师起义，终于将黄维兵团一举歼灭，杜聿明集团陷入最后绝境，使敌垂死挣扎的阴谋破产。

（11）三大战役，一气呵成。淮海战役不是孤立的，也不要孤立地研究淮海战役。粟裕同志曾说，原来设想的小淮海战役演变为南线决战的重要条件之一，是辽沈战役的胜利结束，没有此条件，我们也不敢那样放心打。中央军委和毛主席更是全局在胸，运筹帷幄，全国战局一盘棋。先是指挥东北野战军经 52 天激战，歼敌 47 万余人，解放东北全境，使敌我力量对比发生了根本变化，我已占全面优势，更使敌军军心动摇；紧接着发动淮海战役，指挥中野、华野节节获胜；当我们围歼杜聿明集团时，平津战役又已发动。为了配合北线决战，军委和毛主席指示我军对杜敌围而不攻，一面休整部队，一面开展政治攻势。最后南北双胜，我们于 1949 年 1 月 10 日结束淮海战役，歼敌 55.5 万余人，平津战役于 1 月 31 日收兵，歼灭和改编敌军 52 万余人。三大战役共歼敌 154 万余人，实现了歼敌主力于长江以北的战略计划，国民党的军事机器基本上被打碎，中国革命胜利在握。

（12）目标一致，“临机处置”。在淮海战役期间，我上下联络的电报有 6 大本，其中相当数量是军委和毛主席的命令与指示。而在统帅部的大量电文中，不止一次地提到“临机处置一切”“临机处置，不要请示”。在瞬息万变的战场上，我们的指挥员正是这样做的，而现在一般不为人们所注意。但正是这“临机处置”四个字，字字千金。它反映了“我们和你们在基本方针上是一致的”，即统帅部与战区指挥员之间，我军各级上下级之间，战略目标一致，战役方针一致，战斗意志一致。有了这些一致，就能做到哪里便于消灭敌人就在哪里打仗，哪个敌人好消灭就先打哪个敌人，谁的意见能打胜仗就采纳谁的意见，上级指向哪里就坚决往哪里打。而有了目标一致前提下的“临机处置”，就可以发挥战区指挥员和数十万指战员最大的聪明才智，凝聚成无坚不摧的巨大力量。这是我党我军政治英明、军事民主、作风求实的本质反映，是我们的战区指挥员高明、统帅部更是高明的反映，是胜利的必然。在此基础上，上下之间，同级之间，不同意见的商讨是完全正常的，也是必要的，是集中全党全军集体智慧的重要前提之一，而当时我们的敌人则正好相反，所以他们的失败也是必然的。

综合实力的全面较量

淮海战役的胜利，不仅是军事决策的正确，而且是我党我军政治、军事、经济等多方面的综合实力同敌人全面较量的结果。我就其中政治工作的因素做些回忆。

华野在淮海战役中的政治工作，前委重视，骨干得力；方针明确，重点突出；深入前线，发动群众；形式多样，方法灵活；及时有力，收效显著。其中最主要的“关键点”有：

（1）组织保证，加强领导。这是取得战役战斗胜利的根本保证。中央军委配备的华野领导班子，比较精干、团结、高效、有力。当时陈毅同志去了中野，主要领导由7人组成，即代司令员代政委粟裕、副政委谭震林、参谋长陈士榘、副参谋长张震、政治部主任唐亮、副主任钟期光、后勤司令兼政委刘瑞龙。上通下达的综合性电文署“粟谭陈唐张钟刘”或“华野前委”；属军事工作方面的电文署“粟陈张”；因为谭震林同志一直随山东兵团行动，战役前期唐亮同志率组织部长王文轩等留在曲阜，总结三查三整新式整军运动的经验，并准备在战役后召开政治工作会议。所以淮海战役第一、二阶段的政治工作，具体由我负责，这方面的电文署“粟钟”或“野政”；属后勤工作方面的电文署“粟刘”。在中央军委和总前委的领导下，由粟裕同志主持全盘工作，统筹一切。他既善于独立思考问题，又有民主作风，重大问题深思熟虑，具体工作大胆放手，各司其职，各负其责。机关各部门的领导骨干坚强，大都亲自动手写东西，搞组织协调，既是部门领导，又能代表政治部下去指导帮助部队的工作。各部门的科长和参谋、干事、助理员，多数是从基层工作做起，有实际工作经验。是逐级选拔到领导机关工作的一般都有相当的水平，具有发现、分析和解决问题的能力，工作效率较高。各兵团、纵队和师团干部，都是经过长期战争考验的骨干，战役期间除个别调整外，一般相对稳定。他们在战争中学习战争，多数有勇有谋，指挥得力。

组织保证最大量的工作，是营以下干部尤其是连排干部的配备与调整。战斗连续激烈，基层骨干伤亡很大。以主力第4纵队为例，在11月7日至12月31日，9个步兵团加纵直警卫营共编团以下干部963人，而排以上干部的伤亡则为971人，即为干部总数的100%强，不少连队的干部换了几茬。10师和11师5个团49个步兵连中，伤亡3个连干以上的连队有35个。全纵伤亡营级干部60人（伤40，亡20），伤亡团以上干部8人。为了不间断指挥，必须随缺随补，方针是“大量提拔，多方补充，宁弱勿缺”。由群众推荐、领导审查，从部队中提拔的干部威信高。在各级机关进行动员，造成“到前线去，到战斗连队去”的热烈气氛，下放大批基层骨干加强前线。还通过军政大学派遣、强化教导队培训、地方武装升级、动员地方党政干部和英雄模范参军上前线等方式，补充了一批干部。

（2）严格纪律，统一号令。战役前，在曲阜成功地召开了师以上干部参加的华野前委扩大会议，传达学习了中共中央九月政治局会议关于解放战争第三年的战略任务和毛主席关于“军队向前进，生产长一寸，加强纪律性，革命无不胜”的指示，认真总结了经验教训，粟裕同志和前委其他同志带头作了自我批评，作出了《关于加强纪律性克服党内无纪律无政府状态的决议》，后来又作出了《关于建立与健全报告制度的决定》。这次会议及其决议，连同濮阳整风及其反对军阀主义的决议，是华野政治建设史上的两件大事。它们不仅对保证豫东战役、济南战役和淮海战役的胜利产生了直接影响，而且对统一高级干部的思想，统一号令，提高华野全军的政治素质，保证整个解放战争的全胜具有历史意义和长远的影响。

1948年10月华野前委扩大会议合影。前排右起：周骏鸣、唐亮、谭震林，右五起：杨立三、粟裕、陈士榘、钟期光、张震、谭肇之。

（3）政治动员，思想指导。这是取得淮海战役胜利的思想保证。1948年10月10日，野政发出《目前部队思想指导（第三号）》，贯彻毛主席军队向前进的战略方针，明确“人民解放军的责任是解放全中国人民，首先要解放长江以北、解放全部华东和全部中原地区，要继续大量歼敌，把解放战争向前推进，要有争取全国胜利的英雄气概”。努力克服因济南战役而产生的保守的家乡地域观念和长期休整的享乐思想。11月23日，中央军委致电华野并中野，祝贺歼灭黄百韬10个师的重大胜利，动员部队准备连续作战，在总前委统一领导下争取更大胜利。11月24日，野政发出《目前部队思想指导（第四号）》，11月30日，华野前委和野政下达《关于全歼当面敌人争取淮海战役全胜的政治动员令》，深入进行战略决战的动员，加强胜利教育和进军教育，克服轻敌思想和急躁情绪，“为解放国民党在南线和全中国的主要战场——徐州战场，争取淮海战役全胜而战”，“以我们的战斗胜利，争取全国胜利更加提早到来！”12月3日，军委批转粟钟《关于淮海战役第一阶段的总结报告》：“总结甚好，望本此精神继续指导追歼徐州逃敌的当前战役，期获全胜。”12月13日，华野前委发出《关于争取迅速、彻底、干脆歼灭邱李兵团圆满完成中央作战任务的指示》，进一步动员全军上下，“一鼓作气，聚歼该敌”，“像歼灭黄百韬兵团和黄维兵团一样，给予邱、李兵团以全军覆没的命运。”12月

22日，军委向东北、华北和西北各野战军（兵团）批转华野前委《淮海战役第二阶段部队情况简报》，使部队受到很大鼓舞。又经过毛主席于12月30日发表的《将革命进行到底》的教育，广大指战员的胜利信心越打越高，战斗意志越打越强，最后经四昼夜奋战，取得了淮海战役的彻底胜利。

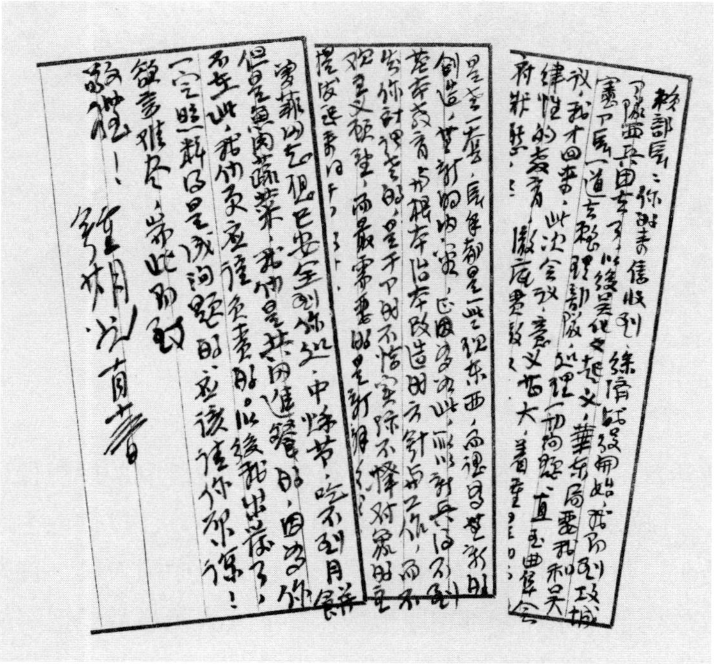

1948年10月13日华东野战军阜阳会议后钟期光就贯彻会议精神，加强部队纪律性给八纵队宣传部长赖少其的一封信。

（4）火线入党，强固堡垒。在大规模连续激烈的战斗中，中共党支部的战斗堡垒作用，是取得胜利的砥柱与旗帜，中共党员的先锋模范作用，是连队带领指战员组织战斗、完成任务、融化俘虏、连续胜利的基础。但因党员冲锋在前，退却在后，其伤亡比例较一般非党员大。因此，我们十分重视火线入党工作，使战斗部队始终保持党员的适当比例。如第4纵队战役第一阶段共伤亡5337人，其中党员2795名，占伤亡总数的52%。全纵29778人，火线接受党员1111人，到12月底仍保持党员10069人，占总人数的34%。火线入党的方法，一是战前由支部进行必要的审查了解，确定发展对象；二是普遍造成“火线入党光荣”的气氛；三是在战斗中考验入党对象；四是发动群众评议掌握入党条件；五是有的单位由团党委授权连队党支部接受火线入党，战后视情况补办入党手续，并报告上级备案。

（5）战场鼓动，激励斗志。各级政治机关和全体政工干部，以提高指战员的战斗意志为一切工作的出发点与落脚点，强调以小型、简明、快速、灵活、多样的方式，及时有效地开展广泛深入的战场鼓动工作。如大力宣传从军委到团以上各级领导的贺电与嘉奖令，以胜利事实鼓舞战斗情绪；开展火线杀敌立功，进行革命英雄主义教育；适时提出简练响亮的口号，为指战员们加油鼓劲；开展战地文艺宣传，活跃前线生活；通过小报、传单等形式表扬英模事迹，开展战斗创模竞赛；组织前线慰问活动，改善指战员的生活；等等。从而，使部队愈战愈勇，愈战愈强，愈战愈胜。

（6）即俘即补，保证兵源。这不仅是瓦解敌军的俘虏政策，更是大规模连续激烈作战的扩军方针。为此，前委和野政在战役前发了专题指示，强调在以战养战和扩张战役胜利持久性的基础上，大胆而慎重地实行这一方针。并要树立爱兵思想，讲究战术，以减少伤亡，做好消化工作，防止逃亡与浪费兵源。淮海战役开始时，华野为 36.9 万人，全役伤亡 10.5 万人，战役结束时发展到 55.1 万人。其中主要补充是解放战士。这是人心归向的产物，是政治工作强大威力的结果，在中外内战史上是罕见的。

1948 年在淮海战役中钟期光与被俘的国民党高级军官谈话。

（7）团结协同，力量大增。淮海战役参战部队 60 万。一二线支前民工 150 万，加上战区广大人民群众，千百万人的大规模战役行动，既是军事运筹问题，又是政治思想工作问题。我们反复指出，华野 17 个纵队之间，华野与中野之间，军政军民之间，前方后方之间，搞好团结协同是取得战役胜利的重要条件之一，作为政治动员和思想指导的重要内容一再强调。团结协同的基础是共同的战役任务与战略目标。团结协同最好的办法，是主动各自完成分工的作战任务，不打滑头仗，为友邻创造歼敌条件。其次是主动、及时和积极参与支援友邻作战，共同完成任务；还要从人力、物力和生活条件等多方面给友邻以帮助。以两大野战军为例，三个阶段的作战任务各有侧重，但主攻与钳制打援都能密切协同。中野考虑华野第一阶段作战艰苦，需要休整，便主动提出第二阶段以中野为主打黄维兵团。华野考虑中野执行外线出击任务早，人员与装备消耗大，除派部队直接协助中野作战外，还将缴获的大量装备与俘虏支持中野。邓小平同志曾传达毛主席的评价：两个野战军联合在一起，就不是增加一倍力量，而是增加了好几倍力量。

（8）研究战术，改进战法。这也是军事工作与政治工作的共同任务。主要是组织学习毛主席的“十大军事原则”，结合实战，反复研讨，不断实践。“特别是全歼敌人、连续作战、不让敌人喘息与不打无准备之仗等思想，更要在这次战役中加以正确的实现。”宣传介绍和组织干部学习运用本部友邻部队和中野部队的作战经验，提高战术水平。开展军事民主活动，及时总结每次战斗的经验教训。如研究第一次总攻黄百韬为什么进展不大、64 军为什么能够顽抗等，改进作战方法。战后随时组织评斗志、评伤亡、评战术技术等，均对战役的胜利起了促进作用。

（9）政治攻势，瓦解敌军。这是淮海战役政治工作的重大贡献与发展。战役第一、二阶段的策反敌军和第三阶段集中瓦解敌军的具体事例，前文已有记述。这方面成功的经验，一是军事打击与政治攻势相结合，军事压力越大，政治攻势越成功。从政治工作角度讲，配合要非常及时，“时机”就是胜利；工作要十分具体，“仔细”就是成功；领导要果断有力，“犹豫”就是失败。二是专门工作与群众性工作相结合。华野各级政治机关经过长期培养有一支坚强的联络工作队伍，在淮海战役中表现特别能干，策反工作颇有成效。群众性政治攻势也培养了一支精明的骨干队伍，带领广大指战员开展了声势浩大而有实效的瓦解敌军工作。三是长期工作与当前突击工作相结合。冯治安部与廖运周部都是原西北军，我们利用敌军派系矛盾，从中央、华东局到华东军区与华野，从抗战时期即开始地下派遣工作，长期潜伏，建立基础，加上战役中起义前的紧张策划，才有临战起义一举成功。

（10）以战养战，后勤政工。淮海战役前，我们执行曲阜前委扩大会议决议，调配了一批得力干部，健全了后勤组织机构，以适应大规模作战的需要。并协助后勤部门整顿了财经制度和供给制度，继续贯彻“以战养战，取给于敌”的方针，严格执行缴获归公条例，反对浪费人力物力，以减轻老区与新区人民的负担。加强对后勤人员的形势任务教育与职责教育，高度发挥积极性，克服种种困难，保证战场供应，加强伤病员的政治思想教育，搞好奖励与慰问。组织伤员伤愈归队，及时充实战斗力。各级政工干部与后勤专业干部一道，参与组织安排庞大的支前民工队伍，共同完成了3亿多斤粮食、马料和1500多万斤弹药的供应，近10万伤员收治转运等巨大的后勤保障任务。

（11）耕战互助，军民一体。做好战区群众和支前民工的政治工作，是部队政治机关和地方党政机关的共同任务。淮海战役在这方面有许多新的创造。在加强军事宣传、向人民群众讲解革命战争胜利形势鼓舞人心的基础上，组织军民共同学习毛泽东主席“耕战互助”的方针，军队和地方都要做到“生产与支前两不误，统筹兼顾”。并教育指战员对地方支前工作不能过高要求，注意节约人力物力，减轻群众负担。规定新区借粮原则与具体办法，组织由政工干部与后勤干部参加的筹粮工作队，大力协同支前机关加强随军民工的政治工作。过去仅着重于巩固民工，完成支前任务。淮海战役提出了“把支前民工队当学校办”，在加强政治工作的基础上，在支前过程中发现培养积极分子，发展党员，提拔干部；反过来通过发展党员与提干，又促进支前任务的完成，并组织民工开展新区工作。这是支前政工的一大发展，真正体现了军民一体、人民战争的光辉思想，使成百万民工自觉自愿地为战争服务，为淮海战役的胜利和解放区的建设作出了重大贡献。全役在中共华东局、中原局和华北冀鲁豫分局的统一安排下，第一、二线支前民工达150余万人，担架20.6万副，手推小车88万余辆，出色地完成了战区所需粮食、马料、弹药和其他军需物资的前送与伤员的后撤任务。这在中外战争史上是个空前的奇迹。

（12）全面规划，具体指导。空前胜利的淮海战役，对政工领导的考验与政工干部的锻炼也是空前的。粟裕同志既是代司令又是代政委，军政工作都重视，既全面规划，又具体指导，充分发挥军政机关的助手作用。贯彻“军事指挥与政治工作指导相结合”“政治工作在前线”的方针，在下达军事命令的同时，都要提出对政治工作的要求。师以上设立了精干的政治工作指挥所，随作战指挥所一起行动。这对组织政工干部深入前线，直接了解战场情况，加强上下联系，及时指导工作，具体帮助连队解决实际问题，随时总结推广作战经验等发挥了重要作用。在工作方法上，我们强调要适应大规模连续激烈作战的特点，以小型、简明、快速、灵活、多样、高效的形式与方法开展工作，创造了许多战时政治工作的范例，涌现了一大批英雄模范政工干部。

革命英雄主义的胜利凯歌

淮海战役的胜利，是数十万指战员英勇奋战、流血牺牲的结果。

他们以党和人民的事业为重，具有坚强的组织纪律观念。为了共同的战役任务和战略目标，不同经历、不同地域、不同素养、不同年龄、不同性别的数十万人，聚集在中国共产党领导的华东野战军的战旗下，冲锋陷阵，克敌制胜，而个人的一切都不在话下。两广纵队政委雷经天，原是苏北兵团司令员韦国清的老上级。广西百色起义时，韦还是战士与共青团员，雷已任中共右江特委书记和苏维埃政府主席。淮海战役中，两广纵队调归苏北兵团指挥，上下级关系易位，但在作战中雷经天同志自觉地服从命令听指挥，出色地完成了任务。第 12 纵队政委李干辉，是大革命时期的营、团党代表，也参加了百色起义，任红 7 军军部宣传队长，资历比韦国清同志老得多。但第 12 纵队编入苏北兵团后，他们的关系很融洽，既是上下级，原则问题按命令指示办，又是战友关系，互相尊重，彼此合作得很好。

他们斗志旺盛，攻击时无坚不摧。首战黄百韬兵团时，第 1 纵队在行进间发起攻敌 63 军。该敌仓促驻防窑湾，虽士气不高，但受反动宣传较深，不了解我军俘虏政策，负隅顽抗。担任主攻的第 1 师在师长廖政国、政委曾如清灵活指挥下，边打边侦察，用击破一点、大胆猛插、直捣纵深的战术，节节获胜。先头第 2 团 2 连和 5 连的指战员们有我无敌，两个连剩 20 余人仍攻势不减，高呼“冲进指挥所，活捉敌军长”的口号，杀进敌军部，并机智地利用俘虏喊话，瓦解敌军。在第 2 师、3 师合力进攻下，击毙敌军长陈章，歼敌 1.3 万余人，创造了以急袭战法一个纵队歼敌一个军的战例。第 6 纵队先后从碾庄圩东南、西南和以西地区围攻黄百韬兵团。当 17 师 51 团攻击大张庄时，敌凭地堡顽抗，攻击受阻。8 连战士张树才挺身而出，扛起炸药包，炸毁地堡，为部队打开了通路，自己壮烈牺牲，被追认为模范共产党员。

第7纵队参与攻击黄维兵团时，攻占大王庄，对敌核心阵地造成很大威胁。战斗中，20师59团排长孔金胜身负重伤仍同敌人肉搏，与敌同归于尽。他所在的排战后被命名为“孔金胜排”。渤海纵队在总攻杜聿明集团战斗打响后，向何庄之敌发起突击。7师2团、3团相继突入敌阵地，遭敌顽抗。3团代理排长王立和带领一个班冲在前面，为敌机枪连扼守的子母堡群所阻。王立和率3个战士顺交通壕扑去，俘敌一个排长，令其喊话，在火力配合下，敌机枪连放下武器，后续部队迅速跟上，40分钟攻克何庄，俘敌团参谋长以下800余人。王立和被评为战斗英雄。他带领的班荣获“军政夹攻”锦旗。

他们英勇顽强，阻击时坚如磐石。战役第一阶段，能否阻止邱清泉、李弥两兵团从徐州东援，是能否首歼黄百韬兵团的关键。我第7纵队、10纵队、11纵队的广大指战员，在苏北兵团协同下，十分顽强地挡住了敌人的连续进攻，歼敌万余，击毁坦克30余辆，10天内敌两兵团东援不到20公里，无可奈何地眼看黄百韬全军覆没。第11纵队奉命阻敌于大许家以西，在狼山阵地上，31旅92团一个加强营，面对敌两个师从三个方向的合力攻击，仍英勇坚守，5次发起反击，杀伤大量敌人。2连最后仅剩一个班的人，仍屹立在阵地上，直到友邻赶来接替阻击。第10纵队28师82团担负解台子一线阻击任务。一营营长宋家烈直接接受宋时轮司令员的电话命令后，响亮地提出“人与阵地共存亡，坚决堵住第8军”的口号，连续打退数倍于我之敌十余次进攻。华东人民一级战斗英雄戴先运指挥一个加强排先后7次将突入阵地之敌打下去。“爆炸大王”盖希运带领爆破队炸毁敌坦克4辆，再立战功。全团出色地完成了阻击任务。杜聿明集团被围之初，妄图以“集团滚进”战术向南与黄维兵团靠拢。距杜总部陈官庄仅4华里的郭楼，成为敌攻我守的必争之地。野指首长指示第2纵队6师师长吴华夺：“你们的阵地一定要寸土必争，不准后退一步”。6师全体指战员顽强地完成了这个任务。被称为邱兵团“战将”的敌70军军长邓军林，亲自乘坦克到郭楼前沿阵地督战，强令所部连续冲击。均被我一一击退。17团4连接连打退敌3次猛攻，剩20余人带伤坚持战斗。战士朱文强右臂炸断，头部、胸部均有伤，仍用左手投掷燃烧弹，打退敌人坦克。全师血战四昼夜，在兄弟部队协同下粉碎了敌人向南“滚进”的阴谋。

他们全局在胸，自觉协同作战。在追歼黄百韬兵团时，9纵27师79团副排长范学福、班长马选云等10人，跳入冰冷刺骨的河水中，用身体当桥桩扛起浮桥，保障全营迅速顺利通过。这个“十人桥”故事迅速传播，激励着淮海前线的将士们英勇杀敌。7纵在突破敌军运河防线的战斗中，21师61团1营3连一马当先，打破敌炸桥企图，抢占月湾河上的大桥，保障本团和友邻62团火速过桥，在南岸歼敌1500余人。该连荣获“开路先锋”称号。黄百韬兵团西逃时放火烧坏了运河大铁桥。特纵工兵团全体指战员，在敌炮火和飞机轰炸下顽强作业，迅速将大桥修复，并在下游架设了浮桥，我各路大军和炮兵、坦克兵及时通过，为首战告捷立了大功。第12纵队35旅105团团长何传修，是位红军战士，作战身先士卒，率部最先冲进徐州机场，为中断敌军空运、配合友军歼灭黄杜集团再立战功。4纵10师29团2营坚守徐西萧永公路北侧要点阎阁，遭敌第8军1个团在5辆坦克配合下的反扑。该营连续3次打退敌人进攻，伤亡很大，全村一片火海。教导员杨士曙响亮地提出:“有2营就有阎阁!”当敌发起第4次冲击时，各班各组人自为战，棉衣着火了，就地打个滚，爬起来再打。子弹打光了拼刺刀。在此危急时刻，两广纵队3团1连副连长率一个班、5连连长率两个排自动配合2营作战，并自动提出接受该营指挥，共同打退了敌人的进攻，坚守了阎阁阵地。两广纵队也一举占领了阎阁以西之刘楼。华野首长向全军通令嘉奖了两支部队主动协同作战的精神。

他们忠于职守，干部身先士卒。鲁中南纵队47师141团参谋长胡风浩，深入前沿阵地观察地形，不幸中弹殉职。3纵8师24团华东战斗英雄、营长郭继胜，在情况紧急时亲自率部冲锋，壮烈牺牲。2纵6师16团战斗英雄、连长张崇礼，见主攻连受阻，自动将本连由助攻转为主攻，亲率突击排向敌纵深猛攻。当他6处负伤，突击排只剩6人时，仍坚持战斗，直到援军赶到全歼守敌。3纵8师23团1营(“洛阳营”)与中野17旅的“襄阳营”，密切协同攻击黄维兵团的核心阵地，打得非常勇猛。教导员孙启明在率队冲锋中光荣牺牲。8纵22师65团和66团，在合力攻击黄百韬兵团的主力64军“精锐”475团防守的唐家楼战斗中，打得艰苦而出色。66团政委李树桐在率部反复冲杀中，身先士卒，光荣捐躯。指战员们立志为他报仇，终于拿下唐家楼，为全歼64军创造了条件。

他们智勇双全，痛歼顽敌。6纵在首战黄百韬兵团时，17师师长梁金华化装成国民党军，亲自带两辆坦克进入敌阵附近侦察，仔细地观察了敌指挥所和工事配置情况，成功返回。全纵猛烈发起攻击，全歼黄滩守敌44军，俘中将军长王泽浚。8纵侦察营在营长杨忠、政教吕茂堂指挥下，在陇海路南机智歼敌，解决地头蛇王洪九部保安2团1500余人，而自己全营无一伤亡，受到纵队首长嘉奖。特纵坦克大队一队的6辆坦克，配合6纵17师对前、后黄滩发起进攻，步、坦、炮协同，摧毁敌军核心工事，取得全歼敌5000余人的胜利。13纵37师109团通讯班班长李世和，在参加总攻黄维兵团的战斗中，机智地将敌18军军长杨伯涛活捉。在追击杜聿明集团战斗中，1纵3师8团排长郭荣熙，发现敌12辆坦克向我反击，掩护其主力撤逃。他立即率领一个爆破班，沉着机智地接近敌坦克，连续炸毁3辆，俘获2辆，其余7辆慌乱逃跑。战后郭荣熙被评为战斗英雄。杜聿明集团最后覆灭时，特纵骑兵团发现敌6辆坦克逃到永城以北，立即飞骑追击，从早晨追到黄昏，在亳县以北将6辆坦克全部俘获，创造了骑兵追缴坦克的奇迹。而杜聿明本人，连同他全副武装的13名保镖，被我4纵11师医疗队通讯员樊正国、崔雪云智擒。这两名智勇的战士分别荣立一等功和二等功。

第十九章　打过长江去　军政双胜利

淮海战役胜利之后，人民解放军要不要过长江？这在我们第三野战军以至全军的高级干部中，认识是完全一致的，答案是十分肯定的。问题只是什么时间过江、用什么方式过江、如何更好地过江。

渡江战役的时间确定过程

淮海战役尚在进行中，毛泽东主席于1948年12月30日发表了《将革命进行到底》的新年文告，指出“1949年中国人民解放军将向长江以南进军，将要获得比1948年更加伟大的胜利。”1949年1月10日淮海战役收兵。1月30日，华野前委以粟（裕）陈（士榘）张（震）名义上报军委：《准备南渡的江边侦察工作布置及建议》。2月4日，邓小平、陈毅向军委发了《我军于三月初向南行动》的电报。2月9日，以刘（伯承）陈（毅）邓（小平）粟（裕）谭（震林）名义报告军委：《总前委会议对渡江作战问题的讨论》，建议“三月半出动，三月底开始渡江作战为最好。”中央军委于2月11日批复：同意此计划，“望你们按此时间准备一切。”2月20日，我们三野发布《京沪杭战役预备命令》。

这期间，针对蒋介石1949年元旦发出的求和声明，中共中央和中央军委正在与南京国民党当局联系“和平谈判”问题。3月17日2时，毛主席为军委拟电，批复第三野战军司令部《肃清北岸桥头堡敌之作战》计划：“确定渡江战斗之确实日期为4月10日，而和平谈判之日期应在4月1日或4月5日，以便在南京代表到达北平开始谈判10天或5天后，我军即实行渡江，迫使对方或者签订有利于人民的和平协定，或者破裂和谈担负继续战争的责任。”

3月19日，陈（毅）谭（震林）致电军委：考虑到攻占敌江北桥头堡和疏通被敌封锁的港口需10天左右时间，建议“正式渡江作战，应延至（4月）16日为宜。”3月20日2时，毛主席为军委拟电批复陈谭：“除以一个兵团仍对两浦监视待命行动外，其他兵团可以提早于4月2日（南京代表到达北平之第2日）开始攻占北岸据点……全军于4月13日或14日可以开始渡江。这样对于谈判有利。”

总前委积极执行军委的决定，加紧部署渡江作战的准备工作。根据部队反映的实际情况，陈邓谭于3月26日报告军委：“因（4月）13日正值农历十六日，月光通宵，不利部队隐蔽，建议推迟至（4月）15日黄昏发起渡江作战。”军委于3月27日10时批复刘陈邓粟谭：“同意你们15日发起渡江战斗及对北岸敌人的处置。”据此，总前委于4月1日正式制订《京沪杭战役实施纲要》，毛主席于4月3日为军委拟稿批准了这个纲要。4月7日，毛主席又为军委拟稿指示邓饶（漱石）陈：“和平谈判已有进展，可能于15日以前成立协定……请加紧准备于15日准时渡江。你们方面务必不要变更，如果我们需要略为推迟时间，当临时紧急通知你们。”

形势在继续发展。中央军委根据北平和谈进展比较顺利，有可能签订一个全面和平协定的情况，曾就“渡江时间推迟半个月或一个月”于4月10日发电征询总前委的意见，并指出：“关于江水情形究竟如何，推迟渡江时间有何不利。望即告，以便决策。”就在当天，总前委回报军委：“5月初（长江）大水，渡江作战将发生困难。我百万大军拥挤江边、粮草极困难。只有能保证和平渡江才好推迟渡江。按目前部队情况，立即渡江，把握颇大，先打过江，然后争取和平接收、为更有利。”也是在当天，三野前委和二野刘（伯承）张（际春）李（达）分别致电军委：“长江下游4月下旬为黄梅雨季，如延长一月，则江水上涨又临雨季，将发生以下困难……”；“久则师老志衰。我们意见，不管和谈如何，均以按原定之时间渡江为宜。推迟，则诸多不利。”

中央军委站在全局的高度，既考虑国共两党政治谈判的需要，只要国民党能接受我党的条件，放弃政权，放弃武装，放弃抵抗，谈判是可以成功的。这对减少敌对双方的流血，减少江南城乡损失，是有重大意义的。所以我党对国共和平谈判是认真的，有必要推迟我大军的渡江时间；但同时又从战区指挥员和前线部队渡江作战的实际出发，假如渡江时间推迟过久，作战的天时地利条件将发生变化，不利于大军渡江。最后决定将渡江时间原定推迟半月至一月，缩短为推迟一周。4月11日军委致电总前委并告粟张、刘张李：“依谈判情况，我军须决定推迟一星期渡江，即由15日渡江推迟至22日渡江。此点请即下达命令。”总前委和二野三野前委均表赞同，坚决执行军委命令。

最后，因蒋介石和国民党顽固派拒绝在两党代表北平达成的和平协定上签字，中央军委下达命令，我百万大军中集团于4月20日，东、西集团于4月21日先后发起了强大的渡江战役，并一举渡江成功，彻底摧毁了国民党军队的所谓“长江天堑”，迅速实现了《京沪杭战役实施纲要》的战役目标。

“攻占浦口、炮击南京”问题

为了促进国共和平谈判的顺利进行，中央军委决定并由毛泽东主席拟稿，于1949年2月25日，致电陈粟谭并告刘邓张：“3月中旬或下旬，你们应准备攻占浦口及炮击南京。此项准备工作，限于3月10日前完成，待命行动。”

当时，粟裕同志因指挥淮海战役连续七昼夜未睡觉而过度疲劳，患美尼尔氏综合征大发作，于1949年2月28日去了济南治病休息，连中共七届二中全会也未能参加（当时预计3月20日左右返回三野前委，实际返回日期记不清了）。三野前委曾报告军委：在粟裕同志离队期间，“军中职务由张震、唐亮、钟期光同志共同主持。”

3月1日，我们仍以“粟张”名义报告军委并总前委：对攻取浦口、炮击南京作出部署：“决以8兵团之26军、34军及7兵团之35军配属榴弹炮两个团执行此任务。”

3月3日，毛主席为军委拟电指示张唐钟并告总前委：“准备攻占浦口、炮击南京之目的，是为了促成有利于人民之谈判。此项谈判时间尚未确定，大约在3月下旬。故你们攻占浦口之时间，大约在寅哿以后谈判正在进行之时……现在各部均只作准备，不要行动。”3月4日，我们制定了《占浦口炮击宁作战预案》，上报军委并陈饶谭。

3月17日军委批复：攻占浦口浦镇的时机，应在南京代表到达北平的那一天或第二天。至于攻占两浦之后是否炮击南京，则要看谈判情形才能决定，谈判有利于我则不要炮击；谈判破裂则要炮击。因此，攻占两浦的准确时间，必须由中央临机决定。

3月18日，中共华东局和总前委在徐州召开联席会议后报告军委：“攻击浦口、炮击南京的准备业已完成，候军委命令行动。”3月19日军委批复：“（一）是否攻占两浦，要待谈判接触数天才能决定。如谈判有成功希望，则不要攻占两浦，以利和平地解决接收南京问题；如谈判没有成功希望，则看军事上是否有必要攻占两浦；如攻占两浦为渡江作战所必须，则攻占之，如无此种必须，则可置之不理。（二）决定4月1日为南京代表到达北平并开始谈判之日期……你们大概可以在4月6日左右实行夺取北岸据点（不一定包括两浦）之作战”。3月20日，陈谭致电军委：“浦口攻占与否，对整个渡江作战无重大关系。”3月26日，陈邓谭再电军委：“确定不攻浦口浦镇，将26军东移加强东集团兵力，留34、35军与（其他部队）渡江同时积极佯动两浦。”军委于3月27日批复同意此方案。

至此，“攻占浦口、炮击南京”的预案被取消。这个正确决策的全过程，始终贯穿着既从政治谈判着眼，又从军事作战需要来考虑，目的在于有利于人民，尽量减少战争的破坏与损失。

渡江作战的方式问题

在渡江作战的指导思想上，1949年3月，毛泽东主席曾指出：我们向江南进军，可能遇到三种情况，即“遇杜、遇津、遇平”。所谓“遇杜”，就是准备打淮海战役杜聿明集团那样的大仗;“遇津”，就是准备打天津战役那样较小的敌人，一鼓作气歼敌;“遇平”，就是准备像北平和平解放那样接管城市与改编旧军队。但我军在思想上物质上始终是作“遇杜”的准备，弱敌当强敌打，以战斗方式渡江。有备无患，万无一失。

但是，针对经过三大战役之后，国民党军队头等主力被消灭殆尽，我百万大军兵临长江、南京危在旦夕的现实，中共中央和中央军委确实作了争取“和平渡江”的努力。与南京代表举行北平和谈的主要目的就在于此。1949年4月10日，毛主席为军委拟稿致电总前委并告刘张李、粟裕：我们和南京代表团的谈判已有进展，可能签订一个全面和平协定。如果此项协定成功，则原先准备的战斗渡江，即改变为和平渡江。为了有利于和平协定的签订，军委还于4月14日指示总前委：前线保持平静的时间，请由16日延长至20日。在此时间内，即使敌方发炮，我方也不要还炮。为此，总前委于4月14日命令宋时轮兵团暂时后撤。

然而，在当时的历史条件下，国民党内部的“主战派”势力大于“主和派”势力，和平协定难以最后签字的趋势，中央军委是看清楚了的。4月16日，毛主席又为军委拟稿致电总前委：你们的立脚点，应放在谈判破裂用战斗方法渡江上面。并保证于22日一举渡江成功。

在兵力部署上，人民解放军集中了24个军及部分地方部队共120万人，仅我们三野参战部队就达65万人。除以少量兵力担负牵制武汉白崇禧集团任务外，大部兵力部署在从江苏省南通以西的张黄港至安徽省的望江段700余公里的长江北岸一线，对江南敌汤恩伯集团指挥的75个师约45万人作战。组成东、中、西三个突击集团，采取了宽正面、有重点、大纵深的多路多层次突击的战法，使敌防不胜防，堵不可堵，一举突破敌军苦心经营的"长江天堑"；然后百万大军东西对进，铁壁合围，穷追猛打，远路包抄，割裂歼敌，军政兼施，迅速达成了战役的目的。

渡江战役的政治工作，总方针是在深入"将革命进行到底"教育的基础上，反复贯彻"进军思想"，克服"轻敌松懈"和右倾"害怕过江"的倾向，就"遇杜、遇津、遇平"三种情况作渡江作战的准备，并以"遇杜"的情况为主，立于主动地位。并加强城市和新区政策纪律教育，争取军事政治双胜利。

1949年1月中旬至2月底，华野前委在徐州附近的贾汪先后召开了两次扩大会议，为渡江战役的胜利作了思想准备。会上，传达学习了中共中央政治局一月会议《关于目前形势和党在1949年的任务的决议》，学习了毛泽东主席关于加强政策教育，准备接收管理大城市和经营江南广大乡村的指示，粟裕同志代表华野前委提出了1949年的六项任务：①坚决与圆满地完成作战任务，将革命进行到底；②做好新区群众工作，建设人民民主政权和地方武装；③爱护人民利益，以实际行动模范执行党的各项政策；④努力学习军事政治，强化政治工作；⑤加强部队内外团结，互相学习，密切协同，尊重政府，服从法令；⑥加强组织纪律性，克服不良倾向，加速部队正规化建设。

渡江战役前，三野全军进行了两个月的整训，深入贯彻了贾汪会议精神，初步学习贯彻了中共中央七届二中全会的决议。战前、战中和战后，做了大量深入细致的政治思想工作。

健全组织、加强领导，实现了全军统一整编。根据中央军委的命令，华东野战军改称第三野战军，下编第7、8、9、10共4个兵团，统辖从第20军至35军共16个军另两广纵队和特种兵纵队，共55万多人（两广纵队于1949年3月调归第四野战军。同年4月，新组建华东海军）。整编中最大量的是干部的调整配备工作。4个兵团中，8、9两兵团的领导机构是完全新建的，7、10

兵团是在原山东兵团与苏北兵团基础上充实而成的。营以下的基层干部经过淮海战役后伤亡缺额很大，需要大量补充。预计渡江后接管大城市和开辟新解放区更需要大批干部。出路只有一条，就是立足本野战军，“眼睛向下，自力更生”，大量提拔，大量培养。方针是“宁弱毋缺，宁缺毋滥”。研究了4条提拔干部的标准：英勇顽强，讲究战术；执行政策，遵守纪律；联系群众，爱兵爱民；民主作风，力求进步。据此，先后提拔排以上干部5.8万余人，通过多种方式培训干部4.8万多人。这不仅为渡江战役的胜利作了组织保证，而且为随后组建海、空军部队、防空部队、充实加强特纵，支持友军，以及上送中央从事外交工作、干部工作、医务工作和文化工作等，满足了对上对外选调各类各级干部的需要。

实行了连队党支部的“新领导原则”，加强了党组织对部队的领导。解放战争的实践证明，共产党员的先锋模范作用和连队党支部的战斗堡垒作用，是保证战役战斗胜利的核心力量。所谓“新领导原则”，就是人民解放军总政治部在《连队支部工作条例（草案）》中规定：党支部是连队的最高领导机关和一切团结的核心，连队一切重大问题由支部来作决定，将连队首长置于支部委员会集体领导下进行工作。这就要求改变以往党支部单纯的起保证作用，改变以往党支部在连队军、政的并列地位或从属地位，改变长期形成的“首长决定一切”的旧习惯。这是支部领导原则上的重大改变，是中共党在军队工作中的重大组织建设与思想建设。1949年第三野战军大部分连队实行了这一新领导原则，在普遍教育的基础上，在加强各级党委建设的同时，重点轮训了支部书记、支部委员和党的小组长，使基层党支部的建设取得了很大成绩。这是渡江战役获得胜利的重要因素之一。

反复进行政治动员，使部队始终保持旺盛的斗志。三野前委和政治部先后下达了《关于整训时期部队政治工作的指示》《向江南大进军的政治工作指示》《关于“目前部队思想指导（第五号）”的指示》《渡江作战宣传鼓动口号》。唐亮同志在《人民前线》第1期发表了《关于渡江作战政治工作问题》，野政还编印了分3个单元共11课的《进军教材》，为渡江战役的政治动员规定了方针、原则、教育内容、方法与要求。当时部队中带倾向性的思想问题，一是家乡地域观念作怪，一些北方籍的指战员不愿离开解放区、不愿渡江去南方；而一些南方籍指战员则认为，江南地方好、生活好，想赶快过江为父老乡亲报仇，到大城市逛逛。二是对国共两党的和谈认识模糊。有的幻想

“和平过江”“和平接收”“无仗可打了”；有些南方籍官兵则担心“和平”了国共分江而治，不能过江分田复仇了。三是有的担心打到南京上海，触犯洋人利益，引起帝国主义干涉中国内战，甚至引发“第三次世界大战”,“革命不知何时才能到底”。四是对敌情和长江天然障碍判断模糊。有的担心步兵和木帆船难以敌过蒋军的飞机与军舰；有的听说“长江无风三尺浪，江猪可翻船”，就认为“江南好打，长江难过”；也有的认为“蒋介石是兔子尾巴——长不了啦，长江那么长，我们部队那么多，准保一突就过”。五是革命临近全国胜利，贪生、苟安、享乐等思想抬头，战士思复员返乡，干部想转业过城市生活。等等。解决上述问题的方法，主要是反复进行形势与任务教育、阶级教育与科学常识教育，开展立功运动，号召争当渡江英雄单位。在提高政治觉悟、澄清模糊认识的基础上，围绕要不要渡江、敢不敢渡江和能不能渡江等问题，把有利条件讲够，把困难讲透，把渡江作战的办法想周全，坚定不怕敌军飞机军舰，不怕长江天险，不怕帝国主义干涉的无畏信念，明确树立必须渡江、敢于渡江、能够渡江的思想。经过动员教育，广大指战员进军江南的思想坚定，渡江作战的情绪高涨，纷纷写请战书、决心书与保证书，不少官兵还咬破手指写血书言志:“誓与江南人民共胜利”“死也要死到江南，面向江南！”对于帝国主义的干涉问题，当时中央军委和毛泽东主席明确指示我们，要估计在内，计算在内，准备在内。我们在渡江前做了这方面的准备。渡江之后，在三野奋力进军杭沪的同时，二野部署在浙赣线机动作战与整训，就是准备两个野战军合力应付帝国主义的可能干涉。

大量收集船只，严密组织和思想武装强大的船工队伍，是保证渡江作战胜利的重要环节。各部队都成立了船舶征集与管理机构，派出得力干部协同地方政府和支前部门，发动群众征集船只与水手。仅我们三野就准备了各类木帆船8000余只，还特制了一部分较大的木排、竹筏与汽船，用以装运重装备与骡马。从当地动员了近万名熟练船工，又从部队挑选培训了数千名水手，为梯次渡江组成了一支坚强的船运队伍。在严密组织的同时，对船工深入进行了形势任务教育和诉苦教育，开展立功和革命竞赛活动，提高其政治觉悟和革命荣誉感。具体关心其思想与生活，制定了《船只损坏赔偿办法》《船工伤亡优抚条例》和《船工家属生活困难补助办法》。教育指战员，尊重爱护团结好船工，学习其航运技术，爱护船只，遵守航运规则与船上生活习惯，广交朋友，建立阶级感情。还配合军事部门对船工介绍军事常识，组织军民进行渡江登离船只和乘船的战术技术演练。从而充分调动了广大船工的积极主动性，纷纷表示“誓把子弟兵送过大江去”，普遍争当“渡江第一船”“渡江英雄船”。

深入进行城市与新区政策纪律教育，完成战斗队与工作队的双重任务。三野前委和各兵团党委，总结以往反对无政府主义和无组织无纪律状态的经验教训，分别作出了加强政策纪律观念的决议。1949 年 4 月 1 日，由陈毅、粟裕、谭震林、唐亮、钟期光签署《第三野战军命令》，颁发了“入城三大公约和十项守则”。入城三大公约是:“一、遵守军管会及人民政府的一切法令和各种规定。二、遵守城市政策，爱护市政建设。三、保持革命军人艰苦朴素的传统作风。”入城十项守则为:“一、无故不得打枪。二、不住民房店铺，不准打扰戏院及一切娱乐场所。三、无事不上街，外出要请假。四、不准车马在街上乱跑。五、不准在街上吃东西，不得扶肩搭背，不准拥挤街头。六、买卖要公平。七、驻地打扫清洁，大小便上厕所。八、不准卜卦算命、赌博宿娼。九、不准封建结合、徇私舞弊。十、不准在墙上乱写乱画。”4 月 12 日，三野颁发了《关于新区筹粮工作的指示》，强调征借粮秣既要保证部队需要，又要照顾当地负担能力,“有什么粮，借什么粮”“借什么粮，吃什么粮”，不得挑剔和只吃好粮。4 月 20 日，我在《人民前线》第 2 期发表了《部队入城应注意的思想与纪律问题》，具体分析纠正了一些模糊的入城思想，在“三大公约十项守则”的原则基础上，又具体提出了十条入城纪律的要求。在政策纪律教育中，引导指战员，正确认识党在新阶段“先城市后乡村”的方针，处理好革命的城乡关系。在城市要依靠工人阶级、劳动人民和革命知识分子。把人民大众对共产党和解放军的赞扬同不法资本家的奉承捧场严格地分开。不把以往农村阶级斗争的一套办法机械用于城市，不把老区的一套机械地搬到新区。强调部队渡江后，不仅军事上跟踪追击，而且更要政治上跟踪追击，组织与发动群众，建立革命政权，挖掉封建主义、官僚资本主义和帝国主义在中国的社会基础。这样才能从根本上推翻国民党的反动统治。

由于各级党委和领导重视。干部带头，教育在先，制度规定具体，检查督促严格，所以在整个渡江战役中各部队执行政策纪律的情况是良好的，确实做到了仁义之师，秋毫无犯。个别单位少数人一度发生的筹借粮草打白条子、平均摊派、乱用票子等问题，均被及时纠正。从而，出色完成了战斗队与工作队的双重任务，赢得了江南人民对我党我军的热爱与拥护。

当时即将夺取全国胜利，外交政策是个重大的新课题。

对此，中共中央和中央军委总的原则是，对各国在华的使、领馆及其外交人员，在其国家未同我国建立外交关系以前，一律不予承认。但对正当、守法的外国侨民、教堂和其他文化设施，则应给予切实的保护。并且明确规定，野战军以下各级无权擅自采取外交行动与处理外交事件。1949 年 4 月 28 日，中央军委和毛主席具体指示总前委等，我方对英美及一切外国侨民、各国大使公使领事等外交人员，首先是美英外交人员，应着重教育部队予以保护。现美国方面托人探询和我方建立外交关系问题，英国亦极力想和我们做生意。我们认为，如果美国和英国能断绝同国民党的关系，我们可以考虑和他们建立外交关系问题（后来的事态发展，英国较早地这样做了，符合两国人民的利益；美国较长时间没有这样做，损害了两国人民的利益）。5 月 6 日，军委和毛主席又指示我们：在占领上海吴淞时，应极力注意避免和外国兵舰发生冲突。我们坚决执行了这些指示，不仅普遍深入地进行了外交政策教育，还购买了一批万国国旗，实地让指战员们识别。以免引起外交纠纷。1949 年 5 月 5 日，三野前委发布了关于外交政策的八条具体规定："一、凡属于涉及外国人问题的任何细小事件，一定要事先请示并得前委以上机关指示后，方去执行。二、任何人不得进入外国人住宅及使馆。三、不得向外国人表示侮辱性的言论与行动。四、负责保护外侨的部队，必须由主要干部率领。五、敌特在外国人住宅区行凶作恶时，我须将其逮捕（如逮捕困难时，则射伤其脚部，以便逮捕）以明真相，免被其嫁祸于人。六、外国人向我攻击时，我可采取自卫手段，但不先打第一枪。七、不住外国人的房屋和教堂。八、对奉公守法的外国人，不要干涉其行动自由，不要公开采取监视态度。"

在紧张激烈而有百万大军参加的京沪杭战役中，总的讲外交政策的执行是好的。特别是大军进入上海后，当时上海有外侨 7 万余人，由于各级领导干部亲自重视外交政策问题，广大指战员以人民利益为重，既维护了中华民族尊严，又维护了与世界人民的团结，没有发生较大涉外事件。但在渡江战役的初期，由于缺乏经验，外事规定又不具体，发生了一些涉外问题。

一是关于"紫石英号"事件。1949 年 4 月 21 日下午，在我渡江中集团于 20 日渡江成功后，东西两集团正要同时渡江的时刻，英国"紫石英号"等 4 艘军舰，在护送国民党军舰返航时驶入我东集团 23 军渡江区域。妨碍我渡江作战。经我前沿部队发出信号要其驶离战区，该舰队仍持傲慢敌视中国人民的态度而不予置理。因渡江作战十万火急，我军即开炮将“紫石英号”击伤使其搁浅求饶，其余舰只仓皇逃窜。双方交战中，我伤亡 262 人，团长邓若波英勇牺牲；英舰伤亡 108 人，其中亡 42 人，伤 66 人，包括远东舰队第二指挥官马登中将和舰长卡格列。4 月 28 日，中央军委和毛主席在党内指出：英军舰“紫石英号”事件，似乎是一个偶然事件，英国连抗议也没有提。因此，我们除借此作宣传教育人民外，实际上我们亦不必扩大这件事。4 月 30 日，人民解放军总部发言人发表声明，严正谴责了英国军舰在我内河的侵略行为。后来，英国政府代表在同我军代表的谈判和英国首脑的讲话中，一再为其侵略行径辩解，我逐一予以严词谴责，但始终未提过分要求。由于我采取了有理有利有节的方针，这个事件不仅没有扩大化，而且教育了中国人民，也教训了帝国主义好战分子。在我解放上海的前夕，美国驻上海的军舰及一营陆战队，自动撤至吴淞口外。英国军舰“伦敦号”和“永恒号”亦随美舰撤出。驻青岛的美国军队也从海上南逃。我军于 6 月 2 日解放青岛。

二是 35 军初进南京一周内发生六起涉外问题。一个营的营长和正副教导员率战士 6 人，进入 × 国大使馆，并直入 ×××× 大使卧室，双方发生争吵；派驻 × 国大使馆门口的卫兵，不准任何人进出。恰有两位 × 国人驾汽车出使馆，该卫兵令其停车，× 人不理仍外出，卫兵即连放两枪，× 人被迫返回馆内；在 × 国大使馆门前值勤的卫兵，遇到 × 国大使由私宅去使馆内办公，阻止其进去，经交涉进去后又不准其出来；某团驻地附近有供外国记者向外发稿的国民党政权外交部电台，该军一位副政委擅自违纪答复该团，停止外国记者使用此电台发稿；两位外国人在某部驻地门外人行道上经过，门卫即令其远走，两位外国人不服而引起争吵；两位战士走到某大使馆墙外，高呼“打倒帝国主义”的口号。此外，还有 8 兵团一位秘书和一位管理员到某国大使馆要房子，引起争吵，招来群众围观。

35 军为攻占南京作出了重要贡献，并较好地完成了南京市初期的警备任务，广大指战员认真执行城市政策纪律，涌现了许多生动的遵纪模范事例。但上述违反外交政策纪律的事件显然是错误的。中共华东局和总前委对此作了通报批评，指出主要原因是对中央的外交政策学习不够，没有研究制定涉外问题的具体执行措施。并指出“不应责备下级及战士，而应首先责备 35 军党委、军首长及军政治部”。我们三野领导、总前委也承担了责任，向中央军委作了检讨。并以此为鉴，渡江以后，全野战军各部队在进一步加强城市政策纪律教育的基础上，着重研究了涉外政策问题。4月24日，三野首长电令全军指战员:“你们在努力进行战斗的同时，还应将自己的注意力转至严整入城纪律、严整新区纪律、切实学习政策执行政策方面去，这是保证在全国胜利的关键，是极端重要的、同时又是极端细致的工作。希望全军各级首长和全体指战员切实奉行为要。”5月5日，三野前委作出了遵守外交纪律的具体规定，各部队坚决贯彻执行，杜绝了类似事件的发生。

中国人民革命经过长期艰苦曲折的斗争之后“水到渠成”的渡江战役，我三野部队在二野、四野部分部队的直接参与配合下，百万大军意气风发，势如破竹。1949年4月23日解放南京、镇江、丹阳、常州、无锡等大中城市。5月3日占领杭州。5月27日上海解放。6月2日攻占崇明岛，渡江战役胜利结束。全役历时43天，歼敌11个军部、46个整师，共43万余人；我军伤亡6万余人。除上述大中城市外，还解放了苏南、皖南、浙江广大地区和江西、湖北、福建三省的部分地区，为夺取全国胜利奠定了稳固的基础。

第二十章　进军大上海

20 世纪 40 年代末的上海，是个复杂社会现象的集合体。它是中国和亚洲的第一大城市，也被列为世界四大都市之一。它是当时中国经济的中心，又是造成旧中国贫穷落后的策源地之一。它是旧社会腐朽文化的染缸，又是中国近代新文化的发祥地。它是反革命的顽固堡垒，又是革命的红色摇篮。它是中外剥削者的乐园，又是人民大众的苦海。它是帝国主义侵略与奴役中国人民的重要基地，又是中外人民交往的友谊桥梁。它是国民党蒋介石败离大陆前重点设防顽守的城市，又是共产党和人民解放军解放全中国的重要战略目标。

因此，当年的上海战役，既是渡江战役（又称“京沪杭战役”）的一个组成部分，又是一个相对独立的战役过程。上海的解放，既是中国革命发展的必然结果，又是经过一番严重较量用血汗换来的革命胜利。我当时任华东军区暨第三野战军政治部副主任，又兼上海市军事接管委员会政工部主任和党委书记，对这段经历是难忘的。

建立自觉的革命纪律

在整个渡江战役中，人民解放军共歼敌 43 万余人，其中上海战役歼敌 15.3 万余人；全战役人民解放军伤亡 6 万余人，其中在上海战役中伤亡的就有 3.3 万余人，其中光荣牺牲的为 7781 人。而百万大军强渡长江，突破国民党陆海空军联合设防的“天堑”和解放南京、芜湖、镇江、无锡、常州、苏州、杭州等大中城市，及广大苏南、皖南、浙江大部地区，只伤亡 2 万余人，其中三野牺牲 2217 人。可见上海的解放付出了多么重大的血的代价。40 万大军从千里之外战向上海，在大批骡马被阻在江北来不及渡江和连续梅雨的恶劣气候条件下，营以上干部直至兵团司令员、政委，一个月来完全与广大士兵一样，顶风冒雨，不管泥泞路滑，步行驰抵上海。机枪、迫击炮、步兵炮、山炮等重武器和大批弹药，也无骡马驮运，完全改用人力扛运。最后 10 天急行军，边战斗边疾进，迅速合围并解放上海，其艰难困苦的程度难以言状，令人可歌可泣！

然而，以马列主义、毛泽东思想武装起来的共产党人和人民军队指战员，具有革命的苦乐观。他们为理想而苦，为人民而苦，苦得光荣；为胜利而乐，为人民的长远幸福而乐，乐在苦中。所以当时大家都很兴奋，很自豪，很自信，士气非常高涨，真是所向无敌！

为了使广大指战员有所遵循，我们在起草颁发《入城三大公约十项守则》的原则基础上，又具体制订了《第三野战军入城守则和纪律》，内容如下：

全体指战员要：人人熟记！人人做到！
解放大军下江南，要进上海和南京。
大小城市几百座，都要解放归人民。
接管建设新城市，政策纪律最要紧。
入城守则共八条，一条一条记在心。

第一实行军管制，保护人民各阶层。
保障民主和自由，保卫财产和生命。
不准随便乱捉人，维持秩序安人心。
不准随便乱杀人，杀人就要经法庭。
严禁抢劫和破坏，严防特务害人民。
搜索盘查要严格，站岗放哨要细心。
大家提高警惕性，蒋匪残余好肃清。
首恶战犯必要办，胁从分子可不问。
为民立功受奖励，分别对待有方针。

第二加强纪律性，服从指挥听命令。
三大纪律要做到，八项注意要执行。
政府布告和法令，军人首先要遵循。
不管部队和机关，不管民工与民兵，
没有携带出入证，一概禁止进出城。

若要进城来宿营，要经军管会批准。
房子不能随便住，宿营必须听指定。
不准乱跑乱游逛，先要请假后出门。
不准随便乱打枪，军纪森严不容情。
不准沿路拦汽车，走路要靠一边行。
尊重风俗和民情，城市常识要弄清。
监牢犯人分别放，放了盗贼害人民。

第三宣传党政策，人民利益最为先。
实际行动守纪律，就是政策的保证。
帮助防空和防火，打扫街道讲卫生。
建设工作努力干，为民服务好精神。
揭穿敌人的造谣，多拿实际讲真情。
开始不准写标语，宣传政策要谨慎。

第四缴获要归公，官僚资本归人民。
一切蒋匪大企业，全归政府来经营。
好好看管保护好，不准破坏和搬运。
战斗缴获的物资，街上零星军用品，
不要私人发洋财，交给上级统一分。
功劳大小都有份，照顾功臣和伤员。

第五保护工商业，人民生活有利益。
“发展生产繁荣经济，公私兼顾劳资两利。”
坚持这个总方针，市场稳定百业兴。
鼓励开工做生意，照常营业开大门。
不准抢购和强买，军队买卖要公平。
尽量不买新东西，统一采办必需品。

第六保护建筑物，这些财产属人民。
电车汽车火车站，轮船码头电报局，

电灯电话自来水，电影戏院娱乐场，
名胜古迹和公园，还有医院和学校，
文化教育各机关，都是公共的财产，
人民利益人人爱，都要保护不破坏。
机器零件不拆卸，窗上玻璃不打碎。
家具用品不搬走，文件表册不乱翻。
一切东西都不动，恢复建设不困难。

第七城乡有分别，城市不能比农村。
农村斗争的方式，不能机械搬进城。
不准“分房”“分浮财”，不向工商乱斗争。
反动政治要摧毁，生产机构要保存。
逃亡地主不捉他，动员回家去劳动。
有些地方看不惯，宁缓勿急要忍耐。
调查民情和风俗，即使不好渐改造。

第八头脑要清醒，站稳立场不忘本。
劳动人民是主体，团结市民各阶层。
共同反帝反封建，反对官僚大资本。
建设人民的城市，帮助农民兴乡村。
不去讨好资本家，也不乱斗大商人。
不去谄媚外国人，也不盲目排外人。
不受贿赂不贪污，不让特务来勾引。
不去腐化嫖女人，不学傻瓜刘宗敏。
衣食住行要朴素，优良传统要保存。

八条守则讲分明，看谁条条记得清。
全军上下无例外，都要自觉来执行。
干部自动带头干，检查督促要抓紧。
同志互相来监督，共同为党负责任。
谁敢故意来违犯，铁的纪律不留情。

首先把他赶出城，轻则检讨重处分。
用心研究和学习，遵纪立功为人民。
秋毫无犯纪律明，革命胜利有保证。

这些守则和纪律要求，当年广大指战员视为胜利之师的锐利精神武器，站在“将革命进行到底”的高度，以贯彻执行为荣、违反破坏为耻，得到了全面的落实。从而，人民群众拍手称快，敌对势力胆战心惊，中央军委给予了高度评价。

部队进入上海后，初期的工作主要抓了三项：一是警备，二是接管，三是思想建设。

严密的军事警备

1949 年 5 月 26 日 12 时，经三野前委研究，野战军首长发布《淞沪警备命令》（京字第 5 号）：为了维持社会治安，保护物资，掩护接管工作，防止反动分子乘隙破坏捣乱，决以 9 兵团之 20、27、30、33 军，并 8 兵团之 26 军及特纵担任上海市区及吴淞要塞区并宝山、嘉定、川沙、南汇、奉贤、青浦、松江各县及金山卫之警备任务。各部任务区分如下：

甲、以前法租界及南市、龙华、浦东市区（包括 3 区邑庙、4 区蓬莱、5 区泰山、6 区卢家湾、7 区常熟、8 区徐家汇、26 区龙华、29 区杨思、30 区洋径）之 9 个区，划为上海市第 1 警备分区，由 20 军担任警备任务。

乙、以苏州河南前公共租界地区（包括 1 区黄浦、2 区老闸、9 区长宁、10 区静安、11 区新成、12 区江宁、13 区普陀、25 区新泾共 8 个区），划为上海市第 2 警备分区，由 27 军担任警备任务。

丙、以苏州河北之前公共租界中部及闸北、真如地区（包括 14 区闸北、15 区北站、16 区虹口、17 区北四川路、18 区提篮桥、19 区榆林、32 区真如、24 区大场共 8 个区），划为上海市第 3 警备分区，由 26 军担任警备任务。

丁、以吴淞、江湾地区（包括 20 区杨树浦、21 区新市街、22 区江湾、23 区吴淞共 4 个区），划为上海市第 4 警备分区，由 33 军担任警备任务，并防敌由江面袭扰，担任江岸要塞警备。33 军另以一部担任宝山、嘉定两县与南翔之警备任务。

戊、高桥、川沙、南汇、奉贤地区之警备任务由30军担任。并防敌由海面袭扰上海，担任海岸之警备。

己、吴淞要塞区（包括吴淞、狮子林炮台及高桥以北）由特纵负责警备。任要塞警备的30军和33军各一部统一由特纵指挥。

以上各部统归9兵团司令部兼上海市警备司令部宋（时轮）司令、郭（化若）政委、覃（健）参谋长指挥。该警备司令部归上海市军管会直接指挥。（松江、青浦两县和金山卫由9兵团派直属部队负责警备。）

《命令》还规定：9兵团兼警备司令部进驻百老汇大厦（现上海大厦）指挥；警备兵力原则上每个旧行政区配置1个团，分区警备与重点配备相结合；各部对仓库、工厂、银行及公共场所等需要警备者，应自动派队看守。但只有警备看管之义务、未经上级批准无取用任何物资的权利。各军应在宝山、嘉定、青浦、松江、南汇、奉贤地区设置后方，不得进驻市内，以减少市内部队的生活物资供应。

各部队坚决执行了警备命令，仅一个半月圆满完成了警备任务，消灭了一些大股武装特务，收容散兵游勇1.2万余人，配合政府和群众取得了反银圆斗争的胜利，并在镇压反革命特务活动、保护接管工作、维持社会秩序和治安等方面做了大量工作。同时，在“不仅军事上取得上海，而且要在政治上取得上海”的思想指导下，广大指战员在执行政策纪律和群众工作方面，涌现了大量模范事例。如刚进城时，27军军首长带头睡马路，不打扰市民。20军和26军也几乎全军露宿街头，有的单位连续露宿好几天。为保持市内交通畅通与清洁，所有军用骡马概未进城。许多单位的炊事班，很多天都是在市外做好饭送到市内警备部队。缺少餐具，就用钢盔打饭菜，不乱借群众器皿。币制没有规定前，自觉不到商店买东西，好几天没吃菜光吃炒米。不少单位看管的仓库，存有大量牛肉罐头、糖果、点心等各类食品，谁也不去动用。执勤中宁愿淋雨也不动用仓库的雨衣，许多指战员还自觉婉拒被警卫单位和市民送来的香烟、食品、用具等各类馈赠与慰劳品。令人十分感动。凡部队看管的公共建筑物和各类器具，都逐一详细造册登记，办理移交手续。与工人、市民进行联欢、座谈等活动，互相学习与娱乐，密切军民关系。驻近郊的部队，自动帮助群众挑水、挑粪、锄地、收获、修房子和抢救台风造成的损失。对数万名外国侨民和外交人员，表现了良好的纪律与军威。如27军236团4连执勤时，遇到英国人的仓库被抢，当即加以制止，保护其合法权益。但对某些外侨不怀好意的引诱、拉拢与无理行为，都能自觉拒绝、驳斥和制止。在市内的 3 个军一个半月发生的主要问题，是几起军车车祸和武器走火伤人，共造成 16 名市民死亡和多人受伤，虽及时做了善后处理，但给部队和死者家属带来了一些损失与痛苦。

1949 年 7 月 12 日，华东军区暨第三野战军首长发布命令：根据当时华东地区的敌我形势，第三野战军除以一部担任国防要点守备外，主力集中进行航海登陆作战训练，准备解放台湾，继续执行肃清残敌的任务。为此，决定将在上海市区担负警备任务的 20 军、26 军和 27 军撤出集中整训，以 33 军和 34 军的 100 师接替并编为上海市区的固定警备部队，并以 33 军军部和 9 兵团司政机关一部，组成淞沪警备司政机关。以 30 军担任崇明、高桥、川沙、南汇地区的海防任务。由特纵 1 个炮兵团和 25 军 1 个步兵团组成吴淞要塞守备部队。另由特纵拨 1 个战车营、2 个高射炮营协助担任市区警备任务。以上各部统归淞沪警备司令部指挥，于 7 月 30 日前调整交接完毕。

接管权力还人民

接管上海市的准备工作，根据中共中央和中央军委的指示，中共华东局和总前委在部署渡江战役时，即已着手进行。先后从地方和军队中抽调了 5000 多名干部，于 1949 年 5 月 3 日在江苏省丹阳市集中，开展学习和筹备工作。在陈毅、邓小平、饶漱石等领导下，对全体接管人员进行了系统的政策纪律教育，学习了中共中央转发的中共东北局和四野接管沈阳市时“各按系统，自上而下，原封不动，先接后分”的接管经验，筹建了“上海市军事管制委员会”和各部门的“接管委员会”，分别学习和研究了各自有关的接管业务知识，印制了军管会的布告、命令等文书资料。至 5 月中旬，接管准备工作基本就绪。

总攻上海开始后，接管人员陆续由丹阳赶到上海。并紧随攻城部队进入市区，在中共上海地下党和人民群众的密切配合下，展开了紧张而有秩序的接管工作。

本着“保证用战争夺回的人民财产，原封不动地交还人民”的精神，既不采取急性办法，又不采取迁就办法，而是采取稳步前进的实事求是的革命现实主义的接管方针，全市按政务、军事、财经、文教四大部门分别接管。

并将整个接管工作分为接收、管理、改造三大步骤进行。从而，使接管工作呈现有计划、有秩序、有纪律、不贪污、克己奉公的革命气象。这同抗日战争胜利后，国民党大员们所谓“重庆人”接管上海时“五子登科”丑恶现象，形成了鲜明的对照，使上海人民深受感动、教育与鼓舞。

第三野战军司、政、后机关，在负责全野战军经常性工作指导的同时，成立了“军事接管委员会”，负责对旧上海市军事部门的接管工作。我们三野政治部，肩负了对部队经常性政治工作领导和接管旧上海军事部门政工机构的双重任务。为了适应新的工作需要，我们临时调整了组织，将野政各部原有干部划分为接管工作组和部队工作组两部分，以接管工作为重点，并组成“军事接管委员会政工部”，组织党委会，以钟期光、罗斌、黄远、徐宗田、夏琦、谭肇之、张克里、杨光池、陈其五九人为委员，钟期光为政工部主任兼党委书记。负责对军事系统接管人员政策上和思想上的领导和具体实施敌军政工机构的接管工作。

当时，三野政治部6个部级单位，共组成20个接管小组：宣教部5个、民运部4个、保卫部3个，秘书处、敌工部、直工部各2个。另由敌工部训练团抽干部100名，组成2个机动接管小组，准备接管新发现的敌军机构。政工部设办公室，协助领导处理日常业务和各单位的协调工作。

各部接管的任务区分：①伪国防部所属之国际性间谍机关，包括“国际问题研究所”驻沪办事处、外事局、“国防部科学委员会”等，由民运部接管；②军统机关，包括“中美合作所”之一切机构和伪国防部、京沪杭卫戍总部之军法机关，由保卫部接管；③“励志社”所属之一切机构及其他类似的伪军人福利组织，包括“军之友社”“新生活俱乐部”“上海军人福利社”，以及伪国防部、京沪杭卫戍总部所属的新闻出版机构、文艺团体等，由宣教部接管；④伪国防部所属的“荣军”及其他一切抚恤机构，由敌工部接管；⑤伪邮航检查处所属之各种机构和“政治建设委员会”，由秘书处接管；⑥伪国防部和京沪杭卫戍总部所属之政治机关及其他政治性机构，由直工部接管。

接管的方法步骤：我们将接管对象区分为两种四类，即一种是接收后要改造建设而为我所用的；另一种是接收后不需改造建设只需查封移交的。四类是：接管对象完整或比较完整地存在，则自上而下有系统地逐步接管；接管对象已分散隐蔽或伪装化形者，则调查取证，弄清情况后再作处置；接管对象已残缺不全者，则有多少接多少；接管对象已不复存在或只有空房产者，则将房产查封，造册移交房产管理部门。

经过紧张而有秩序的工作，我们政工部共调查和接管了135个单位，其中比较完整地接管并由我们直接处理的有32个单位，接收后转交其他部门处理的75个单位，其余为经过调查了解后因种种原因而无可接管的单位。宣教部接管单位最多，广播电台就有17座，政治情况各异。其中有积极进行反动宣传的，有反动宣传较少的，也有以广告为主只作一般中性宣传的。就产权而言，有的是纯敌产，有的是私产而与敌官方有密切联系，有的是私产而与敌官方关系极少。查实情况后，一律限令停止广播。并分别采取“没收”“临时查封”“发还”三种处理方式。比如“新闻电台”主办人与我地下党有联系，我们就将机器发还本人并报告上级妥善处理。宣传部还接管了敌军剧团，演剧队、电影队、服务队、政工队等文体单位10个和一批有特长的文艺与技术人才，其中大多数被留用。各接管组采用了对主要对象有重点的深入了解，调查研究，跟踪追击，很有收效。如敌工部通过对敌“抚恤委员会驻沪通讯处”负责人的调查，弄清了当时为敌对国的某两国驻沪机关及其侨民情况的线索、颇有利于日后对这些国家问题的研究。接管工作组还在完成主要接管任务的同时，注意维持社会纪律，建立革命秩序，肃清匪特，收容散兵游勇，搜集被敌遗散的各种公用物资等，做了大量工作。

参加接管工作的干部，都能以大局为重，内部团结，对外一致，注意政治影响。并且吃苦耐劳，积极工作。经过战斗后部队刚进城，不少地方电讯和交通均不完善，大家风里来，雨里去，生活不好，毫无怨言，重大问题都能不辞劳苦地随时请示报告。尤其是严格执行了各项接管政策规定与纪律要求。当时各种物资堆积如山，并有许多高档的好东西。“土包子”进城，大有“眼花缭乱”之感；但由于组织严密，准备充分，政策纪律很具体，所以都能经受考验，自觉性很高，谁也不去私自动用接收物品。微波收音机现在不怎么稀罕，可那时却是很神秘和很好的东西。当时接收到一架高质量的小收音机，全世界所有电台都能收听到。宣传部考虑到我是政工部负责人，掌握全局需要了解国内外形势，拟将这个小收音机留给我作为工作之用。我坚决谢绝了他们的好意。我让他们将此物送给新华社上海分社，他们的工作更需要。由于从上至下大家都遵守纪律，所以接管工作非常顺利。后来经过“三反”“五反”的考验，接管人员在政治上和经济上都未发现任何问题。只是那架小收音机也许是太好了，目标很大而没有发挥效用，送到新华社上海分社不久就失窃了。经多方寻找，始终没有破案。据说直到“文化大革命”中还当成“一大悬案”审查。

加强部队思想指导

为了保证警备上海和接管上海任务的圆满完成，我们加强了对部队的思想指导。上海的解放，进城部队的良好的纪律与执行政策的模范行动，受到上海各界人民的普遍称赞，也给了部队广大指战员以极大的鼓舞。但随着时间的推移，任务的变化，环境的影响，各种与当时的形势任务不相适应的思想问题逐渐滋长。主要问题有：

攀比物质生活。和市民比，和警察比，和被接收的国民党旧职员比，和转业进入党政部门的地方干部比，觉得就是部队的待遇低，生活苦。嫌伙食不好，住房不好，衣服不好，钞票发的太少等。随意发牢骚，埋怨领导不关心，不照顾。行动上因有严格的纪律约束尚无大的不轨行为，但思想不通，情绪不高的人逐渐增多，少数人则发展为露骨的享乐腐化思想而影响工作。

离队复员思想抬头。认为和平了，不打仗了，当兵也当够了，在部队免不了吃苦。不少营以下干部羡慕地方干部生活稳定，行动自由，提拔也快，想离队转业。许多士兵则认为，还是老百姓好，打了几年仗，别的什么都不想，只希望上级赐给“退伍军人”四个字，好复员回乡成家立业。

婚姻家庭问题日趋突出。我军在战争年代实行“二十八（年龄）五（军龄）团（职务）”结婚条件的规定，一些资历较老的营以下干部思想不通。来到上海后，花前月下以至大街上的男男女女，成双成对，更加触发了干部对婚姻问题的考虑。家里有老婆的要求接出来，没有结婚的想让家里定亲后赶紧来队。而家属来队看望的日益增多。上海附近地区的家属差不多都来过了；江南苏北地区的家属陆续赶来；随着交通的恢复与发展，山东与浙江的家属也将来沪，给部队的思想、工作与招待带来的影响颇大。

一些单位组织纪律开始松懈。有的对公款公物私自打埋伏，本位主义抬头；有的制度松弛，管理不严，车祸、走火死伤人员的事故时有发生；有的管教方法简单生硬，军阀残余复活，造成在和平环境较严重的逃亡现象；等等。

出现这些问题的原因很多。功臣思想和骄傲自满情绪作怪，认为“天下是我们打下来的，上海是我们打下来的，别人可以享受，为啥我们不能过好一点？！”睡了几天马路，吃了几天炒米拌开水，不进民房不买东西，人民赞誉，也有人“捧场”，于是，有些人就开始飘飘然以致忘乎所以了。再就是客观环境的不良影响。大上海历来是“花花世界”，从物质到精神，繁杂错乱，五花八门。意志薄弱者面对这眼花缭乱的新天地，从“看不惯”到“旁边站”再到“试试看”，最后就是“蛮不错”了。领导上思想建设的放松也是重要原因。进城后各级领导忙于接管与警备工作，头绪多，任务重，不像指挥打仗那样单纯和全神贯注了，以致对部队在新形势下可能出现的新问题缺乏预见与举措。此外，也有不少实际问题亟待研究解决。

部队不是生活在真空，革命思想不会自然生长，问题的发生并不奇怪，关键在教育。当时，有些对我持敌视态度的资产阶级分子扬言：“看吧，解放军红着进来，要黑着出去！”这引起了我们的警惕。为此，我们着重研究了以下几个问题的思想指导与教育。

一是让旧上海改造我们，还是我们来改造旧上海？这是个思想高度问题，也是根本立场问题。使大家明白，旧上海是帝国主义、官僚资本主义和封建主义侵略、剥削中国劳动人民而畸形发展起来的，是中外剥削者的乐园；我们是共产党领导的人民军队，打天下，解放上海，是为了改造天下与改造上海，要把上海从消费多于生产的城市变为生产与消费相适应的城市，把帝国主义的市场变为人民的市场，把中外剥削者的乐园变为人民的乐园。所以我们任重道远，不能因个人利益、眼前利益而忘了人民利益与长远利益。

二是先照顾部队，还是先照顾人民？教育指战员们懂得，上海刚刚解放，帝国主义破坏与封锁，国民党反动派离沪前大肆劫掠财富，又经战火损失，新生的上海百废待兴，上海人民面临着重重困难。我们要把主要精力放在安定秩序，恢复生产，稳定经济，肃清残敌，救济难民与抢险救灾等国计民生的重大问题上，做彻底的人民革命战士，而不能半途而废，目光短浅，只顾自己。

三是怎么比，和谁比？让同志们了解，城乡差别，上海与其他地区繁华程度的不同，是长期形成的历史过程。我们革命的目标之一，就是要逐步改变这种差别，但不是一朝一夕之功。比较是客观的，必要的，但比的目的是要比出差距，比出革命思想，比出革命干劲，比出革命贡献；而不能是相反，以致灰心丧气，情绪低落，萎靡不振。眼下，我们在大上海执勤，生活上不能只和部分基础好，收入高的市民与商人比，而应和全国大多数人民比，和过去比，和友军比。山东内线作战的艰苦、鲁西南出击的艰苦，淮海战役的艰苦，比目前在上海苦得多。一野部队还在荒凉的大西北地区作战，二野部队正在大西南山区歼敌，四野部队正追向海角天涯，我们要和这些兄弟部队比艰苦，比革命精神，把改造上海、逐步消灭城乡差别的工作做好。

四是借鉴国民党失败的教训，振奋革命精神。号召大家替国民党做总结。我们占领了大陆，占领了上海，国民党失败了，这不是“天意”，是我们为人民利益奋战而得人心的必然结果，也是国民党二十几年来腐化堕落而失人心的苦果。假如我们刚进大城市就比生活，讲享受，沾染腐化堕落的思想，那么今天占领上海，以后还会失去的。只有不忘历史教训，纪律好，作风好，贡献好，永远保持人民军队爱人民的优良品质，上海和全国才永远是我们的。

此外，在对部队加强思想指导和教育的同时，要求各级领导注意研究解决各种实际问题。如想方设法办好食堂，在标准定量范围内调剂花样，改造做法，改善生活；军民联欢、官兵同乐，开展形式多样的文娱体育活动，活跃部队情绪；办好来队家属招待所，做好临时来队家属的思想工作，变消极影响为积极影响；救济困难烈属和军属（当时一般困难户每人每次救济200斤以下大米，救济200斤以上的为烈属和特别困难户，要经上一级领导批准）；部队与有关地方组织联系介绍情况，对城镇军烈属的失业者，优先给予就业机会；干部婚姻问题逐级向上反映意见，建议根据形势任务的变化，全军做出新的统一规定，新规定未下达前维持原状。并在加强教育和解决可能解决的实际问题的基础上，严格组织纪律，加强监督与管理，领导带头，党内严于党外，上级严于下级，干部严于战士，开展必要的思想斗争，发扬正气，克服歪风邪气，使部队思想适应新形势的发展。

1949年7月1日，在中国共产党的生日与诞生地，上海市党政军民隆重举行大游行，热烈庆祝上海的解放，庆祝人民革命的历史性胜利。兴高采烈的游行队伍，雄壮地通过所有原来帝国主义的租界大街，标志着中国人民的上海真正回到了人民的怀抱，标志着中国人民从此在帝国主义面前站起来了！

7月10日，上海市军事接管委员会政工部的工作圆满结束，我和华东军区暨三野机关撤离上海，移驻南京。

1949 年 12 月在南京华东军区第三野战军政治工作会议代表合影，前排右五钟期光。

第二十一章　春风化雨　点滴入微

宣传教育工作，是战时政治工作的一个重要方面，是动员力量、激励士气、凝聚战斗力的基本途径，是克敌制胜的重要手段，是我党我军政治优势之一。

解放战争中，中共中央和中央军委十分重视宣传教育工作。毛泽东同志亲自为党中央和人民解放军总部起草了《以自卫战争粉碎蒋介石的进攻》《中国人民解放军宣言》等一系列纲领性的战争指导文献，以马列主义与中国革命实践相结合的指导方针，从历史发展规律的高度，阐明了人民革命、人民军队、人民战争的原理、原则与方针、方法。这些重要文献，对我们军民是明镜，是法宝，指明了方向，增添了力量；对敌人则是声讨，是宣判，揭露无遗，击中要害。

在我们华东野战军，陈毅、粟裕、谭震林等同志，也十分重视宣传教育工作。尤其是陈毅同志，他本人就是文武兼优、军政双全的战区统帅，精通马列经典，深研党中央和毛主席的纲领性的文献，具有很高的理论修养与实践经验。他的谈话、报告与总结，站得高，看得远，讲得清，道得明，深入浅出，全面深刻。

我们充分利用了华东沿海地区的文化优势，在参加我军的大批知识分子中，选拔和培养了一批宣教理论工作骨干，分别在理论研究、政策调研、宣传教育、报刊编辑、文艺宣传等方面作出了突出的贡献。他们在战争实际中学习研究马列主义、毛泽东思想；又协助华野首长和各级政治机关，以马列主义、毛泽东思想指导战争实践。从而，使整个华东野战军的宣传教育工作，队伍精干，工作活跃，及时有力，不断创新，成效显著，保证了一系列重大战役战斗的胜利，积累了许多战时宣传教育工作的宝贵经验。

除了前面各个章节中有关宣教工作的阐述，这里集中回忆一下华东野战军的报刊宣传工作。

强有力的报刊宣传，是宣教工作的重要内容之一，是战时政治工作的得力工具，是保证部队建设和作战胜利的强大武器之一。华东野战军在这方面的工作，是下了大力、颇具特色、卓有建树的。

在战争年代，部队的流动性较大，独立性较强。为了适应这些特点，加强思想和工作指导的及时性，华野部队团以上机关都有自己的报刊，大体可分三个层次：一是团级报刊；二是华野全军性报刊；三是纵队和师级报刊。

（一）关于团级报刊。

团级报刊每团都有。面向连队，面向战士，面向战场。内容具体，形式活泼，反应灵敏，指导及时，读者最多，作用最大。被指战员们称为“战壕报”“我们的精神食粮”。

以苏中军区第2分区第4团的《挺进》报为例。这个团在苏中战役中，执行保卫邵伯的防御作战任务。为了紧密配合部队作战，战役一开始，他们即将团报《挺进》改名为《保卫邵伯》。形式也由油光纸7开，缩小成14开，字放大一倍，篇幅也尽量缩短，使之成为短小精悍的“战壕报”。一切都为着使战士在战壕里阅读方便，一目了然。为使团报战斗化，解决材料多与篇幅小的矛盾，他们就一天出2期到3期，一有胜利消息就出，迅速及时地传播到每个战壕中去。越迅速越简明作用越大。邵伯保卫战共进行4天，他们出《保卫邵伯》8期，刊登报道45则，表扬了25位同志勇敢杀敌的事迹，突出报道了担任主防的4、5、6、7连这4个连队的胜利消息，传达苏中东战场捷报2则，公布上级首长的嘉奖信2封。报纸的传递，有的由宣传股的同志亲自去送，有的由传令联络的通信员顺便送达营、连、排、班，以至每个工事。每班可分到两份。大家在战斗间隙争着传阅，对邵伯保卫战的胜利起到了很好的宣传鼓动作用。

又如第1师（第23集团军的前身之一）3旅7团的《战斗报》。它创刊于1941年4月，从抗日战争到解放战争，一直是华东部队团级报纸的一面旗帜。不论是与各个时期的战斗任务或经常工作各个环节的密切结合上，与广大指战员的思想情绪相结合上，各种艰苦环境的组稿通讯工作上，推动与组织读报工作上，以及编排印刷技术上（精美的套色漫画，令人喜爱与惊叹），都有良好的成就，明显地反映着这个团各个阶段强有力的政治工作的痕迹。在蒋新生等多届政工干部的领导下，先后参加编辑和其他工作的陈野耘、仲顺时、余鉴衡、卞庸中、赵坚、胡石言、瞿革成、黄瑛、杜毓敏等10余人，付出了自己的智慧与辛勤的劳动。除正刊外，还出《行军快报》《战斗快报》《决心快报》《学习快报》《文娱材料》等多种号外，以通讯、小评、打油诗、连环画、经验、红黑板等多种形式，表扬积极分子，激励后进分子，纠正不良倾向，介绍军政文化知识，传达胜利消息，揭露敌军罪行，鼓舞部队士气。在连续每天六七十里的行军作战中，才睡二三小时，就起来编写、印次日的《快报》，还要赶上前卫营发报纸，收稿子。在战场上，他们冒着敌机轰炸，顶着猛烈炮火，就在碉堡附近编写《战斗快报》。有时没有油墨，就用柏油或锅灰代替，没有铁笔，就以留声机唱针代用。最多日出三刊。深受广大指战员的欢迎。

1947年1月5日，我为《战斗报的总结》写了“前言”，通过《建军增刊》第22期在全野战军介绍了这个团报的经验。

（二）关于华野全军性报刊。

华中部队与山东部队合并之前，华中野战军有《建军》报、《建军增刊》《野战》《江淮画报》等报刊。山东部队则有《军政周报》《军政杂志》《军政报》等。这些报刊均发挥了很好的思想、舆论指导作用。

华东野战军第一份全军性的报纸，是《华东前线》报及其内部刊物《华东前线增刊》。由我们政治部于1947年5月4日创刊。康矛召任报社社长，徐白坚任副社长。同时还成立了新华社华东前线分社，由康矛召兼任社长，邓岗任副社长。《华东前线》及其《增刊》一开始就突出宣传毛泽东主席的军事战略、战术思想，加强战争的宏观指导，并结合华东战场的实际，发表军事指挥机关对战况的分析，帮助全野战军指战员理解和掌握中央军委的战略方针。同时加强政治思想指导。通过集中发布胜利消息和英模事迹，宣扬我军勇敢战斗的英雄气概，激励指战员的革命英雄主义精神。《华东前线》报因外线作战环境限制而于1947年9月暂时停刊。《华东前线增刊》继续编印，发表了不少长篇经验性重要文章。如陈毅、粟裕同志关于战局的许多重要讲话、立功运动总结和溶化俘虏的经验等。

《人民前线报》和《人民前线》杂志，是《华东前线》报及其增刊的恢复与改名版，是华野前委的机关报刊。由舒同同志题写报刊名。1948年9月11日，华野前委作出《关于出版人民前线报、人民前线杂志的决定》。办报方针是：对部队广泛而经常地进行毛泽东思想的理论教育，宣传和掌握党的政策并与实际相结合，不断地进行工作指导、战斗指导，彻底实现党中央与毛主席的军事、政治路线，保证建军和打仗的全部胜利。华野前委兼任党报委员会的领导，野战军政治部则负责经常的直接领导。并决定陈其五、王文轩、谭肇之、王德、谭旌樵、汪大年、庄重、李杨、奚原、余鉴衡10同志组成编辑委员会，以陈其五、奚原为正副主任，奚原兼任编辑部主任。《人民前线》报于1948年9月18日正式出版，以指导连队等基层建设为主，对象是连以上干部，但以适合连级干部水平为主。基本内容为政策、思想及军政工作指导，经验交流，军政常识，科学知识，革命英雄主义，时事讲述和问题解答、批评建议等。《人民前线》杂志于1949年3月20日创刊。它以比较系统地介绍经验和进行干部思想教育为主，对象为营以上干部。这个报纸和杂志的出版，使华野和后来三野的宣传教育工作进入了一个新的阶段。它们诞生在战略决战和战略追击前夕，紧密地为战略决战与战略追击服务，有一定的政治高度，理论性与实践性相结合，思想性与战斗性相结合，指导性与知识性相结合，对于传达党中央和中央军委的指示，体现华野前委和野战军首长的决心，反映华野全军的作战与建军动态，做出了及时有力的积极贡献，并留下了许多珍贵的战史军史资料。《人民前线》报于1949年6月暂时停刊，后来复刊先后成为华东军区、南京军区的机关报。《人民前线》杂志则继续出版。到1950年3月创刊周年纪念时，已出到第35期。粟裕、唐亮、我和张凯同志为创刊周年纪念题了词。

《政工通讯》由我题写刊名，三野政治部编印，秘书处承办，1949年3月创刊。任务是传达政治工作指示，交流政治工作经验，帮助政工人员改进与提高政治工作。基本内容为刊登上级和本部有关政治工作指示性文件，介绍各单位成功的或尚未成熟但可资参考研究，使其提高为完整的政工经验，政工研讨文字、政工简讯及敌军、地方与社会情况的介绍等。印发营以上政工干部和团以上政治机关，它对三野部队的政治思想建设产生了较大影响。

值得一书的，是《目前部队思想指导》（简称《思想指导》）。由华野（三野）政治部不定期编印，宣传部承办，1948年7月29日创刊。这是一份“秘密”以上的内部刊物，一般发至团级单位，必要时发至营，涉及机密问题者发师以上单位。其任务是指导部队每一时期重大问题及中心任务的思想建设，作为团以上领导机关对部队进行思想教育的根据。它是各个时期、各大战役的“政治动员令”“政治工作指示”的更加具体化的思想规范与指导。比如《思想指导》第1号，是正确认识中原战局问题，总结了豫东战役的政治工作经验，针对“华野是打江山、赶露水的开路先锋，命太苦，担子太重”“雨季不能作战”“两败俱伤”等模糊认识，和对部队转来转去不耐烦等轻敌急躁情绪，从分析中原敌我形势入手，指出正确认识中原战局的关键在哪里，一一扫除部队和领导思想上的障碍，为而后的连续打大仗打胜仗奠定了牢固的思想基础。第 2 号是关于济南战役的战役思想指导问题；第 3 号是反对家乡观念、反对保守观点，发展济南战役的伟大胜利；第 4 号是为争取淮海战役的全胜而战；第 5 号是渡江作战和进入江南新区的思想指导问题；等等。人心齐，泰山移。统一思想是统一行动的前提，是胜利和成功的基础。《思想指导》的成就与意义就在于此。这些文章，新中国成立后大多数被收入《军队政治工作历史资料》。

华野全军性刊物还有《人民前线》增刊、《人民前线》画刊、《革命军人手册》《文艺丛刊》等。它们从不同侧面发挥了宣传教育作用。

（三）关于纵队（军）师级报刊。它们起上通下达、加强领导的作用。

第 1 纵队的《前锋》报、2 纵的《拂晓新闻》、3 纵的《麓水报》（陈毅同志题写报名）、4 纵的《战地新闻》、6 纵的《火线报》、7 纵的《武装》报、8 纵的《战旗报》、9 纵的《胜利新闻》、10 纵的《前哨》报、11 纵的《战线新闻》、12 纵的《战号》报、13 纵的《进军报》、特纵的《特种兵》报、渤海纵队的《进军报》、鲁中南纵队的《前线报》等，其中有许多是办得很有特色的。比如第 4 纵队（后 23 军）的《战地新闻》，1946 年 7 月创刊，到 1949 年 7 月 3 周年时已出版 1000 期。它最大的特点是与部队的发展息息相通，深入实际，反映实际，对于贯彻纵队党委和领导的意图，指导部队思想建设与各项工作，反映各个时期的斗争形势，旗帜鲜明地产生了深刻的影响。三年中，该报先后有记者陈夏、社长金苹、摄影记者陆明牺牲在战斗岗位上，为党的新闻事业英勇献身。师级报刊也有许多好的，不一一详述。

1949 年 2 月，华东野战军改称第三野战军后，野政及各兵团、各军政治部都继续办有自己的报纸，很好地配合了争取解放战争的最后胜利。

在华野的宣传教育工作中，政治部印刷厂（现南京军区印刷厂）立下了汗马功劳。它创建于 1940 年 10 月，从抗日战争到解放战争，从两名石印工人起家到建国前夕的 200 余人（多数时间是四五十人），从石印到铅印。陈毅、粟裕同志和政治部领导都很重视印刷工作，随时给予指导，技术工人享受排级干部待遇、实行特别津贴。但在残酷的战争环境，工厂随部队转战华东与中原，工作条件十分艰苦。冒轰炸，顶枪弹，边作战，边印刷。时分时合，忽南忽北，搬运机器，历尽艰辛。战争最紧张时，分为前方后方两个厂。前方厂仅 10 余人，用两部马车装运印刷工具，随政治部行动。他们人少设备差，以战斗姿态，完成了大量报刊、文件、书籍、教材与宣传品等突击性印刷任务，为宣传马列主义、毛泽东思想，为抗日战争和解放战争的胜利作出了重要贡献，有的同志付出了宝贵生命。正如他们的厂歌歌词所道:“我们是青年的文化战斗员，战斗在民族革命的战场上，战斗在我们党的无限光辉下”，“无数样的纸张在我们手里变成大众的食粮，变成革命的力量”。先后担任战时印刷厂领导的有张茜、巴一熔、茅振初、张鼐、顾燕、费星、肖木、凌奔、张平、张锦才、滕冲、丁山、陈维生、孔梦白、乐嗣贤、陈涛、朱志强、赵家仁、施泽人等同志。

华野的宣传教育工作，在华野前委和首长的正确领导下，野政宣传部部长陈其五、副部长赵易亚、教育科长奚原等一大批宣教干部作出了突出贡献。

陈其五，安徽省巢县人，1914 年生，毕业于清华大学哲学系，1935 年参加“一二·九”运动，1937 年入伍，1938 年 2 月参加中国共产党。历任团政治处主任、团政委、旅政治部主任、师宣传部长、《拂晓报》社长兼总编辑、华中军区宣传部长、华野前委委员兼宣传部长、新华社华东前线总分社社长、华东军区宣传部长、中共南京市委宣传部长。解放后任中共华东局宣传部副部长、上海高等教育管理局局长兼党组书记、中共上海市委宣传部常务副部长、上海市文联副主席等职。“文化大革命”中受到“四人帮”残酷的迫害。十一届三中全会后平反。1984 年 9 月病故。他为我党我军的宣传教育事业献出了毕生的心血，是优秀的宣教工作领导者与实践者。

第二十二章　新时代的革命熔炉

每当回忆往事,“华东军事政治大学”那沸腾的岁月，总是让人久久不能平静。

时代的使命

20 世纪 40 年代末，是中国革命由耕耘、开花到结果的年代，是中华人民共和国光荣诞生的年代，是中华民族屹立于世界民族之林的崭新时代。

“钟山风雨起苍黄、百万雄师过大江。”随着宁、沪、杭和整个华东地区的迅速解放，我们第三野战军由以作战为主进入以建设为主的新的历史时期。

为了适应新时期军队建设和国家建设的需要，中共中央和毛泽东主席高瞻远瞩，提出了培训处于频繁作战状态下的解放军中高级干部，并大量吸收知识青年，罗致人才，为部队建设与国家建设输入新鲜血液的问题。1948 年 10 月 10 日，毛泽东主席起草的《中共中央关于九月会议的通知》指出:“夺取全国政权的任务，要求我党迅速地有计划地训练大批的能够管理军事、政治、经济、党务、文化教育等项工作的干部。”“第三年内干部的准备，虽然大部分应当依靠老的解放区，但是必须同时注意从国民党统治的大城市中去吸收。国民党区大城市中有许多工人和知识分子能够参加我们的工作，他们的文化水准较之老解放区的工农分子的文化水准一般要高些。国民党经济、财政、文化、教育机构中的工作人员，除去反动分子外，我们应当大批地利用。”1949 年 2 月 8 日，毛主席为中央军委起草的复我们三野和二野的电报中指出:“军队就是一个学校”,“一切工作干部，主要地依靠军队本身来解决。”这是具有战略眼光的英明决策。

1949 年 6 月，三野前委机关还在上海时，陈毅同志就向我们谈及这一新的使命。他对我说:“革命形势发展很快，我们急需大批干部，你去办学校吧。”其时，人民解放军要从单一军兵种逐步向诸军种、兵种合成军队转变，急需加强特种兵部队建设，迫切需要充实大批年轻的有知识的干部。地方党政机关和其他各条战线，也要求部队支援大批建设人才。而华东地区文化科学又比较发达，在解放军势如破竹，节节胜利的形势鼓舞下，大批革命热情高涨的青年学生涌进部队，这就使需要和可能完全统一起来了。于是，我们一面着手筹建大规模办学的组织机构等问题，一面指令从山东南下在苏州继续办学的老华东军大和在常熟继续办学的三野军政干部学校开始招收知识青年学员。从1949年6月12日至25日，即在上海、苏州、杭州、镇江、无锡、常熟等地，录取第一期青年知识分子学员15170人。

1949年7月11日，中共中央军委电令：任命华东军区暨第三野战军司令员陈毅兼任华东军事政治大学校长并政委，原三野第8兵团司令员陈士榘任副校长，华东军区暨第三野战军政治部副主任钟期光兼任副政委，原第27军军长聂凤智任教育长，原华东军大副校长刘清明任副教育长，原华东军大副校长余立金和原三野干校副校长张崇文任政治部正副主任。从此以后，以三野第8兵团领导机关为基础，合编原华东军大与三野干校并大量招生而重新成立的华东军事政治大学正式诞生了。

7月18日，上海民主青年联合会和上海学生联合会共同召开盛大欢送会，热烈欢送华东军大在上海招收的5000余名新学员入学，陈毅校长亲临作了热情洋溢的报告。

7月21日，华东军区暨第三野战军前委决定：钟期光、陈士榘、聂凤智、余立金、张崇文为中共华东军事政治大学党委委员，钟期光为书记，陈士榘为副书记。建校的各项工作有组织有计划地全面展开。

人民解放军的军事、政治与文化教育工作是有光荣传统的。早在土地革命战争时期的1936年6月，即成立了“红军大学”，在中共中央军委的直接领导下，训练红军的高级干部。全民族抗日战争爆发，“红大”易名为“中国人民抗日军政大学”（简称“抗大”）。抗大招生从第3期到第8期，培养了10余万优秀干部，除设总校外，在华中、山东、晋绥等地设立了10个分校，成为培训部队各级骨干、团结教育进步青年的核心与熔炉而享誉中外。“偷越封锁线逃出集中营，到自己理想的抗大去”，成为一代抗日进步青年的响亮口号。在解放战争中，“抗大”又易名为“中国人民解放军军事政治大学”（简称“军大”）。全军分设华东、华北、西北、中原等规模宏大的军政大学。以“华东军大”而言，1946年春，华中军区成立，合并辖区内的原抗大第九、第

1950 年春在南京华东军政大学办公楼前。左起：教育长聂凤智、政治部主任余立金、副校长陈士榘、副政委钟期光、政治部副主任张崇文。

四分校（即苏中公学与淮北雪枫大学）和华中野战军随营干部学校，成立新的雪枫大学，粟裕兼任校长，张崇文为副校长，第一期学员有 3000 多人。同年冬，华中军区与山东军区合并成立华东军区，即将雪枫大学与山东军政干校及东江纵队干部队合并，成立华东军政大学，由华东军区副司令员张云逸兼任校长，余立金、曾生为副校长，第一期学员 1.6 万余人。此外，1947 年夏，华东部队开始反攻，即以华东野战军教导团为基础，成立华东野战军随营干部学校，陈毅兼校长，刘季平为副校长，第一期学员 1 万余人，后改名为三野军政干校。

因此，从红大、抗大到军大，都是人民解放军发展史上的重要组成部分，是培养军政干部的大学府。"坚定正确的政治方向，艰苦朴素的工作作风，灵活机动的战略战术"和"团结、紧张、严肃、活泼"，是其一贯的校训与校风，也是我们办好新的军政大学的校训与校风。然而，革命在前进，历史在发展，以往的军政教育虽然为我们积累了许多有益的经验与办法，但从战争年代到和平时期，从短期突击集训到相对固定学程的正规化系统教学，从培训工农干部为主到培训知识分子学员为主，从单一军兵种的作战训练到为诸军兵种正规化建设准备人才等等，情况发生了很大的变化，一系列的新问题要求我们去探索与钻研。

7月22日，校党委作出《对目前工作的决定》。明确了学校的建设方针，以改造旧知识分子为工农服务与提高部队老干部的军事、政治、文化水平，两者并重。原则规定了学校军事训练的要求、政治工作的基本任务和作风养成的目标。还具体规定了正式开学前的各项准备工作，包括编印教材、修理校舍、培训教员、确定编制与配备干部、制作校旗校徽等。并对校领导做了具体分工。

9月1日，华东军区暨三野前委作出《关于开办军事政治大学的决定》，进一步明确，"要建设正规化近代化的国防军，首先就必须培养大批有战斗经验有科学知识经过正规训练的国防军干部。""一面将我军现有的干部在军事、政治特别是文化上大大提高一步，一面大量吸收新的知识分子，经过思想改造与必要的业务训练，分发部队充实新的血液，并作为部队提高文化水平的桥梁。"规定了军大的教学方针，"必须坚持理论与实际结合，领导与群众结合两条基本原则"。并号召全区各部队提高对办好军大重要意义的认识，"克服各种本位、保守观点，抽调最好的干部到学校去学习"，从各方面支持办好华东军大。

10月18日至23日，华东军大在南京隆重举行第一期开学典礼。在宁师生员工近两万人参加成立大会，陈毅校长亲临南京向全校教职学员作了《为人民服务》的生动感人的报告，并向全校连以上干部殷切热情讲话。华东军区暨三野政治部主任唐亮、代参谋长袁仲贤到会作了指示。校领导分别报告了办好军大的方针、目标与要求。南京市党政群代表江渭清等讲话祝贺。教职学员代表发言表了决心。大会通过了给毛泽东主席和朱德总司令的致敬电。

建校最大量的工作是组织建设。除以原第8兵团机关等为基础外，还从全区各部队指名抽调了一大批优秀干部到军大工作。先后组建成校领导机关和各学员队组织机构。

训练部部长高锐、副部长宋炜。下辖：第一处处长周蔚昌，第二处处长祝榆生、周维生。协理处政协王子英。

政治部下辖：秘书处处长王桂馥，协理处政协徐玉田，组织部部长刘鹤孔、副部长潘启琪，宣传部部长杨恺、副部长钟国铨，教育部部长李焕、副部长康明，保卫部部长张战戈，直工部部长陈棣华。

校务部部长谢忠良，政治协理员姚锦城。

供给部部长王义忠，政委薛丹浩，副政委曾火生，政治处主任张建中。

卫生部副部长李康侯、翟万宝，政委李幼林，副政委卓农，政治处主任杨锡泮。

学员机构，初期建成两个总队辖 12 个团另两个直属训练班：

以原华东军大组成第 2 总队，总队长刘清明，政委谢振华，下辖第 6、7、8、9 团，1950 年 1 月由苏州移驻南京孝陵卫；

以原三野军政干校组成第 3 总队，总队长梅嘉生，政委邓逸凡，下辖第 11、12、13、14、15 团，1949 年 9 月由常熟、无锡陆续迁至南京；

第 1 总队总队部未成立，以三野后备兵团一部组成第 1 团（老干部团），团长吴华夺，政委张英勃；

另建伞兵总队（团编制）、工人子弟团和培养军事教员的教研班、培养政文教员的短训班。

至 1950 年 2 月，全校教职学员共 37159 人。学员机构的各级领导是加强配备的：总队相当于军，团相当于师，大队相当于团，中队相当于营。前方部队的团长调来当大队长，营教导员当中队指导员。

1950 年华东军政大学部分干部合影。前右一钟期光、右六聂凤智、右七张崇文、右八余立金，二排左一陈士榘、左八吴华寿。

以原来指挥近 20 万主力部队的第 8 兵团领导机关等单位组成的华东军大组织机构，领导很坚强，人员也很充足，并且原定第一期接受学员 3 万人，后来实际只接收 18697 人，形成机构庞杂臃肿，教职工作人员与学员的比例几乎是 1∶1（学员仅多 235 人），一般干部太多，而真正适于做教学工作的干部又很缺乏。为了改变这种状况，校党委提出了“节省国家开支，紧缩学校机构，整顿组织，裁减冗员，提高工作效率”的号召。经过半年多努力，头重脚轻的严重现象基本改变。到 1950 年 1 月，校直精减 4196 人，占原有人数 47%。第 2 总队精减 381 人，占原有人数 9%。第 3 总队精减 521 人，占原有人数 10% 强。随后，全校撤销中队小伙房，成立大队伙食单位，又精减事务人员 1000 余人。

1950 年 6 月 1 日，校党委作出继续精简整编的实施方案，以减少机关层次，加强教学领导，提高工作效率为原则，决定撤销原有总队一级机构，将原来的团改为总队并予加强，由校直接领导，全校总人数限定为 5 万人。一经决定，迅速行动。6 月 5 日开始动员，6 月 20 日基本完成精简整编。全校编为 7 个总队、校直加 3 个分校：

第 1 总队为部队老干部学员，以学习文化为主，总队政委谢振华，教育长吴华夺；

第 2 总队为第一期军事本科，总队长田长华，副总队长王韬，副政委孙育民，副教育长朱震；

第 3 总队为第一期政治本科，总队长樊道余，副总队长赵白庐，副总队长兼教育长池田，政委毛英奇，副教育长王卞；

第 4 总队为第二期预科，总队长黄胜，副总队长李桂莲，副政委谢仁安，教育长赵云鹤；

第 5 总队培训起义军官学员，总队长林毅，副总队长石世国，政委陈励耘，副政委解锐夫，教育长王干；

第 6 总队以两个大队为第二期预科，一个大队接收大学专科学生。总队长张波，副总队长徐彪，政委邓迈，教育长赵绪清；

第 7 总队为原伞兵总队，总队长刘农俊。

校直军教班主任刘兆荣，副主任王志远；政教班主任庐华，副主任丁炎；文艺系兼主任亓尧，副主任李植光、吴伋之。

山东分校兼校长许世友，副校长杨价人，副政委谷凤鸣，教育长王儒林，副主任宋内正；

1950 年 3 月 20 日，福建分校归并华东军大建制，叶飞兼校长，副校长钟贤文，政委张日清，副政委兼主任程垄源，教育长蒋学道，副教育长马秉正，副主任郑重；

1950年8月24日，浙江分校归并华东军大建制，王必成兼校长，丁秋生兼政委，副校长毕庆堂，教育长石仰天，副教育长李文阁，主任柳夷。

新编各总队，除第1总队仍执行军级职权、第7总队仍为团级编制外，其余各总队多者6000余人，少者4000人左右，执行师级权限。但为加强对教学工作的领导，校党委要求所有总队实行团级工作方法，面对面地领导基层教学工作。通过整编，领导机关实现了精干高效，教学单位得到了充实加强。工作人员与学员之比，总队以下为1∶5.5，全校为1∶2.5，达到了精简整编的目的与要求。编余干部254人，根据“对组织负责、对干部负责”的原则，分别作了下部队、学文化、转业、退休等妥善处理。从而，保证了华东军大以教学为中心的各项任务的圆满完成。

成功的教学

回忆华东军大的教学工作，是成功的，难忘的。它表现在教学的方针与目的明确，教学内容选得准，教学方法新颖、灵活、多样而有效，教学的组织领导坚强有力。

1950年在南京华东军政大学。

当时，学校处在社会政治经济大变革的特定历史时期，华东军区暨第三野战军前委赋予我们“开办军政大学总的目的：是培养建设正规化近代化国防军的军政干部。但根据各种不同对象，教学目的、教学内容均应有所区别。”为此，“军大的教学方针必须坚持理论与实际结合，领导与群众结合两条基本原则”。

而当时，我们在时间、人力、物力上，都较战争年代办随校、干校、抗大、军大有了更好的条件，完全有信心有决心向军区和三野前委所指示的“华东军大应成为华东部队的楷模，成为新民主主义教育的典型示范”的方向努力；但是，战争还没有完全结束，而医治战争创伤的任务十分艰巨，新生的人民共和国所面临的财政经济困难是显而易见的，因而我们办学的物质条件还是困难诸多的。一方面，新时期新形势要求我们迅速培养大批的高质量的军政干部；另一方面，与整个革命形势发展相适应，我们参与办学的领导和教职员工的实际水平，还跟不上学校规模的扩大与所肩负繁重任务的要求。一方面，大批的青年知识分子报考华东军大，其中绝大部分是失学的青年学生，他们政治热情高涨，思想敏锐，要求进步迫切，决心走革命道路；另一方面，他们来自旧社会，出身经历各异，不同程度地接受了旧政治旧思想的影响，入校的动机目的各不相同，文化程度和全面素质参差不一，并且在时代的潮流里，难免泥沙俱下，鱼龙混杂，甚至不乏少数敌对势力分子的渗透（据第3总队11团统计，该团学员的社会出身：学生60%、旧职员25%、旧军人10%、工人和其他5%。全校学员情况类似）。一方面，我们部队经过10年以上战争考验的中高级干部，他们政治觉悟高、立场坚定，战争经验与实际工作能力较强，但由于历史的原因，文化程度普遍很低，并且缺乏系统的现代军事科学知识，迫切需要这方面的深造与提高；另一方面，不少中高级干部对入校学习认识不足，顾虑颇多、阻力很大，有的甚至对抗学习。

1950年在南京华东军政大学。

校党委和各级领导针对上述情况，深入实际，认真调查研究，作出了正确的教学决策。我们深入传达学习了毛泽东主席1949年8月5日批转的刘澜涛、胡锡奎同志关于《华北人民革命大学第一期教育情况及主要经验》。我们反复组织学习军区和三野前委

《关于开办军事政治大学的决定》。我们校党委作出了《对目前工作的决定》。校政治部于1949年8月7日下达了《对目前学校政治工作指示》。我于1949年8月20日，在《人民前线》第6期发表了《我对学校的认识与教育实施上的几个意见》。陈士榘同志于1949年8月29日在《军大建设》第1期发表了《办好我们的学校》。这些重要文件，是办好华东军大纲领性经验性和指导性的重要文献。尤其是陈毅兼校长亲临南京，为全校人员先后两次作《为人民服务》的报告，联系实际，深入浅出，慷慨激昂，生动感人，给如饥似渴的青年知识分子学员、老干部和工作人员以终生难忘的印象，为搞好华东军大的教学工作奠定了牢固的思想基础。

华东军大的教学实践经验是多方面的，但其中最根本的一条，是加强理论教学，加强思想指导。把马列主义基础理论和毛主席的建军思想作为一门主课，联系学员的思想实际进行教学，"把理论学习作为改造思想的武器，把改造思想作为理论教育的直接目的。"

学校绝大多数学员是知识青年，打通入伍思想，解决对中国革命的认识问题是教学工作首要任务。为此，在入校准备阶段和预科教育中，我们首先以《中国革命读本》《中国现代革命运动史》为基本教材，对学员进行了"中国革命基本问题"的教育，包括毛泽东建军思想教育、党对知识分子的政策教育和艰苦朴素的传统教育，使每个学员认识到没有中国共产党就没有新中国，没有党领导的人民军队的武装斗争就没有中国革命的胜利，从而增强入伍光荣感与使命感，树立自觉献身中国革命的崇高理想，改变其个人主义的立场观点，为站稳无产阶级立场打下了思想基础。

其次是深入地系统地进行《社会发展简史》的教学，向学员传播历史唯物主义与辩证唯物主义的马克思主义基础理论。使大家认清人类社会发展的一般历史规律和人民群众对于推动历史发展的重大作用，划清唯物史观与唯心史观的界限。并与深入学习中国革命史相结合，就使学员既弄清人类社会发展的一般规律，又明白了中国革命成功的特殊规律，懂得在推翻三座大山之后，只有继续在中国共产党领导下走社会主义道路，才能取得中国革命的更大胜利。从而，端正对革命事业的态度和摆正个人在革命事业中的位置，增强群众观念、劳动观念、阶级观念和国家观念，为树立革命人生观奠定了理论基础。

刚入伍的热血知识青年学习革命理论的热情很高，但也容易犯理论脱离实际的毛病，往往着重于新名词新概念，贪多求全，好高骛远，为理论而学理论。我们既爱护他们的学习热情，又加以实事求是的科学引导，把加强理论学习的思想指导作为提高教学质量的重要环节，要求学员领会革命理论的精神实质，善于运用理论解决中国革命和个人思想进步的实际问题，脚踏实地，有所作为，做一个将远大理想与现实革命目标相统一的新青年。

华东军大的学制，原来预定为两年，其中预科半年，本科一年半；后来实际整个教学只进行了一年半，其中还有相当数量的学员提前毕业分配了工作或转学。在教学实施中，预科以政治教育为主，通过上述中国革命基本问题和社会发展史的教学，打通入伍思想，端正入学动机，领会建军原则，提高政治认识，划清阶级界限，掌握批评与自我批评武器，养成革命军人服从组织、严守纪律、执行政策的意志与习惯，初步树立了革命人生观。军事教育实施单个战斗勤务教练及一般军事常识教育，严格建立正规生活制度与作风，要求学会一个战斗员的各种基本动作，完成了本科教育的初步基础。本科教育，则以军事课目为主，从班、排、连的基本动作与战斗勤务、必要技术、军队建设等基本教育做起，逐步进入营的战术思想教育，并完成各分科专业的教育。政治教育以理解党的总路线和各项政策，学会连队政治工作并能初步实用，做到军政教学相互配合，不致脱节。

华东军大的性质问题，从名义上讲，军大，似乎是一所“军事大学”，实际上是“陆军中学”。因为实际学制只有一年半，除了高干团、起义军官和部分调往军兵种部队学习的学员外，主要是培养步兵基层干部。知识青年学员绝大多数是中学生，只有少数是大专生或旧职员。教学内容是军政启蒙教育与基础知识教育。因此，在 1949 年 12 月 9 日的校党委扩大会议上，华东军区暨三野参谋长张震同志明确指出:“学校叫华东军大是为了便于号召，实际上是陆军中学”。聂凤智教育长在 1950 年 4 月《军大建设》第 9 期发表的《关于本科军事教育计划应统一认识的几个问题》中也明确指出:“军大的性质:‘是一个陆军步兵中学’。”近几年来，为了评定专业职称等原因，常有当年的军大同学来信来访，要我为其证明在军大学习的学历。为了对同志负责与对组织负责，经与总参谋部、总政治部商定：原华东军大有关学历等遗留问题，由南京军区军训部负责办理，大都得到了合理妥善的解决。比如原军大文艺系的学员，从实际出发，按预定学制毕业的，由南京军区有关单位颁发了中专结业证书；部分留任军区文训班第二期辅导员的，则颁发了大专毕业证书。

华东军大的教学方法，摒弃了陈腐的传统注入式教学方式与方法，施之以启发、研究、实验的科学教学方法。我们在进入某科教程之前，先向学员作动员启发，引起学习的兴趣与自发的学习要求，使学员先作思想酝酿，预定学习计划，自觉遵守学习纪律，认真研究问题，下定决心学好这门功课。我们还再三强调，要掌握学员的思想情况与学习心理。根据其思想发展规律，鼓励其自觉地努力学习，先顺之，后正之，才能很自然地引导他们向学校预定的目标前进。同样讲一门功课，假使能够从学员普遍的心理与经验出发，引用适当的生动例子，反复地讲述主要内容，多提出有助于主要内容记忆接受的思考问题，事后又给予复习、测验与考查的机会，最后纠正其对此问题的错误认识，就能收到较好的教学效果。当时有数万名学员，虽有500余名各科教员还是不够用，课堂、教材等都有困难。对一些重点主要课程，我们就采用讲大课的形式讲授，由军区和三野司政机关各部领导、学校各级领导和江苏省、南京市的领导以及从地方大专院校聘请的知名教授讲大课。比如由宣传部长杨恺和政教班主任卢华等主讲的中国现代革命运动史，由军区宣传部长赵易亚、校领导和政治部副主任张崇文、教育部社会科学研究室主任马云涛等同志主讲的社会发展简史，都普遍受到学员的好评，不少人终生难忘。大课之后，再分班由教员进行辅助教学。并组织学员讨论，领会精神实质。这样，大课讲授与分班助教及群众性互帮互学相结合，教学效果很好。最后，组织学员到“中央博物院”（现南京博物院）去参观，了解从猿到人、从原始社会到阶级社会的发展过程，直观生动，形象感人，加深和巩固了教学效果。为了弄清谁养活谁的道理，还组织学员到郊区农村访贫问苦，搞社会调查，收效也很大。

为了保证教学任务的完成，学校从各个方面加强了组织领导。1949年10月24日，在学校开学典礼干部大会上，我重点讲了加强党委领导问题，对在学校建立党委制的绝对领导的重要性、党委的工作范围、党委制领导方法与领导作风、党的铁的纪律等问题，提出了原则与要求。并特别强调了加强党内教育问题，“我们不能采取不教而诛的方法，首先导之以觉悟，然后齐之以纪律，以达到教育干部与党员的目的”，充分发挥党员的先锋模范作用。党委加强对教学工作的领导，主要是加强思想领导。要全面贯彻党关于爱护、争取、教育、改造知识分子的政策。当时我们提出，学校各级干部与学员的关系，要像家人、父子、兄弟、姐妹一样，既要对他们提出要求，又要给他们以关心，用感情的力量、模范的作用、生活的调剂、伙食的改善、文娱活动的开展、民主的管理方法来增进学员的学习与遵守制度的自觉性。对部分学员过去参加旧政权党团等政治历史问题，除有现行活动者外，采取“长期教育改造和争取的方针，而不是简单的清洗”。后来实践证明这一方针是正确的。通过社会发展史教育，有3761名学员自动表明了自己原来参加过反动党团、特务组织等政治面目，占学员总数的29.9%。当时改造从旧社会过来的知识青年，主要抓了四个中心环节：一是理论教育；二是实际锻炼；三是课外辅导；四是干部思想领导。1950年8月1日，校党委下达了《关于发展与巩固党的指示》。当时全校中共党员的人数占总人数的17%，占全体在职人员的36%。在以教学为中心的各项工作中发挥了骨干领导与模范带头作用。学校党的发展与巩固的基本方针是:“公开的、积极的、有计划的分别不同的对象，进行系统的宣传教育，和稳步的、慎重的个别发展，求得在巩固基础上发展，发展后更加提高，保证党的组织不断发展，并在发展中严格保证党在政治上、思想上、组织上的纯洁性。”确定党的发展对象为：本科学员；机关单位斗争较久的战杂人员；由学员中新调任的工作人员；排以上非党干部及某些个别进步的非党教员与技术人员；原则上预科学生不作发展，个别特殊情况而入党条件成熟者亦可吸收。从而，把学校党的建设与党对教学工作的领导保证作用推向了一个新的阶段。

青年团的积极活动是搞好教学的重要保证。华东军大于1949年10月26日开始建立新民主主义青年团。11月5日，全校开始上团课，校青年团举行第一次集体团日活动，请沈亚威同志作参加布达佩斯世界青年代表会议的报告，影响很大。在校党委的重视与组织下，全校范围内很快展开了普遍建团的工作。“从今以后，我不是过去的我了，我是团员，是革命组织的一分子”，“宣誓入团的那一天，是我人生征途的起点。”一种崭新的颇具凝聚力的光荣感与责任感，激励与吸引着广大知识青年学员，校园里呈现出“人人要求进步，个个渴望入团”的热烈气氛。这是他们由社会青年到军大学员、又由一般学员到团员学员的第二次政治思想飞跃。为加强领导，我们决定在校、总队、团三级政治机关成立“青年工作委员会”，在同级党委和上级政治机关领导下研究决定有关青年工作的重大原则问题。校“青工委”由张崇文、杨恺、柳锡三、孙中一、吴健人五人组成，张崇文为书记，杨恺为副书记。校和总队政治部设青年工作科，团设专职青年工作干部，全校专职和兼职青年工作干部有87人，做了大量卓有成效的团务工作与青年工作。建团初期，校党组织还派出一批青年党员加入团组织，成为建团骨干。全校有中共党员兼青年团员429人。在一年多里，发展青年团员1.3万余人，占全校青年总数的65%。从而，使青年团成为中共党组织的得力助手与后备军，是团结全体青年完成各项任务的突击力量。团员在各种组织中的比重，以一个中队为例，7团2大队6中队24名正副班长中，22人是青年团员，占90%；学习委员会9名委员全部是青年团员；干事37人中团员33人，占90%。行政与学习等组织的骨干绝大多数都是青年团员。他们的进步与模范作用，使各种工作空前活跃，保证了教学任务的圆满完成。

1950年华东军政大学部分干部合影。二排左一张崇文、左二钟期光、右六余立金，三排左二吴健人。

“学习委员会”对华东军大教学任务的完成也发挥了重要作用。1949年8月，当第一期预科学员集中后，各单位群众性政治组织极不统一，有学委会、俱乐部、泽东室等多种组织形式，活动内容与方法也各不相同。校党委和政治部经过调查研究，决定统一组织形式，规范活动内容与方法，统一名称为“学习委员会”简称“学委会”，于9月14日颁发了《关于统一各新学员中队群众性政治组织的决定》。其性质与任务，近似于部队连队中的革命军人委员会，它是中队全体人员民主的群众性的政治组织，在党支部和中队首长的直接领导下，进行各种群众活动，成为学员自我管理自我学习的园地。其基本任务是团结全体人员，发扬青年学生的特长和各种活动的创造性，提高学习与工作积极性，使本课教育与课外活动密切结合、思想改造与身体健康同时并进。后来建立青年团以后，学委会与青年团的关系，两者都是党与行政领导搞好工作完成教学任务的助手，而青年团更具先进性的一面。故青年团与学委会不是领导与被领导的关系。青年团积极参加学委会的工作，并起核心作用与带头作用；学委会侧重于教学活动，并积极配合与响应青年团的工作活动。当时学委会的工作十分活跃，普遍在学委会中成立了研究组、辅导组、学习组、互助组，对配合正课教育，发扬教学民主，钻研教学方法，领会教学内容，遵守教学纪律，加强学员团结，活跃学习情绪等诸多方面，做了大量党政领导难以完成的工作。

在华东军大，党委和政治机关对教学工作的领导与保证，通过报刊宣传，配合紧密，成效卓著。1949 年 9 月 1 日，《军大建设》杂志创刊，成为校党委宣传贯彻毛泽东军事思想，加强思想领导办好学校的机关刊物。10 月 1 日，校党委作出《关于出版〈军大建设〉杂志的决定》，具体明确了杂志的性质任务、编辑方针、内容与措施，成立了党刊委员会，以钟期光、聂凤智、张崇文、吴肃、李焕、杨恺、谢振华、邓逸凡、张英勃 9 同志为委员，钟期光为委员会书记，杨恺为副书记（吕荷僧、沈冰灵负责编辑工作）。11 月 7 日，校党委又作出《关于出版〈华东军大〉校报的决定》，将原华东军大《军大学报》和原三野军政干校《学习生活》报合并，组成新的《华东军大》报社，成立校刊委员会，由钟期光、聂凤智、张崇文、吴肃、李焕、钟国铨、谢振华、邓逸凡、张英勃 9 人为委员，钟期光为委员会书记，钟国铨为副书记兼报社社长（杨力航、吴骅、仲文为正副主编）。校报的主要任务是“领导思想、指导工作、组织学习”。11 月 15 日，《华东军大》报正式创刊。《军大建设》《华东军大》，一个党刊，一个校报，再加新华通讯社军大分社、军大广播台，当时称之为“报、刊、社、台”四大舆论阵地，各自独立，又密切协同，相互支持，扩大宣传效果，办得生动活泼，深入浅出，有声有色，丰富多彩。党刊的主要对象是连以上干部，是全校各级领导干部的内部读物和交流经验的园地；校报的主要对象是学员，是全校各个团队主课堂之外的第二课堂和学习生活辅导园地，都受到各级干部和全体学员的欢迎与支持。并向校外有关单位内部发行，以资交流。“报刊社台”的舆论宣传，除在校内对教学工作发挥了极为重要的传播、动员、激励、鼓舞和推动作用外，还为上级领导机关反映了大量情况，提供了一些有益的内部工作经验，积累了不少历史资料，也为新华总社、《人民日报》《解放日报》《新华日报》、江苏人民广播电台等新闻单位组发了一些稿件，扩大了华东军大的社会政治影响，为当时的军事宣传作出了贡献。

“无歌不开会，无歌不上课，无歌不吃饭，无歌不行军。唱着唱着，革命的豪情就油然而生，充满革命友情的欢声笑语总是在军营校园里荡漾。”这是一位叫马松山的军大同学 49 年后回忆当年校园生活的写照。是的，华东军大的文化生活，无论是专业文艺团体的演出，还是群众性业余文艺活动，都是健康活泼、绚丽多彩的。生龙活虎、爱好文艺是青年的特点之一。适应这一特点，文化娱乐也就成为配合教学工作的又一重要活动。方针是“结合学习，鼓舞进步，面向实际，发动创作，使文艺成为广大群众反映思想，指导思想，联系自己进行教育的群众性活动。”建校前期，华东军大有三个文工团：校政文工团是原 8 兵团文工团，文艺科长亓尧兼团长，艺早和李乐为副团长，高冰为副教导员；第 2 总队文工团是老华东军大的校政文工团，解放战争期间叫“雪枫文工团”，在华东战场享有盛誉；3 总队文工团是原三野军政干校文工团，团长邱富润，副团长骆勋颇有文艺造诣。1950 年 5 月 17 日，将上述三个文工团的部分人员合并，成立文艺系实验剧团，其余人员分别组建成文艺系系部、军乐京剧队、音乐舞蹈队、戏剧队、美术队。实验剧团和军乐京剧队以为教学服务的工作为主，辅之以业务学习，其他队为学习队，以培养青年文艺学员为主。在一年多里，各文工团先后排演了《白毛女》《血泪仇》《思想问题》《王秀鸾》《刘胡兰》《将相和》《赤叶河》《王贵翻身》《铁证》等高质量的大型剧目和《快乐的农村》《秧歌联奏》《翻身道情》等音乐节目，受到校内外观众普遍好评。后来随着军事教育体制的改变，文艺系转入华东军区改为“文训班”，实验剧团改编为第三高级步校校政文工团。与此同时，群众性文娱活动也搞得生动活泼，每逢节假日，各级领导常常下到连队班组，和学员一起讲故事、下棋、游泳、打扑克、打球、一起唱歌，演戏，歌咏队、腰鼓队、莲湖队、秧歌队，小演唱，大联欢逗乐竞艺，热闹非常。有 500 多名学员的短训班，大都是具有大专学历的知识青年，人才荟萃，文艺体育生活十分活跃。他们表演的团体操是全校第一名，全校女子排球比赛，短训班队获冠军。专业与业余相结合，领导与群众同乐，全校性的文艺观摩与竞赛性演出，一年多搞了三次：一次是春节文艺汇演，一次是音乐晚会，一次是野外文娱晚会，推动了文娱活动的普及与提高，为教学任务的完成提供了精神食粮。

1950 年在南京欢迎第二野战军军政大学参观团。中间站立前排：右一钟期光、右四陈士榘。

在物质生活上，一方面新中国成立前后财政经济困难，物质紧缺；另一方面建设大规模军校资金和物质需要量很大，又是多单位合并办校，人员庞杂，规章制度不统一，而学员主要是城市知识青年，生活要求不同于农村籍指战员，这就更加增大了困难。对此，学校采取了积极得力的措施，开展了“生产节约运动”。当时的生产方针，以农工业为主，副业、运输业为辅，禁止从事商业贸易和开店营利，对走私、囤积、投机等希图暴利的思想与行为，予以严格纠正制止，并成为遵守国家政策法令的模范。农业以种菜为主，做到每个伙食单位自给 3 个月的菜金。手工副业以办作坊为主，做豆腐，生豆芽，养猪、养鸡、编织、缝纫，并参与公共工程建设的劳动。小型工业有卷烟厂、榨油厂、碾米厂、肥皂厂、印刷厂、煤矿等。运输生产一律实行公私兼顾，四六分红，并照章纳税。总队和独立团以上单位成立生产委员会，统一领导与规划生产节约工作。校生产委员会以聂凤智、余立金、王义忠、吴华夺、陈棣华、谢忠良、刘清明七同志为委员，聂凤智为主任委员，余立金、王义忠为副主任委员。一年多取得了很好的成绩：肥皂、香烟、煤、盐可以全部自给供应，全校的文具、日用品、食油自给60%以上，猪肉、蔬菜自给一部分。全校生活水平不断上升，食物营养由最初吃不到规定标准，到普遍吃到定量并有不少单位超过规定量。如第3总队连续两月油、肉超过定量50%至140%；第7总队油、肉超过定量84.6%。不仅改善了全校生活，增强了体质，提高了劳动观念，而且保证了教学任务的完成，使全校每月各种开支达50亿元的现金，大部分不致流入市场，刺激物价，为稳定社会金融物价起了一定配合作用。

在辛勤耕耘的教学实践中，华东军大涌现了一批模范教育工作者，他们是：祝榆生、王作舟、郑绍成、张征、潘启琪、张诚、谷奇、余伯由、汤澈、王韬、孙育民、王广贤、马云涛、施剑超、樊道余、汪其、王阶平、叶文年、张波、李恒增、蒲陆、芦华22人。其中祝榆生、张诚、谷奇、樊道余、马云涛5人当选出席了华东军区模范代表会议。

栋梁满天下

华东军大的教学工作，受到了中共中央军委和各级领导的鼓励与肯定。1950年6月12日，毛泽东主席为华东军大题词："华东军政大学日进有功，培养大批国防建设人才。"同日，朱德总司令的题词为："努力学习军事科学和革命理论，为建设近代化的强大的国防军而奋斗。"1950年10月1日，陈毅司令员兼校长为华东军大建校周年纪念题词："总结教与学的经验，逐步提高，争取新的胜利！"粟裕副司令员的题词为："理论与实际结合，学校与部队联系，干部与学员团结，实事求是，办好学校，大量培养部队所需要的干部人才。"这些关怀与指示性题词，不仅对华东军大而且对整个人民解放军军事教育事业的繁荣与发展产生了深刻的影响。

1950年12月，随着新中国革命形势的迅速发展，人民解放军的正规化建设日益深入，军事教育体制逐步完善，中央军委决定，以华东军大和华北军大为基础，组建军事学院，作为全军最高学府培养高级军政指挥人才。另组建若干高、初级步兵学校和军兵种专科学校，培养中、下级指挥人才。遵此决定，我和陈士榘等同志，奉命率华东军大校部的一部分和第1总队参与组建军事学院，余立金和张崇文等同志率华东军大的大部分改编为人民解放军第三高级步兵学校，华东军大第5、第7总队调归华东军区教导总队。至1950年12月底，华东军大胜利地结束了历史使命。

在一年半的教学工作中，华东军大共办预科两期，本科一期，教育培养知识青年19218人，老干部一期文化学习，参训师团营干部912人（其中师职34人、团职238人、营职638人、连职2人），接收培养妇女干部230人，军教班接收与招收培养旧军官学员880人，政教班接收培养知识青年学员749人，文艺系接收培养男女知识青年和部队文艺战士209人，第5、第7总队接收培训起义军官4000余人，加上山东、浙江、福建3个分校培训的学员和军大对在职干部普遍进行了系统培训，全校共培养各类人才近5万人。

新中国成立伊始，百业待兴，军内外各方面都急需干部。华东军大在主要培养国防建设人才、为部队服务的基本方针下，应包括地方在内的各方需要，一面培训，一面先后调出学校分配工作或转入其他专科学校学习者达5508人。其中首批应中共华东局的要求，分配到华东地区财贸战线工作的869人，成为新中国第一批财政贸易工作者的坚强骨干。40多年来，他们在商业、外贸、粮食、石油、土产等各财政贸易战线上，不忘军大母校的哺育，以军大传统为荣，创业立功，忘我工作，有的成为各级领导干部，有的成了本行业的技术专家，有的因种种复杂原因道路坎坷而不忘军大教导，政治立场不变，业务精神不减，经受了各种严峻的考验。

先后分配到中央军委机关、华东海军学校、大连海军学校、青岛海军学校、空军司令部、中央航空学校、杭州航空学校、空军混成旅、雷达探照灯团、中央俄文学校、华东军区青年干校、华东军区通信兵学校、测量大队、华东军区特科学校、东北炮兵学校、华东军区卫生学校、华东军区俄文学校、华东军区机关等单位的4639人（其中女生660人），是华东军大政治思想和业务水平最优秀的学员，是好中挑好的骨干。他们经过专业深造和进一步的政治修养，成为人民解放军海、空军和其他特种兵部队建设的首批科技骨干力量，许多人成为师职以上高级干部和技术专家，为人民解放军的军兵种专业建设做出了开创性的贡献。

经过预科和本科毕业的数万人，分配到华东军区各部队，从基层连队到各级领导机关，从军事、政治、后勤干部到专业技术干部，还有很大一批人担任了文化教员与军事、政治教员。到处都有华东军大学员的足迹与勤奋建业。他们为人民解放军的革命化、正规化与现代化建设贡献了青春与力量。通过建军实践与不断再学习，有相当数量的人才成为各部队团以上领导干部与专业技术骨干。

华东军大培养的一批文艺人才，40 余年来，分布在从军委总部的专业文艺团体到基层文化战线，从军队到地方，成为新中国文艺战线的一支骨干力量。著名戏剧家、名导演吴仞之当年在苏州率全家人参加入民解放军，传为美谈。他在军大从普通学员做起，先后担任导演、教授和文艺系副主任，数十年的文艺工作实践，硕果累累。在电影《霓虹灯下的哨兵》中饰春妮、《柳堡的故事》中演二妹子，并参加《东进序曲》《人往高处走》《英雄岛》《烈火红心》《前线》等电影演出的著名演员陶玉玲，就是 14 岁从家乡镇江参加华东军大第 3 总队 15 团女生队、后转文艺系戏剧队学习的学员。她在 40 年后回忆说:“华东军大的学习生活在我一生中起到了重要的作用，是我一生的转折点，是我生活的源泉，我永远怀念它。”曾任中央电视台台长的黄慧群也是当年华东军大的女学员。不满 14 周岁参加华东军大第 2 总队文工团青年队的杨佩瑾，40 年后创作《霹雳》《旋风》《红尘》三部曲长篇小说，成为中国作家协会的理事、江西省文联主席、中国作家协会江西分会主席。他说:“华东军大是我革命生涯的起点，也是我走向文学的起点。”而当年 2 总队文工团青年队另一名腰鼓队的小鬼王家庆，成长为北京市市内电话局的局长。

更多的当年军大学员，后来陆续成为新中国教育战线的尖兵。从小学、中学到大学，从教师、教授到校长，他们牢记陈毅校长关于“为人民服务是艰苦的，是要决心奋斗的”教导，不论职位高低，不计待遇好坏，不顾条件优劣，不理风高浪急，数十年默默耕耘，无私奉献，成为名副其实的人类灵魂的工程师。军大第一期预科毕业后担任第 3 总队政治助教的陈循南，1952 年转业到安徽省教育厅，被分配到重灾区担任中学教员，勤学苦钻，成为语文教研组组长、学校工会主席、蚌埠地区优秀教师。他被错误打成右派后，22 年后继续任中学教师，却拿学校工友最低工资，而献身教育事业的壮志未减，默默积累教学经验，平反后发表了30篇语文教学论文，当选为安徽省语文教学研究会副会长、县政协委员、地区人民代表。毕业后从事中学教育和编辑工作的刘圣然回忆:“军大当年的教育给了我们前进的动力，点燃了我们心中的火把，教会了我们去爱社会主义祖国，真心为它服务。” 在军大首批加入青年团、预科结业后进政教班学习、毕业后先后在第三高级步校和南京航空学院从事军事教育事业的严克治，深有感触地回忆:“三十多年来，虽然经历坎坷曲折，但革命信念坚定，从未动摇。” “儿时的摇篮生活和青年时的革命摇篮生活，是我一生中最值得回忆的甜蜜时光。” 上海交通大学马列主义教研室副主任方麦引，是当年军大女生大队的学员，是《华东军大》校报的写稿积极分子。从一名旧上海的柔弱女子，成长为一名大学教授，她终生不忘华东军大的社会发展史教育，在30多年的理论教学工作中，始终坚持既教书又育人，为培养又红又专的社会主义大学生贡献了自己的聪明才智。

转入军事学院工作和学习的那一部分华东军大校友和部分军大毕业学员，经过文化和军事科学深造与工作实践，大部分应国防建设的需要担任了军队重要领导职务，有的成为军职和大军区正副职的著名将领，有的调到党政机关担任了部级或司局级领导干部，有的担任了省长，成为人民共和国的栋梁。

1989年9月，华东军大部分北京校友在京西宾馆集会，纪念建校四十周年。我和陈士榘同志应邀出席，校友师生相聚，情真意切，大家都很激动，深以国家兴旺和自己能成为华东军大的一员而自豪。近年来，部分热心的军大校友编辑出版了《华东军大》纪念专辑和《华东军事政治大学各地校友通讯录》，办了两件好事。我粗略分析了一下,《通讯录》初步不完全地联系到的华东军大校友6714人，占当年全校5万人总数的13.5%，分布在全中国除西藏、宁夏、台湾、港澳以外的28个省市自治区，毕生战斗在军事、政治、经济、外交、教育、科技、文艺、卫生、电讯等各条战线。其中在军队系统毕生为人民解放军服务的672人，占10%。而这672人中，约90%以上是团职以上领导干部或各类专业技术专家与骨干。北京市722人，占10.7%。上海市1134人，占17%。南京市1057人，占15%。江苏省2015人，占30%。以上数字从一个侧面显示了历史的实践证明，华东军大是一座大时代的革命熔炉，它的教学是成功的。正如军大校友、文艺家吴伆之所概括的:“军大传人杰，华东见地灵。” 然而，在社会大变革的历史时期举办5万人的史无前例的革命大学校，一些人由于主观、客观等多方面的原因，经不起考验而被淘汰，也是难免的。资料表明，当年自动退学、逃亡、请假不归、被开除和其他减员共 1762 人，占 3.5%。但这并不影响华东军大的历史辉煌。

1989 年 9 月华东军大部分北京校友在京西宾馆集会，钟期光（右一）与陈士榘（左一）、马苏政（后左一）、陈昊苏（后左二）在一起。

第二十三章　最高军事学府

“十年树木、百年树人”。创业艰难，培养人才更是不易。

新中国成立后，中共中央和中央军委部署人民解放军要加速正规化现代化建设，首要任务之一，就是筹建全军最高军事学府，培养高、中级军事人才。

组织起来　团结会师

1950 年 6 月，中共中央和中央军委研究创办军队院校问题，决定首先成立一所全军综合性陆军大学。

10 月 23 日，毛泽东主席电令中共中央西南局第二书记、西南军政委员会主席刘伯承主持陆大的筹备工作。在毛泽东主席的关怀下，周恩来总理、朱德总司令、聂荣臻代理总参谋长、罗荣桓总政治部主任等亲自参与规划和指导筹建工作。周总理告诉刘伯承同志，为了办好陆大，毛主席已聘请了一批苏联顾问帮助工作。

11 月中旬，筹委会拟定并上报《关于创办军事学院的意见书》，获党中央和中央军委批准。

关于校名，为使接收学员具有广泛全面性，由“陆军大学”改为“军事学院”。

校址，曾拟设在东北、北京等地，经反复实地勘察和科学论证，考虑到当时新中国成立伊始，财政困难，又加抗美援朝战争爆发，用人紧迫，为了节约经费开支和争取时间，最后选定了南京原华东军大所在地。此处位于南京紫金山麓，现成的房舍原系国民党政府国防部和中央军事政治学校大院，面积宽阔，环境安静，具备办学和生活条件。

学制，既考虑到人民解放军正规化现代化建设的长远需要，又考虑到抗美援朝前线急需人才，所以既设完成系（训练期限为三年），又设速成系（训练期限为一年），暂时以速成为主，决定先开办高级速成科、上级速成科、

南京军事学院院领导办公楼（原国民党中央陆军军官学校内蒋介石官邸）。钟期光在这里工作了11年。

基本科、情报科（后均改为系）四个学员培训单位。接收军、师、团、营级干部入学深造，以团以上干部为主。

训练方针与目的，“就是在人民解放军现有素质及军事思想的基础上，训练熟习与指挥现代化各技术兵种，组织与指挥协同动作，熟习参谋勤务与通信联络，以准备与美帝为首的侵略集团作战的指挥人员。这些指挥人员必须是在中国共产党的领导下，完全忠实于中华人民共和国和中国人民事业，具有高度的爱国主义、国际主义的新英雄主义的精神、认识美帝为首的任何侵略阴谋，明确这一斗争方向，保卫祖国，保卫东亚，保卫世界和平。”

1950年11月30日，中央军委任命刘伯承为中国人民解放军军事学院院长（1951年2月兼任政治委员），陈士榘为训练部部长，陈伯钧、陶汉章为训练部副部长，钟期光为政治部主任兼干部管理部部长，刘忠为院务部部长。

学院的领导机关和教员，军委从全军抽调了一批领导干部，以原华东军大和华北军大部分干部与教员为骨干，吸收一批具备教学条件的起义与俘虏的原国民党军官为教员，依托华东军区组建起军事学院的训练部、政治部、院务部、干部管理部和战役战术等15个教授会，以及学术研究室和翻译室。当时全院共有在职干部1473名，其中排级干部676名，连级干部351名，营级干部210名，团级干部158名，师级干部64名，军级干部9名，兵团级以上干部5名，另有薪金制教员39名。全院营级以上行政与教学单位设中共党委会 15 个、党的总支 1 个、党的支部 59 个，共有中共党员 2813 名，占全院总人数的 35%。青年团的组织，全院成立了青年工作委员会，下属青年团支部 27 个，共有团员 1625 名。还成立了中共党的各级纪律检查委员会 10 个，保密委员会 9 个。

1951 年 1 月 15 日，“中国人民解放军军事学院”正式宣告成立。中央军委发来祝词：“兹值军事学院开学之际，特向你们致贺！望全院同志们努力学习，总结我军作战经验，发扬我军的优良传统，学习苏联的建军经验。掌握正规化现代化的军事科学与指挥艺术，根据马列主义的建军原则与毛泽东同志的建军思想，在我军现有基础上，为建设更强大的中国人民的国防军而奋斗！”毛泽东主席亲笔题词：“努力学习，保卫国防”；朱德总司令的亲笔题词是：“为建设近代化的强大国防军而奋斗。”

1951 年刘伯承院长在学员开学典礼上讲话。后左一张宗逊、左二钟期光、左三徐斌洲。

第一批学员共 758 人。其中高级速成科收师级以上干部 182 人，上级速成科收团级干部 192 人，基本科收师、团、营级（团级为主）干部 333 人，情报科收团、营级干部 51 人。加上教员、职员等，全院总共 8031 人。

学院初创，人员来自四面八方，工作千头万绪，院党委和刘院长以“组织起来，团结会师”“建立正规生活秩序”为号召，大力加强组织建设和政治思想工作，经纬交织，统一思想，统一行动，全院上下，精神振奋，豪情满怀。为了传授先进军事科学，为了钻研和掌握现代条件下的作战指挥本领，共同开始了新的征程，人民解放军向正规化迈进的第一所最高军事学府初具规模。

1951年4月14日，军事学院召开了首届政治工作会议。刘伯承院长兼政委发表题词:“放下包袱，打开脑筋，个体服从整体，把自己炼成为人民极有用的工具。”我做了《学院春季政治工作的检查与夏季政治工作的任务》的报告，八位部门负责人作了专题发言，总结了“组织起来，团结会师”等方面的具体经验。

当时，学院成员大致来自四部分人：一是我军久经战火考验的军政老干部；二是新近吸收参军的青年知识分子和从地方教育界聘请的文化教员；三是旧军官军事教员；四是苏联军事顾问。这四部分人各具特色并有鲜明的个性，近万人的复杂队伍，并且主要是来自我军各个胜利之师的高、中级干部，在初具规模的组织基础上，搞好“团结会师”具有十分重要的意义。从党内团结到党外团结，从老干部之间的团结到新老干部之间的团结，从国内会师到国际会师，急需加强组织领导与思想领导。因此，院政治部从创院开始，即强调“团结会师”不仅具有一般的重要性，而且指出这是一项需要长期努力抓紧的任务，并将其列为《军事学院第一期政治工作计划大纲》中五大任务的第二个大任务:“团结全院，团结国际友人”。院党委提出了“团结会师，团结于原则”的要求,“原则”就是“毛泽东的建军思想与建军传统”。“团结会师”的目的是“思想一致，行动一致，办好军事学院”。为此，在党和行政的各种会议上和教学工作实施中，均把“团结会师”当作重要议程来进行。当时总结了三条经验：一是“团结会师”的一般做法，应是先讲究组织，再讲究政策，然后讲究思想方法。但在整个工作中，思想领导必须抓紧；二是团结必须掌握“团结于原则”，认真开展批评与自我批评，扶持正气，击掉邪气，融洽关系；三是在“国际会师”问题上提倡虚心好学，不卑不亢，加强组织纪律性。

总之，由于组织起来，团结会师的工作做得比较深透，学院初创期间在任务紧迫繁重、工作千头万绪的情况下，克服了种种困难，上下拧成一股劲，保证了建院和教学任务的顺利实施并逐步走上正轨。

尊师重道　教学相长

刘院长经常讲，办好一所学院，在领导上作好“精确的教学计划”的基础上，一要有“好教员”，二要有“好教材”，正如开好医院需要“高医”和“良药”一样。军事学院把培养教员队伍和加强科学研究、搞好教材编写工作，作为办好学院的首要问题。

学院创办初期，限于历史条件，当时人民解放军的干部大多出身工农，知识分子少，挑选教员十分困难。学院最初任教的231名军事教员中，只有3名中共党员，其余228名占94.3%为经过教育改造、具有教学条件的原国民党军队起义或被俘军官。虽然后来这种状况逐步得到改善，但一开始，有些老干部学员接受不了，说让“反革命教革命，打败仗的教打胜仗的，老子不听那一套”；而旧军官出身的教员，则普遍存在自卑感和担心不被信任。院党委和刘院长主要从三个方面做工作：

一是教育学员“尊师重道”，正确认识和处理好师生关系。说明教员与学员之间，已经不是旧军官与老干部之间的个人关系，而是军事学院的堂堂教员与堂堂学员之间的组织关系、师生关系。旧军官出身的教员是站在共产党的立场、人民解放军的立场任教；他们传授的内容是马列主义军事科学、苏联先进军事科学和马列主义与中国革命实践相结合的毛泽东军事著作。尊重教员，就是尊重知识和知识分子，就是尊重科学。

刘院长语重心长地对全院同志说:“毛主席说过，革命不分早晚，不计先后，站到革命队伍中的就是志同道合的同志。这些旧军官教员是经毛主席、周总理批准，由我把他们请来的。他们当中，有的已经转变了原来的立场，有的正在转变。他们积极为我们传授军事科学和文化知识，就是我们的老师，我们就要尊重他们，协助他们搞好教学。”他还深刻地指出:“对于学术，老实说，我们是有困难的。大革命前的干部，现在老了，而且不多；土地革命时期的干部文化程度低的多；直到抗日战争时期才有大批知识分子。现在我们干部要有知识，要有技术，没有知识分子和技术人员就不行。没有文化，确实是学习中的困难。因此，我们对好的、特别是专心专意为人民服务的知识分子及技术人员，应该给以为人民服务的机会。我记得在中央人民政府成立的那天，刘少奇同志讲：现在无产阶级坐天下了。但人家是不愿意我们坐的，我们

1951年军事学院领导与部分教学员合影。前排左起：余伯由、杨勇、孙继先、钟期光、陈伯钧、刘伯承、刘忠，右一谢振华。

坐不稳就成问题。统一战线问题，就是我们究竟要孤立自己还是孤立敌人的问题。没有统一战线就是离开群众孤立自己；共产党没有群众就完了。”

院领导注意发挥老干部对旧教员的改造作用。强调老干部主动热情地与之接近，耐心诚恳地帮助他们，无拘束地相互谈心，从情绪与感情上进行交流与融洽。他们是愿意接受老同志的帮助的。如全院进行“共产主义与共产党”的政治教育时，老干部与旧教员一起学习讨论，老干部发挥了骨干作用，也了解了旧教员的情况，旧教员普遍觉得帮助教育很大。有些老同志对旧教员要求过高，表现了狭隘固执，气度不大，对他们的进步表现不敢肯定，不予表扬，而对其缺点指责过多，不讲方式，使有些旧教员谨小慎微，生怕出错。还有些老干部不敢大胆培养和使用旧教员中的积极分子，畏首畏尾，怕“烧香引进鬼来”，反而连累自己，影响了对旧教员积极性的发挥。院领导对这些问题都一一及时地进行了检查与纠正。刘院长说:“毛主席有句话：尽管他是阶级敌人，只要他缴械投降就要他，是可以改造他们的。这说明了毛泽东同志对待这个问题的态度。问题是无产阶级必须加强领导，特别是以工农联盟为基础争取他们”。

二是从政治思想与军事学术两个方面加强对旧军官教员的教育改造。刘院长要求旧教员,“革面洗心，屁股坐正”。为了实现“教学相长”，必须克服旧思想，改变旧观念，把立足点转到无产阶级和劳动人民一边，端正为人民服务的政治立场，严格遵守全国政协通过的《共同纲领》，在军事学术上批判资产阶级陈腐的反动的军事观点，接受与教授毛泽东军事思想和苏联的先进军事科学，端正教授态度。

我们组织旧教员学习马克思主义的基础理论，学习毛泽东军事著作，学习人民解放军的战例，给以思想改造的武器与标准，提高其弃旧投新的信心，增强其自我改造与接受改造的勇气，鼓励其在彻底批判过去的基础上，划清革命与反革命、无产阶级军事科学同资产阶级学术思想的界限。要求他们改造学术思想必须与改造政治思想相结合，而政治思想的改造又是最基本的。在学术上，首先要在接受无产阶级军事科学的基础上，再谈批判地吸收旧的军事学术有用部分的问题。

我们注重对旧教员量才使用，待遇合理。不问他们过去旧军阶高低，按其现有军事学术能力与政治思想进步程度分配任务。经实践考验，根据各自介绍学术的能力、工作态度与思想表现，分别评定教师技术等级，按照等级给予工资待遇。并在加强思想引导的基础上，注意帮助解决他们的实际问题。如为每人颁发了《革命军人家属优待证》，为本人及其家庭确立了政治与荣誉地位，他们十分重视与感激。帮助其家属就业、子女上学，对其中少数人口多、负担重、生活确有困难者，予以特殊补助。在没有改变供给制期间，让其享受当时团以上干部才有的中、小灶生活待遇。这些措施，是根据院党委对旧军官教员“政治从严，生活从宽”“有所不同，一视同仁”的原则方针确定的。为使这些方针落实，我们还在老干部与工作人员中深入进行了政策教育。刘院长指出:“毛主席说:‘有所不同，一视同仁’。有所不同的，就是共产党员政治觉悟高，把党的利益看得远些；一视同仁，就是共产党员除了为最高纲领努力奋斗外，也要同样遵守共同纲领。”从而使大家从思想与行为上明确贯彻这些方针政策对办好学院的意义，防止和克服狭隘宗派与冷遇歧视的观点和态度。在这方面，旧军官教员是十分敏感的。但往往由于个别人执行政策不好，会使其感到“猪尿泡打人，虽然不疼，但臊气难闻”，造成他们思想苦闷，影响积极性的发挥。

经中央军委批准，军事学院起用的原国民党军官，最多时为589人。其中1950年从各个解放军官团调来的399名，1951年从西南军区调来的80名，

1952年从新疆等地调来110名。他们多数是解放战争后期在战场上被俘的，部分是和平接管的，少数是战场起义的。其中担任军事教员的434人，其余任文化教员或其他机关工作。他们绝大多数接受党的领导，遵守共同纲领，认真改造思想，为发展新中国的军事教育事业做出了积极的贡献。其中有的后来加入了中国共产党，有的立功受奖，还有的转业到地方后成为各级政协的骨干。到1955年12月还有391人（其中旧军衔少将以上107名，占27%，旧校官203名，占52%）。到1958年春分建六大学院时，留用的原旧军官教员尚有166名，其中146名被授予从上尉至大校的军衔。但由于历史的原因，学院对待旧军官教员也有某些欠妥之处。比如在“镇反”“肃反”等政治运动中，先后斗争和处理了一些人，矛头虽指极少数坚持反动立场者，但对多数旧军官出身的教员无疑是一种政治压力。也有一些人并无“现行罪恶”而仅凭某些“历史问题”受到了冲击，甚至后来影响了对他们的信任与使用，直到党的十一届三中全会之后才逐步落实政策。

三是在建院发展过程中积极选拔和培养教员队伍。主要措施：从历届毕业学员中留任教员324人，在职干部和知识青年经师资培训后任教者136人，抽调知识青年到学员系旁听，边学军事边教文化，后成为教员者48人，培养各类研究生任教者20人，从总部和全军选调教员200余人。至1956年建院五周年时，军事教员由筹备时的190名增加到1007名，其中中共党员由0.8%上升到63.3%，政治教员由6人增加到101人，文化教员由106人增到197名。不仅数量增加，而且质量即政治素质和学术水平也有很大提高。

首先，选拔、培养和使用新教员，领导的决心坚强，方针明确。院党委响亮地提出：共产党员掌握军事学术，勇敢走上讲台，建立又红又专的教员队伍。军事学术，毕竟是尖锐对立的武装斗争的科学，其阶级性与保密性是很鲜明的。大量启用旧军官任教，在特定时期特定条件下固然是必要的可行的，但其代替不了共产党员掌握军事学术，代替不了又红又专教员队伍的建设。尤其随着学院规模不断扩大，教学内容由浅入深，原子、化学等高技术武器条件下的现代战争的教学，对教员政治条件和保密工作提出了更高的要求，主要依靠旧军官教员任教已不能适应形势的发展。因此，早在建院第二年的夏天，我们即报请中央军委批准，在本院培养的第一批高、中级速成系毕业生中，挑选了当时评定品学最好的40名留院工作，其中8人担任训练行政工作，32人当教员。虽然这项工作的阻力很大难度很大，我们还是坚定不移地以后逐年在毕业学员中选拔培养，去弱留强，交流更新，逐步充实。这些同志后来大多成为军事学院教学工作的坚强骨干。1955 年 10 月 13 日，经院常委讨论，由刘伯承同志向中央军委呈报了《关于军事学院情况及提请补充教员的报告》，系统总结了学院教员队伍的建设，并着眼于军事学院和全军军事教育的长远发展，对加强教员队伍建设提出了全面规划的建议，获得军委的批准，进一步加速了教员队伍的建设。

其次，思想工作与组织工作相结合，明理自觉，发挥积极性。让原来是首长和机关领导出身的优秀毕业生当教员，除少数有兴趣者外，大多数都不愿意干。认为是“吃粉笔灰，坐冷板凳”,“吃力不讨好的苦差使”,“受气的老祖宗”。具体顾虑是，一怕教不好课，遭学员白眼，受学员气；二怕当教员提拔慢，影响发展前途；三怕当教书匠长期脱离部队实际，影响全面提高；四怕学院生活待遇不如部队好。此外，我军历史上有些人“轻视教员”的不良风气，对一些人的思想也有影响。在个人主义情绪支配下，总感到当教员“吃亏”和“低人一等”，当时就有“五分当教员、四分当参谋、三分当首长”的所谓“不平”议论。刘院长亲自苦口婆心地反复动员教育，院党委和政治机关过细地做思想工作与组织工作，从政治上、全局上和党的长远利益上，要求被选中者个体服从整体，个人服从组织，说服动员大多数人接受了当教员的分配，个别经再三动员仍不愿意干者，给予纪律处分后还是说服其干了。我们的老干部，毕竟是经党多年培养和长期革命斗争的考验、具有基本的党性原则与事业进取心，一旦他们思想通了，接受了党交给的任务，就能自觉地全身心投入光荣的教学事业，并在实践中很快增长了才干，在各教授会中取得了较高的威信，形成了教学工作中的骨干与核心力量。其中不少人毕生从事军事教育工作，很有造诣，成为全军教育系统颇具威望的专家学者或各级院校领导干部。

第三，从学术和教授上培养提高，讲究方法，注重实效。为具体地解决教授资本，从院领导到各教授会主任集中精力，组织新教员研究军事学术，安排他们向苏联专家请教，请老教员介绍既有的教授经验。通过师资集训和新老互助带徒弟，具体辅导教授方法、解答疑难问题，及时表扬奖励，鼓舞信心。从而，使新教员逐步做到“理论熟、情况熟、地形熟、指导法上所规定的一些问题要熟”，保证新教员上台讲课“打响第一炮”。分配讲课任务时，先少后多，由浅及深，从野外作业到课堂讲授，从上小课到上大课，循序渐进逐步提高教授能力。从行政上和党内严格组织生活，加强思想与业务领导和互助。并在生活待遇上注意解决某些实际问题，如照顾家庭困难，参照部队水平与本人德才表现，公平解决教员的等级待遇等问题。这样，就使他们专心教育，较少牵挂了。为了加强院校的长远建设，稳定和培养教员队伍，我们还制定了学院干部与部队干部交流的规划，报呈军委批准执行。刘院长称此为“娃娃当皇帝，轮着干。”此外在培养新教员的同时，注意安定非党老教员的情绪。消除他们“为前途担忧”的顾虑，使适于长期留用的非党老教员继续发挥作用，新老合作，共同完成教授任务。李建勋、于厚之、朱岳、沈澄年等非党老教员一直表现很好。

学院十分重视军事科学研究和教材编写工作。刘院长比喻为“重工业建设”。当时的军事教材大体有三方面的内容：一是毛泽东主席在革命战争年代发表的主要军事著作和中央军委的军事文献；二是人民解放军的战例和其他战争经验总结，特别是解放战争的战例和抗美援朝战争的新鲜经验；三是翻译苏联军队的条令条例和古今中外著名军事家的军事论著，也选用了一些美军、国民党军的战例作为参考。军事学院成立了学术研究室和学术研究会，采用专业研究和群众性研究相结合的方法，以上述三方面的军事理论内容为基础，结合教学实际编写自己的军事教材。边写边教，边教边改，从无到有，逐步完善。到建院五周年时，编写出了一套比较系统、完整的军事教材。计有军事理论提纲 323 种 1035 册，想定作业 630 册，参考资料 50 种，大部分教材思想性较强，内容丰富全面，结构严谨，重点突出，文字通俗，便于学员接受。但也有一些教材质量不高，影响了教学效果。同时，还译校苏军条令、教令 10 本，刘院长亲自审定基准条令，基本做到了内容正确，文字清晰通顺。刘院长称之为“借他山之石以攻玉”。经验证明，创新离不开借鉴和学习外军先进经验。从而保证了军事学院和全军训练任务的圆满完成。此外，还编辑出版了《军语划一》第一集，《陆军军队标号》《海军军队标号》，共划一军语 3050 个，在全军正规化、现代化建设初期，不仅有利于学院的教学工作，而且为提高全军的训练质量做出了贡献。

在教材问题上，特别是现代化正规化合成军队作战的教材和军兵种特种作战的教材，当时我军非常缺乏，有的完全是空白。那时候美国等西方国家与我国尖锐对立，不可能为我军提供这些教材，这就不得不向苏联军事专家请教与求助，这也是中央和毛主席为军事学院以至全军聘请苏联专家当军事顾问的主要原因之一。因此，学院前期的部分“军事教材”，在学院领导和训练部门的教学规划之下，由院、部领导和各教授会主任参与研究讨论，请苏联军事顾问具体帮助编写。但由于军事历史传统、文化背景、语言障碍等多方面的原因，苏联顾问开始时帮助编写的部分军事教材，我们的教员和学员使用时均感有些不太顺当。除语言文字习惯方面的问题外，主要是缺乏联系我国我军的实际，影响了教学效果。对此，我们采取了相应的措施：由我们向他们介绍毛泽东军事思想和我军作战与建军经验，介绍抗美援朝作战的新鲜经验，介绍我国的地形与国情军情民情，使其编写出的教材尽量适应我军作战特点和应付未来战争的需要。并且在 1952 年暑假前后，在全院进行了"提高与普及军事科学思想"的学习与检查以后，我们组织专门力量，对这些教材进行了大规模的全面系统的审查修改，在马列主义军事科学原则下，重点接受我军缺乏或完全没有的现代化作战组织指挥的经验，并补充我军的作战经验，充实与完善教材内容，使教材质量逐步提高。而战略思想的教材、军史战史教材和军队政治工作的教材等，则主要是我们自己编写的。它以毛泽东军事思想为指针，结合现代作战的特点，借鉴外军经验，传授我军的成功经验，探索未来作战的新问题。

1951 年南京军事学院领导与苏联总顾问罗赫里斯基合影。前排左起：陈伯钧、罗赫里斯基、刘伯承、钟期光，后排：左一戴润生、左二赵华堂、左三陶汉章、左五余伯由、左七陈庆先、左八刘忠。

学院还重视办好《军学生活》报和《军学》杂志。其总任务是宣传马列主义、毛泽东军事思想及军委给予学院的训练任务，培养爱国主义、国际主义和集体主义精神与现代军事科学才能。前者由院政治部编辑出版，对象是院内教员、学员和在职排以上干部；后者由院军事科学研究部编辑出版，供在职营以上干部和教员、学员阅读。两者均为学院的建设发挥了重要作用。

思想领导　政治方向

军事学院，顾名思义，当然是以教授和学习“军事”为主要内容、主要目的。但如何教好与学好军事知识，就有个方向问题与方法问题。刘院长在学院创始时即指出:“在课程排列方面，我们把政治经济学的教授摆在第一，以马克思列宁主义、毛泽东思想来提高思想和指导思想；又由于学员文化程度低，因此不能不把文化外语课程的教授摆在第二位，因为没有自然科学知识是很难接受军事科学的。”

1951 年 1 月 6 日，学院制定颁发的经中央军委和总政治部批准的《军事学院第一期政治工作计划大纲》明确规定，学院的政治工作，必须紧紧围绕军委赋予的培养高、中级军事指挥干部的总任务，加强党的领导，贯彻毛主席军事思想与建军路线，充分发挥全体人员的政治积极性，提高学习情绪，完成各项教学任务，以期加速现代化国防的建设。

“开路单子，过社会主义关。”这是刘院长常说的一句话，也是学院党委和政治机关引导全院人员把握好政治方向的中心课题。刘院长说:“我们共产党的最终目标，就是要在中国实现共产主义。制定党章，这就是路单子。”“我们行军有路单子，打仗有路单子，办学校也应有路单子，千万不要把路单子忘掉了。”

首先是加强基本政治理论教育。在职干部根据政治理论水平和阅读、记笔记的能力，编成初、中、高三级学习组。初级组学习政治常识，中级组学习社会发展史和中国革命基本问题，高级组学习以马列主义和毛泽东著作原著为主的干部必读十二本书。学员系统开设政治理论课，专门教授和钻研中共党史、毛泽东著作、苏共党史、哲学、政治经济学等马列主义基本理论。1952 年 8 月至 1953 年 10 月，在全院教职学员中普遍地系统地进行了“共产主义与共产党教育”。通过这些基本政治理论学习，理论联系实际，接受无产阶级的思想教育，树立马克思列宁主义、毛泽东思想的革命人生观与世界观。

我们当时认为，“政治思想工作，是我们一切工作的先导，而政治理论工作又是思想工作的根本”。学院的13个教授会中，就有中共党史、哲学、政治经济学、政治工作等4个政治理论教授会，负责“提高全院人员的政治理论思想水平，培养他们马克思列宁主义的世界观”。1955年12月20日，在全院政治理论教育总结会议上，我提出了9点要求，其主要精神是：贯彻理论教育的“党性原则”，“要求教员在阐明任何理论问题时都应以工人阶级的利益和党及国家的利益为出发点”；“必须在一切课业中系统地阐述马克思列宁主义的创造性。马克思列宁主义不是死的教条，而是活的行动指南。马克思列宁主义学说的发展是与革命的实践紧密相连的，它以新的经验丰富了自己，其中个别的过时的原理和结论已为适合于新的历史条件的新的原理和结论所代替了”；理论教育要“具有战斗性和政治锐敏性。每次课业必须能教育学员无限热爱和忠实于党和人民政府，憎恨国内外的敌人”，“学习中共党史，主要是学习毛主席如何使马克思列宁主义与中国实际相结合以指导中国的革命、历史背景和社会条件的材料”；“在开国以来党中央从二中全会到六中全会各届会议决议，都是解决我国建设成为社会主义国家的经典著作，是理论与实际结合的典范，我们必须重视决议的学习”；“必须注意科学地解释理论原则，避免可能发生的不适当地片面强调某一点的现象”；“院的党委和刘院长提出反对经验主义，防止教条主义，仍然是我们当前重要的指示原则。”

当时，军事学院以“在德的基础上培养才”“以毛泽东‘理论与实践相结合’的思想”为总的训练方针，各军事系虽然政治课程的训练时间比例较小，只占12%（军事教育时间占70%、文化教育占18%），但在测验考试的成绩评定上却与军事课同等看待，占50%的比重，政治课不及格，则不能毕业。

军事学院政治理论教育的成绩是好的。以基本系和情报系第二期为例，两系共4个班，从1952年下半年开学至1955年3月结业，头一年学社会发展史，6名教员：史唯、张易生、刘廷良、宋国栋、张亚、林伯野。后两年学中共党史，5名教员：朱卿云、王涨、王乔、李立、杨涛。11名教员的质量是强的，但除基本系、情报系外，还负责全院共12个班同时授课，工作量很大。该两系学员从师级到连排级，以团营级为主。团级占55%，营级占40.5%；文化程度高中占24%，高小和初中占75%。在“学习理论锻炼认识”的原则下，经过三年“系统的联系实际的稳步前进的”政治理论教学，经学院年考，社会发展史总平均分数为4.15分，中共党史总平均分数为4.25分。国家考试时，由总政治部、南京军区和兄弟院校代表负责政工考试任主考，本院教员任陪考，分10个组出了54道政治理论考试题进行全面考核。结果4个班的总平均分数为4.19分。其中5分的占34.45%，4分的50%，3分的占15.55%。优良成绩共占84.45%。国家考试委员会评价为:“基、情二期进行政治理论教育的结果，使学员获得了一定的马克思列宁主义基础知识，对于中国革命的理论和中国共产党历史的基本知识，也有较系统的理解，提高了学员的政策、思想水平、社会主义觉悟和思考能力，从而为学员毕业后进一步学习马克思列宁主义和运用理论原则解决实际工作问题打下了初步基础。因此，我们认为上述两系第二期政治课程的教学成绩是好的，完成了国家赋予学院的政治教育任务。”参与国家考试的总政治部傅钟副主任指出：这些学员在解放战争时，除少数团级干部外，绝大多数还是营连干部，少数的是排级干部，过去并未经过系统学习，能学到这样不容易，是了不起的事。他们到工作岗位上能在部队中造成这种风气就是很大的收获。对取得成绩的原因，国家考试委员会指出:“院党委和院政治部在政治思想上的坚强领导，经常强调思想教育和培养德行的重要性。”“在思想理论战线上，不间断地开展了无产阶级思想与资产阶级、小资产阶级思想的斗争，社会主义思想与资本主义思想两个体系的斗争，并不断扩大巩固社会主义思想阵地和克服缩小资本主义思想阵地，为政治理论教育创造了良好条件。”

其次是针对现实思想问题进行思想整风。刘院长兼政委说:“毛主席主张马克思主义的分析，决定党的政策，教育党员，特别是坚强党的领导。所以我们常有毛泽东式的思想整风。这个整风，整一下，使我们的阶级关系和意见就一致了。整风就是洗澡，没有洗澡，身上很多的‘痂痂’，很痒，我们就要搔它；洗了澡，才感到舒服。”

比如学院创办的头一年，就集中进行了三次针对现实问题的思想教育。第一次是解决需不需要学习的问题。学员来自全军各胜利之师，多为富有战斗经验的老干部，在学习和生活上，某些学员表现居功骄傲，不愿接受新事物，生活散漫，要求舒适等问题。学院就以团结会师相号召，以毛泽东同志“理论与实践相结合”为统一思想的标准，组织学员在总结各自的战斗经验中学习新的军事学术，遵守学习、生活制度，将大家的思想引导到奋发学习现代军事科学技术上去。第二次是结合新中国成立初期的三大运动，通过参加土地改革、镇反和审干，使学员明确党的最高纲领和最低纲领，划清无产阶级与非无产阶级思想界限，坚定政治方向。第三次是精简整编的思想教育。全院停课一周，高级和上级速成系停课两周，学习党中央关于增强党性的决定和刘少奇同志《论共产党员的修养》。个人检讨思想，小组会和党支部作出整风结论，引导党员划清个人主义与集体主义、分散独立与集中统一、党性与非党性等思想界限，顺利完成了精简整编任务。

军事学院的教学实践证明，对中高级干部加强思想领导尤为必要。

1954 年上半年，学院结合传达学习党在过渡时期的总路线和七届四中全会决议进行了一次思想整风。从暴露的问题看，虽然绝大多数同志经党的长期培养教育和实际革命斗争的锻炼，本质是好的，是愿意进步的，但随着形势的发展，正如七届四中全会决议所指出的，"一部分干部中的思想政治情况还相当复杂"。当时突出的表现是，资产阶级个人主义思想比较严重，居功骄傲、自满自足较普遍，有的居功骄傲发展到骄惰、骄奢与骄横，个别的竟然走到了违法乱纪的极端。

有位原军分区司令的学员，在自认为"军队干部打天下，地方干部坐天下"而不满的情绪支配下，瞧不起地委书记，将地委书记布置的剿匪工作全部推翻，自己另搞一套。有位原副师长学员，在地方干部已经住上的房子周围站上岗哨，准出不准再进，逼迫人家腾房给他。有位原师长学员，背着受过处分的思想包袱，悲观失望，厌烦军队生活，想转业到地方过安逸生活。有位原军分区参谋长学员，以"老资格"自居，公开向党要地位要享受，得不到满足就满腹牢骚怪话，工作消沉，疏远组织，以致不服从分配，不执行命令。有位原军长学员，骄傲自满发展到相当严重地步，因过去犯有错误受到应得处分，而对中南党组织不满，在党内挑拨是非，制造分裂，同志关系很坏，最后自己十分孤立。有人长期怀疑组织不信任他，自觉"怀才不遇"而不满，事事有意见，处处不称心。有一些人由骄傲自满发展到骄奢堕落，大吃大喝，乱搞男女关系，在群众中影响极坏。有个原副军长学员，为了享乐腐化，竟然下毒企图谋害妻子，目无法纪，莫此为甚。

学院在职干部的骄傲自大，表现为较普遍地不安心做教育工作，"宁为鸡首、不为牛后"，想到部队"求发展"。而海军系、空军系、炮兵系、装甲兵系的一部分同志，因从陆军调入，文化偏低，年龄偏大，对学习技术性较强的军兵种科学缺乏信心，图安逸省事，不愿动脑筋深钻，想回陆军或转业地方工作。

因此，院党委决定以师以上高级干部、毕业班学员和海、空、炮、装特种兵系为整风重点，对这三种对象下决心务求整好，"不整好就不收场，不毕业"。

这次整风的基本方针，是七届四中全会所强调的"从团结出发，经过批评和自我批评，达到团结的目的。"方法强调主要依靠自觉，辅之以同志式的互助。所谓"同志式互助"，就是以"与人为善"的、"实事求是"的、"微风细雨"的态度，与之交谈，以说理的方式开展相互批评，反对粗暴的态度和生硬的斗争方式。为此，我们具体规定了三条：第一是欢迎自觉的自我批评；第二是不开斗争会；第三是耐心地等待自觉。并在具体方法上也有许多区别于以往的做法，如不要检讨示范材料，不要小组通过检讨等，有利于自觉检讨缺点错误，收效显著。

整风的全过程，领导上进行了耐心的深入细致的思想教育工作。我们政治部分别请陈毅、刘伯承、邓子恢、谭震林等同志，连续与反复传达总路线、四中全会和军事系统党的高干会议精神，组织阅读与上述会议相关的党内军内文件。在此基础上，首先是国内外阶级斗争形势教育。使同志们认清，抗美援朝，战争正紧；台湾海峡那边，反共气焰嚣张。大敌当前，不容松懈，必须百倍警惕，有备无患；二是革命人生观教育。共产党人要一切为着群众，为着革命事业，不要一切为着个人安逸享乐；三是思想方法教育。倡导大家以辩证唯物论与历史唯物论的观点与方法，去正确理解个人在革命中的作用，不要夸大自己功劳，更不要贪天之功

1954年秋，钟期光在全院整风总结大会上讲话。

为己功；四是回忆算账教育，忆当初参加革命时的忠心耿耿，想胜利后的思想与行为变化，算组织对自己的培养教育账。当时一个师级干部学员每年要5000万元人民币的培训费。这是劳动人民的血汗，许多同志为此震撼自愧；最后是前途教育。指出党和国家光辉灿烂的远景，就是自己的光荣任务与光明前程。

通过整风，大家普遍受到教育，认识了“个人主义恶性发展”的规律有两条：一条是在革命生涯中一帆风顺，扶摇直上时，就容易飞扬跋扈，骄奢淫逸。这些人如不接受党的挽救，就可能走上蜕化变质，甚至背叛革命的道路；另一条是在革命历程中处境坎坷时，便悲观失望，自暴自弃，对党不满，怨天尤人。这些人如不接受组织教育，就难免消沉腐化，抑郁而终，或为坏人所利用，自绝于革命。两条规律，殊途同归，一个结果：害人害己害革命！

整风结束时，我们总结了对军队中高级干部管理应注意的四条经验：一、对中高级干部也有必要加强经常性思想领导。有人以为中、高级干部觉悟高，修养好，锻炼久，不需要什么思想领导。事实证明这是错误认识。中高级干部同样有思想问题，同样需要党的关怀、温暖与教育。二、坚持系统的马列主义理论教育，从根本上武装中高级干部的头脑，提高自觉自约的能力。三、开展批评与自我批评，特别重要的是提倡在党性原则下的自下而上的批评，发挥群众监督领导的作用。四、严肃党纪军纪与国法。古人云：“罚自上始，偿自下始”，是值得我们借鉴的。

类似上述全院性的思想整风，在经常性政治思想工作的基础上，7年内共进行了10次，使全院人员思想脉搏的主流，紧紧围绕中共中央的政治方向和学院的中心任务，有节奏有规律地跳动，保证了训练任务的圆满完成。

第三是政治思想工作深入教学实践。刘院长在学院成立时就指出：“学院政治工作要以保障训练任务为中心，学院政治工作就是训练的政治工作。”1953年3月，中央军委总政治部发布了《关于加强学校政治工作与政治教育的指示》，提出了“哪里有教授活动哪里就有政治工作”的要求。1953年5月，在总结经验的基础上，院党委正式作出工作决议：《政治工作深入教授活动》。

实践证明，院校政治工作，不仅要从政治方向上、组织建设上和文化生活上原则地、间接地保证训练任务的完成，而且还必须具体地、直接地渗透到教学活动中去，发挥党的领导作用、激励鼓舞作用和协助提高教学质量的作用。这是院校政治工作的重要任务之一，也是加强政工队伍本身建设的需要。

在院党委、院政治部的领导下，训练教授部门和基层各系、班均设专职政治干部，负责对政治工作的组织领导和深入教学活动的实际工作。当时的主要工作有：一、各级制订党政工作计划时，要以训练课业进度为基准，适应理论教育、作业演习、测验考试三个阶段的发展，保证训练工作“由浅到深，由简入繁，循序渐进，螺旋上升”。二、政工干部参与教材的编审和修改工作，保证提高教材的思想性和科学性。三、适应教授工作的一般规律，协助教授部门的领导，加强对教员在课业准备、课业实施、课后总结三个阶段的具体相应的思想与组织工作。四、帮助共产党员老干部掌握现代军事学术，成为教员队伍的骨干力量。五、加强对旧军官教员的具体帮助，收集上下反映，与之交流思想，以利改造思想和改进教法。六、亲自到课堂、自修室和野外训练场地，协助行政领导进行教学动员，了解教与学的情况，协助解决一些可能解决的问题，并充当教员与学员之间的桥梁，反映彼此的意见与要求。七、发现、培养与推广教与学的先进典型，识破疑难，创造经验，改进教法与学法。八、参与组织教和学的互助活动，提高教学质量。九、动员和发挥共产党员在教学工作中的模范带头作用，发现和培养群众中的积极分子，成为教学工作的带头人。十、参与组织实施训练测验和考试工作，为总结经验表彰先进创造条件。十一、其他各项具体的思想、组织与管理工作。

搞好政治工作深入教学活动，首要的是提高政工干部献身军事教育的事业心，苦心钻研现代军事学术，逐步变“外行”为“内行”。但又不是等学好了再深入，而是边深入边学习，在工作实践中提高，并积极参加短期轮训，分段学习比较系统的军事知识。其次，要摆脱政工行政事务，解决“坐机关”与“深下去”的时间矛盾，这要靠工作的计划性与科学安排。当时炮兵、后勤和战役战术等教授会做得较好，平均每周能“深入”四五次。第三，要加强军政团结与协调，既有分工，又密切合作，防止和克服不必要的“内耗”。第四，贵在坚持。这不是短期“突击”任务，而是长期的“基本建设”。实践证明，“站在岸上空喊”是不行的，必须“下水”，确实“钻研进去”，广泛“推广起来”，真正收到提高训练质量的实效。

政工干部体会到，深入教授活动的实践，使自己逐步有了发言权，为政治工作更有效地保证教学任务的完成创造了条件。教员认为，政工干部参加教授活动有如下帮助：一是能指出讲授课业思想性方面的优缺点；二是能帮助教员与学员分析并找出教学进步慢的原因；三是在研究问题或总结时，能帮助大家判断意见的正确性；四是能及时纠正教员在讲授中出现的某些技术性的差错，提高教学质量。总之，只有深入教授实践，政治工作才能发挥应有的作用，使一般号召与具体指导相结合，从而克服政治工作“一般化”的缺陷，更好地保障教学任务的完成。学院将此视为“政治上一个群众路线的工作作风建设”问题，长期地经常地坚持不懈，成为军事学院的一大特点，收到了很好的效果。

1951 年钟期光（左三）听取军事学院政治部汇报工作。

第四是表彰典型鼓励先进。为达到“指出方向，树立榜样，激励上进”的目的，学院自成立起即重视表彰奖励工作。除训练部定期考核，实行通报表扬与批评外，政治部主持了一系列全院性的奖励工作。其中影响较大的有：

1952 年 12 月，学院召开了授奖大会，授奖给训练工作与保障工作上“深思钻研、集思广益、积极创造”两个单位和 18 位同志：创制仪器模型 44 种、图表 90 余幅，形象化教学成绩显著的文化外语教授会理化组。其中以物理教员张世昌创造的教具“光路显示仪”、数学教员朱果钧创制的教学模型三角板、于近涛教员创造的“电动示教板”提高教学效益最显著；发挥集体智慧创造“架设内线喇叭工作方法”、为国家节约 8210 万元的宣传科播音组。18

位同志是：张汶民、于近涛、张世昌、赵名达、蔺思九、李世显、方汉生、鲍弘仁、陈永济、任毅、汪佩珩、熊福远、走雪、马振邦、杨鸿源、梁蚨、潘建中、严正福。

1953 年 7 月 15 日，军事学院隆重召开授奖大会，奖励教学有功的军事、政治和文化教员和翻译共 67 名。院长兼政委刘伯承题词勉励："为保卫国防而做有德有才的教师。" 其中获甲等奖者 18 名：军事教员雷溪、袁庆和、朱大纯、陶文焕、田雨；政治教员林浩（兼职教员）、孙耕夫、朱卿云、廖行；文化教员谭寿芬、方慕韩、吴顺松、王琹、许荫庭、陈兆怀；译员孔祥铎、高尚青、徐智。获乙等奖者有：谢振华（兼职教员）、李家冲、贾衡已、仲曦东（兼职教员）、史唯、羊达之等 49 人。

1954 年 10 月 11 日，经院党委研究批准，由院政治部副主任徐文烈在全院干部授奖大会上宣布：给予全院教员、职员和学员 198 人以光荣的奖励。并对获一等奖的 29 人逐个表彰了先进事迹。他们是：教员王法、冉宪生、羊达之、谭寿芬、沈其勋、邱文瑞、王蜀生、王永康、姜韬、林遵、范业勤、王乔、王绍复；学员王杰、许欣之、袁春田、李长根、刘争、萧汀、董乐民、许洪云；机关工作人员赵仁堂、聂立法、赵懿儒、陈定耀、江彰温、郝纯礼、何爱民、张鼎珠。获二等奖者为：王文治、古竹、张世昌、雷绍康、刘慕涛等 169 人。

1954 年 10 月在全院干部授奖大会上，钟期光给 29 名教学员颁发一等奖。左一仲曦东、左二钟期光。

1955 年 2 月，学院颁发了《军事学院考绩奖励工作暂行办法》。院政治部《1955 年下学期政治工作计划大纲》中提出了"指出方向，树立榜样，激励上进"的奖励工作方针。同年 11 月，院党委决定"1955 年的奖励工作结合学院成立五周年纪念进行"。据此，院政治部于 1955

年11月20日发出《做好奖励工作迎接建院五周年纪念的决定》，对奖励工作做了具体部署与要求，由训练部、干部部和院政组织部、政治干部部各派一人组成评奖小组，负责审查核对受奖人的事迹，并提出受奖意见，报院首长审查批准。当时评奖的程序是“首长提名，按级负责，通过群众，党委审查确定”，体现了“首长考核部属”和“领导与群众相结合”的原则。因学院为学术机关，应以奖励学术为重点，但同时也不放弃行行出状元的原则。受奖人员，不仅要有突出成绩，而且要具有良好的德行，确能为人榜样。

1956年1月15日，院长兼政委刘伯承发布《军事学院建院五周年授奖令》，授予战术教授会写作组等13个单位以集体奖励，授予陈庆先等645名教、职、学员以个人奖励。其中：

集体奖：战术教授会写作组、地面炮兵战术及司令部工作教授会第五组、装甲坦克和机械化兵教授会第二组、工程兵教授会第三组、地形教授会第一组、炮兵系侦测教授会气象组、海军系技术教授会专修室、空军系强击教授会、文化外语教授会、情四期丙级数学教员组、训练部绘图室、军事科学研究部翻译室合同战术小组、政治部俱乐部电影队、保密处第一打字室。

个人一等奖：陈庆先、张达楠、赵仁堂、张藩、雷绍康、王法、李加冲、张希望、傅蠡僧、由汶、李一、李毅、王湜、王乔、孙耕夫、冉宪生、廖行、郭奇、罗义淮、李世显、唐兆顺、王绍复、江彰温、杨得志、张祖谅、张震、李孔亮、刘子云、郑贞玄、刘争、谢立全、张汉丞、施谛33名。

二等奖：刘忠、解方、余伯由、戴润生、陶汉章、雷溪、徐斌洲、林浩、吴华夺、廖汉生、吴克华、李夫克、萧全夫、萧文玖、陈锡联、朱启祥、刘振华、郑三生、仲曦东、曾生、朱云谦、张静波等118名。

三等奖：孙继先、李林泉、邹祖兴、郭树枋、周世忠、贾衡己、方正、杨恺、杜万荣、马苏政、金新、刘慕涛、高林、吴嘉民、林遵、沈启贤、韦杰等494名。

这次大规模的全面而隆重的奖励工作，是军事学院五周年庆祝活动的重要内容之一。受奖人数占干部总数的16%。其中教员、学员、科学研究人员、翻译人员、兼职教员、高级知识分子和技术人员又占受奖人员的73%，各种保障工作人员占受奖人数27%，总共包括了60种以上的不同职务，真正体现了德才并重，以奖励钻研学术为重点，功过不得相抵，积极鼓励进步克服落后的教育方针，在全院以至全军产生了重大影响。

第五是学院的俱乐部工作十分活跃。通过图书、广播、展览、墙报、电影和组织讲演、座谈、体育、晚会、参观、周末活动等，辅助了军政教育，保障了全体教职学员在执行繁重紧张的训练任务中，得到了所必需的文化休息，调剂了教学生活，锻炼了体力，因而也就有助于增强训练效果。

1951 年在军事学院体育比赛观众席上。二排右二钟期光，前排右二陈伯钧、右三孙继先、右四沈启贤、右五何克希、右六谢振华。

第二十四章　深谋远虑的战略举措

军事学院的教学工作，是新中国成立初期中央军委加强部队正规化、现代化革命军队建设战略举措的重要组成部分。

速成正规　文化钥匙

过好文化关，是出身工农的干部学员学好军事科学和政治理论的关键环节。为了保证学员能学习现代化的复杂的军事科学及其组织工作，首先必须培养其阅读和写作军用文书的能力，以及掌握围绕军事科学的各种知识。其教育方针，是“速成的、联系实际的、但又是正规的”文化教育。

当时的文化教育，是当成一个战略问题来抓的。中央军委在规划全军现代化正规化建设时，把提高全军指战员的文化水平摆在重要地位，在部署全军开展文化教育运动的同时，批准了军事学院在正科教育前开设半年的预科文化教育。1952 年 6 月 6 日，刘院长指出:“动员学员努力学文化，而且要长期学，才能解决求学钥匙问题。此地仅系初步开门，不要怠慢或自满”。我讲了《对文化学习上的几点意见》，提出要“作为我军的一个战略步骤来看文化速成教学”。因为,“人民解放军已经从建军的低级阶段走向高级阶段。人民解放军正规化现代化建设的基本要求是掌握现代军事科学技

1951 年钟期光在军事学院对全院教学员作《对文化学习上的几点意见》的报告。

术，熟练地使用现代装备，善于组织指挥现代诸兵种合成军队协同作战，这是建军历史上的一个跃进。随着这个跃进而来的是全军上下都要毫无例外地迅速提高文化水平。只有具备一定的文化科学知识，才有可能来学习更高深的先进军事科学和马克思列宁主义毛泽东思想”。

学院组建了一支很强的文化教育师资队伍。文化外语教授会的组织领导是坚强得力的，由罗义淮任主任，焦敏之、俞震任副主任。1953年后，由罗、俞两同志负责。他们在制订教育计划，研究教学方法和教学制度上，诸如教授方法、学习方法、入学考试、训练编组、课程排练、成绩考核、升级降级等各个方面，做了大量卓有成效的工作。文化教员一部分是原华东军大和华北军大的老教员，具有速成文化教育的初步经验；一部分是南京解放后从地方各大专院校聘请的教授、副教授、讲师和助教；一部分是解放战争后期渡江作战前后及抗美援朝初期入伍的知识青年。用大学教授为主，传授中小学文化知识，师资力量自然是很强的。而学员的特点，虽然文化程度低，但政治思想强，军事知识强，理解能力强，这些又是文化教员们所不及的。为了实现“依据正规的理论系统，以速成的方式，结合部队实际，养成学员文化科学的基本知识，以适应其学习军事科学和政治理论的需要”，学院抓紧了师资培训工作。一是帮助文化教员逐渐掌握必要的军事知识，以利于教课。轮流听与文化课有关的军事课程，或请军事教员专门讲授有关文化课的军事知识。二是组织参观海军学校、炮兵学校、工兵学校、军械学校和化工厂等单位，增加军事知识。三是举办轮训班，统一教学思想，交流教学经验。四是组织集体备课与个人钻研教授业务相结合，提高教课质量。五是鼓励教员的创造精神，开展形象化教学活动。仅理化组就创制了43种教具，对速成教学效果起了很好的作用。六是领导上加强重点检查与帮助，共同解决教学中的疑难问题。

文化教育的内容，速成系在六个月内分授语文、数学、自然常识（物理、化学）、俄文军语代字四种科目，正课时间为582小时（另有与之相适应的军事课150小时。完成系的文化预科为一年）。其中以语文、数学为主，理化和俄文军语代字为次。在各科目的具体内容中，又以联系军事实用为主。但联系军事实用，文化教育又着重从一般的科学原理、原则、定理、定律出发，来解释一般自然现象和生活现象，求得初步解决军事科学技术上有关这些原理、原则、定理和定律的运用，并明了其基本的道理。至于具体生动的运用方法和技巧，则从各军兵种技术教育中去解决。

据此，我们在组织编写各科文化教材和教学实施中，掌握了四个基本原则：第一，从学员实际情况出发，适应老干部学习的特点，能为学员所欢迎所接受；第二，密切联系军事需要，达到学员学习军事科学的要求和学以致用的目的；第三，既要照顾速成的要求（少而精，扼要踏实，中心突出，重点明确），又要照顾学科理论的一定系统性（体现科目的特点，特别是组织系统的严谨与方法的细密），不致违反一般科学教育的规律，不致形成狭隘的实用观点和造成科目教学中的脱节；第四，强调教材的政治思想性、原则性，保证文化科学知识确实被工农干部所掌握，有利于提高爱国主义与国际主义精神，有利于养成辩证唯物主义的观点。但文化毕竟是文化，强调其政治思想和原则性，不是简单地将文化课本变成政治课本，而是科学地寓政于文，使之体现一定的立场与观点，让文化为军事服务。

学院在文化速成教学的实践中，比较注意总结和积累教学经验。在各级领导的关怀指导下、文化外语教授会和《军学》杂志共同撰写、编辑和出版了语文、数学、理化和综合性四个教学经验总结专号，对培养师资、鼓励教好学好、提高教学质量发挥了重要作用。比如在语文教学方面，将甲乙级的语文课分为“准备”“丰富语文知识”“掌握一般写作规律”“综合运用”四个重点与教学阶段，每个阶段有重点地进行讲授，对老干部学员的学习是比较有效的。在数学教学上，采用“边讲、边练、边研究、边总结”的方法。针对老干部学员理解力较强，尽量多给他们独立思考的“反刍”时间，发挥他们理解上的丰富潜在力。在一般授课和学员思考理解的基础上，教员再与之共同研究和总结，就容易弄通原则与法则，并能有效地运用于实际。在自然常识教学上，将研究、实验和总结统一结合，突出形象化教学，是比较生动、实际的教学方法，对帮助理解，增强记忆，联系实际，促进速成大有益处。

经过半年速成文化学习，一般相当于普通学校二年左右的进度。据资料统计，头五年有 3561 名学员在文化预科毕业。其中原有高中以上水平者 116 名，文化知识获得巩固与提高；850 名由初中二三级，提高到高中二三年级程度；1350 人由高小毕业，提高到初中二年级或初中毕业程度；1134 名由小学四五年级，提高到初中一二年级程度；61 名由小学二三年级，提高到高小毕业程度。基本上保证了预科毕业学员顺利地转入本科学习。以学院海军系第一期文化预科为例，45 名学员入伍时文化程度不齐，只有 20% 的学员在初中以上，其余 80% 在高小以下程度。入学后，迫切要求学文化。在学习中，普遍积极努力，苦学钻研的精神很好。7 个月的速成教学，学员文化程度明显提高。其中数学成绩最大，物理次之，语文又次之。数学从整数四则，一直学到《三角》中的对数、坐标与任意三角形；物理从力学与运动，学到磁电、相对运动；化学从基本常识学到火药与化学战剂。这些科学知识的获得，提高了学员对海军战术和技术的理解能力。语文学习则增加了比较系统的语法知识，提高了阅读和写作、自修的能力。从考试成绩看，学员各科全部得五分的占 18% 强，全部在四分以上的占 64% 强，只有 3 名学员的数学与物理同为三分。总之，文化速成预科教学达到了预期的效果，为正科的军政学习，尤其是海军战术与技术学习打开了门径，准备了有利的条件。

学院在职人员的文化教育，根据全军的统一部署，开办了中学部和小学部，也取得了很好的教学成绩。

几十年后，许多任务农出身的军队老同志深有感慨地说:“真正喝点文化水，还是在军事学院。”

教书育人　治学从严

军事学院严格执行中共中央和中央军委的指示，把培养建设正规化现代化国防军的带头人，视为一切工作的根本目的。严格训练，严格要求。为全军的正规化现代化建设进行了积极的探索。

学院一成立，院党委即号召:“共产党员带头学军事，钻研军事科学，精通军事科学。”刘院长以身作则，并动员各级领导“亲自动手，从头学起”、不要像“跛子捉贼坐着喊”。刚开始大家有畏难情绪，认为现代军事科学莫测高深。他告诫共产党员老干部学员，要“由浅入深。不要玄妙”。当学习入门之后，有些人一紧二松，产生了自满情绪。他又及时形象地教导大家:“画鬼容易画人难”，要精益求精，学画人，不要学“画鬼”。“掌握现代军事科学，这是关系着中华民族的存亡问题”，实事求是地学习，则“如虎添翼”。我们政治机关结合当时的抗美援朝、“三反”“五反”等政治运动，一再以毛泽东主席关于如果不依照无产阶级及其先锋队的面貌来改造党、改造世界，则有“亡党亡国亡头”危险之戒，引导大家从战略高度，从党和国家前途命运的高度，从共产党人为实现共产主义制度而奋斗的高度，教好学好现代军事科学，做党的“得力工具”，国家的坚强栋梁。

1951 年 7 月 20 日，刘院长在《我们共产党的最终目的就是要在中国实现共产主义制度》的报告中指出：“我们学院培养有德有才的干部，是在德的基础上培养才。”“军事科学，有它的阶级性，有它的斗争性，有它的目的性。如果我们没有保卫祖国之德，你那保卫祖国之才就没有根据。甚至于如果没有保卫祖国之德，而只有才，那就是说，你究竟保卫什么人，是没有基础的。德的基础在先，而才是在德的基础上来的。”学院十分重视从教书育人的高度，教育学员和在职工作人员。正确认识和处理好德与才、红与专、人生观与事业心的关系。刘院长号召全院同志：“共同学习政治，专门钻研业务”，“勉为政治家兼业务专家”。为使政治思想工作经常化，培养德才兼备的干部，并在德的基础上培养才，1954 年 4 月学院第一次党代表大会提出“进行军人德行教育”的号召，从“共产主义德行”到“军人业务德行”。通过平时的教育与养成，每年结合学年考试评定一次德行，国家考试或结业时总评一次，这对学院的思想与业务建设发挥了积极作用。

刘院长严格要求大家，首先严格要求自己。他以六十高龄、一只明眼主持军事学院的工作，带头“三更灯火五更鸡”。他具有高度自觉的组织纪律性，亲自动笔，每两个月（1954 年 7 月起改为每季度）向中央军委和毛泽东主席写一份《综合报告》。而且每次都写明请彭德怀副主席转呈毛主席。凡是建院和教学工作中的重大原则问题，包括教员的聘请与培训，学员的招收，学习情况和毕业分配，教材的编写、修改与教学内容，党政工作在教学中的体现与保证作用，等等，都有详细的报告、请示与建议。此外，对一些紧急情况或特殊问题，随时另有专题报告、请示与建议。他因住院或外出公干，还要特意指定陈伯钧同志或我为他及时代行报告，不可一次拖欠。这既反映了他对党和上级的赤胆忠心与高度的组织纪律性，又从不超越职权和擅作主张，也反映了他严谨的治学态度与工作作风。他要求各级首长应与教员一样成为师资干部，能教课业者须教课业，否则先向教员学习好了之后再教，不可置身于训练工作之外。他自己身体力行，亲自制军语，译外文，校条令，写教材，上大课。他讲授 6 个钟头的“集团军战役”课，硬是准备了 18 个昼夜，深受学员欢迎。在他的带动下，其他院首长、部门领导和各教授会的正副主任，都亲自参与了教授工作，主讲一些重要课题。他告诫学员：“我们要做全面的指挥员，要搞好带兵、练兵、用兵、养兵。部队中有教员是稀奇的事，首长就是教员。今后只管带兵而不管练兵是不行的，同样养兵、用兵也都要管好。”

“教学规范化，办事制度化，生活正规化。”刘院长比喻军事学院从“气体”到“液体”再到“固体”的发展过程，就是上述“三化”的形成过程。

学院一成立，院党委即提出“统一学术思想”“建立正规生活秩序”两个口号。当时以旧军官为主的军事教员，虽然工作热情高，且有介绍一般军事学术的能力，并在正规制式与兵器技术的使用上有专长，但其军事学术思想来源庞杂，且多浮夸。在一部分学员中，一是有的以“老资格”自居，“经验主义”作怪，开口闭口是“老子过去如何如何”；二是有的思想上轻视教员，对其传授的学术不相信不服气；三是有的怀疑学了苏联那套军事科学能否用得上；四是有的重战术轻技术、重指挥轻司令部工作。为了提高大家对现代先进军事科学的认识，使学术思想统一于马列主义、毛泽东军事思想，先后请华东军区陈毅司令员和由刘院长亲自作报告，着重阐明毛泽东建军传统与军事思想，使理论与实际结合，成为教授与学习的方针。在连续反复的政治动员和具体教授活动中，强调全体学员要学成全面的干部，不仅要懂战术，也要学习相应的技术；不仅要学习前方指挥，也要学习后方勤务；不但要学习指挥打仗，也学习组织战斗和训练部队等。我们又请志愿军归国代表柴川若和总政文化部陈沂部长作了“抗美援朝作战情况”的专题报告，介绍了朝鲜战场的新鲜经验，鼓舞了大家学习现代军事科学的信心。尤其是经过了临淮关的步兵师河川战斗实兵演习，大家进一步认识了刘院长提出的“军事上要来一个革命”的重大意义，体会到现代技术条件下的联合兵种作战是一番科学而复杂的组织工作，“不学不行了”，“单打一不行了”，必须学会“弹钢琴”，努力系统地学习现代先进军事科学。1951年4月，学院颁发了《训练组织及其工作暂行规定》，对教学工作做了初步规范。以后在教学实践中逐步完善和发展，直至形成了一套比较完整的训练与工作制度。

对学员的培养，从学员入学条件，学习态度，作风养成到考核验收，始终严格要求。前五年接收的学员，经复查，由于健康状况，文化过低，年龄太大或政治历史问题等原因，不合条件而退回部队者达382名，占接收学员总数的8.7%，严格保证了学员质量。学院正规制度刚建立时，由于学员大都是从领导岗位来的老干部，长期习惯于分散独立工作，有的同志对于集体紧张正规的教学与生活不习惯。刘院长指出：“学习还是紧一点好。现在的学习是翻山过关，松不得劲。尤其是高级速成科，因课程时间短，教员学员都要发挥智力和毅力，更要努一把劲，再进一步。”院政治部专门解释了建立正规生活秩序的重要意义。说明领导干部在学校养成良好的计划性、组织性、准确性和纪律性，回部队后对于加强正规化现代化建设的深远影响，使学员由不习惯到习惯，并能自觉严格要求自己，首开一代正规学风。1954 年 5 月，基本系和情报系第一期学员毕业时，中央军委组织了以朱德总司令为主席、刘伯承、张宗逊（副总参谋长）、甘泗淇（总政治部副主任）为副主席的国家考试委员会，并由军委各部首长任主考，对学员进行毕业考试。军事课平均 4.19 分，其中 5 分者占 31.16%。政治课平均 4.1 分，其中 5 分者占 29.4%（“5 分制”的 5 分为满分）。严格训练、紧张学习结出了丰硕的成果。学员高兴，上下满意。最高学府治学从严的学风誉满全军。

学院重视精简机构，提高工作效率。1951 年 9 月，院党委就提出:“统一集中领导，单刀直入基层”“集中领导，分工负责”等号召，并认真贯彻，大力提倡。在干部使用上，不宜“以量抵质”，一定要让干部在正式的工作岗位上负起一定的责任，做到“执事者各司其事”,“教者安定教、学者安定学、保障者安定工作”，刘院长称之为“三定政策”，充分锻炼和施展其才能。提倡钻研业务，精通一门，向“专门家”的方向发展，不能满足于“万金油”式的干部。当时的教员，是按每人每年 400 小时至 500 小时的授课时间，来计算确定人数。全院实行 8 小时工作、2 小时业余学习的正规制度，各得其所，各安其位，发挥其长。学院组织编制的特点是横宽、纵短、层次少，实行专事专办，统管部门业务与经纬交织的工作方法。5 年内 4 次修改编制，取消部下面的第二层组织，精简机构与人员，做到了“组织精干，分工明确，工作灵便”。学员与在职人员之比，由 1∶12 降到 1∶8.4，又降低到 1∶2.3，再降到 1∶1.3。并使大家认识到：整编不仅是组织上的重大改革，而且是每个人观念上的变革，必须打破保守观点和以往在农村分散简单的生活习惯与工作作风，提高整体观念和接受新事物的能力，纠正只愿做“原则领导”不愿做“具体工作”的思想倾向。用人方针是“以强补弱，以质代量，宁缺毋滥”，做到“人尽其才，各尽其用”。在评定级别军衔上，刘院长指示：“学院干部不能高于部队，但也不能低于部队，要公平合理。”对明显偏低者提前晋级晋衔；对德才优秀者大胆提拔；对有贡献的老同志经学习后与部队交流，各用其长，于组织于个人均有益。

“教之以政治，绳之以纪律”。学院培养高级上级领导干部，首先要加强思想指导和组织纪律领导，要求领导干部“正人先正己”。学院一成立就明确指出：由当首长到当学员，这是生活方式上的一大变化，要迅速适应集体生活，从思想到行动都要放下首长架子，按照毛泽东主席的教导，毕恭毕敬地甘当小学生，尊师重道，毫不例外地遵守学院一切队列生活秩序，这正是一个有修养的高级指挥员在学习生活中所应有的态度。绝大多数同志这样做了，在正规养成上过了关、毕了业，成为学有成绩、业有成就的优秀人才。对个别不接受教育、自行其是的学员，绝不姑息迁就。刘帅说:“说服说服，心悦诚服，如若不服，阿弥陀佛”。学院一成立，即在院部两级设立党的纪律检查委员会 6 个，严肃处理违纪事件。以 1954 年为例，共处理了干部违犯党纪的案件 42 起。其中在职人员 21 人，学员 21 人。包括军级干部 3 人，师级干部 4 人，团级干部 7 人，其余为营以下干部。涉及男女关系错误者最多，为 21 人；其余有无组织无纪律错误、失职错误、盗窃行为等等，分别给予劝告、警告、撤销工作、留党察看，直至开除党籍等处分。给予党纪处分的目的不是“整人”而重在“教育”。当受处分者接受教育有了改过表现时，组织上即及时给予鼓励、酌情取消或减轻原定的处分。如 1954 年共办理了取消党员历年来所受党内处分 53 件，其中包括历史上即 1949 年前所受处分 24 件。如基本系一期学员 ××、×× 等同志在“三反”整党中受到严重处分，由于其努力学习，刻苦钻研，在国家考试中获得优等生的光荣称号，组织上即及时取消了他们的处分，以鼓励其进一步上进，也为别人树立了榜样。有位原训练部考核科长 ×××，因在土地改革运动中包庇地主家庭对抗土改而受到处分，后来认识了错误，工作中有突出表现，建院五周年大奖时同样受到奖励。有位师级干部学员违抗组织分配工作的决定，经多次教育仍不愿接收分配，院党委决定给他一个星期的禁闭处罚，当时震动全院。在其提高认识后，照常委以重任。该同志后来一直表现很好。有人威胁说，考试不给及格，就要跳长江。刘院长说:“不及格就是不及格”，不讲情面，不搞照顾，以巩固各种正规制度，严把教学质量关。

“治学从严”的目的在于“教书育人”。因此，“严”，要严得合理，严得有情，“严”中有“宽”，给人振奋，上下乐从。

当时新中国成立伊始，尽管财政困难。学院还是报批筹集了相当的资金，为全院同志建设了一个比较宽敞、幽雅和舒适的学习与工作园地。教学区、办公区、宿舍区、生活服务区和文化娱乐区统一规划，合理布局。专业与业余相结合，脑力劳动与体力劳动相调剂。全院动手，植树种花，美化环境，颇有成效。春有花，夏有荫，秋有果，冬有青，实现了道路林网化，场地草坪化，整个校园花园化。在引人入胜的南京紫金山麓，建起了一座宜于教学的优美学府。

在供给和财经问题上，院党委经慎重研究决定了一条原则："严格掌握制度，合情合理解决问题。遇到制度以外的问题，主动地加以调整；确实无法调整而又为教学所必需解决的问题，则应据情上报请求解决"。这对经费的使用向教学工作倾斜、保证教好学好发挥了重要作用。

建院前期，学员反映强烈的意见之一，是婚姻家庭问题。"战争年代没法找，抗美援朝不让找，进了学校当和尚，老婆问题何时了。"当时，对学员来说，这确是一个很实际的问题。大多是 30 岁以上的"老干部"，相当一部分人还没有结婚，已婚者也是长期分居，在思想上难免对教学工作产生一定影响。但当时中央军委有规定：学习期间不准带家属。学院也有实际困难，房舍和接待工作不具备学员带家属的条件。然而，学院领导没有就此束手无策。我们把这个问题当成政治工作的一个重要问题来抓。在调查研究的基础上，采取多种办法，比如组织建房与个人找房相结合，请地方政府安置家属与学院自己安置相结合，短期团聚与长期随军相结合等等，逐步创造条件。最后报请中央军委批准，允许完成系的老干部学员随带爱人学习，妥善解决了这个问题。至 1956 年 2 月，全院教职学员的随军家属已达 2000 余户。政治部和院务部在家属子女的安置、就业、上学、团结和生活等方面，做了大量的非常具体的工作，成为教学保障的重要内容之一。

反对经验主义　防止教条主义

"反对经验主义，防止教条主义"。这是学院党委在 1952 年响应中共中央和中央军委的号召，开展"中苏友好月"时提出的口号之一，也是学院成立以来从事教学工作的一贯重要指导思想。刘院长提出："'军事上要来一个革命'，就是期望我们在原有的军事基础上，以革命的速度完成现代化正规化国防军的建设工作，尤应以毛泽东理论与实践相结合的军事思想，革经验主义与教条主义之命。"

“经验主义”不适当地强调实践经验，保守狭隘，不愿接受新理论，新事物;“教条主义”则片面强调理论，不能活用原则。两者都是教学工作，特别是学习上的思想障碍，不利于军委赋予的教学任务的完成。因此，必须反对经验主义，防止教条主义，坚持理论与实际相结合的教学方针。刘院长在1951年7月23日学院第一期训练工作总结会上就明确指出:“离开实践的理论是‘空理论’；离开理论的实践是‘瞎实践’”。

建院初期，针对有些学员以“老干部”实践经验丰富自居，一说就是“老子过去”如何如何，对军事教员不够尊重，对学习军事学术存有某些抵触情绪，不愿刻苦钻研系统的现代先进军事理论的思想，我们重点强调了“反对经验主义”。组织大家系统地学习中共党史和社会发展史，使学员对马列主义毛泽东军事科学及党的历史发展规律、阶级斗争规律有了概括的了解，对毛泽东著作是马列主义与中国革命实际相结合的结晶，有了较深刻而系统的理解；同时批判了各种机会主义和错误思想，从而提高了政治理论水平，增强了学习现代军事理论的自觉性。刘院长以“器小易盈”,“满罐子水不响，半罐子水响叮当”等典故和形象比喻，启发学员克服固执己见、狭隘保守的经验主义。在此基础上，学院组织学员到海军、空军和其他技术兵种部队参观见学，了解这些新的军兵种装备的战术和技术性能，为学习现代条件下诸兵种合同作战的组织与指挥增加感性知识。还组织、帮助学员总结自己过去的作战经验。成立了战例编写小组，以个人写作和集体写作相结合的方式，首先编写解放战争时期的战例，使经验上升到理论，写成了《战例汇集》，分4集陆续出版。既有利于充实教材内容和改进教学工作，又有利于学员在总结自己经验的基础上去学习现代军事科学和指挥艺术。学员们普遍反映：不是“将来能否用得上”；而是“不学不行”“的确有不少东西值得学”。从而，使学员们增强了人民解放军由低级阶段向高级阶段发展的时代感和历史使命感，自觉地掀起了钻研现代军事科学的热潮。

在军事学院的教学实践中，存在一个“时间紧，内容多，消化不了”的教与学之间的矛盾。实事求是地说，这个问题的产生有多方面的原因。

在学院“教”的方面，一是当时国内战争尚未完全结束，东南沿海仍有军事对抗，朝鲜前线的国际战争正在激烈进行。与此相适应的干部训练当然刻不容缓；二是为了巩固国防，反对侵略，保卫新生的人民政权，我军未来面临的战争将是由过去较低级的“国内型”上升为较高级的“国际型”。与之相适应的干部训练只能是现代军事科学的全新课题，难度自然很大；三是军事学院是全军的最高学府，担负全军高、中级干部的训练任务，中央军委和毛主席赋予教授现代军事科学的任务并要求从学院贯彻到全军去。与此相适应的教学组织与实施，只能是高质量高标准的，要求当然不能随意降低；四是以毛主席为首，诸多元帅为副的中央军委是有远见卓识的，当时规划的我军正规化现代化建设，不仅立足于现有武器装备，也作出了向世界先进军事水平靠拢的安排。与此相适应的高级干部训练更是不能懈怠；五是应当承认，教学指导与组织安排的某些不当，也是造成教学偏紧的原因之一。正如刘院长在 1952 年 1 月 25 日给毛主席的报告中所指："我们在训练计划的具体实施，确有某些官僚主义存在，足以引起学员对课程内容不满之处。"

而在部分学员"学"的方面，尽管他们一般具有政治觉悟高、实践经验丰富、理解能力强等特点，但对于学习比较高深的现代军事科学，确实存在不少困难因素：绝大多数学员在高小程度以下，这对学习相当大专水平的军事理论，难免吃力；二是系统的军事理论基础较弱。我们的干部都是土生土长，长期紧张的战争生活没有机会系统学习理论，而对众多大本长篇的军事教材，不能不是"老干部"遇到了"新问题"；三是有的对全面施训的教学方法不适应。以往学习都是短期集训，射击投弹，一门一门"单打一"，现在诸多课程齐头并进，不免头昏脑涨；四是由于民族文化传统的差异，加之当时的翻译水平不高，有些由苏军专家帮助编写的教材带有明显的"苏联味道"。学员对此有个适应过程，难免影响接受，增加了学习困难；五是确有部分同志，从"首长"到"学员"，由"教人"到"被教"，弯子还没有转好，对难度较大的学习有不同程度的抵触情绪。而革命胜利以后，以功臣自满，老资格自居，贪图享受，不动脑子，不愿学习，一遇不满即行对抗者，也确有人在。

总之，教学双方各有原因。学院领导是正视现实、对问题作了具体分析，并采取了相应的措施。首先，提高学员对学习现代军事科学的认识，明确搞好学习的重要性和长远意义。1951 年 11 月，进行了反对经验主义和个人主义的"整顿对抗思想"的整风。1952 年 11 月在全国全军开展的"中苏友好月"中，学院进一步批判了经验主义等学习中的思想障碍。1953 年 5 月，全院进行了《我们应提高与普及军事科学思想的教育》，由我代表院党委作了专题报告，反复动员大家学多学深一点。其次，学院千方百计办好文化预科，提高学员文化水平，尽量为学习军事知识打开方便之门。再次，努力改进教授法和学习法。提出了“教员要为学员负责到底”，课堂讲透听懂，课后加强辅导巩固教学成果。提倡学员科学用脑，循序渐进，克服急于学成、“一锄挖个金娃娃”的急躁情绪。又次，从1952年起即压缩教学内容，减轻学习负担。由第一期学习“营团师军”四级战术，减为两级半。如军长只学师、军两级，另加一点集团军行动概略。最后，不断审查修改教材，提高翻译水平，以提高教材的准确与思想性。并尽最大努力使教学工作贯彻理论与实际相结合。根据当时全军的战略方针，以山东、淮海、上海、杭州和广州方向为教学演习想定的预想情况，实施现地教学，便于学员理解接受。

通过以上措施,“时间紧，内容多，消化不了”的教学矛盾基本得到解决。绝大多数学员刻苦努力，确实学有成就。然而，“读书”毕竟是艰苦的，中国的学子历来“寒窗苦”，领导干部出身的中年人读书更是“苦”。但当广大学员将自己的学业，用于指导军队建设而做出了成绩时，也就“乐”在其中了。数十年后，许许多多老同志一提到当年军事学院的深造，念念不忘之情，溢于言表。

“防止教条主义”的核心内容，是引导学员活用原则，切实做到理论与实际相结合。这是军事学院贯彻始终的根本教学方针。学院反复强调“为用而学”，并千方百计使这四个字变成全体教员和学员的实际行动。

刘院长特别重视理论联系实际，并注意总结教学方法上的经验。早在1951年6月9日，他主持召开“教授法与学习法研究会”，作了《把我们的教授法与学习法提高一步》的专题发言。强调发扬我军“官教兵、兵教官”的优良传统，把领导与群众结合起来，解决教与学两方面的问题，做到确实地“交付”和“接收”，使教员的交付与学员的接收连贯一气。强调教的内容与学员接收能力相统一，主观与客观相统一,“唱戏的人要注意听戏的人”，尤应使学术内容要切合学员在今后战场上的需要。他把教员和学员之间的辅导问答和考试测验，比喻为“解疙瘩”“打收条”。使教员课外辅导启发与学员自修相结合，教员上课提示与学员预备作业相结合，每一段落即解一“疙瘩”，打一“收条”，上下连贯，前后衔接，推动学习不断前进，而所学又能巩固下来。1953年5月5日，刘院长为《军学生活》报题词:“攻书求实用，应如攻坚求战果”。

在教学方法上，学院强调以理论联系实际、便于学员接受与运用为唯一目的。先技术后战术的教授顺序适合学员需要。理论与实践相结合，先理论后应用战术，再想定情况、图上作业，由课堂到野外现地作业，结合实际以证实理论原则，再加上实兵演习。这种以战术为经，技术为纬，纵横连贯，编组起来，是最实际有效的教学方法。特别注意采用各种能活生生地表现事物的方法。如想定作业、野外演习、现场作业、部队实习和见学、参观访问等。并施之以图片、模型、幻灯、电影、有线广播、展览室、专修室、电动示教板、电动沙盘、主体地图、光路显示仪等形象化的教育方式。坚持“练”多于“训”的原则，即五分之一至四分之三的“练”，以保证学员把课业学深、学透、学牢，并能熟练运用。实兵示范演习是实现理论联系实际的最佳训练方法。建院不到半年，学院就在安徽凤阳县临淮关实施了“陆军师江河进攻战斗”实兵演习，其影响深入全军。至1956年，共进行实兵演习78次。学院编设一个教导团，辖步兵、炮兵、装甲、通信四个营，以保障学员的实习，对速成训练发挥了重要作用。政治理论课也有课题作业、参观工农业建设等，使马列主义理论尽量联系中国社会主义革命的社会实践，加深和提高学员的理解与运用能力。

1952年1月在赴江苏组织军事学院高级系学员实施首长司令部野外演习途中。左二钟期光。

回忆军事学院的教学历史，不能回避一个重大问题，就是如何看待“学习苏联”的问题。

“一边倒”，“以俄为师”，“走俄国人的道路”。这是建国前后中共中央和毛泽东主席提出并一再强调的政治方针。根据当时的国际国内形势，我认为这是唯一正确的选择，是经过历史检验的成功选择。正如毛主席所说：“如果没有苏联，没有十月社会主义革命，没有第二次世界大战打败日本，没有各个新民主主义国家，和没有社会主义国家的帮助，中国革命是不会胜利的”。同样，如果没有50年代前期举国一致的“学习苏联”，我军的正规化现代化建设将不知要走多大的弯路。党的十一届三中全会之前的30年间所走过的曲折道路，也正好证明了这一点。至于苏联后来发生的许多重大变化，包括中苏关系的变化，那是他们的后人自己造成的，是他们的内政，我们不必多说，但也不能因此而归罪于马克思列宁主义和缔造与建设苏联的元勋和功臣们。

在全党全国全军“学习苏联”的号召下，军事学院一是借鉴了苏军的部分军事教材，二是毛主席为我们聘请了20多名苏联军事专家当顾问。

借鉴苏军部分教材，是由于学院初创，仓促上阵，教材奇缺，又是搞正规化现代化建军的教学。正如毛主席所指出的“我们的经验是不够的”，“永远不要骄傲自满，一定要将苏联的一切先进经验都学到手”，“建设我军成为世界上第二支最优良的现代化的革命军队”。但我们并没有完全照抄照搬，而是注意了在我军原有素质基础上，结合我军具体实际，不断加以改编与充实。刘伯承和陈伯钧同志在1954年1月总结三年来的教学情况并向毛主席和军委的报告中指出：“战术学习开始，并不是按照苏联那样多而是按照我们军委颁布的或批准的装备编制的标准以及干部职务学四级战术，如营团师军四级各有重点（后减为两级半）”。如本文前面所述，为了编写我们自己的教材，在培训学术人才和联系我军历史与现实经验方面，学院做了大量艰苦而卓有成效的工作。

为了学好苏军的现代化先进经验，政治思想工作可谓不遗余力地加以保证。当时进行政治动员的一个理论基础是：“苏联军事科学同毛泽东军事思想的一致性”。具体提法为：

“马克思列宁主义普遍真理与苏联卫国战争相结合，就是苏联军事科学；马克思列宁主义普遍真理与中国革命战争相结合，就成为毛泽东军事著作。两者都是来源于马克思主义的，是一致的。当然，我们现在是要在中国人民解放军的作战经验和建军基础上来学习苏联军事科学，而不是把过去宝贵的经验丢弃了不要。但我们也不能把两者对立起来。”（1952 年 12 月 1 日，陈伯钧同志受刘院长委托，代表院党委在全院党的积极分子会议上的总结发言。）

这个理论，是不是军事学院的发明创造，我记不清了，也未作追根究源的考证。反正当时我们上上下下都是这么说，好像全党全军也是这么说，具体表述不尽相同，基本观点一样。而且，这个基本理论观点在刘院长向军委和毛主席的定期综合报告中多次提到，军委和毛主席并无异议。

我至今认为，上述理论观点仍然是正确的。它既指出了苏军经验与我军经验的“共性”，即同源于马克思主义；又强调了我军经验的“个性”，即要联系我军经验学习苏军经验。通过反复深入的动员教育，我们用这个基本观点统一了全院人员的思想，使学习苏军先进经验的教学实践步步向前，为我军培养了一代军政指挥高级人才。

1954 年 7 月 20 日，刘院长针对有人认为“学了苏联条令会打败仗”时指出:“苏联军事条令是马克思列宁主义武装斗争的科学，它总结了过去的经验，在每一条上都说，一定要根据时间不同，地点不同来规定战术动作，反对墨守成规。学苏联条令就会打败仗，哪里来的这个道理! ……就是搬教条打了败仗，也不是条令不对，是你搬教条不对。《毛泽东选集》好不好呢? 好嘛，×× 他把《毛泽东选集》背的很熟，遇到问题，他拿起书来就这么一念，当然不对呀! 你说这是怪毛主席还是怪 ××？这真是‘屙屎不出怪茅厕’，是不通的，是横起来的。”这里说明了一个重要原则，就是“教条”不教条，不是决定于客观而是决定于主观，不是决定于学不学外军经验，而是决定于学了之后会不会运用。

刘院长还在 1953 年 7 月 14 日提出:“读马列主义，同样一本书，毛泽东同志读对了，教条主义者读了不对，尽管翻译的不错，读的人不善于运用就会犯教条主义。所以反对教条主义不是反对学习马列主义，而是要反对教条主义，更好地学习马克思列宁主义”。“学习马克思列宁主义问题就是善于研究实质具体运用”。1956 年 1 月 15 日，刘院长在建院五周年纪念讲话时强调：“教书就是教人，反对教书不教人；作业即是作战，反对作业不作战。”他把是否善于运用理论原则作为鉴别教条主义的重要标志：“同一老师教出的学生，能够善于运用就能够成功，不善于运用的就不能成功。诸葛亮为什么能打胜仗，马谡为什么打败仗，就是因为马谡是教条主义。战国时鬼谷子有两个门生，一个叫孙膑，一个叫庞涓。一个善于结合实际，一个不善于结合实际。结果庞涓战败了，被孙膑打死了。所以说，我们学习理论，必须结合实际，必须根据实际情况进行作业和作战，不能把条令当作公式。”军事学院就是这样在以刘伯承同志为书记的院党委领导下，扎扎实实地把教学工作推向前进的。

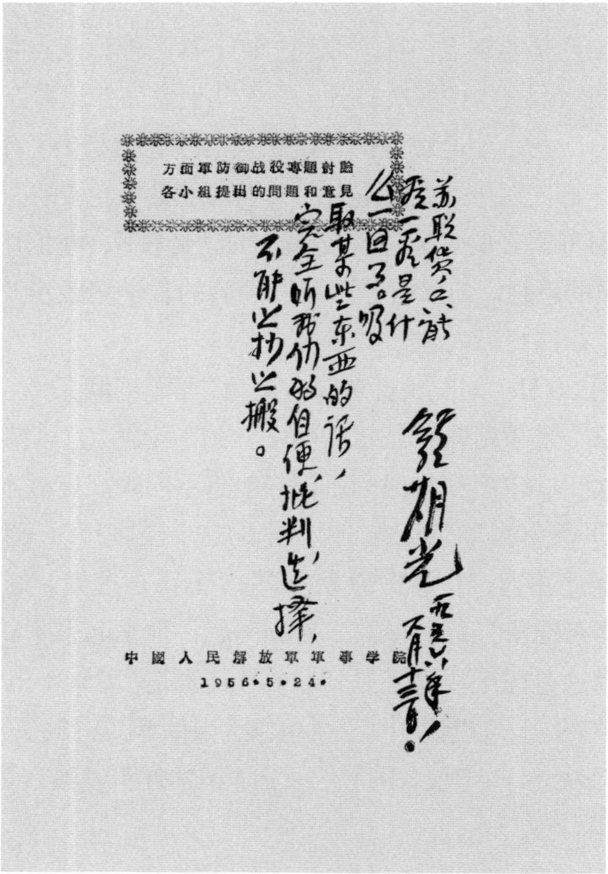

1956 年 5 月钟期光批示要批判、选择地学习苏联，不能照抄照搬。

本来，任何科学，包括自然科学与社会科学，以及前两者相融的军事科学，基本原理是具有普遍意义的，是没有国界和地域之分的。否则，将不是科学。中国的《孙子兵法》享誉全世界，就正是这个道理。

在军事学院的苏联军事顾问，早期是 22 人，后来略有增加，主要是增聘了一些特种兵专业技术专家。他们严格执行两党两国的协议，具有无产阶级国际主义精神，协助学院的教学工作是严肃认真和热情诚恳的。他们具有较高的现代军事科学水平，一般对苏军的历史经验比较熟悉，有教学实践才华。他们的正规化作风养成具有当时的时代水平，给了学院以榜样。军事学院严格执行了中共中央和中央军委的指示，注意处理好与苏联顾问的关系，做到既虚心向他们学习，又不卑不亢。并有步骤地向他们介绍毛泽东军事思想与人民解放军的现实情况，以便他们介绍现代军事学术时与中国实际结合起来。总的说，彼此关系是好的。但由于种种原因，工作中对某些问题的认识不同和意见分歧是时有发生的，彼此通过各自的组织系统，一般都得以及时妥善解决。在涉及政治工作和干部任免等内政问题上，学院从未作过原则妥协。因为问题多发生在个别人个别问题上，所以并没有影响正常的合作。在我们比较困难的办学条件下，在军事学术、正规制度和工作方法上，苏联顾问给予学院不少帮助。

他们作为50年代架设中苏友好桥梁的使者的重要部分，为两党两国友谊的建立与发展是有贡献的。他们在我军正规化现代化建设史上的功绩是应当肯定的。

1954年在军事学院。左起：钟期光、刘伯承、陈伯钧、罗赫里斯基。

他们的名字，我的记忆和手头资料不全，印象较深和有记载的为：第一任首席顾问罗赫里斯基、首席副顾问尼基弗洛夫。第二任首席顾问苏哈木林。顾问：梁布琴科、诺沙切夫、沙布鲁诺夫、沙可洛夫、罗卡里斯基、巴库宁、赤金、马尔殿秋克、罗索夫、史米诺洛夫、卡巴林、阿哈木林、洛姆斯基，等等。他们对学院在工作上的配合与生活上的照顾表示满意。1956年苏共二十大以后，两党两国的分歧逐渐加深与公开化。反映在军事学院，一些重要现代军事学术材料开始卡我们以至停止提供。但有些顾问还是冒着政治风险以个人名义继续提供了一些材料。

1959年3月，经中央军委批准，我受院党委的委托，在苏联军事顾问最后撤离回国之前，陪同专家组长苏哈木林等夫妇7人，参观游览了广州、桂林、昆明、重庆、武汉等地，历时38天。以示对他们工作的酬谢，并增进中苏两国人民的团结与友谊，善始善终地结束了他们在军事学院的使命。他们对此十分感激与满意。不少顾问回国后，仍念念不忘中国人民对他们的友好感情。

1959年陪同刘少奇在南京接见军事学院干部。左起：廖汉生、钟期光、刘少奇。

第二十五章　历史的曲折与公正

滴水见太阳。

20 世纪 50 年代前期军事学院的创办与发展，是令人兴奋和鼓舞的。然而，她在 50 年代后期的那段历史，也使我终生难忘。

伟大转变　重要贡献

中国人民解放军军事学院，在新中国刚满周岁时诞生，沐浴着社会主义改造和社会主义革命的春风，在中国人民志愿军抗美援朝、中国人民解放军保卫社会主义建设的战斗洗礼中成长壮大。从最初的高级速成科、上级速成科、基本科、情报科（后改称系）逐渐发展，1951 年底成立政治系；1952 年下半年成立炮兵系、装甲兵系及函授系；1954 年成立战役系；至 1956 年，战史系、化学兵系先后成立。学院成为一所既有陆军专业，又有海空军专业；既有军事系，又有政治系；既有速成，又有完成；既有面授，又有函授的全军最高综合性军事学府。这是军事学院发展的鼎盛时期。全院共有学员系 12 个，学员累计 3125 人。还培养了高级兵团战术、合同战术和军兵种战役战术等新中国第一批军事学研究生 23 人。毛泽东主席曾风趣地说:“孔子三千门徒就是军事学院”。这些学员大都是我军的主要高级干部，是全军的一代栋梁。

为了适应军事科学的发展和人民解放军正规化现代化建设急需训练大批高级、上级干部的新形势，军事学院党委曾多次研究人民解放军军事教育体系的完善与发展问题，并向中央军委提出了建议。1953 年 3 月，学院向军委建议创办高等军事学院，并具体起草了该院的简要章程呈报军委审批。1954 年 12 月 27 日，刘伯承同志代表院党委向军委扩大会议报告，建议以军事学院为基础，在全军分建六个高级指挥学院，得到军委批准。分建学院的筹备工作，从 1956 年起步，在中央军委的统一规划部署和总部各军兵种的参与下，以军事学院为基础，并具体负责筹备工作，积极准备分建全军和各军兵种学院。经过一系列全面、深入和周密、细致的思想准备、组织准备和物质准备，分建学院的任务先后完成：以军事学院海军系为基础，在南京成立中国人民解放军海军学院；以军事学院战役系、战史系为基础，在北京成立中国人民解放军高等军事学院；以军事学院炮兵系为基础，在河北宣化成立中国人民解放军炮兵学院；以军事学院装甲兵系为基础，在山西大同成立中国人民解放军装甲兵学院；以军事学院空军系为基础，在北京成立中国人民解放军空军学院；军事学院剩下部分与南京总高级步校合并，在南京继续开办中国人民解放军军事学院，担负着培养合成军队中、上级指挥人员和参谋人员的任务。至此，刘伯承元帅等同志主持的中国人民解放军军事学院，发展成为全军六所高级军事指挥学院。

八年来，军事学院完成了中共中央和中央军委赋予的训练任务，为全军培养了3000多名具有现代军事科学知识的合成军队和技术兵种的军事、政治指挥干部；协助中央军委创立了一个相当规模的全军性高级指挥院校体系；积累了一定的办校与教学经验；培养锻炼了一支素质优良的军事、政治

1953年毛泽东视察南京时在人民大会堂讲话。左起：陈伯钧、钟期光、毛泽东、江渭清、曾希圣。由于刘伯承院长在上海治病，由陈伯钧、钟期光向毛泽东主席汇报军事学院工作。

和文化教员队伍；比较系统地介绍了苏联红军的现代军事学术和合成军队作战经验；进行了开拓性的军事科学研究，初步总结了人民解放军的历史作战经验；编写出了一套比较完整的适应现代化国防建设的军事、政治和文化教材；政治建设、思想建设、文化教育和支援地方社会主义建设等方面成绩显著。正如毛泽东主席在1952年7月10日的训词所指出的：军事学院的成立，“标志着中国人民建军史上伟大转变之一”，“对于建设正规化、现代化的国防部队，是有重要贡献的。这是刘院长的努力，全体苏联顾问同志的努力，以及全体指挥员、政治工作人员、后勤工作人员、教员和学员共同一致努力的结果。”

1953年和1956年，毛泽东主席两次视察了军事学院，对学院的工作表示满意。其中第一次刘院长在上海治病，由我和陈伯钧同志向毛主席汇报学院的工作。毛主席听后意味深长地说：“延安有个清凉山，南京有个紫金山。”清凉山是当年抗大的校址，毛主席将军事学院比喻延安抗大，对学院的工作既是期望，又是肯定。

1956年毛泽东视察军事学院时摄于南京。右起：钟期光、谭震林、罗瑞卿、陈伯钧、刘伯承、毛泽东、李银桥。

朱德总司令在1954年4月25日指出:“军事学院是我军的最高学府，建立三年多来，在刘院长领导下，在苏联顾问同志的帮助下，很有成绩。……希望你们更加努力，把已得的成绩巩固起来，继续钻研，把为全军培养高级、上级干部的光荣任务担起来。”

1954年4月25日欢迎朱德总司令到军事学院指导，主持国家考试，与军事学院领导、苏联顾问合影。前排左五钟期光、左八朱德、左九苏联总顾问罗赫里斯基、左十刘伯承、左十二陈伯钧。

1955年12月，国防部派训练总监部副部长张宗逊、学校管理部副部长王兰麟、总干部部特种兵干部部副部长王文轩等组成检查组，对军事学院五年来的工作做了全面检查，与院领导交换了意见，并向国防部写了检查总结报告。结论是:“学院学习是紧张的，学习风气是好的，成绩很大”。通过检查，“学得了很多东西，解决了过去我们对学校工作上许多困难问题。同时亦体会到军事学院的建设规模以及训练成绩的显著，有丰富的训练经验，概括起来主要是:‘领导强，学术高，设备全，保证好’。”

当然，军事学院在创办和发展过程中，由于当时客观条件的制约和主观领导水平的限制，实际工作中的缺点错误是不少的。特别是经过时间的检验，现在有些问题看得比较清楚了。比如在政治思想建设上坚持党的领导、坚持政治方向、坚持思想领先的原则是好的；但当时某些过激的倾向也是存在的。比如思想工作的要求偏高偏急，有些方式方法生硬，对一些人的组织处理和纪律处分偏严偏重等。在学习苏军经验开展教学工作方面，理论联系实际、结合中国革命战争的特点，指导思想是明确的，成绩是主要的；但在实际工作中如何更好地具体联系实际和结合中国特点，存在一些不足之处。在制定和执行规章制度方面，高标准严要求是对的，总的效果是好的；但其中某些内容的科学性、可行性欠佳，效果不好，不得不在实践中纠正。等等。这些问题，经过 1956 年 9 月学习毛泽东主席《改造我们的学习》等五个整风文件和中共八大文件，自上而下地开展批评与自我批评，认真积极地进行整改，逐步得到了纠正，进一步促进了学院的各项建设。总之，军事学院存在的问题，是前进发展中的问题，实际工作中的问题。作为学院一名政治工作领导者，我负重要责任，不能都推到刘帅身上。

1954 年 4 月在南京军事学院，国家考试委员会主席朱德总司令检阅军事学院基本系、情报系第一期毕业学员。检阅首长右起：朱德、刘伯承、钟期光、刘子云。

反对“教条主义”

从 1957 年开始，1958 年达到高潮，并且波及全军的所谓“反对教条主义”运动，对军事学院的工作原则肯定、具体全盘否定，把实际工作中存在的某些问题，上纲上线为“政治方向”和“建军路线”问题加以批判，造成了严重后果。

1957 年 2 月下旬，正当军事学院根据中共中央和军委总政治部的指示，通过学习《改造我们的学习》等五个整风文件,“检查和纠正实际工作中的主观主义即教条主义和经验主义，特别是克服学习马克思列宁主义和外国经验中的教条主义倾向” 时，国防部长彭德怀同志率总参谋部和总政治部工作组到军事学院检查工作。他们在向中共中央和中央军委的专题报告中，说军事学院 “取得了许多工作成绩”,“这些成绩是显著的”。“但是在过去几年的教学中，存在一个很大的缺点，就是教学工作中的教条主义相当严重。最主要的表现是教学内容和我国我军当前的实际情况不大相适应”。并以反映群众意见的名义报告中央:“学院中的许多同志已经感到有反对教条主义必要之后，而院党委仍然徘徊、犹豫、拖延，未能下定决心，就使党委领导在教学工作上落后于客观实际了”。

1957 年 2 月下旬在南京机场，迎接彭德怀元帅率工作组到军事学院检查工作。左起：张才千、许世友、陈士榘、彭德怀、宋时轮、陈伯钧、钟期光、聂凤智、王德。

当时，院党委书记、院长兼政委，也是中央军委副主席的刘伯承同志，正在离南京不远的上海治病，工作组竟未与刘帅做任何形式的通气与协商。

在国防部工作组的指导下, 1957 年 3 月 6 日，由代理院长、代理党委书记陈伯钧同志和代理政委的我主持，召开了院党委扩大会议，检查总结学院的工作。经过 6 天的热烈讨论，基本统一了认识。会议认为,“学院成立以来的工作成绩是基本的、主要的” ,“但同时在工作中的缺点和错误也是很多的” ,

性质是学习马克思列宁主义和外国经验中的“教条主义倾向”。并于3月30日通过了《关于深入开展反对教条主义的决定》。

1957年在南京，军事学院领导欢迎总部工作组到学院检查工作。前排右起：钟期光、萧华、郭天民、廖汉生、甘渭汉、张震。

4月30日，中央军委批复:“你们关于开展反对教条主义的决定很好，同意你们这个决定，望按照决定的精神贯彻执行。”并指出:“应坚决执行和风细雨的精神，以便达到真正提高认识和改进教学工作的目的”。“要反复向群众讲清楚，不要追究责任，追究责任就会反不好。同时教条主义现象，不单是在学院教学工作中存在，而是在全军许多工作中都存在，如果要论责任，军委的责任更大”。

然而，实际情况并非如此。由检查纠正实际工作中的缺点错误，而上升到批判建军路线方向、大张旗鼓地“反对教条主义”的政治运动，随着“总路线”“大跃进”和“反冒进”“放卫星”等“左”倾政治升温，正在急骤地酝酿与发展。

1958年5月27日至7月22日，中央军委召开扩大会议。会议经中共中央和毛泽东主席批准，由军委第一副主席、国防部长彭德怀同志主持，第一阶段出席500余人在北京三座门召开；第二阶段移至中南海怀仁堂，扩大到全军师以上主要领导1000余人参加，大反“教条主义”，展开所谓两条军事路线的斗争。军委训练总监部和军事学院是被批判的重点单位。

会议期间，毛泽东主席于6月21日发表重要谈话。其中讲道：胜利以后，办了许多军事学校，军委又布置了全军的训练。训练就不打仗了，我看产生一些教条主义，也是很自然的。苏联那些东西也来了，不是隔绝了，是通了，请了许多苏联顾问，产生了一些教条主义。现在发生了有没有教条主义的问题。有人说没有，连小拇指大的那么点也没有；有人说有一点，不很多；有人说相当多；第四种人说很多，相当严重。有几种议论，详细分析靠大家努力。问题尚未解决，同志仍须努力。我看上面四种人讲的，只一种人说没有，一点也没有，其他三种人都说有，不过程度不同。我看总是有一点吧，多少有一点吧！研究一下看。有些人就是搬外国，不加区别的搬外国，这是妄自菲薄。他还说：个别同志硬是不通，得想办法帮助他们通一通，是说服，不是压服。如果这次还硬是搞不通，也不要紧，多数人通了就好了。在6月23日和29日，毛主席在小范围听取汇报和座谈会上，还作了重要发言。其中谈道：现在学校奇怪得很，中国革命战争自己的经验不讲，专门讲“十大打击”，而我们几十个打击也有，却不讲。应该主要讲自己的，另外参考人家的。不知道军事学院、训总到底有多少马克思列宁主义。马列主义本来是行动的指南，而他们当作死条条来啃，马克思列宁在的话，一定批评他们是教条主义。

会议期间，由于有彭德怀同志检查军事学院工作向中央和军委的专题报告，有林彪别有用心的煽风点火，又有毛主席的谈话，对“教条主义”问题已经定了基调，会议的主旋律“一是揭发，二是批判，三是检讨。”但具体地说，发言者的心态不同，目的各异，表现也就不是完全一个声调。多数人迫于形势和党内斗争的历史教训，不得不随声附和；少数人怀着个人目的“表现积极”；个别过去积极提倡学习苏军经验、肯定和赞扬军事学院成绩的领导同志，也不敢承担责任而大反“教条主义”；而实事求是者也不乏人在。

刚刚当上党的副主席没几天的林彪，在这次会上大显“才华”。他一箭双雕地说：“有的单位不把毛主席军事著作作为军事基本教材，只作为参考材料，是不对的。有的单位连参考也没有列上，就更不应该。”既打击了别人，又抬高了自己，取悦于毛主席。他还无中生有地说：“有人一提起学习就想到外国，专学外国的东西，以为只有外国的东西才是好的。这就是迷信，一定要打破迷信观点。”

会议在“大鸣、大放、大字报、大辩论”的声威并举下，揭发批判的调门越来越高。有人甚至诬称“军委训练总监部是教条主义的司令部”，“军事学院是教条主义的大本营”。连身患重病正在外地治病的刘院长，也被召进京，扶病在大会上作了检讨。陈伯钧同志和我分别在会上先后作了两次检讨，还是过不了关。有人说我的检讨“很不彻底，企图蒙混过关”。会议对我们不作结论，回原单位继续揭发批判。

但是，即使在黑白颠倒的时刻，同志们的正义声音还是响亮的：当德高望重的刘院长抱病被迫违心地检讨，并据理说明贯彻了理论联系实际的教学方针时，全场一千多名高级干部雷鸣般的掌声，经久不息。就在这次会议上，针对有人全盘否定军事学院的成就，陈毅元帅激昂地说：整个军事学院成绩是主要的。我在南京时常到学院去请教，对我帮助很大。我知道有许多老战友，在军事学院学了一二年出来，知识、理论都提高了，有点学术的味道了。也有许多人在变，思想、风度在变，住了军事学院以后，二杆子味道少了一些，有点学问了。所以说成绩还是主要的，不要以为有了错误就否定一切。曾在战役系学习和工作过的杨得志同志，当时虽然也不得不批判“教条主义”，但他首先指出:“在预科学习中，提高了科学常识；在政治学习中，提高了思想认识；在军事学习中，懂得了在现代条件下，诸兵种合成军队的攻防战斗、战役的组织与指挥，特别是对航空兵、装甲坦克兵、大量的炮兵以及原子化学兵的运用，增加了不少的知识。为今后继续研究军事科学创造了自修的有利条件，并奠定了指挥这些兵种的一定的基础。因此，应该肯定地说，学习的成绩是主要的，所学的课程多数都是用得着的。如果有人笼统地说学坏了是不符合事实的。”

军委扩大会议后，在全军更大范围内继续深入开展了群众性的“反对教条主义”的政治运动。因为这时候原来的军事学院已分建成六所高级指挥学院，所以这一运动的重点，同时在各个学院展开。而北京的高等军事学院和南京的军事学院，集中了原学院的主要领导干部，所以又是重点的重点。

在南京，从 1958 年 8 月 1 日起，至 10 月 14 日，军事学院先后召开了院党委扩大会议和院第三次党代表大会，都是以“反对教条主义为纲”进行的。其中两个月的扩大会议有 2092 名干部参加，写了 11248 张大小字报，印发大会发言和书面发言 387 篇。虽然会议的任务提出了“反对反马克思主义的资产阶级的军事路线”，并且群众的揭发批判“火力”很猛烈，但在廖汉生院长和我的主持下，会议最后通过决议的结论还是相对实事求是的，肯定了“建院以来，学院工作是在不断发展的，工作成绩是主要的”，并详细列举了成绩在各个方面的具体表现。虽然也写了“学院几年来的工作，犯了严重的教条主义错误，这种错误是属于方针路线性质的错误”，这在当时是不得不戴的“帽子”，但没有上纲为“资产阶级军事路线错误”。

1957 年 9 月中旬，军委任命了南京军事学院新的领导班子。左起：钟期光政委、廖汉生院长、张震副院长。

在北京，由高等军事学院和刚成立的军事科学院联合召开的“两院党委扩大会议”，开了三个月。会议结论是:“集中地揭发和深刻地批判了过去南京军事学院成立以来所犯的资产阶级军事路线的错误。这条错误路线在较长时间内和中央军委正确的军事路线相对抗，是我军历史上两条军事路线斗争在新的条件下的反映。这条错误路线统治学院数年之久，在军事训练和科学研究工作中表现最为严重，其影响遍及全军，其发生发展过程是由盲目发展到自觉，由实际工作中的错误发展到路线的错误。”这样，军事学院的成就实际上被彻底否定，实际工作中的错误被上升为“资产阶级军事路线错误”。连“尊师重道”“首长教育部属”“反对经验主义”等教学原则也被一一批判否定。说我们实事求是地检讨错误、领导承担责任是“领导上包下来”“保护教员过关”。甚至给刘伯承元帅等院领导戴上了“教条主义者”的政治帽子，进行了不点名的点名批判。点名批判了“以陈伯钧同志为代表的极少数同志”对所谓反教条主义“心怀不满，抵触严重”，“以钟期光同志为代表的极少数同志”“抵触、怀疑、观望、动摇”。将陈伯钧同志在运动初期提出的“学院成绩是基本的、主要的；教条主义是实际工作中的错误，不是方针路线问题；（建院以来所提出的教学）口号是正确的”，批判为“阻止反对教条主义的三道防线”。

历史证明，这场运动，是曾给中国革命和中国人民造成重大灾难的 50 年代末至 70 年代政治阴云的前锋。它给人民解放军的军事教育事业和正规化、现代化建设，造成了难以估量的损失，也给包括刘伯承元帅在内的一大批无产阶级军事教育家和教育工作者带来了政治灾难与人身迫害。

“反对教条主义”以后，伟大的军事家和军事教育家、功勋卓著的刘伯承元帅负辱含冤，积劳成疾，病忧交加，被迫引退，从此离开了他精心创建和桃李满军的军事学院，并且实际上也离开了整个军事教育和训练工作的领导岗位，成为他光辉一生中政治滑坡的转折点。这不仅是他个人的不幸，也是全军军事教育和正规化现代化建设事业的不幸。

1959 年摄于刘伯承元帅在南京寓所北极阁。左起：张藩、张震、汪荣华、刘伯承、王平、钟期光、陈友谅。

“反教条主义”以后，代理院长陈伯钧同志被调离军事学院，降任高等军事学院副院长，并且继续挨不完的批判，作不完的检讨，身心受到严重打击，影响了他军事教育才能的充分发挥。我不久也是被调离军事学院降职使用。全军许多主管院校教育和训练工作的领导干部，被打成“资产阶级军事路线的代表人物”而遭到批斗，有的甚至被诬为“反党宗派集团”而开除党籍，清除出军队，或遣送边疆劳动改造，致使一些好同志后来含冤死去。不少院校教授会、教研室领导干部和多年从事军事教育卓有成就的老教员，也被当作“传播资产阶级军事路线的媒介”批判后而被调离院校，改行或转业处理。这样，全军院校干部和从事军事训练的干部中的一批得力骨干受到严重打击，也影响了其他干部的积极性，使之不敢大胆地创造性地抓院校工作、抓训练工作和军事学术研究工作，更不敢学习外军经验。从而，使我军在建国后刚刚起步的正规化现代化建设遭受重大挫折。这种挫折在随即当上国防部长的林彪当权之后，更是恶性发展，在“突出政治”的冲击和“文化大革命”浩劫的扫荡下，多数院校被砍，军事训练名存实亡，我军正规化现代化建设基本停顿，造成了无法估量和不可挽回的损失。

历史的结论

中共中央十一届三中全会之后，对于1958年军委扩大会议及其前后的“反对教条主义”问题，邓小平同志代表中共中央于1980年秋指出:“那次反教条主义是错误的。”徐向前元帅说:“这场反‘教条主义’斗争是错误的。不仅伤害了刘伯承等许多同志，而且严重干扰了起步不久的我军现代化建设。”“致使我军的现代化建设长期徘徊不前，蒙受的损失简直难以估量。”聂荣臻元帅指出:“反教条主义，把这问题推到刘帅身上，这是不合适的。”中央军委纪委在1987年的第15号通报中，为在“反教条主义”运动中遭受政治迫害的同志平了反。中共中央和中央军委在刘伯承元帅逝世的悼词中，对“反教条主义”问题作了彻底否定，高度评价他在军事教育事业上的重大成就和深远影响。

对于“反对教条主义”的具体是非，自有史学界的专家学者和感兴趣的后人们，会作出客观公正的全面评价。我作为这段历史的亲历者和整个事件的当事人之一，愿以浅薄之见，谈些个人感受，以供后来者研究参考。

总的说，新中国成立初期的“学习苏联”和“借鉴苏军经验”，是一个历史的发展过程，肯定一切和否定一切都是片面的，要作历史的具体分析；而“反对教条主义”运动也是一个历史过程，也有必要作历史的具体分析。但因后者是片面否定前者的产物，所以两者不是半斤对八两，而是后者的主要方面是错误的：

（一）把上面的问题搞成了下面的问题。

军事学院是中央军委的一个下属组织，并接受军委总部机关的具体领导。从建院的办学方针、编制体制、干部调配、思想领导、学员招收与分配，到教材内容、教学方法、教学制度、教学效果，以致对一些违法乱纪干部的处理，等等重大问题，都是报告上级并经批准后执行的。

而“一边倒”、学习苏联、聘请苏联顾问、翻译苏军教材、开展“中苏友好月”活动等等，更是当时全党、全国和全军的政治方针与重大决策，在当时的历史条件下，其主导方面是正确的，成绩是基本的，当然也有问题。军事学院仅仅是执行单位之一。在这些方针与决策之下出现的实际工作中的某些问题，上面不承担责任而归罪于下面，显然是本末倒置。这是“反对教条主义”运动最明显的错误。即使批判学院的一些具体观点，其中有不少的发明权也不在学院而在上面。比如“同苏联顾问关系的好坏责任不在苏方而在中方”，“有理三扁担，无理扁担三”；对苏联现代军事科学要“死学活用”“高学低用”“先学后批判”“先方后圆”“不准走样”等等，其版权在上面是当时众所周知的。军事学院的有些领导同志，只是在不同的场合，针对不同的具体问题，对上述观点的精神作过一些强调与宣传，就成了“教条主义”责任的承担者，显然是不公正的。

（二）把学术与学风问题搞成了政治问题。

一所军事院校，在正确的建军方针之下，教授什么内容，怎么教法，怎么学法，充其量只是个学术问题，学风问题，即学术先进与落后、正确与错误的问题，学风好与不好的问题。即使在这方面出现了问题，在单位领导和上级的指导下，完全可以通过正常组织系统及时妥善加以解决，无须大动干戈来一场政治运动。“反对教条主义”运动的做法就不是前者而是后者，显然是错误的。退一步讲，在一个学校单位，即使真正有教条主义，其本质也只是学风问题而不是政治问题，因为一个具体单位的教条主义并不影响全局，不起方针路线的决策作用。比如当时的军事学院，并不决定全军的政治路线与方针政策，在教学工作中即使存在某些教条主义倾向，也是学术与学风问题，同历史上王明的教条主义政治路线是有本质区别的，因为王明影响全局。而在“反对教条主义”运动中，将军事学院的所谓“教条主义”同王明的教条主义等同起来加以联系批判，是缺乏具体分析和混淆原则是非的。

（三）把实际工作中的具体问题搞成了建军路线问题。

如前所述，军事学院在八年教学工作中，在中央和军委的领导下，政治上坚定地不折不扣地贯彻执行了党的政治路线，军事教学上认真严格地传授了经军委批准的现代军事科学与毛泽东军事思想，作风上实践了正规化行为养成。因而，在组织上培养了3000余名忠于党和国家的中高级军事政治栋才与又红又专的数千名军事政治教育卫作者，其中有一大批成就卓著的专家学者，为全军建立了一个相当规模的军事教育体系。这在当时和后来都经过了历史检验，是铁一般的事实。在“反对教条主义”运动中所揭发批判的那些问题，都是实际工作中的某些具体问题，而且在1956年秋学习五个整风文件之后，大都已经改正和正在改正。但却将这些非主流非本质的、已经改正和正在改正的问题，无限上纲为“资产阶级军事路线”加以批判，把忠于党的教育事业的军事教育家和教育工作者打成“教条主义者”。这是“反对教条主义”运动的根本错误。

（四）把工作问题搞成了党内斗争问题。

军事学院如何办，教学工作怎样搞得更好，是属于军队院校建设的工作问题，用行政命令和职责制度等规范即可解决的问题，没有必要发动一场政治运动。而当年的“反对教条主义”运动，则带有明显的党内军内政治斗争的色彩。林彪在军委扩大会上的煽风点火和捏造诬陷，并在1959年批判彭德怀同志时说:“反对教条主义”是他向毛主席出的主意，是他的“功劳”；他后来将这一运动推向极端，其动机目的是一目了然的。但当时的林彪还没有主持军委的全面工作。对这场运动的发动与总结，军委常务副主席、国防部长彭德怀同志的责任是显而易见的。彭德怀元帅是伟大的无产阶级革命家、政治家与军事家。他后来遭受的极不公正的待遇成为千古奇冤。他的整个一生是光辉而悲壮的。但在“反对教条主义”问题上，是令人遗憾的。本来，刘帅对彭帅非常尊敬。他给军委和毛主席的定期综合报告，每次都要写明“请彭副主席转交”，从不越权办事。但彭帅1957年春去军事学院检查工作并结论为“教条主义相当严重”，既不符合事实，又是背着刘帅的一次严重政治打击，成为这场运动的直接理论根据之一。如此重大问题，事先事后均未与刘帅通气，急速报告毛主席，不料又被林彪等人所利用，参与发动了“反对教条主义”的政治运动，开展了全军性的“两条建军路线”的斗争，迫使重病在身的刘帅进京检讨。这些做法显然是不妥的。

（五）把国际、党际关系的调整问题，搞成了国内、党内的人事责任问题。

50年代后期，中苏两国两党的关系开始紧张，并逐渐由秘密对抗到公开化。中华人民共和国和中国共产党，为了维护自己的主权与独立，在毛泽东主席的领导下，果断地及时地将两国两党的关系加以调整，走独立自主的发展道路。这是完全正确的。这对摆脱当时苏联日益明显的妄图控制我们，对保持我国我党在国际上的独立自主地位，对于激励我国人民的民族自主自信，都有积极的影响，应予肯定和高度评价。毛泽东主席和彭德怀同志，在当时提出的"以我为主"的建军思想，对人民解放军后来的发展起了积极的作用，这也是应予肯定的。

但在调整中苏关系时，在国内党内开展的"反对教条主义"运动，却带有明显的"肃清苏联影响"和清除"亲苏代理人"的作用。当时有人曾杀人不见血地荒唐责难:"教条主义者"的"司令部不在北京而在莫斯科"。实际上，这是毫无根据的天方夜谭。军事学院在"学习苏联"和同苏军顾问的关系中，凡是涉及主权与内政的问题，从来没有丝毫的原则问题上的妥协。刘伯承同志堪称爱国主义与国际主义相统一的典范。

（六）以保守反进步，以愚昧反科学。

我军向正规化现代化革命军队进军的过程，是一个向现代科学进军的过程。

在军事学院的教学实践中，始终存在一个愿不愿意学习现代军事科学、要不要搞正规化现代化军队建设的问题。院党委和院领导对此做了大量艰苦细致的思想工作与组织工作。尽管某些方式方法有欠妥之处，但动机目的是让学员多一点科学头脑，部队加速一点正规化现代化的进程。绝大多数学员还是接受了教育，转变了思想，刻苦努力，学有成就。而少数同志则始终思想不通，以"工农大老粗"自居，以"外行领导内行"自诩，以"不搞现代化照样打胜仗"自豪。从而，轻视知识分子，轻视现代军事科学，不愿意动脑筋学习。"反对教条主义"的政治运动，"证明"了他们的"正确"，为他们撑了腰壮了胆。于是，他们将学院以前反对经验主义、动员学习现代军事科学的努力全盘否定，逐一加以批判。并且实际上起到了阻碍我军正规化现代化建设进程的历史反作用。因此，以保守反进步，以愚昧反科学，实际上也是"反对教条主义"运动的一个"副产品"。

（七）以“土教条”反“洋教条”。

本来，军事学院根据全军的统一部署教授苏联现代军事科学和毛泽东军事思想，是联系实际并强调“活用原则”的，其主流并非什么“教条主义”。

但在“反对教条主义”运动中，不以是否掌握“活用原则”作为是否“教条主义”的标准，而硬是认为,“学苏联那一套”就是“教条主义”;“学我们自己的经验”“学毛主席军事著作”就不是教条主义。这样，教学什么“内容”就成了是否“教条主义”的标准了。而实际上，我们过去自己的经验和毛主席军事著作，都是过去时期过去条件下战争实践的理论概括，对于今后战争的指导虽有普遍意义，但仍需要结合今后的实际灵活运用。因此，同学习外军经验一样，也有一个“活用原则”的问题，也有个是否教条主义的问题。如果按照“反教条主义”者的逻辑，教学“内容”可以作为是否“教条主义”的标准，而不顾是否“活用原则”，那“我们自己的经验”和“毛主席军事著作”岂不成了“土教条”？而他们的行为就是以“土教条”反“洋教条”了。

（八）以主观主义反对所谓“主观主义”。

“反对教条主义”运动是在“一天等于二十年”的“大跃进”年代发动的，是在军事工作“落后”于工农业“大跃进”形势、而鼓劲追赶的情况下开展的。当时批判“教条主义”的许多响亮口号，是在产生“人有多大胆，地有多大产”那样口号的年代里同时产生的。历史证明，不顾当时军事学院客观实际情况的“反对教条主义”运动，实际上是当时“左”倾政治运动在军事系统的一支分火，越烧越旺，愈演愈烈，直到推向极端。“教条主义”属于“主观主义”的范畴。因此，这场运动实际上是以主观主义反对所谓“主观主义”。

（九）自相矛盾的必然的逻辑错误。

因为“反对教条主义”运动是以反科学的脱离实际的主观主义判断为基础，所以在逻辑上就必然出现自相矛盾的错误。从国防部长的专题报告到军委扩大会议，再到全军范围的“反对教条主义”运动，尽管政治帽子一再加大，问题的性质一再加重，但有一点在当时也不得不承认:“学院几年来的工作还是有成绩的，在许多方面成绩还是显著的”。虽然与军事学院党委会决议的估价“成绩是基本的、主要的”有所不同，也不敢详细列举那些“许多方面”成绩显著，但毕竟还是留下了“成绩显著”的历史记载。

这样，问题就来了：既然军事学院执行的是“对抗中央军委”的“资产阶级军事路线”，其领导人是推行这条“反动路线”的“教条主义者”，那么，路线决定一切，“成绩显著”又从何而来？共产党人推行“资产阶级军事路线”同“成绩显著”之间，是不能画等号的，显然是自相矛盾的。

（十）对刘伯承元帅创办军事学院的功过评价是不符合实际的。

毛主席在军委扩大会议期间，对刘帅一生的功过作了结论性的评价，当时在高级干部中是传达了的。整个评价客观与否，因我对刘帅的一生并不全面了解，所以没有全面发言权。但其中对刘帅在军事学院这段经历的否定性评价，是以国防部长的不公正报告、林彪等人的诬陷捏造、军委扩大会议的过火斗争和刘帅本人在强大政治压力下过分自责的违心检讨等为依据的。历史证明，这些都是不客观的。因而对刘帅这段经历的否定性评价是不符合实际的。

在 1957 年 9 月 13 日，军事学院召开的欢迎欢送大会上，我代表院党委对刘帅创办军事学院的业绩作了一个概括，虽然挂一漏万，但没有受“反对教条主义”的影响，现在想来也还是比较实事求是的。当时和至今，一直为知情者所公认。特转录于后：

1957 年“反教条主义”，军事学院被诬称为“教条主义的大本营”。刘伯承院长遭受政治通告，调离南京军事学院。9 月 13 日，钟期光在欢送刘伯承院长离任的全院大会上，对刘院长无私奉献、严谨治校的精神予以充分肯定。

“刘院长关怀国防建设，以国事为己任。六十高龄，常带头学习。且战略眼光远大，常以有备无患、干部应向科学进军、学多学深一点作号召。特别谦虚谨慎，日夜工作。制军语，译外文，校条令，定教材，上大课，无一不是以身作则。特别关心与指导政治思想工作的进行，尤注意检查效果。十次整风，常称为党做好事，开路单子，向何处去，过社会主义关。在反对高、饶反党联盟整风时，他就以此作警语来教育干部。这些模范行为，永远是我们学习的榜样。”

总之，“反对教条主义”的政治运动，是建国后“左”倾错误在军事领域的最初不正常反映，是党内权力斗争在军内的不正常反映。

然而，历史是公正的，事实是不可抹杀的，真理正义的光辉是永存的。中国人民解放军军事学院，在中共中央和中央军委的领导下，在刘伯承元帅的心血浇灌以及全院教职学员的共同努力下所创造的重大成就，作为人民解放军建军史上的光辉篇章，将永载史册。

第二十六章　军事科学院的初创与成长

在北京美丽的西山风景区内，有一座掩映在青松翠柏之中的院落。她东临颐和园，西去为香山，南有玉泉山，北连红山口，京杭大运河的源头段在其东侧流过。青山绿水，院秀楼坚，远离闹市，又不偏僻，地理环境宁静而优美，还与著名的清华大学、北京大学、中国人民大学等高等学府区相毗邻，并靠近中共中央党校、国防大学等单位，学术理论环境独特。因而，这里是理想的治学科研场所。她就是人民解放军专设的高级军事理论研究机构——军事科学院。

中国人民解放军军事科学院坐落在北京市西山。

军事科学院，是中共中央军委直接领导下的军事学术研究机构，是全军军事科学研究的中心，是计划协调全军军事学术研究的工作机关，是中央军委和总部从军事理论高度指导军队建设的助手。她创立于1958年3月15日，经历了初期的创业与成长、中期的“文化大革命”遭削弱、中共中央十一届三中全会后，又进入了繁荣与发展阶段。过去实行封闭式研究，不对外开放。随着国家改革开放的深入发展，院的科研工作也走出院门，走出国门，实行了开放型研究，面貌为之一新。由原中共中央军委主席邓小平题写的“中国人民解放军军事科学院”的院名，金光闪闪地镶嵌在院的正大门上。

在中共中央军委和毛泽东主席的领导关怀下，军事科学院的主要创始人是开国元勋之一的叶剑英元帅。并有一大批高级将领和几代科研与保障人员，为之付出了辛勤的劳动。

我于1960年12月调任军事科学院副政委，辅佐叶帅工作。并一度兼任政治部主任和战史研究部部长。工作到1966年6月“文化大革命”爆发后，被停职关押审查。“文化大革命”结束后，1977年任该院顾问，直到1987年离职休养。她是我近70年革命征程的最后一站，也是在我心灵上留下时代烙印最深的一站。抛开个人荣辱与得失，我对自己所亲历的军事科学院的初创与成长时期是十分怀念的，仅作一些主要的回忆。

领导坚强

初期的军事科学院，领导力量是十分坚强的。1966年之前，先后在该院担任过领导职务的有：

元帅：叶剑英；

大将2名：粟裕、王树声；

上将5名：彭绍辉、王新亭、杨至成、宋时轮、钟期光；

中将3名：阎揆要、韩练成、向仲华；

少将21名：丁甘如、陶汉章、叶楚屏、吉合、贾若瑜、童陆生、李夫克、贺光华、李大磊、孙克骥、张希钦、高体乾、高锐、高文智、余光文、王智涛、王蕴瑞、彭富九、赖光勋、杨克武、胡秉权。他们大都负责部以上的领导工作。

据我1965年1月22日记载，全院研究人员155名（不含技术教研馆教员150人）中，既有实战指挥经验，又有文字写作水平的上校以上高级军官94人，占61%。

当时，全军对该院有“藏龙卧虎，人才荟萃，战将云集，会战科研”的称誉。

叶剑英元帅，是一位胸怀全局，大度豁达，高屋建瓴，精善运筹，拿得起放得下，信任与放手使用干部的高明领导者。从院的核心领导，到各个领导部门与研究单位的骨干，如此众多的高级战将集合在他的麾下，他将工作实际与人才实际相结合，因事用人，用人所长，科学组合，适当调整，灵活指挥，得心应手。

军事科学院的组织机构，就是在科研实践中逐渐充实与不断完善的。1961 年 1 月我到职时，在院长兼政委之下，领导机关有：

院办公室。下辖组织计划处、秘书处、资料处、杂志社、图书馆。

政治部。下辖组织处、宣传处、干部处、保卫处。

院务部。下辖行政处、供给处、营建处、卫生处。

军事学术研究机构设：战争理论研究部；战术研究部；战史研究部；外军研究部：下辖编审室、资本主义国家军队研究室、友军研究室、资料室、翻译处（除外军部外，其他各部直辖研究员，无室级机构）；军事技术教研馆。

建院初期，为了加强对军事学术研究工作的直接领导，由院首长分别兼任各部部长：叶帅亲自兼战略部（后改为战争理论研究部）部长（1959 年改由副院长粟裕兼任），副院长彭绍辉兼战术研究部部长，副院长宋时轮兼外军部部长，副政委钟期光兼战史部部长。1962 年 6 月，随着研究工作逐步走上正轨，组织机构逐渐完善，叶帅又果断决定，撤销了院领导对各部的兼职，分别正式任命了各部部长：战理部部长高体乾、战术部部长高锐、战史部部长赖光勋、外军部部长刘静海。

作为加强政治工作建设的措施之一，叶帅接受了我的提议，经报批增设了政治部秘书处，戴国良为首任副处长。我提出，院政秘书处的职责是政治行政工作，要求做好“八要”：要发挥部首长的助手作用（起草工作计划与文告）；要密切上下左右联系（重点是向上的请示报告）；要起枢纽咽喉作用（协助部首长把关）；要调整内部关系（协同动作一致）；要总结工作经验（反对单纯记流水账）；要善于整理、积累、保管资料（搞好文献工作）；要注意生活管理（不投其所好，但执行照顾）；要加强自身学习（提高水平，适应工作）。

军事科学院的编制人数，1962 年 11 月 8 日军委批准为 891 人；1963 年、1964 年先后批准增加 144 人；至 1964 年 7 月 13 日我的记载，全院在编员额为 1035 人，缺编 140 人，当时实有人数为 895 人（不含警卫连 77 人）。

对院党委常委一班人，叶帅是勤指方向，统筹安排，信任放手，关怀体贴，民主交心，严格要求的。1963 年 9 月，继 1962 年 7 月杨至成同志调往高等军事学院之后，彭绍辉、王新亭同志同时调任副总参谋长，院常委剩下 6 人：叶剑英、粟裕、王树声、宋时轮、钟期光、阎揆要。

在这前后，叶帅对常委的分工作了多次调整。当时的实际情况，一方面，领导力量很强；另一方面，不少常委同志健康状况不大好。树声同志年龄较大，身体有病。粟裕同志当时处于逆境。他在 1958 年军委扩大会议上受到错误批判，由总参谋长调任军事科学院副院长（1960 年 2 月兼任军委军事训练与技术研究委员会副主任）。长期的作战指挥过度劳累，他的身体确实不好。我也有病，加上 1958 年大反“教条主义”之后，思想上有点寒心，我在党的院常委会上如实谈了自己的心情，但表示愿意继续做好工作。叶帅在分工时，对这些实际情况作了充分地理解与照顾。对粟裕同志只让他原则协助抓总，让树声同志只原则负责技术教研馆的领导，尤其对我，既考虑我的实际情况，又给予了莫大的信任与支持。彭绍辉、王新亭同志在时，加上宋时轮同志和我，他将我们 4 人始终放在第一线工作，说我们是“壮丁”，给我们挑重担。彭、王走后，又把主持全院日常实际工作的责任交给了宋、钟，宋管学术，我抓政工，直到“文化大革命”爆发。这在叶帅关于常委分工的几次谈话中看得很清楚。

1962 年 5 月 24 日，叶帅分工宋时轮同志兼管战理部和外军部，彭绍辉同志管战术部和战史部，王新亭同志管党委日常工作和政治部，我管院办公室和院务部。他说：“不要常务副院长制。而改为党委统一领导下的首长分工负责制。像国务院部门一样，设立各个口，大家将口把住，党政事业统一。工作你们做，屁股打我的。希望大胆负责，提高工作效率。”6 月 29 日，叶帅再谈口子问题：“把住口子的工作方法，要完全信任各个部的领导工作能力，培养他，帮助他，而不要代替他；只在有关方针政策方面，代表院党委常委给予具体帮助，以求分工负责，各专职成。”7 月 2 日，叶帅进一步指出：“全院分为五口：政治思想一个口，由王副政委负责；学术两个口：战理部和外军部一个口由宋副院长负责；战术部和战史部一个口由彭副院长负责；技术一个口，由王副院长负责；行政一个口，就是院办公室和院务部由钟副政委负责。他长期做政治工作，就是要用政治工作方法来管行政工作。这叫在党委统一领导下的‘五口通商’。环节在五大口子，中心要抓学术，做到学术、行政与党政的高度统一，这是发展全院科研工作的重要步骤。”他还强调：院首长分工把口，以他为首组织起来，也是集体领导形式。但不能包办，主要是分工明确，工作更加落实，人有专责，不踢皮球。各个口子解决不了的问题，过滤后提到院党委解决。分工不要分家，要从思想意识上注意这个问题。

1963 年，陪同叶剑英院长视察北京高等军事学院。前排左起：钟期光、粟裕、叶剑英、张宗逊、王树声，二排左起：程世才、刘忠、宋时轮、刘金轩，三排左起：周希汉、谭知耕、王宗槐、解方、阎揆要。

经过一年多的实践，到 1963 年 7 月 6 日，叶帅将党委分工的“五口通商”改为“两线配备，四面分工”：第一线是粟裕、王新亭等同志；第二线是叶帅自己。第一线管全院学术工作与行政工作；第二线管“小院子（指院常委办公场所）”，管方针政策与学习问题。叶帅说：“我在第二线，粟裕同志在第一线。他身体不好，医生建议他每日工作半天，我说他每天两个钟头工作就可以了。由他拿总，党委的日常工作由王新亭同志管。粟休息了，叶来；叶也不行了，由王（新亭）顶。”四面为：学术工作，宋（时轮）管战理部和外军部，彭（绍辉）管战史部和战术部；技术教研馆由王（树声）副院长负责；政治思想工作由王（新亭）负责；行政保证，由阎（揆要）负责。建议将钟（期光）拿到“小院子”里来，我们打夥。班长召集人为叶；我不在粟召集；粟不在由王（新亭）召集。7 月 10 日，叶帅进一步明确并将分工做了一些调整：“过去分口，有其历史原因，并不错误。当时各部没有部长，由院首长兼，精力都放在部里去了，对全面照顾差些；现在有了部长，领导精力要集中到常委会来。按任务分工而不按口子分工了，院首长既不兼部长，又不管口子，负责哪一门就管那一门。所以叫两条战线，四个方面。有人抓总，有人在第一线，抓思想，抓学术，抓技术，抓保证，但又不是平均分配。王仍管政治思想工作；战争理论和外军研究部仍由宋管，因为他已熟了。他的任务重一点，本来宋钟自己协议，他们两人合作分管战理与外军，但人不够分配。还是让粟抓总；彭管战术；钟管战史，从前他也管过一个时期；技术馆仍由王副院长管；院办院务部由阎来管。这样就叫二线配备，四面分工。宣布之后，各自接头。大家放手去搞，同志们都是我的老师。你们都是带过几十万兵的人，不是虚名的将军。哪一个总部，领导力量有我们这样强呢！过去搞科学研究是一个缺门，所以我们要来总结经验。这是为了传给后代，脱离依赖（苏联），供给殖民地民族解放的经验。”

1963 年 8 月 29 日，粟裕同志告诉我：“为了照顾大局，彭绍辉、王新亭两同志要调到总参去。因为要加强总参的领导，而且总参没有一个原四方面军的领导干部。罗总长说，可以派一个傅秋涛来，我个人表示欢迎。”（后未实现）8 月 30 日，叶帅对我说：“彭、王调走后，人少了点，照样可以干好。我为院党委第一书记，粟为第二书记，宋和你为副书记。希望我们之间今后工作更加密切些。”（中共中央于当年 11 月 13 日的正式批复增加王树声为第三书记。）

1963 年 9 月 4 日，叶帅主持院党委会议决定：由叶、粟抓总不变；由我接替王新亭同志原来分管的院党委日常工作（到 1964 年 7 月 4 日，叶帅再谈院常委分工时进一步明确：“党委常务工作的日常处理由钟负责；一般党委会议的主持仍由宋负责”）、全院政治思想工作、院政治部工作，并兼管战史部工作；全院学术研究工作由宋时轮同志负责；技术教研馆由粟裕同志兼管。叶帅说：“钟兼政治部主任，孙克骥同志为副主任过渡一下，有孙有狄（克东），加各处处长，政治部还是一个好班子。”一个多月后的 10 月 13 日，我请求免兼政治部主任，叶帅表示同意。后来正式任命孙克骥同志为政治部主任。他对军科的政治工作建设做出了自己的贡献。但后来他也挨了整。

叶帅的工作作风是民主的、实事求是的。或者由他主持，或者根据他的指示，我们院常委定期不定期地召开谈心会，开展批评与自我批评。不仅是互相摆好和原则地交流思想工作，而且具体地谈思想上、工作上和作风上的缺点错误。并印发会议纪要，作为会议决议上报下发，以求上下监督改进。这对高级干部和领导班子的思想建设与作风建设，是十分重要的，也是难能可贵的。1966 年 3 月 18 日，叶帅鼓励教导我：“你对我没有隔阂。你干劲大，

1963 年 9 月军事科学院领导合影。左起：余光文、阎揆要、宋时轮、叶剑英、钟期光、孙克骥。

很好，还是壮丁。你对事情要三思而后行，再稳一点就好了。”叶帅时常勉励大家“要鸡鸣而起，孜孜为党，而不是孜孜为我。”对腐化堕落等不良倾向，叶帅果断指示:“抓起来，煞下去，思想领先，组织跟上。”他还激励各级干部要钻学术与技术，做到又红又专。他说:“你们看见过顶坛子的杂技吗?他硬是把头发磨光了。你们不要认为文工团员们轻松，他们是要苦练硬功的。所以我要我的孩子专攻一门。干部水平的提高很重要，可以培养一批人出来。”

叶帅还十分重视常委一班人的团结。作为班长，他是团结的表率。他平易近人，与我们相处很随和，不仅政治上、工作上关心大家，而且生活上也很照顾体贴。他喜欢钓鱼，有了收获就与大家共享。我就多次吃过他钓的鲜鱼。有了节假日，他常邀我们一家共同游泳。女儿叶向真结婚，他把聂帅、陈老总和我请去参加孩子十分朴素、简单的婚礼，一起喝杯喜酒。

在军科常委一班人中，宋时轮同志是很有个性的。历史已经证明，一个时期以来，上下普遍以“宋钟”并称，将我们两人同荣辱，共褒贬。尤其是“文化大革命”中从标语口号，到文件资料，随处可见“宋钟”的名字。这倒并不是我们之间有什么特殊的不正常关系，只是在“文化大革命”之前，我们两人处在领导第一线的时间长一些，叶帅交给我们的任务较多一些，因而我们所接触的工作、接触的人以至“得罪”的人，也就多一些，很自然地形成了这种“突出”地位（不能排除我们尤其是我主观上的过失）。

我认识宋时轮同志，是在解放战争时期。1948 年在曲阜开会第一次见面，打济南时第二次见面，进上海后才第三次见面。当时他是我们三野四个兵团司令之一。过去三野首长曾作过评语的:“指挥打仗，训练部队，能文能武，有头脑有办法的，还是算宋时轮同志。”以后他抗美援朝回国时请客我们又会面。到了南京，他在总高级步校，我在军事学院，接触多一些了，但也是一般工作来往。我到军科后，因他比我早来三年，对我工作上、生活上有所帮助，我们之间的工作接触也更多了。叶帅对他分管战理部和外军部的工作给予了较高的评价。1972 年他继叶帅任了军事科学院院长的职位，继续勤奋工作十多年，对军科的建设与军事理论研究工作作出了重要贡献。

1962 年国庆节在天安门城楼上。左起：傅钟、钟期光、张爱萍、宋时轮、李涛。

我是愿意接受批评和解剖自己的。在叶帅和其他常委同志的领导帮助下，尽了自己的一份力量。我能保持一贯的工作积极性，反对疲沓拖拉。我的工作作风是雷厉风行的，但由此也带来个性急躁，结语太快，考虑问题不周到的毛病。我抓工作比较具体，比较细致，但工作计划性预见性不足，有忙忙碌碌的事务主义缺陷。我从来不隐瞒自己的观点。因为领导多，有的同志看文件只画圈不作表态，我就把自己的意见写在上面，怎么想就怎么写，白纸黑字，不怕抓辫子，但有时也因心直口快，对批语的接受对象缺乏全面的分析，或者没有注意谈话对象和场所而引出不少麻烦，以致在政治运动不断的年代吃了苦头。我也还有其他缺点和错误。

我的身体状况，虽然叶帅称我为“壮丁”，当时也只有 52 岁，但 22 年艰苦战争环境的超量付出，建国后繁忙工作的过度劳累，导致身患多种疾病。其中以腰痛（脊椎粘连）和心脏病为甚。一度行走离不开手杖，不得不两次出国到苏联治病。

第一次是 1950 年 4 月，我的腰痛严重发作，背已弯曲，不能直起。当时宁、沪医界视为“不治之症”。后转北京医院，请来苏联医生会诊，断为“老年肥大退化畸形性脊柱关节炎”。那时国内尚无良方，只有去苏联高加索方可医治。经中共中央批准，由老伴凌奔陪同。我于当年 8 月赴苏就医，经月余治疗后，腰痛得以制止，但未根绝，医嘱每年前往治疗一次，可保痊愈。

1950 年 8 月经中央批准钟期光赴苏联治病，凌奔陪同。回国后即转到军事学院工作。图为在苏联高加索矿泉医院与医生合影。

1959 年，我趁待分配工作之隙，拟再去苏联治疗一次腰病。经中央军委批准，由中央卫生部介绍，总政治部办理出国手续，中国驻苏大使刘晓和武官潘振武同志联系安排，于 11 月下旬带翻译石耀华同志第二次到达高加索矿泉医院。

当时，中苏两党两国的关系虽已出现严重裂痕，但斗争还在上面，中下层尚无多大影响，所以我去治病没有遇到麻烦。

那里有50多处自然流出或人工引出的矿泉水，有蓄满矿泉的大、小坦布坎湖，湖泥可专用于泥疗。而用矿泉和湖泥治疗各种疾病已有近百年历史了。当地风景秀丽，建有许多全苏闻名的疗养院，有一支水平较高的医务专家队伍。经专家会诊，我的腰病最后确诊为“营养不良性脊椎关节粘连症”，确定以泥疗、水疗和按摩为主要治疗手段，辅之以医疗体操、慢步行走、饮食调配和药物等手段，经四个月精心治疗，病已痊愈，不需要手杖而能自由行走了。

1959年11月与苏联专家医务人员在一起。右一翻译石耀华，右二钟期光。

回国前，经驻苏大使馆安排，我在莫斯科会见了曾在南京军事学院任首席顾问的苏哈木林将军。他盛宴招待，陪我们参观克里姆林宫和苏军军官之家，亲自导游莫斯科地下铁道，并到机场送行。我们未谈政治，只是叙旧和怀念两国人民的友谊与感情。据刘大使和潘武官介绍，他回国后仍对我友好，常作有关中国问题的群众报告，内容比较客观公正。每逢我国我军的重大节日，他常发电到南京军事学院表示祝贺。

我两次赴苏就医，本是组织的关怀和正常的国际交往；但在“文化大革命”中竟被加以“里通外国嫌疑”的罪名，横遭责难，纠缠许久。

政治风云

回顾60年代前期的军事科学院，不能回避当时的几个重大政治是非问题。首先是关于“反右倾”和“三反”运动的甄别工作问题。

1959年的“反右倾整风运动”和1960年的“三反和培养三八作风运动”，是当时全党全军性政治运动。在这两次运动中，军科有38名干部受到批判。有位少将副部长，因在军事学术问题的讨论中，发表了个人与上级领导原有结论不同的见解，被指责为“违背军委的战略方针”和“对林总（林彪）指示不尊重”，批判其“方针路线错误”，结论为“坚持彭（德怀）黄（克诚）军事思想、反对军委新的战略方针”，对其在全院批判后给予行政处分。受他的问题牵连而遭受批判的还有5名干部。其他受批判者，结论为“阶级异己分子”2人，“漏网右派分子”1人，“坏分子”1人，“品质恶劣、蜕化变质、屡教不改”1人，“严重右倾思想”14人，“有右倾情绪”的4人，犯“个人主义、自由主义、官僚主义”等错误的9人。批判后受处分的11人。因而，留下了严重的政治后遗症。

1961年6月，院里根据总政指示精神，曾对“反右倾”整风运动中受批判的同志做过甄别，但不彻底，大部分是“摘了帽子又留下尾巴”，政治后遗症并未消除。

1961年10月4日在北京。前排左起：莫文骅、钟期光、陈毅、陈正人。

1962年2月中共中央扩大会议后，全党全军进一步开展对“反右倾”运动受批判者的甄别工作。军科院反应十分强烈。我参加战理部的会议，研究员刘静海说：1959年“反右倾”时，大校副师职研究员吕士英同志响应党的号召，在党的支部会上说了真话，就批判他提的意见“是7条向党进攻的毒箭”，以“彭（德怀）黄（克诚）张（闻天）周（小舟）吕（士英）”将他与彭德怀等并列批判；把其他同志一些思想认识问题硬说成是政治原则问题；把某些学术问题的不同看法，提高到政治路线上去批判；没有批判对象硬去找“典型”，把一些互不关联的句子摘抄一堆，拼凑成批判材料，原则提得很高，而根本不问语出的时间地点和条件；凡对直接上级提过意见的都说成“反党”。结果后遗症很大。同志见面，不谈政治问题，只谈天气如何，小孩子在托儿所怎样。甚至彼此往来断绝，互不交际，怕记账说话挨批；开会说话，想好再开口，免得被人抓住尾巴。他说：“在战争时期对上级可以顶嘴，也可以挨骂；现在不行了，怕劳动改造”。“解放思想，要犯错误；谨小慎微，也犯错误。左右为难，没有做人的地方了。”

副部长张希钦反映：在“肃清彭黄军事思想”时，有人说我们部里有“五反”，即：“反党、反战略方针、反新的军委、反林总、反叶帅。”这就把学术问题同政治问题混同起来了。以后写东西，就只能照林总和其他元帅们讲过的话来写了，不然就会犯错误。他说：“革命工作好做，人事关系难处。”

其他同志，也反映了两次运动中一些具体政策界限的掌握有偏差、批判斗争面过宽、对受批判者的错误性质定的过重、在斗争方式上有过火的现象等问题。以致在运动以后，很多同志在党的会议上也不敢讲真话了，不但对党的路线、方针和政策问题不敢提不同意见，而且对实际工作中的缺点也不敢批评了，军事学术的讨论与争鸣名存实亡，使党组织与党员群众的关系处于很不正常的状态，也影响了军事学术研究工作的正常开展。

对于这次甄别工作，有些同志，尤其是个别当年直接掌握运动的同志并不那么痛快，总想上推下卸，生怕承担责任。

我在“反教条主义”运动中有遭受批判的亲身体验，军科批判这些同志时我又没有参与，比较超脱，加上当时中央、军委和总政，包括军委常务副主席林彪，都主张彻底甄别平反，不留尾巴。所以我对这次甄别工作比较重视，态度比较鲜明，对受批判同志表示了同情与支持。

我在战理部曾讲过：“斗争过火，虽然是群众行动，但这是内战时期所遗留下来的影响，我们要接受这个教训。残酷斗争，无情打击，这是党内生活不正常的现象。”

我在院政治部召开的全院甄别工作汇报会上说过：“有许多事，历史可以作证明，广大群众的眼睛是雪亮的，不要自己去翻什么案，包括过去反对教条主义也是如此。”

我还在战史部讲过：“要把不真实的又是这次应该甄别对象的材料，从干部档案中抽出来，交还其本人。”

此外，我还在全院反复强调，要坚持真理与服从组织相结合的原则。只强调真理而不顾组织是不对的；但只讲服从组织而没有真理也是行不通的，必须两者兼顾。

我要院政治部邢成武同志向总政治部作过两次甄别工作汇报备案，总政还介绍国防科工委五院来我院取经，学习我们的甄别方法，将文件拿去作参考。

但为了维护院党委领导的一贯性与一致性，使甄别工作有利于团结，有利于工作，我并没有表示违背党委统一意志的不正确意见，而是站在集体领导的立场上，做团结鼓劲与消气通气的工作。当时对甄别工作有“五气”的提法，即通过甄别平反，达到“出气、通气、和气、争气、扬眉吐气”的目的。当时还有句话，叫作“党是活的策略指导者，‘此一时也，彼一时也’。”这句话的意思可作多种解释。但用在这里，其中有个基本意思是：要正确对待过去挨批判与现在的甄别工作。过去批判你有当时的情况，当时是“正确”的；现在情况变了，给你甄别也是正确的，是党的伟大。我当时也是这样做受批判者的思想工作。现在看，这种说法与做法，用在人民内部，是不科学的，是混淆是非、推卸责任的。

那时候，全院的甄别工作是由王新亭同志主持的。我除了参加常委会集体讨论甄别工作外，还参与了院党委组织的王新亭、阎揆要和我三人甄别小组的专题甄别工作。但在整个甄别工作过程中，有人把矛头对准我，说我有个人目的，是“拉拢这批犯过错误的干部”。对此，我在1962年4月27日的院常委谈心会上，详细阐述了我对甄别工作的认识、所了解的情况和参与具体甄别工作的言行举措，被常委会接受。

全院经过半年多的认真细致的甄别工作，院党委于1962年7月9日作出向军委、总政治部《关于我院对两次运动甄别工作的综合报告》。根据上级

"完全错了的，完全平反；部分错了的，部分平反；没有错的，则不予修改"的甄别原则和当时的政治是非标准，全院原被批判斗争的38人中，完全平反、撤销结论与处分的27人；对其余11人的原结论分别作了"个别修改""部分修改""重大修改"或"不予改变"。这在当时是做了很大的努力，但现在看，当时的平反也不一定完全彻底，当事人不一定完全满意。

我们的党员同志多么好啊！当年他们因为向党讲了真话而无端遭受斗争与打击，一旦获得组织甄别平反，尽管是简单的一纸平反结论，几句道歉与鼓励的话，他们的革命热情又继续高涨，抛开贬辱，忘掉创伤，又跟着党继续前进！

1962年国庆节在天安门城楼上。左一张爱萍，左四起：杨勇、王新亭、陈少敏、邱创成、萧华、钟期光、王诤。

然而，在当时"左"倾思潮开始滋长的年代，也有个别同志对甄别工作总是耿耿于怀。1963年春夏，全国发动"反翻案风"运动后，院里又有一些同志趁"五反"运动之机，旧话重提，说我主张彻底平反、不留尾巴是政治思想"右倾"，不该批准从干部档案中抽出销毁批判斗争材料。我除了在会内外作口头说明情况外，还写了《对本院五反简报中几个问题的说明》书面材料。其中对"反右倾"甄别工作问题，引证了军委和总政的有关文件，说明彻底平反不留尾巴或抽出不实批判材料"我没有做错"，"不计时间，不加区别，铁板一块，一概而论"的说法不是实事求是的。

在事实与真理面前，问题虽然一时平息，但在当时总的政治气候下，因甄别平反工作而引发的实事求是与"左"倾政治思想的对立，实际上一直延续到后来的“文化大革命”。

第二，关于学习毛泽东思想问题。

以 1960 年 10 月林彪主持召开的军委扩大会议决议为转折，由军队带头，在全党全军和全国人民中掀起的学习毛泽东思想的运动，是当时中国大地规模最大、层次最高、持续时间最长、影响最深远的政治运动。60 年代前期的军事科学院，毫无例外地开展了这一既有组织领导又有广泛群众性的政治运动。就全党来说，对于这一运动的评价，中共十一届六中全会所作的《关于建国以来党的若干历史问题的决议》，已经有了客观公正的科学结论。我仅就军科当时的具体情况作些回忆。

军事科学院主要是个干部集团。1000 余人的大军区级军委直属机构，90% 以上是干部。高级战将多，老干部多，知识分子也多。受这些特点的制约，总的来说，在以叶帅为首的院党委领导下，全院学习毛泽东思想的运动，是比较稳当，比较健康，比较有成效的。绝大多数干部，对于毛泽东思想作为中国共产党的指导思想的重大意义，认识是正确的。通过学习毛泽东思想来改造主观世界与客观世界，目的也是明确的，理论联系实际的学习，方法是多种多样的。因而，在普遍提高政治思想水平和工作能力的基础上，确实有不少同志学得深一些，用得更好一些，涌现了一批理论联系实际的典型。但也有一些同志，受极左思潮的影响较深，对政治运动过于敏感，过于考虑个人得失，在学习毛泽东思想的运动中表现极端化、反科学化。结果事与愿违，害人害己。

我作为叶剑英元帅在军科的政治工作助手之一，责无旁贷地参与组织领导了全院的学习毛泽东思想运动。在这方面当时一些全国全军性的“左”的认识与做法，我也是贯彻与推行了的，加之自己政治理论水平不高的局限，全院在这方面出现的偏差与错误，我应负重要责任。但经过历史的检验，当时我们在学习毛泽东思想这个重大问题上提倡什么反对什么的一些基本观点与做法，还是对的，头脑还算是比较清醒的。

我们实实在在地反复强调，毛泽东思想是我党我军的指导思想。1961 年 2 月 13 日，我刚到军科不久，代表院党委“在第一届先进工作者会议上的讲话”中指出:“毛泽东思想是我军一切工作的指针，是我们军事学术研究工作的统帅与灵魂，必须反复地钻研毛泽东的著作。要结合学术研究和各项工作的迫切需要，除一般粗读外，要有计划有重点地进行精读。”同年 7 月 20 日，我在《对暑期工作安排的几点意见》中提出:“要加强对毛著学习的领导，一定要把毛泽东思想学到手。这是我们今年工作计划中的第一项任务。”在后来的所有学习动员、工作安排和检查总结活动中，无不反复强调学习毛泽东思想的重大意义。虽然没有多少“精辟的语言”和“惊人的举措”，但确实是真心诚意地在组织领导大家学习我们所需要的真正的毛泽东思想。

我们主要地提倡，要学习毛泽东思想的精神实质。1965年5月7日，我在技术教研馆毛著学习经验交流会上，就“学习毛著，编好教材，搞好教学”问题发言中强调:“在教材中贯彻毛泽东思想，引用毛主席的语录是正确的。但语录不能包括毛主席著作的全部，而毛主席著作则可以包括所有语录。所以我们引用的根据，应该以毛主席著作中的内容为准，引用原话很重要。我们要学习毛主席的立场、观点和方法，去认识问题，分析问题，解决教学中的问题，不能光靠引用现成的语录。徐寅生同志写的《如何打乒乓球》那篇文章，没有引用一句毛主席的话，为什么主席说它是马列主义的，充满了辩证法，是近几年来少有的好作品之一呢?主要是因为他活学活用了毛主席的立场、观点和方法。”这是有感而发。当时确实有学风不正，靠“走捷径”投机取巧，不是认真学习原著，不是学用毛泽东思想的精神实质，而是靠抄写语录来贴“政治标签”的现象。我是强调学用毛泽东思想的真谛。

我们一贯认为，学习毛泽东思想要与创造精神相结合。我在多种场合，不厌其烦地讲过:“写文章，讲问题，不能光引证马、恩、列、斯怎么说，毛泽东怎么说，而自己却没有什么说的，那就显得学习与创造相差太远了。”“熟读经典作家的著作是为了活用，如果只是熟读而不能活用，只是能起图书馆资料员的作用，知道什么材料在哪里查，不能提出自己的见解，这是教条主义的学习方法。”“学习毛泽东思想要与创造相结合，不要把毛泽东思想当教条。”实际上，在当时的学习运动中，不求甚解，更谈不上运用，也不敢运用的“应付差事”与“政治恐慌症”是相当严重的。我们有些学术著作的某些章节，几乎全是引用毛主席和林彪的话。话都不错，语录搬家，写一大片，这只是贴标签。我严肃地指出了这个问题，当时可能引起了某些同志的反感。现在看，不能完全责怪这些同志，主要是当时的政治高压太强，宏观误导，不少人不敢有什么创造，怕犯政治错误，不如搞“语录搬家”保险。

我们鲜明地认为，纠正形式主义与实用主义，提倡正确的学习方法，是领导者组织学习毛泽东思想的重要责任。

早在1961年3月15日，中共中央就下达了中发〔61〕203号文件，要求各级领导检查纠正在毛泽东思想的宣传中存在“简单化”“庸俗化”等形式主义问题。列举了旅大一位医生运用毛泽东思想创造了医治癌症的方法：根据毛主席“停停打打”的游击战术，采用了“服服停停”的游击服药方法。“先吃两天，再停两天，让病魔摸不到服药的规律。”指出显然这是“牵强附会”的学习方法。还列举了一个学习联系实际的错误方法：广东一位农民学了《矛盾论》后，认为人民公社保万斤和缺肥是主要矛盾，个人住房是次要矛盾。后者要服从前者，终于说服家人拆了自家的泥屋当肥料，达到了人民公社保万斤粮食的目的。

其实，毛泽东同志本人也是反对形式主义的学习方法的。1964年5月，谭启龙同志告诉我：中央政治研究室负责人田家英传达了毛主席的几点指示，其中说到林彪提出的“带着问题学毛著”“立竿见影”是低级的不全面的学习方法。中央准备按干部高、中、下三级分编主席著作内容，采取各有重点的不同学习方法。

当时还传说，有人向毛主席汇报，现在学习毛著有些形式主义：语录吃饭挂在桌上，睡觉挂在床上，训练挂在器材上，外出挂在身上。毛主席指示：如果流于形式，那就是灾难、灾难！

后来有人说，毛主席无此指示，是“谣言”与“诽谤”。对此，我无从考证；但上面所提到的形式主义与实用主义的学习方法，不仅完全是事实，而且后来发展得越来越严重。

我出于领导者的责任心，出于对学习毛泽东思想的真心诚意，在反复提倡“理论联系实际”“学以致用”“实实在在地学”“刻苦认真地学”“以读原著为主”等等正确学习方法的同时，也毫无顾忌地大胆批评了形形色色的形式主义与实用主义:“讲用会，不要成为检讨会，什么个人主义呀！骄傲自满呀！不要把自己骂得一钱不值。自我批评不是作忏悔”。“用不上硬用上，就是把毛泽东思想庸俗化，勉强用上是牵强附会。”“学术研究中引用主席精辟的句子肯定应该引用，但如果引多了，就会变成语录翻版。”“不能把毛主席著作当作教条，机械地引用。”“学校有些教师把毛著当成鞭子，每当学生违犯纪律，就罚学生背毛主席语录，影响很不好。”“要从检验学术成品的质量中，来鉴别我们红旗举得高不高。不能靠运动吃饭，而是通过运动打下平时工作的基础，养成学习运用毛主席著作的立场、观点和方法的习惯”等等。

这些话，从内容到动机，没有一句是假的。确实是我以领导者的身份讲的，当众讲的，理直气壮地讲的。今天，善良的年青一代也许认为，只有“黑帮”“反革命”“牢狱”这些字眼是恐怖的、可怕的，而你这些话，不是很普通很平常的大实话吗？然而，这两者之间有无联系、是怎样联系的，恐怕只有历史和在我讲话之后的十年内生活过的人们才能知道。

晚年，我和老伴凌奔在病榻前对话，不止一次地欣赏过民间的那句俗话：“家鸡打得团团转，野鸡不打自己飞。”

1978 年 8 月钟期光夫妇在军事科学院寓所前合影。

在我党我军，像我们这一代共产党人的大多数，对待毛泽东思想的感情，是难以用语言文字作表态式的表达的，而是在战火与艰难困苦中，用血与汗凝注而成的。不是么，当年那些语录不离手、“万岁”不离口、标语口号喊得震天响的“革命左派”，后来不少人竟然是“为我革命”的野心家、阴谋家和大大小小的政治扒手。而讲实话、办实事被打成“反党、反社会主义、反毛泽东思想”的“三反分子”，倒是终生学用与捍卫毛泽东思想的忠诚战士。

历史，就是这样的公正与无私！

第三，关于“突出政治”问题。

“突出政治”，是林彪等人当时特别强调的时代词汇。这个问题当时在军科的具体情况，用不着我多说，只要原文引用产生于 1966 年 10 月 20 日的一段历史资料，稍加几点注释，就可一目了然。

“钟期光同志是长期做政治工作的，身为副政治委员，可是，他异乎寻常地强调业务、强调技术、反对突出政治。（钟注：脱离业务与技术的政治，是一个时期内最典型的空头政治。）”

“在政治与业务的关系上，他反对突出政治，反对政治挂帅，认为业务好就是政治好。（钟注：大前提是中国共产党执政，讲的是人民解放军军事科学院的业务。当然是业务好就是政治好；难道军科的业务不好能说是政治好吗？）最突出的事例是：1963 年 9 月，他要政治工作保证研究人员有六分之五的时间用于学术研究工作，作为整改的最中心的任务。他说：‘研究人员的政治学习和各项政治运动除特殊情况外，应在六分之一的时间内进行’。‘不用多的时间学习专业技术，就专不起来，红就是空的’。‘做不到这一点，政治工作就不落实。’他不顾政治部的抵制，强制推行。强调‘矫枉必须过正’，‘硬是要机械执行’。数次下令规定，政治部在工作时间‘四不准’：‘不准到学术部去，不准找研究员谈话，不准找人开会，不准打电话’。以后又加上‘有的报告，在办公时间不一定通知学术部听’。他千方百计挤政治工作时间，就是研究员参加农场劳动，他也认为是属于思想锻炼，也应该算在六分之一的时间内。（钟注：这个功劳［‘错误’！］不应该记在钟某一人身上，当时我的建议得到了以叶帅为首的院党委批准，形成了院党委《1963 年下半年 [1963.10—1964.2] 工作安排》的决议。）他这样蛮干，做出了保证六分之五的‘成绩’。在 1963 年底，他还指示狄克东同志在参加全军政治工作会议时，介绍了‘保证六分之五研究工作时间的经验’，宣传他反对突出政治，业务第一的错误观点。（钟注：题目叫《保证有六分之五的时间进行研究工作的初步体会》，时间为 1963 年 12 月 26 日，是由我组织院政治部总结起草的，也经过院党委常委讨论通过，尤其在全军政工会上介绍后，就成了中央军委和总政的提倡。因此，这个功劳［‘错误’！］，也不应该只记在钟某一人身上。此外，叶帅于 1964 年 4 月 1 日，在听取我关于政治与业务的时间划分、保证每年有 200 个研究工作日的汇报后肯定：‘对业务与中心工作时间的划分，你做了一件大事情。此材料请送我一阅。’）”

“钟期光同志还散布了不少反对突出政治的谬论：‘一些技术部门或专业学校不应总学政治。医生总学政治，到时治不了病。’‘写英雄人物大都是死了的，这是制造人为的悲剧’。”

“由于政治部对他的错误有过抵制，有过斗争，他就经常打击院的政治机关，和政治工作捣乱。他批评政治部‘水平低’，‘不听招呼，不顺手’，‘有优越感，只整别人，不整自己’。”（钟注：1963年11月12日，中共中央批准我兼任中共军事科学院委员会监察委员会书记。当年12月21日，我主持院监委会讨论甄别马景瀛同志问题时指出：“对政治机关尤其是组织处，应该让干部觉得可敬可亲，不能让干部感到可畏。这是我几十年主持各级政治部工作的切身体会。过去战争年代，政治部是干部的娘家，有问题都愿意找政治部谈。要坚持实事求是，正面教育，与人为善，诚恳指出其缺点错误，并且允许干部保留自己的意见。”解铃还要系铃人。我认为，马景瀛同志的问题过去是政治部结论的，还是由院政负责甄别。当时院政治部提出，要找一些人，集体与马景瀛同志一人对质，似乎变相斗争会的样子。我以为不妥，没有同意。我对政治部一位领导同志说：“要以理服人，不能凭政治机关的权威来以力压人，更不能凭借党的威信滥行权力。”当时有个别同志在整人之后借甄别之名继续整人，我加以制止，目的在于建立和恢复政治机关在干部中的威信，也是维护党的形象与事业的威信。可是有人说我这是同政治工作“捣乱”，显然是别有所图的。）

第四，关于编写《平江革命斗争史》问题。

编写《平江革命斗争史》，原本是一个研究与整理革命历史及有关资料的学术问题，但在60年代的特定历史时期，却人为地搞成了一个“政治路线问题”，在人事政治是非上纠缠了十多年。我这里记述的，仅是“文化大革命”前有关这个问题的一些情况。

1958年，平江县响应湖南省文化局、省文联关于收集革命斗争史资料、放“文艺卫星”、向国庆10周年献礼的号召，编写了一些革命斗争故事。同年11月，湖南师范学院历史系到平江收集资料，县里即抽调了一些干部，同师范学院工作组共同组成编委会，到1959年2月写成了《平江革命斗争史（初稿）》。全书分五章十七节，约八万五千字。虽然史料不全，有些问题不太准确，但还是比较概要地叙述了中国共产党领导平江人民进行艰苦卓绝的革命斗争的历程。其中第四章是集中反映彭德怀同志领导“平江起义”的史迹，约一万字。该书油印八十份，分发县内外有关人员征询意见。

1961年9月，湖南省军区副司令员吴自立少将，同八一电影制片厂到平江拍摄电影《怒潮》时，与县委书记张凝祥同志商定，在修订《平江革命斗争史（初稿）》的基础上，拟再拍两部电影。

同年11月，在吴自立同志的倡导下，平江籍的中共中央监察委员会副书记李六如同志接受平江县委的聘请，担任了修订《平江革命斗争史》编委会主任委员，并与有关方面协商，共同确定了一个27人的编委会名单。编委会以中共平江县委和县人委名义，起草并报批通过了修订该书的《征求意见书》，编委《聘请书》《编写平江革命斗争史计划》和《决议》等四个文件先后发出。后又将编委会扩大到75人，包括了全国范围党政军平江籍的老干部，绝大部分是军队少将以上和地方厅局级以上干部。其中编委副主任委员十一人：吴溉之（中央监委副书记）、钟期光（军事科学院副政委）、苏振华（海军第一政委）、江渭清（中共江苏省委第一书记）、杨奇清（公安部副部长）、傅秋涛（总参动员部部长）、刘志坚（总政副主任）、曹瑛（对外文委副主任）、卢竞如（广播事业局主任）、吴自立、张凝祥。另外，方正、毛英奇等63人为编委委员。但事先均未征求本人意见。在75名编委中，实际主持这一工作的主要是吴自立等少数同志。具体执笔的是平江县委抽调的6名专职干部。当时提出的编写理由是：①编史是响应党要老同志写革命斗争材料的号召；②编史是为了纪念平江20万烈士；③编史是平江60万人民的意愿；④编史也是平江老同志的要求。

1962年8月，吴自立同志认为原来的油印本看不清，要编写办公室重新铅印，书名改为《"平江革命斗争史"参考资料》，于9月下旬印出360本，分发编委成员和平江籍的其他老同志。

由于受彭德怀同志遭受政治迫害问题的影响，兴师动众地重新编写《平江革命斗争史》的工作，实际上并未展开。铅印本《参考资料》发出不到一个月，即有人向组织反映了这个问题。根据中共湖南省委的指示，平江县委于1962年10月即停止了编写工作。随即多次发信收回以往发出的文件与书稿。

1963年2月，中共湖南省委对吴自立同志的"错误"进行了严肃的批评。吴自立同志不服，先后到长沙、广州、北京等地找有关领导提出申诉。

但随着"彭德怀问题"的政治升温，吴自立同志的多次申诉不仅于事无补，反而使问题进一步升级和扩大化。

1964年1月，中共中央决定由总政治部、中共中央中南局和广州军区组成专案小组，前往湖南调查《平江革命斗争史》问题。中央指定贺龙元帅负责，徐向前元帅、聂荣臻元帅、叶剑英元帅、中南局第一书记陶铸和广州军区司令员黄永胜参与领导。具体的调查工作由中共湖南省委统一领导，但“吴自立专案小组”则指定我任组长，副组长有谭余保（中南局监委组长）、晏福生（广州军区副政委）、张平化（湖南省委第一书记）、徐启文（湖南省委书记）、罗其南（湖南省监委书记）、龙书金（湖南省军区司令员）、史进前（总政保卫部副部长）。并成立了一个 40 名干部组成的工作班子。

当时，上面定的基调是：吴自立同志搞《平江革命斗争史》,“是为彭德怀翻案”，“是反党活动”。因此,“吴自立专案小组”的任务，一是查动机，搞清吴为什么要为彭翻案？二是查背景，搞清谁是他的后台？三是组织批判《平江革命斗争史》初稿和参考资料,“肃清流毒”。

1964 年 1 月 21 日，总政治部萧华主任代表中央和军委给我下达了调查任务。我次日即乘飞机到达广州，当面聆听了贺、徐、聂、叶元帅的指示。一方面，在当时的政治大气候和是非标准下，他们都认为要彻底调查和严肃处理这个问题；另一方面，又强调坚持“实事求是”的原则。徐帅说:“如果要把问题搞清楚，就要从事实出发。”聂帅说:“不能把他扩大，也不完全是他一个人，应彻底查一下。”叶帅讲：让事实讲话。大胆怀疑，小心求证。“近 80 名委员，未征求本人同意，又没有开会，出个通知。不追 80 名，只是要追吴自立。”贺帅结论:“因为问题牵涉到彭德怀，牵涉到解放军，所以我要萧华同志注意这件事。要给省委撑撑腰，不然他们担当不起。”“不冤枉，不漏掉。一面收集材料，一面批判这本书。”几位帅都明确表示：对吴自立同志“约束一下”,“离职休养去。生活待遇不变。”

贺帅还批评了我:“你是审委会重要成员之一，是中央候补委员，是陆军上将，还是叶帅的副政委，更应严肃地批评你”。“你几次到湖南，却把这个材料漏掉了，应该看严重得很”。“你也得了书，被聘为编委副主任。名单这样宽，反映这样少，这是政治上的严重错误”。“党是相信你的。不相信你，不会请你来谈。你是平江人，更应积极参加这个工作。”

对于执行这样一个任务，当时总政治部一位姓邵的处长讲了一句公道话:“对于省委，似乎有所顾虑，左右为难：分析高了不好，低了不能交代。所以调查组要多表示一些意见。以助长省委的决心。”其实，“左右为难”的不仅是湖南省委，我更为甚：一方面，中央和军委明知我是该案受牵连者之一，但还是信任我，假如不将问题搞清楚确实不好交代；另一方面，我所知道的案情实况，同上面所定的基调差距甚大，假如硬是无限上纲，则是于党性于良心不忍的。

整个地说，对于编写这本地方史书，我是赞成的；但我确实不是倡导者，更够不上"黑后台"。1959 年春，我首得该书油印本，是在"彭案"揭盖之前。翻阅后，觉得动机目的都是好的，只是有些史实不够准确与有些技术性的不足。1962 年我收到平江县委和县人委重新修订该书的《决议》等文件时，彭德怀同志的问题还是"内部问题"。我曾亲自听到毛泽东主席在党的八届九中全会讲过："中央委员会要团结，不管过去犯了多大的错误。错误人人都有，性质大小不同，数量质量不同。不要因为犯了错误抬不起头来。职务降小一点好。彭德怀同志报告学习情况，总有点进步，应该欢迎。在中央工作的，在地方工作的，错误也有严重的，欢迎在工作中改正。"因此，我认为彭德怀同志后来的"错误"，不应否定其过去的历史，而且，写平江史固然要涉及彭，但毕竟是先有平江党和人民的革命斗争，然后才有彭领导的平江起义。彭后来的"错误"更不应否定整个平江革命史。所以我当时并未觉得有什么大问题，便复信表示了支持与愿意提供资料。我也曾同李六如、傅秋涛同志议论过：当时正是困难时期，县委应着重抓农业生产过关，编史不是时候；史书贵实，不应以文艺形式编史；威望不高或立场观点有问题的人不宜领导和参与编史。我收到铅印本后，因原来看过油印本，加上工作忙，原封未动。随后得知编史工作已经停止，也就没有提供任何资料。

眼下，虽然如此简单的问题已经复杂化与政治化，但组织上还信任我，而且除我之外，调查组从中央到省地县各级来的数十人与此案并无牵连，是个集体领导的组织，又有元帅们"实事求是"的指示，我也就没有更多的顾虑了。

1964 年 1 月 25 日和 27 日，按照当时的政治是非标准，我先后向元帅们和在湖南省委扩大会议上作了高姿态的自我批评。然后经集体讨论，对调查工作做了严密组织和具体分工。审查组下设四组一室：平江湘潭调查组 11 人；报告调查组 5 人；刊物审查组 7 人；军区审查组 5 人；办公室 12 人。大家都很严肃认真地做了大量深入细致的调查与批判的工作。

当分头下到基层调查的同志陆续返回长沙汇报后，虽然分析批判的调子不低，但实际上并未查出什么重大新问题。2 月 15 日，叶帅电话向我询问调查工作进展情况，我说:“去平江调查的人回来了，没有发现新东西。是否分析太高了，将来让事实说话吧。”叶帅说:“你既然到了长沙，调查工作如何搞，要由省委作决定。”

1964年1月27日在长沙调查《平江革命斗争史》参加湖南省委常委扩大会议期间与省委领导合影。左起：钟政权、邓洪、谭余保、钟期光、罗其南。

2月25日，贺帅电话指示我:“你们那里只负责调查湖南的情况，北京地区的调查由梁必业与苏振华同志负责。”

2月29日，我主持“吴自立问题专案审查小组”向贺龙元帅写了工作报告，就《平江革命斗争史》的编印经过、错误性质、有关人员的态度和今后审查任务等问题作了较详细的汇报。因我是军科在职领导干部，就同时以个人名义向院长兼政委叶帅递交了工作报告。该报告指出：经调查，从1958年12月至1963年1月，以平江县委和县人委名义，为编史问题先后向平江籍老同志8次发信165封，有48人回信共66封。绝大部分对编史表示支持；部分人愿意提供资料；只有2人对该书初稿因有彭德怀事迹而提出批判并报告组织。对于被聘为编委，个别人表示谢绝，少数人明确接受，多数人没有表示态度，未置可否。对于“后台”问题，“尚待进一步查明”。

叶帅接到我的报告后，于3月1日电话告我，说军科领导有的生病住院，有的检查身体，有的外出休养，要我回北京主持军科的日常工作，并继续兼管专案审查。3月2日，我向张平化书记移交专案工作后，省委决定以谭余保同志为组长，晏福生、史进前同志为副组长，继续领导专案工作。我于3月5日返回北京，又当面向贺帅汇报了湖南地区的调查情况。贺帅说叶帅向其通过电话，同意我以较多精力照顾军科的工作。从此，我实际上脱离了“吴自立问题专案审查小组”。

我不久得知，这个专案小组的调查于1964年4月3日结束，共历时70天。5月28日，贺帅就调查结果向中共中央写了报告。在当时的政治大气候下，尽可能反映了当时的实际情况。报告除基本情况外，着重指出:“有的人可能没有接到材料，或者接到了没有看；有的人可能漫不经心，嗅觉不灵；有的人可能采取自由主义的态度；但恐怕也有人在思想上引起了共鸣，甚至与反党集团藕断丝连。”6月22日，中共中央下达了中发〔64〕382号文件，向全党批转了贺帅的报告，指出:“中央同意这个报告，并且认为贺龙同志的看法和意见是正确的。”

然而，问题并未就此结束。“文化大革命”中，由于彭德怀元帅的冤案被上升到“敌我问题”的极端，编写《平江革命斗争史》及其调查问题，也就被惊人地扩大化。这个问题不仅是将我打成“彭（德怀）黄（克诚）漏网分子”的主要“罪证”之一，而且从中央到基层，从军队到地方，包括刘少奇、邓小平、贺龙、徐向前、聂荣臻、叶剑英、陶铸、彭真、胡耀邦等一大批党政军各级领导干部，都成了这个问题的“罪魁祸首”或“反革命分子”，是所谓“资产阶级司令部”向“无产阶级司令部”进攻的重要“罪状”之一。其具体情况，因我已被关押失去了自由，不得而知，自有知情者和后人来评说。

所幸的是，历史终于没有被嘲弄。1987年9月，一本近50万字的《平江人民革命史》出版问世。我应邀为其题词:“‘斩尽杀绝’杀不尽,‘血洗平江’人更红。”

第五，关于编写《批判彭德怀在军事指挥上的错误》问题。

编写《批判彭德怀在军事指挥上的错误》，军事科学院是1964年1月接受的任务。理由是：有人认为，彭虽然政治上被“批臭”了，但军事上还行。所以要“揭画皮”，证明他“军事上也不行”。

这个任务是由宋时轮副院长主持的，具体执笔由战史部承担。因我分管战史部的工作，所以当年3月初我从长沙返京后，叶帅于4月1日对我说:“战史部在准备写个彭德怀军事指挥错误的东西，你也抓一下。”

这又是一个难题：历来无常胜将军。人民解放军的将帅身经百战，又怎能没有错误?但是彭德怀元帅从团长当到国防部长，能说他“军事上也不行”吗?这些问题，在当时的历史条件下，虽然没人明说，但在宋时轮同志和我以及多数执笔者的脑海中，是时常激烈地翻滚着的。

好在，叶帅为我们确定的编写方针是:“应该写具体的东西，不写抽象的东西。”“不要写得像彭案审查形式的政治上的问题一模一样”。当时我们理解：“具体的东西”就是用事实说话，就是坚持“实事求是”的原则，而且要与彭案政治审查形式相区别。这样，文章就有作法了。

为了表示重视，战史部抽出20名研究员投入这一任务，占全部研究力量的多一半。其中7人研究编写纲目;6人搞红军时期;3人搞抗战时期;4人搞解放战争、抗美援朝和国防部长时期。拟从“平江起义”写到“国防部长任内”，几乎包括彭德怀同志一生的军事指挥生涯。

1964年6月12日，战史部第一次汇报：经4个多月的专题收集资料和发信与当面访问老同志，虽然掌握了80件彭在战役战斗指挥上的“问题”，但资料不系统，不全面，很难搞到具体的东西。军科建院初期，曾搞过一套战争年代的《中央文电汇编》，多是绝密资料。罗瑞卿总参谋长发现后追查资料来源，追究泄密责任，限令收回。为此，军委档案馆停止了对军科提供绝密资料。而且当时在访问老同志时，借故不愿意谈彭德怀同志的“问题”的，就有杨尚昆、李维汉、宋时轮、王新亭、唐延杰等同志。

7月25日，战史部写出了三种《批判彭德怀军事错误的纲目》。7月30日，部领导在向院常委送审时，首次提出了“功过”问题:“我们拟定纲目的指导思想，是通过历史事实批判彭德怀在军事指挥上的错误，并显示出毛主席领导中国革命战争的伟大作用。因此，在对待彭德怀的功过问题上，采取实事求是地写出其过而不写其功的办法。即只反映彭德怀的错误主张、错误行动和他所打的败仗，不反映他所指挥的胜仗；对于他所指挥的某些有问题的胜仗，则只揭露批判其错误方面。关于彭德怀亲自指挥的所有战役战斗的胜败情况，准备另列一统计表，供首长审查初稿时参考。”

这段文字，在当时的政治历史背景下，应该说是深思熟虑的比较策略的巧妙表述：既贯彻了上面的政治意图，又尽量体现了当时可能体现的实事求是的原则。

8月10日，院常委讨论战史部提出的三个编写方案，研究写法问题。宋时轮同志在一般性政治表态之后强调指出："有功是有功，实事求是。坏事就是坏事。为了不套框框，要摆事实，讲道理。不能为了重复概念而去找材料。""无非是实事求是，不要主观上去猜测。这样的想法，叫方针也好，或者确定为前提。""把所有彭指挥过的战役都写出来"，"按照辩证唯物主义的方法，既有具体实事，有分析，又有综合，易看、易懂、易记、易用。实事求是地写出来，又有对我们写一方面军战史的好处"。

我表示同意宋时轮同志的意见。

常委会决定：按战史部第一方案编写：以历史发展顺序，按历史事实来叙述。

还决定："写成一本书"。这，又提供了一个实事求是的机会：假如只是写一篇文章，则空间与时间有限；而写成一本书，却有了较大空间与时间的回旋余地了。

12月10日从战史部得悉，已收集采访到彭在军事指挥上的大小"错误"162件，初步形成了10余万字的专题材料。并且完成了《彭德怀指挥和参与指挥的战役战斗清理表》。统计表明，与彭德怀同志指挥有关的近90个战役战斗中，有56个胜仗、30多个"败仗"。还有人说，这10余万字中有3万多字是"论彭的功过问题"。

到了1965年1月初，院里开展"学术思想整风"。有人趁此发难：上级要求批判彭德怀的"军事指挥错误"；你们却搞成了"论功过"，而且胜仗多于败仗、功大于过，"这还了得"！是"政治立场问题"，是"方向路线错误"。并且说："这是胡来！对彭还谈什么功过问题？他是有过无功。"

当时，战史部压力很大，都怕沾"方向路线"的边。我对他们撑腰说："战略都是毛主席制定的，彭主要是执行。假如彭有错误的话，也只是战役、战斗上的错误。""功过问题的提出，最多是思想方法与工作方法问题，不能讲是立场问题。"随即，我又将上述情况向叶帅作了汇报。叶帅说："要进行教育，不要拿帽子出售，还是认识问题。'方向性错误'由我来顶住。我点了头的，打我的屁股。"这才将问题暂时平息。

从此，《批判彭德怀在军事指挥上的错误》这本书无法写下去了。战史部提出的一些问题，宋时轮同志和我都借故回避，不予答复。加之当时有个传言：说根据陈伯达等建议，中央书记处正酝酿全党全国统一编写党史，军队的战史也要并到党史里去。为此拟撤销战史部，将研究人员转业到中央党史研究部门去。大家不愿意脱军装，人心惶惶，也就没有心思写此书了。

后来“文化大革命”爆发，彭德怀同志的问题被上升到“敌我问题”的高度，远远不是什么“错误问题”了。上下20余人搞了一年多的这本书，最终也就没有问世，但代之而来的，却是政治批判的疯狂。

这个问题，后来也成为打我“彭黄漏网分子”的“罪证”之一。说到起因，即如此而已。

有意思的是，本来我同彭德怀元帅之间，仅仅是上下级的工作关系与党内的同志关系，但在那个年代，同一个“客观事实”，为了某种需要，竟然可以自相矛盾地正反两面加以运用：1958年大反“教条主义”时，说我是“反对彭德怀”的；到了批判《平江革命斗争史》和《批判彭德怀在军事指挥上的错误》时，却又说我是“对彭德怀感情很深”的“彭黄漏网分子”。这是何等的荒唐与可笑！

科研成果

军事科学院，作为全军最高专业军事理论研究机构，在它的初创与成长时期，研究成果的数量与质量是显著的。

为适应人民解放军正规化现代化革命军队建设的需要，当时提出的基本口号是：“以编写我军迫切需要的作战条令为中心的各项研究工作。”为此，以叶帅为首的院常委提出科研方针：“以毛泽东军事思想为指针，以军委规定的战略方针为依据，在总结我军经验的基础上，有选择地学习兄弟国家的先进经验，认真研究敌人，充分依靠群众，大搞学术民主，探讨现代条件下人民战争的作战指导规律，使之服务于我国的国防建设和适应未来的战争需要。”

据建院前五年的统计资料，全院上下努力，认真贯彻了上述科研方针，进行了创造性的脑力劳动，取得了一系列重大科研成果。

一、在为军队建设和国防建设服务的基础理论与基本法规研究方面，编写出版并经军委总部颁发全军试行的我军第一代条令有:《合成军队战斗条令概则》《步兵战斗条令》《合成军队战斗条令军师部分》《合成军队战斗条令团营部分》《内务条令》；还写出了《纪律条令》和《司令部工作条例》的初稿；写出了我军第一本《战役学（初稿）》；为编写我军战史完成了《第三次国内革命战争时期史料选编》《历次革命战争时期史料摘要》《抗美援朝战争时期主席、中央、军委指示文电选编》；编辑了《辞海》军事词目部分等成果。

二、编辑出版经典军事理论著作方面，完成了《毛泽东军事文选》《列宁军事文选》（两册）、《马恩军事文选》（三册）、《列斯军事文选》《马恩列斯军事文摘》《中国古代兵法选辑》等。

三、为军委、总部决策提供理论参考依据的现实问题研究方面，完成并上报了《研究战区划分问题》《研究军区以下兵团、部队编制装备问题》《研究值班部队编制装备问题》《研究海岛防御》《关于美国雇佣军在古巴登陆初步调查》《对美军改五旅制师为三旅制师的初步探讨》《苏军摩托化步兵师编制装备概况及其特点的研究》《在第二次世界大战中帝国主义实施突然袭击的战例》等 29 项。

四、翻译和研究介绍外国军事著作方面，完成了《苏联伟大卫国战争的重要战役》（二册）、《苏军对大规模杀伤破坏性武器防护条令介绍》《列宁的〈克劳塞维茨战争论〉摘录和批注》《俄汉军事辞典》（二册）、《美军作战纲要介绍》《美军作战原则介绍》《美军进攻作战介绍》《美军防御作战介绍》《日军野战条令》（二册）、《现代军事科学与技术》《资本主义国家军队夜间战斗行动》《导弹时代的战略》《原子战略的破产》《军事辩证法》《克劳塞维茨战争论》（第一、二篇）、《战略学》《战争与人力资源》《美军参谋军官手册》《美军军队标号》等 61 项。

五、收集整理资料和书刊方面，有我军历史文件电报等资料 9.4 万余件；古今中外图书（以军事图书为主）5.4 万余册；外文报纸杂志 238 种。这些丰富的资料与书刊，为搞好军事理论研究工作奠定了牢固的物质与理论基础。

下面，我就几个专题的研究情况作些回忆。

第一，关于我军战史研究。

1987 年 3 月和 1988 年 7 月，由军事科学院军事历史研究部（原为战史部）编着的《中国人民解放军战史》《中国人民志愿军抗美援朝战史》先后出版发行。这两部史著问世，是对我军长达 20 余年艰苦卓绝的革命战争丰富经验的科学总结，也是在中央军委和军事科学院党委的领导下，全军几代军事史学工作者长期、曲折和艰苦的辛勤劳动的结晶。

我军战史的编写工作，是从 1950 年开始的。根据中央军委 1949 年 12 月 25 日关于全军编写军战史的指示，由总参谋部直接领导。当时总参规定:“军以下编写军史；军以上编写战史。”至 1957 年，全军兵种，兵团和军级的军战史基本上写出了第一遍稿。1958 年军委扩大会议后，在叶剑英、刘伯承、陈毅、林彪、罗荣桓、贺龙、徐向前、聂荣臻等几位帅的亲自领导下，军战史编写工作进入了一个新的阶段。全军共有 10 个战史编辑室，编写人员 256 人，保障人员 267 人，共计 523 人。

由杨秀山、王绍南负责，以军委装甲兵司令部成立编辑室，编写红二方面军和八路军 120 师战史；

由李成芳、王政柱负责，以高等军事学院组织编写红四方面军战史；

由王蕴瑞、潘焱负责，以军委炮兵司令部组织编写八路军 129 师和第二野战军战史；

由邱岗、邓拓、张桂文负责，以北京军区组织编写晋察冀和华北地区战史；

由苏静、尹健负责，以军委空军司令部组织编写第四野战军战史；

由梅嘉生、谭肇之负责，以南京军区组织编写新四军和第三野战军战史；

由刘汉、李燧英负责，以济南军区组织编写八路军 115 师和山东地区战史；

由刘培武负责，以军委炮兵司令部组织编写太岳军区和第 4 兵团战史；

由张天云、刘健挺负责，以后勤学院组织编写红 25 军战史；

另以湖北省军区组织编写新四军第 5 师战史。

当时尚未开始编写的，有红一方面军战史、陕北红军战史、东北抗日联军战史、两广纵队战史、南方游击根据地战史；已有初稿需要重新编写的有第一野战军战史、陕甘宁战史和琼崖纵队战史；1956 年 10 月，志愿军抗美援朝战争经验总结编写委员会已经写出《抗美援朝战争简史》。

1958 年 3 月军事科学院成立以后，中央军委将全军编写军战史的组织实施工作，由总参谋部移交给军事科学院。此后，各级编写机构不断充实与加强，编写人员最多时达 7000 余人。至 1964 年，全军共编写出各级军史、战史 260 种，总计 4400 余万字，各战史编辑室不仅先后编辑和内部印发了比较全面系统的战史精装本，而且全军共收集到各个历史时期的珍贵原始资料 10 余万件。1962 年 6 月 22 日，中央军委办公会议决定：为便于综合编写战史，全军各战史编委会的现有资料，全部上交，由军事科学院战史部接收，由军委办公厅下达指示。客观公正地说，50 年代至 60 年代前期全军编写的各个地区的各级军史、战史和所收集的资料，不仅为编写《中国人民解放军战史》和《中国人民志愿军抗美援朝战史》提供了丰富的“原料”，而且许多形式与内容，已成为综合编史的“构件”。因此应该说，全军第一代史学工作者为上述两部战史的问世立了头功，是当之无愧的。

1958 年军事科学院建院后成立了“战争历史研究部”（简称战史部），首任部长是韩练成中将。任务是在全军分头编史的基础上，负责综合编写全军战史。至 60 年代初，因军科建院初期是以编写各级战斗条令为中心，战史研究主要是建立组织，收集资料。

1961 年 1 月，我奉命兼第二任战史部部长，至 1962 年 7 月。赖光勋为第三任战史部部长，王树君、奚原为副部长。同时，1962 年 8 月至 1963 年 9 月，由彭绍辉副院长分管战史部工作。1963 年 9 月至 1965 年 7 月，院党委决定又由我分管战史部工作。

1961 年 5 月 8 日，院党委通过了向中央军委《关于战史工作几个问题的报告》。其中提到：鉴于“我军战史是党史的重要组成部分，建议中央或军委组织一个专门的委员会，由林彪或小平同志亲自挂帅，统一领导编写战史的工作。”并提出了加强编写队伍，建议为战史部增调 30 名研究人员等问题。6 月 22 日，军委办公会议决定：组织全军战史编委会，由谁挂帅、由谁参加的具体名单，责成军事科学院提出并报军委审定；增调编史人员问题由总政干部部解决。

中央军委下达的《1962 年部队工作要点》规定：“着手组织全军战史的编写工作。”据此，院党委于 1962 年 6 月 7 日报告军委：战史部 1962 年的工作重点是，继续收集整理资料，搞好编史的组织建设，拟于 1963 年开始编写全军战史。随后，经过全军上下多方面反复酝酿协商，战史部于 11 月 18 日起草了《编写我军战史的方案》，就编史的目的、方针、内容、要求、结构、方法步骤和组织领导等7个问题提出了设想。并具体提出了105人的全军战史编审委员会名单（其中常委37人）和编史组织机构序列表。但是，由于全军上下认识上的分歧，更多的是当时政治因素的制约，以致全军战史编委会的组成，包括由谁挂帅问题，一直处于“难产”状态。军科提出的在全军抽调30名编史人员名单，也由于种种原因大部分没有落实。不过，编史的具体准备工作仍在继续进行。

以叶剑英元帅为首的院党委，对编史工作是重视、稳妥和做了大量工作的。据不完全统计，从1961年1月至1966年6月，院领导主持研究战史工作的会议达28次之多，并且大部分是叶帅亲自主持的。经过多方面努力，战史部的编史力量由1961年的21人，至1966年增加到40余人。叶帅提出：“研究员的目标应争取成为战史通。”

在编史的指导思想上，尽可能排除“左”的干扰，力争体现“实事求是”的原则。1962年11月5日，叶帅指示战史部：“整理资料，要保持原貌。”同年12月16日，叶帅又提出了包括战史研究在内的学术研究三原则：①学术争论不是政治斗争；②同意谁不同意谁的意见不是宗派；③尊重同志式的讨论（在这之前，他曾在天津提出过另外三原则：①提高风格树立榜样；②共同负责，无私无我；③七分学术，三分组织）。

1962年7月4日，我读到陈毅元帅对编史工作的一段重要指示：“不能因人讳言。是就是，非就非，这应该是我们共产党人的伟大风格。历史本身怎样就怎样写，不要渲染，不要篡改。就是要敢写，不管谁高兴谁不高兴。当然，历史也只能是最大公正，不可能绝对公正。”我向战史部的同志作了传达。

当我看到战史部的一份报告，就所谓“反党分子”的名字（当时主要指彭德怀等同志）是否在战史资料选编中出现时，当即明确批复：“我们共产党人要尊重历史事实。我们自己应该清醒，有个主宰。原始材料有他们的名字，我们把它选入史料选编，作为编写战史军史的资料，不算宣扬他们。我们要尊重史实，有什么就是什么，不增不减。要实事求是。历史总归是历史，不能歪曲。至于涉及作战、建军、工作上有分歧的东西，怕影响团结，怕影响威信而不列入选编，我持保留意见。对（已成为历史的党的）政策能否怀疑？要不要进行批评和自我批评？要不要党内民主？如果要，那么选编有这些内容的材料就不能算作问题，选上这些有争论、有分歧、有斗争的东西就没有什么。”

当然，史料也有个“去伪存真”的问题。我曾强调：“是原始档案材料，还是后来回忆材料；是群众鸣放材料，还是分析批判材料；是个人检查材料，还是揭露检举材料。各种材料的可靠性不同，准确性不同，选用时要注意区别真伪”。

院领导在编史工作的指导与部署上，为保证质量，采取了“积极工作，不求速效”的稳重方针。叶帅在 1964 年 2 月 25 日指出：“编写战史是个困难的任务，准备工作也很艰巨”。“写还是比较容易，准备工作难。比如一年四季，要三季准备，一季下笔。”“下笔的准备时期比较长，一个是准备人，一个是准备物。准备物是要有必要的资料；准备人是要你们成为熟悉中国革命战争史的通家。历史学家有好多专长，你们要做这一行的专家。”“不要认为写出来、印出来战史才算有成绩，积极准备资料也是成绩。”

经过战史部全体同志的积极努力，至 1966 年 6 月基本上完成了编写我军战史的准备工作。先后到中央档案馆、南京档案馆和其他单位阅读了大量的史料，加之接收全军各战史编写单位的战史资料，总共达 17 万余件，经过熟悉、研究和整理，按各个历史时期分类编辑、印刷出版了《历次革命战争时期史料摘要》《第二次国内革命战争（土地革命战争）时期史料选编》《第三次国内革命战争时期史料选编》《抗美援朝战争时期毛主席、党中央、军委指示文电选编》4 种共 48 册；组织战史研究人员认真学习《毛泽东选集》和其他重要军事著作，提高了军事理论水平。请地方党史工作专家作报告，介绍编史经验。并到三湾、井冈山等革命根据地实地考察。组织编写了《中国人民解放军三十年大事记》初稿约 120 万字。还通过各个时期一些重要战役战例的专题研究与编写，锻炼了编史队伍的写作能力，提高了学术水平。对编写全军战史的题目、内容与结构等重大问题，进行了反复研究与论证。比如战史的名称，曾拟定了《中国人民战争史》《中国共产党武装斗争史》《中国人民武装斗争史》《中国人民解放军军战史》《中国人民解放军战史》等。1963 年 10 月 10 日，叶帅主持战史工作座谈会审定为，也就是后来正式出版的名称：《中国人民解放军战史》。先后研究编写出了《中国人民解放军战史目录》共 14 章 54 节、《中国人民解放军革命战争战史纲目》。“战史纲目”已不是史料摘要或汇集，而是战史的模型、缩影与纲要，不仅写出了章节的目录，搭起了组织结构的外形，而且写出了各个章节的中心内容，是我军战史研究工作的重要成果。

“文化大革命”开始，编史工作被迫中断。

现在看，60年代前期已经作好了编史的准备，但没有全面动笔编写。其主要原因，是以叶帅为首的院领导政治洞察的敏锐与稳重。

众所周知，叶剑英元帅一贯在重大问题上以慎重善断、远见卓识而著称。在当时“左”倾思潮越来越严重的情况下，综合编写我军战史的工作，实际上早已无法进行了。由于政治原因，“禁区”太多，干扰太大，很难保证史书的客观真实性。1963年11月20日和12月4日，叶帅曾先后指出:“对编写战史我有等待不管的思想，以为报告请中央挂帅就行了”,“等待小平、林彪来挂帅”。1964年2月25日，他更进一步明确指出:“这几年没有开始编写是我控制的。如果放手让你们编写，你们一年可以写出来，不过对头不对头是另一个问题。闸是我们关的。”历史证明，这个“闸”是关对了。假如当时硬着头皮编写，那么写出来的是一部什么样的战史，就可想而知了。其实，1965年7月19日，我就听到中共中央政治研究室副主任田家英同志说了一句意味深长的话:“对战史写得越多，错误就越多。”

但是，叶帅对编写一部真正的我军战争史是充满信心并且是不遗余力的。直到1966年5月10日，在上下盛传要将战史部合并到党史部门的时候，叶帅还对我说，他已给陈伯达提了意见:“军科的战史部要保留，队伍不要解散了。如果你们党史暂时写不下去，我们可以考虑先写战争史。”

总之，在50年代全军编史的基础上，60年代前期由军事科学院组织的综合编写全军战史的工作，虽然没有正式全面展开，但编史的力量准备、资料准备和学术准备已经基本就绪。

“十月怀胎，一朝分娩。”应该说，这一代编史工作领导者和史学工作者，为后来《中国人民解放军战史》和《中国人民志愿军抗美援朝战史》的问世，是作出了重大贡献的。尽管其中许多人并没有留下名字，但其功劳是不可埋没的。后来参与完成这两部战史的张要先、沈宗洪、梅琪、胡兰芝、赵欣、李绍群、姚杰、孟照辉、贺彬、傅吉庆、刘彬、国英俊、魏德松、周宏雁等一大批骨干，就是从那时开始造就的。

第二，关于编写《战役学》。

人民解放军从建军到抗美援朝战争的胜利，经历了26年的国内外战争，知名的战役400余次，较大的战斗3万多次，具有丰富的实战经验，需要认真总结，形成具有中国特色的系统军事理论，以适应培养新的军事人才、指导新时期人民军队的军政训练与未来作战的需要。1958 年，毛泽东主席提出了编写人民解放军自己的条令和教材的任务，要求从上而下写《战略学》《战役学》和《战术学》。

关于编写《战役学》，军事科学院从 1959 年开始在资料和学术上做准备。但因建院伊始，研究力量有限，缺乏组织领导的经验，又将主要力量集中搞当时部队迫切需要的各级战斗条令，所以《战役学》的编写尚未列入院级议事日程，只是战理部有少数人在摸索。

《战役学》的编写，其中“军事工作”部分，先是由李夫克同志具体抓，后由张希钦同志领导，1961 年 10 月 7 日院常委会分工宋时轮同志主持这一工作，可谓“三易其手”。而《战役学》的“政治工作”部分，中央军委决定由总政治部编写；总政后来转交政治学院承担；他们也觉得不好搞，最后推到军事科学院。也是“三易其手”，而且耽误了时间，政工部分比军事部分晚抓了五年的准备工作。

《战役学》军事工作部分，1960 年战理部曾写出了一个初稿。1961 年宋时轮同志在此基础上，组织吕士英、田地、王岳西、谭知耕、雷溪等同志，重新研究编写方向等问题。1962 年 5 月 31 日，他向院常委写出了《关于研究编写战役学的指导思想和结构问题》的报告。但这时院领导的主要精力尚未转过来，这项研究工作仍处于准备阶段。

1963 年 10 月 26 日，叶剑英元帅指出：“《战役学》是全军高级干部所必须，它必须应运而生。统一纲目，全军动手搞。”

1963 年 11 月 6 日，叶帅对我指示：把编写《战役学》和全军战史列为军事科学院 1964 年的两项重点任务，同时并进。因当时高等军事学院正组织力量编写教学用的“战役教材”，叶帅决定“借这个东风”。他于 11 月 8 日主持召开了两院（军事科学院和高等军事学院）党委联席会议，商讨全军动手编写《战役学》的问题，决定“先搞蓝图设计，把纲目编起来；春节后开个全军会议，专门讨论全军编写《战役学》。”根据叶帅的指示，以军科战理部战役室为主，吸收有关单位的同志参加，在以往准备工作的基础上，由吕士英、莫阳、金冶、雷溪等同志共同拟定了一个《战役学》编写纲目。

11 月 9 日，叶帅再次强调：“关于编写《战役学》的方法，还是按照编写战斗条令的办法，走群众路线，全军动手。我们提议：各个军区、军兵种、总部、院校所有到会的负责同志，把这个纲目带回去，向各级党委提出编写《战役学》任务的报告，讨论纲目，并加以充实，甚至提出新的纲目来。我们希望在今年底能将所有各个方面对纲目的提案集中起来，重新加以安排，以便产生一个比较完备的纲目。”

1963 年 11 月 18 日，中央军委批准了叶帅关于全军动手编写《战役学》的报告。军委认为:“从 1964 年起，用一年到一年半的时间，采取全军动手的办法，编写出一本我军的《战役学》，无论对当前的战备、训练和今后的作战，均具有非常重要的意义。”

《战役学》政治工作研究组是于 1963 年 11 月 2 日成立的。院常委分工我主持这一研究工作。总政治部先后为政工组选调了 11 位同志，由总政组织部调来的原条例处长阎稚新任组长，从南京军区调来的项明同志任副组长。

当时有人认为，上有（合成军队作战）“概则”，下有（军师团营）“条令”，还搞什么“战役政治工作”？对政治工作在《战役学》中的地位与作用产生了动摇。我们坚定地认为：战役理论处在战略理论与战术理论之间。其内容有自己独特的内涵与外延，不论军事工作还是政治工作部分均是如此。我们有充分的信心写好《战役学》政治工作。

11 月 6 日，我对政工组说:“从四个方面着手研究《战役学》政治工作：第一，看《战役学》军事部分写什么。政治是军事的统帅与灵魂，但战役政治工作又要服从军事要求，保证军事任务的实施。要根据战役布局、敌我友邻情况、战役目的与结局来定战役政治工作；第二，避免重复。有些挂帅的东西，军事、政治部分都要写，战略、战役、战术理论都要写，难免重复。但应尽量减少重复。应各有侧重，突出战役政治工作的特点来概括其新内容；第三，从我军丰富的、战史资料中提炼战役政治工作经验，从中将以上老同志撰写的《实战经验汇编》中吸取战役政治工作的经验教训；第四，搜集现代条件下的实战经验材料。比如美国的特种战争、新式兵器在实战中的运用、敌人新的欺骗宣传、当代作战特点等，注意针对敌情发布战役政治工作指示。”

我们组织政工组刻苦攻读了毛泽东主席、中共中央和中央军委关于三大战役、抗美援朝战争等 160 多万字的机密文电资料。在充分学术准备的基础上，制订了《战役学》政治工作研究计划。分为抓资料、出纲目、写初稿三个步骤进行。

为此，我们反复研究归纳了编写《战役学》政治工作的指导思想：一、贯彻毛主席、党中央、中央军委和总政治部历来对战役政治工作的指示；二、总结我军战役政治工作的历史经验，力求普遍性，反对局限性；三、适应未来战争的发展，概括战役政治工作新经验，用以指导今后战役政治工作；四、突出战役政工特点、力求避免重复"概则"与"条令"的内容。

1964年5月16日至6月2日，部署全军动手编写《战役学》并审议《战役学》纲目的会议在南京召开。叶帅亲临并发表了重要讲话，在深入动员的基础上指出：为了集中全军智慧，《战役学》必须全军动手。我们要干劲大，行动快，班子强。采取"头子"（领导）和"尖子"（秀才）相结合的办法，从毛主席那里找理论，从实战经验中找理论。

会上，我就《战役学》政治工作问题作了两次发言，提出了编写方针与规划，建议由沈阳、北京、济南、南京、广州、昆明、兰州7个军区和军事科学院，各写一章《战役学》政治工作，最后各取精华，八合而一，成就理论专著。获得一致通过。济南、兰州、北京、昆明等军区的与会者，立即与所在单位联系，愉快接受了这一光荣任务。会后，沈阳、北京、济南、南京、广州5个军区，最早选调由少将军政委主持的6人至7人的政工编写组，随即展开了工作。

宋时轮同志为南京会议作了总结发言。会议一致决议：坚决执行中央军委关于"全军动手编写《战役学》"的指示。对军事科学院提出的"9章案纲目（草案）"进行了认真的讨论，有13个单位在9章案基础上提出了自己的纲目。其中南京军区除对军科9章案修改补充作为第一案之外，还提出了3个不同结构和体裁的方案，供会议讨论比较。会议集中各个单位的创造性意见，归纳出4个纲目方案进一步讨论。通过畅所欲言的研究、对比和争论，逐步取得了基本一致的认识：定下了一个10章案的纲目，作为第一案；将原4个方案中的"16个问题案"作为第二案。首先集中力量把"10章案"写出来，然后视情况考虑是否继续研究第二方案的编写。并采取"定而不死"的原则，对这两个方案"允许修改""欢迎修改"。会议还议定，这本《战役学》，"是以陆军为主体的诸军兵种合同战役学"。"总以达到思想明确、内容落实、逻辑严密，符合易读、易懂、易记、易用的要求为原则。”方法是各单位编写初稿，然后分题汇稿，最后综合汇稿。

至此，《战役学》的编写正式列入全军工作规划，由军科一家少数人的筹备，发展到全军动手，分工协作的军事理论大会战新阶段。

1964年5月18日叶剑英院长在南京与研究编写《战役学》会议人员合影。前排左四叶剑英、左六钟期光。

由于各单位领导重视，集中了全军一大批既有实战经验又有写作水平的骨干，经过四五个月至一年左右的精心编写，先后写成了各个课题初稿。1965年5月5日至6月10日，《战役学》军事部分在成都召开了汇稿会议。对各种类型的“进攻战役”“行军和输送”“高原严寒地带战役行动特点”等课题进行了汇稿。经集体研究写出了合成稿，再交各单位继续研究。

《战役学》第三批汇稿，是1965年7月26日到9月1日在青岛北海舰队进行的。会议中心组由宋时轮、钟期光、高体乾、高锐、吕士英、阎稚新、潘焱、张瑞云、李泛山、尹灿祯、周自为、杨广立、刘剑秋、张可群、马奇、张维滋、郝子乔、李泽元、文尚志19人组成。下设战役行动基本原则组、战役政治工作组、战役后方工作组和战役保障组。

我们编写《战役学》，是为人民解放军的战役训练和作战行动提供理论依据，经中央军委批准颁发后，将成为全军法规性的文献著述。因此，与会者怀着高度的政治责任心与历史责任感，认真紧张地开展汇稿工作。有的课题是7家有初稿，有的是6家有初稿，还有4家的。经过集思广益，兼收并蓄，精华中取精华，推敲后再推敲，集体形成统一的汇稿。写出了“战役行动基本原则”“战役政治工作”“战役保障”“战役后方工作”四个课题的初稿；编写了“进攻战役要则”和“防御战役要则”；并对《战役学》第一章“党的领导和毛泽东思想是我军取得战役胜利的根本保证”初步征求了意见。

经中央军委批准，在三总部的指导下，由宋时轮、钟期光、梁兴初、张天云、韦杰、沈启贤、匡裕民、周自为、刘金轩、张仁初、刘昂、唐子安、马冠三、高体乾、高锐、吕士英16人组成中心组，于1965年9月6日至22日，在济南召开了《战役学》全军编写委员会负责人会议，对经过一年多的认真编写，并分三批进行了汇稿的《战役学》初稿，从指导思想、体裁结构和主要内容等方面进行了审查，集体形成了一个新的修改纲目，责成专业机关作新一轮加工修改，再将修改稿送全军各大单位征求意见，然后专业机关集中全军意见，修改成送审稿，报请中央军委最后审定与颁发。

南京、成都和青岛会议是专业性会议，济南会议则是决策性会议。这四次会议是《战役学》编写过程中凝注全军集体智慧的重要会议。

《战役学》政治工作部分的编写，虽然起步较晚，但我们接受了军事部分急于求成、学术准备不足而走了弯路的教训，决定从熟悉与研究辽沈、淮海和平津等重大战役政治工作的战例入手，打牢学术基础，提出了“广泛收集和研究资料，逐个专题总结经验，分类综合共同规律”的编写程序与方法。

“铁匠没样，边打边像。”各单位都是边学习，边研究，边总结编写经验。比如军事科学院政工组，执笔的只有8个人，他们用分工负责与集体讨论相结合的方法，用3个月时间整理研究出16万余字的战役政治工作“10大战例基本经验”和中央军委文电选编。从政治工作的角度，如此详细地解剖人民解放军的十大战役，过去尚无先例。这本身就是一项开创性的工作，既为概括提炼《战役学》政治工作提供了丰富的历史经验和坚实的理论基础，又为研究人民解放军的战时政治工作和编写战史、军史等留下了研究性的半成品资料。他们还先后访问了30位老帅、老将和总政治部各部门的领导同志，获得大量有价值的“活资料”。我也尽力参与这项政治工作研究，先后发表了《对“战役学政治工作纲目”的初步意见》等30多次讲话，从“打破框框，解放思想”“要有创造性，不能照抄照搬”等原则意见，到指导思想、结构、内容和“指针、指南、保证、原则、规律”等30多个词汇的语法修辞等具体研究，都表示了自己的看法与想法。经青岛汇稿，集中全军6家15万字的研究成果，产生了第一个汇编稿《战役学第三章，战役政治工作（初稿）》。又经济南会议和会后的两次修改，由5节13条改为4节11条，由1.1万字压到0.94万字。

在编写过程中，对战役政治工作这一章曾一度出现:“主张不要”“压缩内容”“合并到军事部分”等不同意见。我们据理力争保持这一章的特点与精华，得到总政和院首长的支持。到1966年6月，经精益求精的反复推敲，这一章综合加工到“第5次修改稿”。

但由于“文化大革命”的猛烈冲击，整个《战役学》的终审定稿和军委审批工作被迫中断。1966年6月6日下午，我主持了《战役学》政工组的最后一次会议，要求将修改稿所有资料保存起来，不要遗失，以便将来加工定稿。

终于，十年浩劫之后，1987年8月，军事科学院新一代领导人和新一代《战役学》课题组，在60年代前期《战役学》的基础上，剔除其非科学的时代痕迹，保留其精华，又进行了新的创造性劳动，并经中央军委审定批准，最后定名为《中国人民解放军战役学纲要》，以总参谋部的名义印发全军试行。这是一部凝注几代人心血的重大军事理论成果，是全军集体智慧的结晶。

第三，关于军事技术直观教研馆。

创建军事技术直观教学研究馆，是以叶剑英元帅为首的军事科学院的一大壮举。

1960年，中央军委下达1号文件:《批准叶剑英同志关于建立“军事技术研究馆”的建议》。同年8月5日，中央军委第51次办公会议，批准军事科学院《关于军事技术研究馆陈设实物问题的报告》。经1年紧张的准备，教研馆的基建工程与教研筹备于1961年正式开工；4年建成；1965年开始军事技术直观教学研究活动。

1959年12月4日，叶帅在谈到教研馆的性质任务和陈列内容时指出：过去，人民解放军各级干部对新兵器的知识还是个缺门。搞现代化正规化军队建设，合成军队指挥员迫切要求了解专业军兵种的知识。不然，在战场上没有办法组织指挥各军兵种的协同动作。要解决这个问题，最简便、最节约时间、最吸引人的，是创造军事技术直观教研馆。这比住学校时间短，收效快，集体来、个别来、假日来均行。教研馆与展览馆不同的是：可以鉴定新产品的作用，为全军干部服务，也为全国地方党政干部服务。馆内的东西不在多而在精，要有用，不要还在研究试制的东西，而是要定型的实物，还要搞些沙盘、模型和图片。各个馆的筹建由各军兵种包干，我们负责综合馆。

1960年1月5日，叶帅提出拟建12个馆：海军馆、空军馆、炮兵馆、装甲馆、工程馆、通讯馆、防化馆、铁道馆、后勤馆、尖端馆（包括原子、自动控制、电子计算、遥控等，拟由科工委五院负责筹建）、雷达馆（包括防空自动系统）、战役馆。

至1965年5月，全馆实际建成的是：海军、空军、装甲兵、炮兵、工程兵、防化学兵、通信兵、铁道兵、后勤和综合10个教研所。

1962年5月15日，叶帅在对参加编写军事技术教研方案的同志讲话时指出：要通过直观教研活动，了解我们自己现在的装备，兄弟国家和敌人有什么东西，编制怎样。先了解专业技术知识，然后再了解战术知识。我们生活在原子时代，人家是核武器，前方后方都与过去的战时不同。如果忘了自己，就不认识自己；忘了敌人，就不能对付敌人。这是能否“知己知彼”的必胜条件之一。我们懂得这一点，才不致为敌人所迷惑所吓倒。

在叶帅的关怀下，院常委分工王树声副院长负责教研馆的筹建工作，我分管其政治思想工作。先后担任该馆领导工作的有贺光华、胡秉权、韩双亭、狄克东同志，全馆291人中，有教研干部172人。中央军委批准预算经费1167万元人民币。实际开支1093.8万元，节余74万元。批准建筑总面积55840平方米，实际建成53782平方米。

1965年1月30日，总参谋部批复军事科学院《关于技术教研馆1965年集训干部的请示》。同年8月5日，总参向全军转发军事科学院《关于军兵种技术性能知识集训事》的通知；1965年11月2日，总参谋部、总政治部批转军事科学院《关于参观、见学尖端武器人员规定的意见》。全军第一期军兵种技术性能知识集训，于1965年8月至9月在该馆举行，团以上、副军以下干部174人参加。该馆在建成后的一年多时间内，接待军内外中高级干部和部分国际友人近5000人次。刘少奇、朱德、聂荣臻等党和国家领导人前来该馆视察，给予了鼓励评价。人民解放军的高级将领杨得志、杨勇、杨成武、廖汉生、许世友、苏振华、皮定均等先后前往该馆听课参观。

刘少奇同志和夫人王光美来教研馆视察，是1964年5月20日。他一下车就认出了我，并谈起了一件往事：40年代初，他是新四军政委，我是一师政治部主任。一次我去盐城新四军军部，正赶上日军飞机轰炸。其他人都跑到较远的桥下躲避去了，少奇同志还在屋里批阅文件。警卫员催，他也不想走，我赶紧跑去把他拉出来，随即房屋挨了炸弹。20多年了，他还记得并主动谈起这件事，风趣地说："那次我差点见马克思去了，是期光同志救出了我。"

军事技术直观教研馆的建成，通过教学与科研相结合，既对全军中、高级干部传授了军兵种尖新技术知识和专业管理知识，又探讨了尖新技术兵器的发展对战术、战役和战略等军事理论的影响。这对于加速人民解放军的现代化、正规化革命军队建设、对于现代军事思想和军事理论研究工作的发展，都是意义深远的功德无量的重大创举。

1964年陪同叶剑英院长接见来军事科学院直观教学研究的军队各大单位领导。后排左二钟期光。

1964年5月20日钟期光陪同刘少奇主席视察军事科学院教研馆。二排左四起：刘少奇、王光美、钟期光。

然而，这样一个经一代将帅苦心经营和全军关注的重大建设，也没有能逃脱“文化大革命”的破坏。在这场空前浩劫中，军事技术直观教研馆被馆拆人散，毁于一旦，损失非常重大。这是林彪、“四人帮”反革命集团成为千古罪人的罪证之一。

我个人在“文化大革命”中的遭遇，不作具体回忆，留待后人来评说。

所幸的是，我们党终于纠正了“文化大革命”及其前后的“左”倾错误，重新确立和执行了马克思主义的思想、政治和组织路线，坚定不移地走具有中国特色的社会主义道路，取得了举世瞩目的一系列历史性胜利。我虽然年老身残，不能为党做工作了，但作为一名老共产党员，一息尚存，总是情怀党的事业的。在党中央领导下，经过一代代共产党人的不懈努力，我对伟大的共产主义事业在中国的胜利充满着信心。

1988年12月与老战友亲切交谈。左起：叶飞、王平、王于畊、钟期光、张震。

晚年与工作人员合影。前排右起：钟期光、刘旭。后排右起：刘明权、王志海、刘建府。

1990 年夏于北京万寿路寓所。

后　记

关于写回忆录，钟期光上将生前的态度是十分明朗的："吹自己，我不写；写党，写军队，写大家，写烈士，我写，要尽力写好。"

我到钟老身边工作，就始于写回忆录。钟老近 70 年的革命生涯，有极其宝贵的经验。1981 年，钟老响应中共中央党史资料征集委员会的号召，要我协助整理并发表了《坚持湘鄂赣革命根据地的斗争》等史料。1983 年，组织任命我为钟老的秘书，直至钟老辞世，我在钟老身边整整 10 年。

钟老对于过去的历史，既充满热情，又很认真，似乎忘了自己是个老者、一个病号，一有空，就想呀想。每当他想起了什么，我在，打开病房的录音机就讲；我不在，就让警卫员打电话让我马上去，连医院探视时间的限制也顾不得了，生怕忘了这刚刚想起的重要情节。他把自己数十年勤奋耕耘和点滴积累并经战争和政治风雨洗涤而幸存下来的笔记与资料，全部交我阅读。每当新近看到有价值的报刊资料，他也让我阅存。

然而，钟老毕竟是逾 80 高龄的重病号，患的又是脑血管病加心脏病，已经报过多次"病危"了。经 301 医院抢救，他几次起死回生。但每当病情缓解后，他又思维敏捷、耳聪目明，只是思维的连贯性与持续性，已是每况愈下。所以他的回忆录，不得不写写停停、停停写写。因脑血栓后遗症，他半身不遂，写字十分困难。因此这回忆录就只能由我录音、记录与整理了。就这样，尽管他一直在顽强地想呀想，说呀说，但进度显然十分缓慢。以致他没有能够看到这部回忆录的出版，就告别了人世。

所幸的是，由于钟老对党的事业和革命后来人的高度责任感，终于把他一生的主要经历和重大事件的始末与经验教训留下来了。这是一位老共产党人最后的最好的奉献。

钟老辞世后，在组织的关怀下，由我继续对他的回忆录进行文字整理、资料查对和征询意见，许多知情的老同志热情给予帮助，解放军出版社的领导与王长龙等同志大力支持，回忆录终于出版问世了。这定会使钟老欣慰于九泉。

新四军第1师和后来华东部队的战时政治工作，是比较活跃的，颇具创造性与战斗性。这部回忆录的部分重点章节，反映了这方面的内容。钟老曾对中共中央十二大政治报告征求意见稿提出建议：要通过宣传教育，提高年轻一代的“阶级意识、民族意识和国防意识”。他的回忆录，以史实从一个侧面对此作了一些探索。

对于钟老的这部回忆录，乐时鸣、马苏政、王昊、王传洪同志始终给予关注，帮助校阅了全部文稿，提出了很好的修改意见。姜思毅、孙克骥、高锐、佘伯由、谭肇之、楚青、房少庸、郑炎、方大愚、徐黎澄、陈思、支绍曾、邹祖兴等同志，也分别校阅了部分文稿和提出了修改意见。军事科学院、解放军出版社对本书的整理与出版给予了诸多帮助。我对上述同志与单位表示深切的谢意！

本书难免有差错，敬请读者批评指正。

文字整理者　刘　旭

1995年5月22日于北京